Die anwaltliche Verschwiegenheitspflicht in Deutschland und Frankreich

Schriften zum internationalen Privat- und Verfahrensrecht

Herausgegeben von Rainer Hausmann und Astrid Stadler

Band 5

PETER LANG
Frankfurt am Main · Berlin · Bern · Bruxelles · New York · Oxford · Wien

Maximiliane-Stephanie Wild

Die anwaltliche Verschwiegenheitspflicht in Deutschland und Frankreich

Unter besonderer Beachtung der sich aus dem grenzüberschreitenden Rechtsverkeh ergebenden Kollisionsfälle

PETER LANG
Internationaler Verlag der Wissenschaften

Bibliografische Information der Deutschen Nationalbibliothek
Die Deutsche Nationalbibliothek verzeichnet diese Publikation in der Deutschen Nationalbibliografie; detaillierte bibliografische Daten sind im Internet über <http://www.d-nb.de> abrufbar.

Zugl.: Kiel, Univ., Diss., 2008

D 8
ISSN 1862-099X
ISBN 978-3-631-57966-4

www.peterlang.de

Meinen Eltern

Danksagung

Mit der Drucklegung der Dissertation endet ein wichtiger Abschnitt meines Lebens, da ich nun die Universität als „Lernende“ endgültig verlasse. Daher ist nun der richtige Zeitpunkt gekommen, zurückzuschauen und denjenigen Menschen zu danken, die entscheidend zum Gelingen dieser Arbeit beigetragen haben.

Mein herzlicher Dank gebührt meinem Doktorvater Herrn Prof. Dr. Meyer-Pritzl für die Möglichkeit, über dieses Thema bei ihm promovieren zu dürfen und seine umfassende Betreuung während der Anfertigung dieser Arbeit. Ferner bin ich auch meinem „Doktoronkel“ Herrn Dr. Limbach für die ständig gewährte Diskussionsbereitschaft zu Dank verpflichtet, die mir mehr als einmal geholfen hat, meine Gedankengänge zu ordnen. Herrn Prof. Dr. Schubert danke ich für die umfassende und zügige Anfertigung des Zweitgutachtens.

Ferner danke ich Herrn Prof. Dr. Rainer Hausmann und Frau Prof. Dr. Astrid Stadler für die Aufnahme meiner Arbeit in die von ihnen betreute Schriftenreihe.

Mein Interesse für das französische Recht wurde nicht zuletzt durch meinen Studienaufenthalt in Paris geweckt, weswegen ich mich bei Herrn Prof. Dr. Hattenhauer für die Aufnahme in das Paris-Programm der Rechtswissenschaftlichen Fakultät bedanke.

Bei Madame Armelle Troudier-Bourges möchte ich mich dafür bedanken, dass Sie mir während meines Forschungsaufenthaltes in Paris nicht nur eine Unterkunft, sondern zusammen mit Monsieur und Madame Jean-Louis und Isabelle Labbé durch die herzliche Aufnahme in ihrer Familie auch ein Heim gegeben hat.

Ein Dank gebührt auch meiner Schwester und meinen Freunden, die mich in Momenten, in denen die Arbeit stockte, aus den Tiefen der Bibliothek zurück ins Leben geholt haben und mich dadurch neue Kraft haben sammeln lassen.

Zuletzt genannt und doch an erster Stelle stehend: Meinen Eltern Gottfried-Christoph und Birgit Wild bin ich zutiefst dankbar, dass sie mir meine interessante und langjährige Ausbildung nicht nur ermöglicht, sondern sie jederzeit liebevoll unterstützt haben. Ohne ihr Vertrauen und ihre Anteilnahme hätte ich all dies nicht erreichen können. Ihr Glaube an mich ist Ansporn und Verpflichtung zugleich, weswegen ich Ihnen diese Arbeit widme.

Hamburg, April 2008 Maximiliane-Stephanie Wild

Inhaltsverzeichnis

Abkürzungsverzeichnis

aaO	am angegebenen Ort
ABA	American Bar Association
ACE	Association des avocats conseil d'entreprises
actual.	Actualité
a.F.	Alte Fassung
AJDA	Actualité juridique de droit administratif
AnwBl	Anwaltsblatt
AöR	Archiv des öffentlichen Rechts
BAG	Bundesarbeitsgericht
BB	Betriebsberater
BerO	Berufsordnung
BGB	Bürgerliches Gesetzbuch
BGH	Bundesgerichtshof
BFH	Bundesfinanzhof
BICC	Bulletin des informations de la Cour de cassation
BRAK	Bundesrechtsanwaltskammer
BRAO	Bundesrechtsanwaltsordnung
BS-WPK	Berufssatzung Wirtschaftsprüferkammer
Bull. crim.	Bulletin des arrêts de la Cour de cassation, chambre criminelle
BVerfG	Bundesverfassungsgericht
BVerfGE	Entscheidungen des Bundesverfassungsgerichts
C. assises	Cour d'assises
CA	Cour d'appel
CARPA	caisse des règlements pécuniares des avocats
Cass. 1ère civ.	Cour de cassation, 1ère chambre civile
Cass. 2éme civ.	Cour de cassation, 2éme chambre civile
Cass. Ch. Réunies	Cour de cassation, chambre réunies
Cass. Civ.	Cour de cassation, chambre civile
Cass.Com	Cour de cassation, chambre commerciale
Cass. Crim	Cour de cassation, chambre criminelle

CCBE	Conseil des barreaux européens (urspr. Conseil consultatif des barreaux de la Communauté européenne)
chron.	Chronique
Comm.	Commentaires
Cons. Const.	Conseil Constitutionnel
D.	Recueil Dalloz-Sirey
DC	Décision concernant la conformité à la Constitution (Conseil Constitutionnel)
Déc.	Décision
DJT	Deutscher Juristentag
Doctr.	Doctrine
DöV	Die öffentliche Verwaltung
DP	Dalloz, Recueil périodique et critique
Dr. et Patr.	Droit et Patrimoine
Dr. pén.	Droit pénal (revué mensuelle)
EGBGB	Einführungsgesetzbuch zum Bürgerlichen Gesetzbuch
EGV	Vertrag zur Gründung der Europäischen Gemeinschaft (Amsterdamer Fassung v. 2.10.1997)
EuGH	Europäischer Gerichtshof
EuZW	Zeitschrift für Europäisches Wirtschaftsrecht
EWGV	Vertrag zur Gründung der Europäischen Wirtschaftsgemeinschaft
Fasc.	Fascicule
FS	Festschrift
GA	Goltdammer's Archiv für Strafrecht
Gaz. Pal.	Gazette du Palais
GG	Grundgesetz
GS	Gedächtnisschrift
GWG	Geldwäschegesetz
IDCC	Identifiant des conventions collectives
IPR	Internationales Privatrecht
IPRax	Praxis des internationalen Privat- und Verfahrensrechts
IR	Informations rapides

IZPR	Internationales Zivilprozessrecht
JCP	La semaine juridique
JO	Journal officiel (Lois et décrets)
JO Sénat	Journal officiel (Débats parlementaires et réponses ministérielles á des questions orales, Sénat)
JOAN	Journal officiel (Débats parlementaires et réponses ministérielles á des questions orales, Assemblée nationale)
JR	Juristische Rundschau
jur.	Jurisprudence
Jur. Clas. Code Pénal	Juris-Classeur, Code Pénal
Jur. Clas. Proc. Civ.	Juris-Classeur, procédure civile
JurBüro	Das Juristische Büro
JurisData	Juris-Data (Banque des données juridique)
JuS	Juristische Schulung
JZ	Juristenzeitung
KO	Konkursordnung
KK	Karlsruher Kommentar
KTS	Konkurs- Treuhands- und Schiedsgerichtswesen
LAG	Landesarbeitsgericht
LG	Landgericht
lib.pr.	libres propros
LIEI	Legal Issues of Economic Integration
LK	Leipziger Kommentar
LPA	Les Petites Affiches
MDR	Monatsschrift für Deutsches Recht
MK	Münchener Kommentar
m.w.N.	mit weiteren Nachweisen
n.F.	neue Fassung
NJW	Neue Juristische Wochenschrift
NStZ	Neue Zeitschrift für Strafrecht
OLG	Oberlandesgericht
P.2d	Pacific Reporter, Second
pan. jur.	Panorama juridique
Procédures	Procédures (revue mensuelle)

RabelsZ	Zeitschrift für ausländisches und internationales Privatrecht
RBerG	Rechtsberatungsgesetz
RDP	Revue du droit public et de science politique en France et à l'étranger
Rec.Cass.civ.	Recueil des arr1ets de la Cour de cassation, première et deuxième chambres civiles
rect.	rectificatif (Berichtigung)
Rép. Pr. Civ. Dalloz	Répertoire de droit privé, Encyclopédie Dalloz
Rev. Sc. Crim	Revue de science criminelle et de droit pénal comparé
RIH	Règlement Intérieur Harmonisé
RIN	Règlement Intérieur National
RIU	Règlement Intérieur Unifié
SK	Systematischer Kommentar
Slg.	Sammlung der Entscheidungen des EUGH
somm.	Sommaire
StGB	Strafgesetzbuch
StPO	Strafprozessordnung
TGI	Tribunal de grande instance
TRACFIN	Traitement du renseignement et action contre les circuits financiers clandestins
Trib. civ.	Tribunal civil
VersR	Versicherungsrecht, juristische Rundschau für die Individualversicherung
VG	Verwaltungsgericht
VGH	Verwaltungsgerichtshof
Wistra	Zeitschrift für Wirtschafts- und Steuerstrafrecht
WM	Wertpapier-Mitteilungen
ZEuP	Zeitschrift für Europäisches Privatrecht
ZPO	Zivilprozessordnung
ZStW	Zeitschrift für die Gesamte Strafrechtswissenschaft
ZZP	Zeitschrift für den Zivilprozess

1. Kapitel - Einleitung

Die grenzüberschreitende Tätigkeit von Anwälten ist in den letzten Jahren merklich angewachsen. Zum einen ist dies Folge der zunehmenden internationalen Ausrichtung der Geschäftsbeziehungen der Mandanten, denen die Anwälte auf ihre ausländischen Märkte folgen. Zum anderen wird die verstärkte grenzüberschreitende Tätigkeit aber auch von den Anwälten forciert, indem sie immer häufiger mit Anwälten in anderen Ländern kooperieren. Die Art der Kooperation reicht hierbei von der lockeren Form der wiederkehrenden Zusammenarbeit mit Anwälten anderer Staaten über das Errichten eigener Niederlassungen im Ausland bis zum Zusammenschluss in multinationalen Sozietäten.[1]

Sowohl bei den sogenannten „Mega-Law-Firms", die mit den weltweit agierenden anglo-amerikanischen Wirtschaftsprüfungsgesellschaften im Wettstreit um die besonders lukrativen Wirtschaftsmandate stehen als auch bei kleinen und mittleren Sozietäten resultiert diese verstärkte internationale Ausrichtung aus dem Bemühen, dem Mandanten eine „Rundumbetreuung" anbieten zu können.[2] Ziel ist es, einen einmal angeworbenen Mandanten auch bei dessen Tätigkeit im Ausland und dem daraus resultierenden Rechtsberatungsbedarf weiterhin an die Kanzlei oder Sozietät zu binden, indem er an das ausländische Büro oder den ausländischen Kooperationspartner vermittelt wird.

Auf dem Gebiet der Europäischen Union wird diese Zunahme des grenzüberschreitenden anwaltlichen Tätigwerdens durch die Niederlassungs[3]-, die Rechtsanwaltsdienstleistungs[4]- und Hochschuldiplomanerkennungsrichtlinie[5] gefördert, weil durch diese Richtlinien das grenzüberschreitende Tätigwerden eines Anwalts in Europa wesentlich vereinfacht wird.[6]

Im Zusammenhang mit einer derartigen grenzüberschreitenden anwaltlichen Tätigkeit ist anerkannt, dass der in einer anderen Jurisdiktion tätige Anwalt seine Zuordnung zum heimischen Berufsrecht nicht an der Grenze abstreift. Vielmehr sind die im europäischen Ausland tätigen Anwälte aufgrund von Art. 6

---

1 Vgl. hierzu die Untersuchung zu Kooperationsformen von Rechtsanwälten, Kääb/Oberlander, BRAK-Mitt. 2005, 55 und 226 (227 f.).

2 Mankowski, AnwBl 2001, 249.

3 Richtlinie 98/5/EG des Europäischen Parlaments und des Rates vom 16. Februar 1998 zur Erleichterung der ständigen Ausübung des Rechtsanwaltsberufes in einem anderen Mitgliedstaat als dem, in dem die Qualifikation erworben wurde, ABl. EG 1998 L 77/36.

4 Richtlinie 77/249/EWG des Rates zur Erleichterung der tatsächlichen Ausübung des freien Dienstleistungsverkehrs der Rechtsanwälte, ABl. EG 1977 L 78/17.

5 Richtlinie 89/48/EWG des Rates der Europäischen Gemeinschaften über eine allgemeine Regelung zur Anerkennung der Hochschuldiplome, die eine mindestens dreijährige Berufsausbildung abschließen, ABl. EG 1989 L 19/16.

6 Rabe, AnwBl 1999, 66 (68).

Abs. 1 der Niederlassungsrichtlinie und Art. 4 Abs. 2 und 4 der Dienstleistungsrichtlinie dem Prinzip des doppelten Berufsrechts verpflichtet, wonach sie sowohl das Berufsrecht ihres Heimatlandes wie auch das des Aufnahmestaates zu beachten haben.

Grundsätzlich lassen sich in Europa zwei Verständnisse des anwaltlichen Berufsrechts unterscheiden. Im englischen Rechtskreis, dem insoweit die skandinavischen Länder folgen, werden die anwaltlichen Rechte und Pflichten aus dem vertraglichen Mandatsverhältnis hergeleitet.[7] Aus diesem Grund stehen die anwaltlichen Berufspflichten, wie zum Beispiel die Verschwiegenheitspflicht, zur Disposition des Mandanten. Der romanische Rechtskreis hingegen leitet die Rechte und Pflichten des Anwalts nicht aus dem Vertragsverhältnis zum Mandanten, sondern aus der Stellung und der Funktion des Anwalts als Organ der Rechtspflege her.[8] Nicht zuletzt die Bezeichnung des Anwalts als Organ der Rechtspflege in § 1 BRAO macht deutlich, dass die Grundlagen des deutschen Berufsrechts mit dem Verständnis des romanischen Rechtskreises von den anwaltlichen Rechten und Pflichten übereinstimmen. Zugleich ist es nach deutschem Berufsrecht möglich, dass der Mandant seinen Anwalt von der Verschwiegenheitspflicht entbindet. Dieser Umstand deutet auf das vertragsrechtlich geprägte Verständnis des englischen Rechtskreises von den Grundlagen der anwaltlichen Rechte und Pflichten hin. In Frankreich hingegen werden, dem Verständnis des romanischen Rechtskreises folgend, die Grundlagen des Berufsrechts der Anwälte institutionell aus der Stellung der „*avocats*" hergeleitet. Die konsequente Befolgung dieses Prinzips führt dazu, dass das anwaltliche Berufsgeheimnis, das *Secret Professionnel*, unabhängig vom Willen des Mandanten ist. Aus diesem Grund kann ein Mandant in Frankreich seinen Anwalt nicht von der anwaltlichen Verschwiegenheitspflicht befreien.

Dieser Unterschied zwischen der rechtlichen Ausgestaltung des anwaltlichen Berufsgeheimnisses in Deutschland und in Frankreich kann zu Kollisionen zwischen beiden Rechten führen, wenn ein grenzüberschreitend tätiger Anwalt aufgrund des oben angesprochenen Prinzips der doppelten Berufsrechte verpflichtet ist, sowohl das Berufsrecht seines Heimatlandes wie auch das des Ausnahmestaates zu beachten.

Ausgehend von diesem Unterschied zwischen der deutschen und der französischen Ausgestaltung des anwaltlichen Berufsgeheimnisses werden nachfolgend die Regelungen des anwaltlichen Berufsgeheimnisses verglichen, um festzustellen, ob weitere Unterschiede existieren. Anschließend werden die sich hieraus ergebenden Probleme bei der grenzüberschreitenden Tätigkeit eines deutschen Rechtsanwalts in oder mit Bezug zu Frankreich dahingehend unter-

7 Hellwig, BRAK-Mitt. 2002, 52 (53 f.).
8 Hellwig, BRAK-Mitt. 2002, 52 (53 f.).

sucht, ob sie bei einer Tätigkeit eines deutschen Rechtsanwalts in Frankreich zu Problemen führen und welches Verhalten diesbezüglich den deutschen Rechtsanwälten anzuraten ist.

2. Kapitel - Die rechtlichen Grundlagen der Verschwiegenheitspflicht

A. Rechtslage in Deutschland

I. Einfachgesetzliche Ausformung

Die anwaltliche Verschwiegenheitspflicht wird häufig auch als eine der vornehmsten Pflichten des Rechtsanwalts bezeichnet und stellt eine der tragenden Säulen des Anwaltsberufes dar.[9] Aus diesem Grund hat der Gesetzgeber die verschiedenen Aspekte der anwaltlichen Verschwiegenheitspflicht umfassend im einfachen Recht geregelt.

Die Spuren der anwaltlichen Verschwiegenheitspflicht reichen bis ins römische Recht zur Zeit Justinians zurück, und schon die beim Reichskammergericht zugelassenen Advokaten mussten schwören, *„dass sy ... heimlicheyt und Behelf, so sy von den Parteyen empfahen, oder Underrichtung der Sachen, die sy von jn selbs mercken werden, jrer Partheyen zu Schaden, Nymand offenbaren.“*[10]

Im Gegensatz zur strafrechtlichen Schweigepflicht, die nach langer Kontroverse 1851 im preußischen Strafgesetzbuch in § 155 mit der ärztlichen Schweigepflicht vereinigt wurde,[11] verzichtete man lange Zeit auf eine berufsrechtliche Kodifizierung der Verschwiegenheitspflicht. So enthielten die Rechtsanwaltsordnungen von 1878 und 1936 keinen Paragraphen, der diese Pflicht regelte. Trotz dieses Regelungsverzichts bestand aber zu keiner Zeit Zweifel an der Existenz der Verschwiegenheitspflicht, denn allen Rechtsanwaltsordnungen war gemein, dass sie den Anwälten eine vertrauensvolle Berufsausübung durch eine Generalklausel auferlegten, in der die Verschwiegenheitspflicht mitenthalten war.[12] Anders verhielt es sich bei den 1929 vom deutschen Anwaltsverein verfassten „Grundsätzen des anwaltlichen Standesrechts“ (RichtlRA), denn hierin fand die Verschwiegenheitspflicht einen direkten Niederschlag,[13] Diese Grundsätze galten in nahezu unveränderter Form bis zum Urteil des Bundesverfassungsgerichts vom 14.7.1987 fort, in dem das Gericht die fehlende Verbindlichkeit der Standesrichtlinien feststellte.[14] In diesem Grundsatzurteil des

9 Ackermann, FS 100 Jahre DJT, Bd. 1, 479 (482); Feuerich/Weyland, § 43a BRAO, Rn. 12; Hartung/Holl-Hartung, § 2 BerO, Rn. 1.

10 Sammlung Reichsabschiede II, S. 7 f.

11 Vgl. Bleich, Verhandlungen des im Jahre 1848 zusammenberufenen vereinigten ständischen Ausschusses, Bd. II, S. 543 ff.

12 Friedländer, Kommentar zur Rechtsanwaltsordnung, Exkurs I zu § 28 RAO; RGBl I 1470; Kleine-Cosack, (1. Aufl.), § 43 BRAO, Rn. 57.

13 C II (Rn. 37-40) RichtlRA, abgedruckt als Beilage zum Anwaltsblatt 1929 Heft 6.

14 BVerfGE 76, 171.

Bundesverfassungsgerichts wird indes die Bedeutung der anwaltlichen Verschwiegenheitspflicht deutlich, denn trotz der Unverbindlicherklärung der Standesrichtlinien ordnete das Gericht die Fortgeltung der Verschwiegenheitspflicht ausdrücklich an.[15]

1. Verschwiegenheitspflicht gem. § 43a Abs. 2 BRAO

Durch das Gesetz zur Neuordnung des Berufsrechts der Rechtsanwälte und Patentanwälte vom 2.9.1994[16] ist die Verschwiegenheitspflicht als eine von sechs statusbildenden Grundpflichten in § 43a Abs. 2 Bundesrechtsanwaltsordnung normiert worden und hat dadurch zum ersten Mal eine ausdrückliche Verankerung in der Berufsordnung erfahren.

Ihrem Umfang nach ist sie weit gefasst, da sie sich auf alles bezieht, was dem Anwalt in Ausübung seines Berufes bekannt geworden ist. Vereinzelt wurde an dieser Fassung der Verzicht auf ein der Verschwiegenheitspflicht entsprechendes Verschwiegenheitsrecht bemängelt.[17]

2. Verschwiegenheitspflicht gem. § 2 BerO

Die Gelegenheit, dieses Versäumnis des Gesetzgebers nachzuholen, bot sich der Rechtsanwaltschaft bei Erarbeitung der Berufsordnung, welche nötig geworden war, nachdem das Bundesverfassungsgericht den bis dahin geltenden Grundsätzen des anwaltlichen Standesrechts die Qualität zur Konkretisierung der Generalklausel des § 43 BRAO a.F. abgesprochen hatte.[18] Durch § 59b Abs. 1 Nr. 1 c BRAO wurde der Satzungsversammlung das Recht übertragen, die Verschwiegenheitspflicht näher auszugestalten, wovon sie durch Schaffung des § 2 BerO Gebrauch gemacht hat.

So bestimmt § 2 Abs. 1 BerO ausdrücklich, dass der Rechtsanwalt zur Verschwiegenheit berechtigt und verpflichtet ist.

In § 2 Abs. 2 BRAO wird der Wortlaut des § 43a Abs. 2 BRAO um die Feststellung ergänzt, dass das Recht und die Pflicht zur Verschwiegenheit auch nach Beendigung des Mandats fortbesteht. Dies war aber auch schon vor Schaffung des § 2 Abs. 2 BerO unbestritten, was nicht zuletzt auch eine ähnliche Formulierung in § 42 Abs. 2 RichtlRA zeigt.[19] Allerdings greift § 2 Abs. 2 BerO nicht die in § 43a Abs. 2 S. 2 BRAO enthaltene Einschränkung auf, dass die Verschwiegenheitspflicht sich nicht auf offenkundige oder ihrer Bedeutung nach

---

15 BVerfGE 76, 171 (190).

16 BGBl I 2278.

17 Henssler, NJW 1994, 1817 (1818); Eylmann in Henssler/Prütting, § 43a BRAO, Rn. 27; Kleine-Cosack, NJW 1994, 2249 (2251).

18 BVerfGE 76, 171 (187 ff.); ausführlich zur Entstehungsgeschichte der BerO: Hartung/Holl-Hartung, Einf BerO, Rn. 29 ff.

19 Abgedruckt bei Hartung/Holl-Hartung, § 2 BerO, Rn. 15.

nicht geheimhaltungsbedürftige Tatsachen bezieht. Dies darf jedoch nicht zu dem Schluss führen, dass die Berufsordnung der Verschwiegenheitspflicht einen erweiterten Schutz zukommen lässt, und auch diese Tatsachen miteinbezieht. Durch § 59b Abs. 2 Nr. 1 BRAO wurde der Satzungsversammlung nur die Befugnis übertragen, die Verschwiegenheitspflicht näher zu bestimmen, nicht jedoch die in der Bundesrechtsanwaltsordnung enthaltenen Regelungen außer Kraft zu setzen. Aus diesem Grund weisen beide Normen trotz unterschiedlicher Wortlaute den gleichen Schutzbereich auf.

Auch der dritte Absatz von § 2 BerO bildet im Hinblick auf die Befreiungstatbestände lediglich den Erkenntnisstand von Rechtsprechung und Literatur ab, indem er zuerst auf die gesetzlich geregelten Ausnahmen verweist und ansonsten die Schweigepflicht bei berechtigten Interessen des Anwalts, wie z.B. der eigenen Verteidigung, entfallen lassen will.

Durch § 2 Abs. 4 BerO wird der Kreis der Verschwiegenheitspflichtigen um die Angestellten und alle sonstigen Personen, die einen Rechtsanwalt bei dessen Arbeit unterstützen, erweitert. Demzufolge sind die Angestellten und alle sonstigen Personen, die bei der beruflichen Tätigkeit des Anwalts mitwirken, zur Verschwiegenheit verpflichtet. Zusätzlich legt § 2 Abs. 4 BerO dem Rechtsanwalt die Pflicht auf, seine Mitarbeiter zur Verschwiegenheit zu verpflichten und anzuhalten.[20]

3. Schweigepflicht gem. § 203 Abs. 1 Nr. 3 StGB

Durch § 203 Abs. 1 Nr. 3 StGB wird der Bruch der anwaltlichen Schweigepflicht unter Strafe gestellt. Anders als bei den berufsrechtlichen Normen beschränkt sich der Geheimnisschutz bei § 203 Abs. 1 Nr. 3 StGB auf die Offenbarung fremder Geheimnisse. Hierunter sind Tatsachen zu verstehen, die nur einem einzelnen oder einem beschränkten Personenkreis bekannt sind und an deren Geheimhaltung der Betroffene ein schutzwürdiges Interesse hat.[21]

Die strafrechtliche Schweigepflicht ist somit enger gefasst als die standesrechtliche Verschwiegenheitspflicht.[22] Aus diesem Grund ist es angebracht, den Unterschied auch sprachlich hervorzuheben, weswegen im Folgenden von der berufsrechtlichen „Verschwiegenheitspflicht" und der strafrechtlichen „Schweigepflicht" gesprochen wird.[23]

Ferner ist in § 203 Abs. 4 StGB das Fortbestehen der Schweigepflicht nach dem Tod des Betroffenen festgelegt. Dies ist nur konsequent, denn wenn die weitreichendere berufsrechtliche Verschwiegenheitspflicht auch nach dem Tod

---

20 Hartung/Holl- Hartung, § 2 BerO, Rn. 22.
21 Tröndle/Fischer, § 203 StGB, Rn. 2.
22 Henssler, NJW 1994, 1817 (1818).
23 Vgl. Ackermann, FS 100 Jahre DJT, Bd. 1, 479 (482 f.).

des Mandanten noch gilt, so muss auch weiterhin der Bruch des engeren strafrechtlichen Schweigerechts unter Strafe gestellt sein. Bislang ungeklärt ist, welchen Einfluss der Zeitablauf nach dem Tode des Betroffenen auf das Fortbestehen der Schweigepflicht hat. Würde unverändert an dem Schutzbedürfnis des Verstorbenen festgehalten werden, könnte dies die historische Forschung stark beeinträchtigen. Es wird anzunehmen sein, dass die Geheimnisse des Verstorbenen in dem Maße an Bedeutung verlieren, in dem die Erinnerung an den Verstorbenen verblasst oder seine Person hinter der historischen Gestalt zurücktritt.[24] Aus § 77 Abs. 2 StGB ergibt sich, dass es der Wille des Gesetzgebers ist, mit Ablauf der Möglichkeit des Strafantrages auch den Geheimnisschutz enden zu lassen.[25] Den Endpunkt des Geheimnisschutzes markiert jedoch nicht wie in § 77 Abs. 2 StGB der Tod des Enkels, da dieser frühzeitig verstorben sein kann, weswegen auf das Aussterben der übernächsten Generation nach 60 Jahren abzustellen ist.[26]

4. Verfahrensrechte

Um die Verschwiegenheitspflicht des Anwalts nicht durch die Hintertür des Verfahrensrechts wieder auszuhebeln, hat der Gesetzgeber den verfahrensrechtlichen Schutz des Berufsgeheimnisses durch Zeugnis- und Auskunftsverweigerungsrechte in den verschiedenen Verfahrensordnungen abgesichert, vgl. § 383 Abs. 1 Nr. 6 ZPO; § 28 Abs. 1 BVerfGG; § 15 Abs. 1 FGG; §§ 46 Abs. 2, 80 Abs. 2 ArbGG; § 98 VwGO; § 65 Abs. 2 VwVfG; § 118 Abs. 1 SGG; § 102 Abs. 1 Nr. 3a,b AO; § 84 Abs. 1 FGO; § 53 Abs. 1 Nr. 3 StPO. Mit dem letztgenannten Aussageverweigerungsverbot ist ein Beschlagnahmeverbot in § 97 Abs. 1 StPO verbunden, damit die Aussageverweigerung des Anwalts nicht durch eine Beschlagnahme seiner schriftlichen Aufzeichnungen umgangen werden kann.

5. Zwischenergebnis

Das anwaltliche Berufsgeheimnis wird somit zum einen berufsrechtlich durch § 43a BRAO und § 2 BerO, zum anderen durch die strafrechtliche Schweigepflicht in § 203 Abs. 1 Nr. 3 StGB und die verschiedenen Verfahrensrechte geschützt. Im Rahmen der berufsrechtlichen Regelungen stellt § 2 BerO lediglich eine inhaltlich nähere Ausgestaltung des § 43a BRAO dar. Die in den Verfahrensordnungen niedergelegten Zeugnisverweigerungsrechte sind Reflexe auf

---

24 LK-Schünemann, § 203 StGB, Rn. 55; Schönke/Schröder-Lenckner. § 203 StGB, Rn. 70; Blei, Strafrecht II, § 33, V; Lenckner, in Noll-Gedächtnisschrift, S. 255, insb. Fn. 49.

25 LK-Schünemann, § 203 StGB, Rn. 55; a.A. OLG München, AnwBl 1975, 159 (160).

26 LK-Schünemann, § 203 StGB, Rn. 55, der für die Zeitspanne von 60 Jahren auf § 5 Bundesarchivgesetz vom 6.1.1988, BGBl. I S. 62, hinweist.

die strafrechtliche Schweigepflicht, denn wenn der Bruch der Schweigepflicht des Anwalts strafrechtlich sanktioniert ist, dann muss die Rechtsordnung ihm auch vor Gericht die Möglichkeit geben, diese Verpflichtung einhalten zu können.

II. Verfassungsrechtliche Gewährleistung

Um die weitere Ausgestaltung des anwaltlichen Berufsgeheimnisses, gerade im Bereich seiner Einschränkungen näher darzustellen, ist es von entscheidender Bedeutung, inwieweit diese Rechtsposition verfassungsrechtlichen Schutz erfährt.

1. Art. 12 Abs. 1 GG

Im Zusammenhang mit der anwaltlichen Berufsausübung und den sie treffenden Einschränkungen ist zunächst das Grundrecht der Berufswahl und Berufsausübung aus Art. 12 Abs. 1 GG von zentraler Bedeutung. Es ist heute allgemein anerkannt, dass auch der freie Beruf des Rechtsanwalts der verfassungsrechtlichen Garantie des § 12 Abs. 1 GG unterfällt.[27]

Nach ständiger Rechtsprechung des Bundesverfassungsgerichts handelt es sich bei Art. 12 Abs. 1 GG um ein einheitliches Grundrecht der Berufsfreiheit, das sowohl die Berufswahl wie auch die Berufsausübung umfasst.[28] Aus diesem Grund muss jede Beschränkung der anwaltlichen Tätigkeit dem Rahmen des Gesetzesvorbehaltes nach Art. 12 Abs. 1 S. 2 GG genügen.[29]

Der ratsuchende Mandant vertraut sich dem Rechtsanwalt frei, offen und rückhaltlos an, weil er weiß, dass der Rechtsanwalt die ihm offenbarten Tatsachen vertraulich behandeln wird. Nur durch die Schaffung einer solchen besonderen Vertrauensbeziehung ist es dem Anwalt möglich, seinen Mandanten optimal zu vertreten und damit seinen Beruf bestimmungsgemäß auszuüben.[30] Die anwaltliche Verschwiegenheitspflicht ist unabdingbare Grundlage dieser besonderen Vertrauensbeziehung, denn nur aufgrund des Wissens um ihre Existenz vertraut der Mandant dem Anwalt rückhaltlos die Tatsachen an, die die

---

27 BVerfGE 22, 380 (383); 30, 292 (312); 33, 240 (244); 39, 156 (165); 39, 238 (241); 44, 105 (117); 48, 292 (296); 57, 121 (131).

28 Vgl. grundlegend: BVerfGE 7, 377 (402); bestätigt z.B. in BVerfGE 9, 338 (344 F.); 17, 269 (276); 33, 303 (336); ausführlich: Scholz in Maunz/Dürig, Art. 12, Rn. 11 ff., 295 ff.

29 Ausführlich hierzu: Bleckmann, Grundrechte, S. 1015 ff.; Scholz in Maunz/Dürig, Art. 12, Rn. 295 ff.; Breuer in Isensee/Kirchhof VI, § 147, Rn. 59, jeweils m.w.N.

30 Vgl. Hennsler, NJW 1994, 1817 (1819); Eylmann in Hennsler/Prütting, § 43a BRAO, Rn. 31; BGH NJW 1985, 2038 (2039); für das Vertrauensverhältnis zwischen Arzt und Patient: Rupp, Verhdlg. 46. DJT, Band 1, Teil 3 A, 167 (179).

Grundlage einer anwaltlichen Vertretung bilden.[31] Somit ist vom verfassungsrechtlichen Schutz der anwaltlichen Tätigkeit durch Art. 12 Abs. 1 GG auch die anwaltliche Verschwiegenheitspflicht umfasst. Dies hat zur Folge, dass jeder Eingriff in diese Pflicht zugleich einen Eingriff in die von Art. 12 Abs. 1 GG geschützte Berufsausübung darstellt.[32]

Gegen diesen verfassungsrechtlichen Schutz des Schweigerechts könnte sprechen, dass der Bundesgerichtshof an anderer Stelle betont, dass das Berufsgeheimnis des Rechtsanwalts einen ausschließlich auf den Mandanten ausgerichteten Schutzzweck hat.[33] Nach Meinung des Gerichts zeigt sich dies schon daran, dass es alter Rechtstradition entspräche, das Berufsgeheimnis allein auf den Mandanten als „Herrn des Geheimnisses" zu beziehen.[34] Zu berücksichtigen ist jedoch, dass das Gericht in dieser Entscheidung über den Anspruch eines Konkursverwalters auf Einsicht in die Akten des Gemeinschuldners zu entscheiden hatte. Da nach Ansicht des Bundesgerichtshofes der Konkursverwalter nach § 6 KO auch hinsichtlich des anwaltlichen Berufsgeheimnisses in die Rechtsposition des Gemeinschuldners eintrat,[35] galt es in der Entscheidung, die verfassungsrechtliche Position des Anwalts gegenüber seinem Auftraggeber zu durchleuchten. Wie oben dargestellt, ist der verfassungsrechtliche Schutz des Verschwiegenheitsrechts durch Art. 12 Abs. 1 GG eng mit der Vertrauensstellung verbunden, so dass sie nur begrenzt gegenüber den Auskunftsrechten des Mandanten wirken kann.[36]

Diese auftraggeberorientierte Schutzrichtung schützt die Rechte des Mandanten gegenüber seinem Anwalt, sie vermag es jedoch nicht, den verfassungsrechtlichen Schutz der anwaltlichen Verschwiegenheitspflicht durch Art. 12 Abs. 1 GG auszuschließen, denn neben den Rechten des Mandanten ist die anwaltliche Verschwiegenheitspflicht auch für die anwaltliche Berufsausübung von entscheidender Bedeutung. Wie eingangs erläutert, ermöglicht sie den vertrauensvollen Austausch mit dem Mandanten, wodurch der Rechtsanwalt an die für seine Tätigkeit notwendigen Informationen gelangt. Als unabdingbare Grundlage der anwaltlichen Tätigkeit wird die anwaltliche Verschwiegenheits-

---

31 BVerfGE 38, 313 (323); EuGH, NJW 1983, 503 (504); Eylmann in Henssler/Prütting, § 43a BRAO, Rn. 31; Nassall, KTS 88, 633 (641 f.); Krämer, BB 75, 1225 (1227).

32 Vgl. OLG Koblenz NJW 1985, 2038 (2039); Rüpke, Freie Advokatur, anwaltliche Informationsverarbeitung und Datenschutzrecht, S. 135; Brangsch, in FS Oppenhoff, 25 (39).

33 BGH NJW 1990, 510 (511 f.).

34 So schon Friedländer, aaO, § 28 RAO, Exkurs I, Rn. 9.

35 Vgl. BGH NJW 1990, 510 (512); diese Schlussfolgerung war Bedenken ausgesetzt, da sich die Interessen von Konkursverwalter und Gemeinschuldner hinsichtlich der Schweigepflicht nicht glichen, s. Eylmann in Henssler/Prütting, § 43a BRAO, Rn. 51 m.w.N.

36 Vgl. weiter unten, Schweigerecht gegenüber dem Mandanten, 3. Kap. A. II.

pflicht daher vom Schutz des Grundrechts der Berufswahl und der Berufsausübung aus Art. 12 Abs. 1 GG erfasst.[37]

2. Rechtsstaatsprinzip

Als ein elementarer Bestandteil der anwaltlichen Berufsausübung dient die Wahrung des Berufsgeheimnisses aber nicht nur den Individualinteressen des Rechtsanwalts und des Mandanten. Vielmehr steht der Rechtsanwalt in dem durch § 3 BRAO umschriebenen Umfang auch der Rechtspflege als unabhängiger Berater und Vertreter in allen Rechtsangelegenheiten bei.

Somit könnte das Rechtsstaatsprinzip einen weiteren Anknüpfungspunkt für die verfassungsrechtliche Verankerung des Rechtsanwalts darstellen, wodurch das anwaltliche Berufsgeheimnis als unverzichtbare Grundlage der anwaltlichen Tätigkeit mit in diesen Schutzbereich einbezogen wäre.

Das Rechtsstaatsprinzip ergibt sich aus einer Gesamtschau der Bestimmungen des Art. 20 Abs. 3 GG über die Bindung der Einzelgewalten und der Art. 1 Abs. 3, 19 Abs. 4, 28 Abs. 1 S. 1 GG sowie aus der Gesamtkonzeption des Grundgesetzes.[38]

a) Rechtsprechung

Die Rechtsprechung stellt im Hinblick auf dieses Verständnis von der Rechtsanwaltschaft fest, dass sie als unabhängiges Organ der Rechtspflege und als der berufene Berater und Vertreter der Rechtssuchenden die Aufgabe hat, zum Finden einer sachgerechten Lösung beizutragen.[39]

b) Schrifttum

Die Vertreter des Schrifttums kommen, wenn auch aus verschiedenen Blickwinkeln und zumeist ohne nähere Begründung, ebenfalls zu einer Verknüpfung von Rechtsanwaltschaft und Rechtsstaatsprinzip.[40] Nur *Krämer*, und auf ihm aufbauend *Rick*, machen hiervon eine Ausnahme und begründen ihr Ergebnis.

Neben dem auf dem Schutz durch Art. 12 Abs. 1 GG aufbauenden Verständnis vom Status des Rechtsanwalts als einzelnem Angehörigen seines Berufsstandes stellt *Krämer* unter Heranziehung der Bezeichnung „Organ der

---

37 Vgl. Henssler, NJW 1994, 1817 (1819).

38 BVerfGE 2, 380 (403); daran hat das Bundesverfassungsgericht auch später festgehalten, BVerfGE 25, 269 (290); 45 187 (246); z.T. mit geringen Abweichungen aber generell zustimmend die Literatur, vgl. Schmidt-Jortzig, NJW 1994, 2569 (2570); Schmidt-Aßmann, in Isensee/Kirchhof I, S. 989 f.; Stern, Staatsrecht I, S. 780.

39 BVerfG NJW 1988, 191 (193).

40 Schneider, Der Rechtsanwalt ein unabhängiges Organ der Rechtspflege, S. 60; Quack, NJW 1975, 1337 (1343); Schier, AnwBl 84, 410 (415); Rüpke, aaO, S. 64; Bern, Verfassungs- und Verfahrensrechtliche Probleme im Zivilprozeß, S. 76.

Rechtspflege" in § 1 BRAO den Bezug zur objektiv-rechtlichen beziehungsweise institutionellen Seite der anwaltlichen Tätigkeit her.[41]

Ricks Ausführungen nehmen ihren Ausgangspunkt in einer historischen Gesamtbewertung, die zeigt, dass der Anwalt durch seine Mittler- und Garantiefunktion einen unverzichtbaren Bestandteil des Rechtslebens darstellt, da er den Bürger durch seinen Beistand davor bewahrt, zum bloßen Objekt der staatlichen Machtausübung zu werden.[42] Durch diese schützende Funktion ergibt sich eine enge Verknüpfung mit der Menschenwürdegarantie aus Art. 1 Abs. 1 GG, die unzweideutig zu den wesentlichen Elementen des Rechtsstaatsprinzips zählt.[43] Diesem Schutzauftrag kann die Rechtsanwaltschaft seiner Ansicht nach nur nachkommen, wenn sie zumindest in einem begrenzten Autonomieverständnis zum Staat steht, weswegen Rick die Rechtsanwaltschaft in Gestalt der freien Advokatur im Grundgesetz verankert sieht.[44]

c) Zwischenergebnis

Krämers Begründungsansatz vermag unter dem dogmatischen Aspekt der Normenhierarchie nicht zu erklären, wie § 1 BRAO als Norm des einfachen Rechts den Verfassungsgrundsatz des Rechtsstaatsprinzips in Bezug auf die Rechtsanwaltschaft ausfüllen soll.[45]

Auch wenn *Ricks* Herleitung der verfassungsrechtlichen Institutionalisierung der Rechtsanwaltschaft über die Menschenwürde aus Art. 1 Abs. 1 GG zunächst unklar erscheint, so ist zu bedenken, dass die Verfassungsgarantie der Menschenwürde die Grundlage für das ganze Grundrechtssystem darstellt.[46]
Hierdurch hat die Verfassung eine Grundentscheidung zum Verhältnis von Mensch und Gemeinschaft in der Form getroffen, als dass sie einen Staat will, dessen Handeln am Menschen als Individuum und Gemeinschaftswesen orientiert ist.[47]

Zugleich ist in diesem Verständnis auch ein Spannungsverhältnis zwischen eigener Entfaltungsfreiheit und Gemeinschaftsanspruch des Menschen angelegt. Diese Spannung auszugleichen, ist Aufgabe der Grundrechte und ihrer Schranken. [48] Die einzelnen Schranken der Grundrechte und das aus ihnen entwickelte Verhältnismäßigkeitsprinzip zeigen, dass die umfassende Freiheit des Einzelnen nur durch öffentliche Interessen eingeschränkt werden können, die ein wesent-

---

41 Krämer, NJW 1995, 2313 (2315).
42 Rick, Die verfassungsrechtliche Stellung des Rechtsanwalts, S. 54 ff., 80.
43 Rick, aaO, S. 80.
44 Rick, aaO, S. 83 f.
45 Vgl. Rick, aaO, S. 78 f.
46 Vgl. nur Stern, III/1, S. 33.
47 Stern, III/1, S. 32; Nipperdey in Neumann/Nipperdey/Scheuner, II, S. 9.
48 Stern, III/1, S. 32 f.; Bleckmann, aaO, S. 539 ff..

lich höheres Gewicht besitzen als die von den Grundrechten geschützten Privatinteressen.[49] In diesem Spannungsfeld fungiert der Rechtsanwalt als Mittler zwischen Bürger und Staat. Er wirkt darauf hin, dass sich das ungleiche Kräfteverhältnis von Staat und einzelnem Bürger nicht soweit verschiebt, dass der Bürger eine Behandlung erfährt, die seine Subjektqualität grundsätzlich in Frage stellt. Die anwaltliche Verschwiegenheit als unabdingbare Grundlage der anwaltlichen Berufsausübung wahrt das Vertrauen der rechtsuchenden Bürger in die Anwaltschaft in Gestalt der freien Advokatur, wodurch schlussendlich eine funktionierende Rechtspflege gewährleistet wird.

Diese Auffassung wird durch die Tatsache untermauert, dass der Gemeinwohlbezug der ärztlichen Schweigepflicht anerkannt ist, und dies auch für die anwaltliche Schweigepflicht gelten muss, da Gründe für eine Differenzierung nicht ersichtlich sind.[50]

3. Grundrechte des Mandanten

a) Recht auf informationelle Selbstbestimmung

Das anwaltliche Berufsgeheimnis könnte des Weiteren mittelbar durch das Recht auf informationelle Selbstbestimmung des Mandanten verfassungsrechtlich geschützt sein. Dieses Recht leitet das Bundesverfassungsgericht aus dem allgemeinen Persönlichkeitsrecht und der Menschenwürde gem. Art. 2 Abs. 1 i.V.m. Art. 1 Abs. 1 GG her.[51] Hierdurch soll in der Welt der modernen Datenverarbeitung gewährleistet werden, dass jeder selbst über die Preisgabe und Verwendung seiner persönlichen Daten bestimmen darf.

Wie schon erwähnt, ist der Anwalt aufgrund seiner Tätigkeit darauf angewiesen, Informationen von seinem Mandanten zu erhalten und zu verarbeiten.[52] Eingriffe des Staates in diese Vertrauensbeziehung würden demnach den Mandanten in seinem Recht aus Art. 2 Abs. 1 i.V.m. Art. 1 Abs. 1 GG treffen.[53]

b) Selbstbezichtigungsverbot

Ferner ist verfassungsrechtlich gewährleistet, dass niemand gezwungen sein darf, sich selbst zu bezichtigen (*nemo tenetur se ipsum accusare*). Das Bundes-

---

49 Bleckmann, aaO, S. 541 f.

50 So auch: Rupp, aaO, 167 (200); Eylmann in Henssler/Prütting, § 43a BRAO, Rn. 28; Bär, Die Schweigepflicht des Rechtsanwalts, 104.

51 Ständige Rechtsprechung seit dem „Volkszählungsurteil" des BVerfG, vgl. BVerfGE 68, 1 (43): 78, 77 (84); 84, 192 (194 f.); 92, 191 (197); 96, 171 (181); 101, 106 (121).

52 Vgl. Rüpke, aaO, S. 80.

53 Rüpke, aaO, S. 126.

verfassungsgericht hat dieses Verbot ebenfalls aus dem allgemeinen Persönlichkeitsrecht in Verbindung mit der Menschenwürdegarantie abgeleitet.[54]

Dieses Verbot würde verletzt werden, wenn der Staat durch einen Eingriff in das Vertrauensverhältnis zwischen Anwalt und Mandant an Informationen gelangen würde, die der Mandant dem Anwalt zuvor im Vertrauen auf seine Verschwiegenheitspflicht mitgeteilt hat.[55] Der durch das Selbstbezichtigungsverbot bewirkte verfassungsrechtliche Schutz des anwaltlichen Berufsgeheimnisses dürfte streng betrachtet nur solche Informationen umfassen, die den Mandanten belasten könnten. Im Gegensatz hierzu werden durch das Recht auf informationelle Selbstbestimmung alle persönlichen Informationen geschützt, unabhängig davon, ob sie vor- oder nachteilhaft für den Mandanten sind. Diese Unterscheidung hat jedoch keine ernstzunehmenden Konsequenzen, da durch das Zusammenwirken des Selbstbezichtigungsverbots und des Rechts auf informationelle Selbstbestimmung ein umfassender verfassungsrechtlicher Schutz der anwaltlichen Verschwiegenheitspflicht erreicht wird.

4. Zwischenergebnis

Neben dem unmittelbaren verfassungsrechtlichen Schutz durch Art. 12 GG und durch das Rechtsstaatsprinzip wird das anwaltliche Berufsgeheimnis somit auch mittelbar durch das Recht auf informationelle Selbstbestimmung und das Selbstbezichtigungsverbot, welche beide aus Art. 2 Abs. 1 GG i.V.m. Art. 1 Abs. 1 GG hergeleitet werden, geschützt.

5. Art. 5 I GG

Im Bereich der Grundrechte schützt Art. 5 Abs. 1 S. 1 GG die Äußerung und Verbreitung von Meinungen in Wort, Schrift und Bild, wobei auch meinungsbildende Tatsachen vom Schutzbereich erfasst sind.[56]

Wie viele Grundrechte weist auch Art. 5 S. 1 GG eine negative Seite auf.[57] Demnach wird durch Art. 5 Abs. 1 S. 1 GG nicht nur die freie Meinungsäuße-

---

54 BVerfGE 56, 37 (41 ff.); 38, 105 (114 f.); Niemöller/Schuppert, AöR 107 (1982), 387 (421 ff.); ebenso, Rüpke, aaO, S. 132; Rick, aaO, S. 136.

55 Vgl. hierzu die Überlegungen in BVerfGE 33, 367 (377) für Sozialarbeiter, 44; 353 (372 ff.) für eine Suchtberatungsstelle, die Grundüberlegungen zu den für diese Berufe kennzeichnenden Vertrauensbeziehungen zwischen dem Berufstätigen und dem Betreuten lassen sich auf das Verhältnis zwischen Anwalt und Mandant übertragen.

56 Wendt in von Münch/Kunig, Art. 5, Rn. 9; Herzog in Maunz/Dürig, Art. 5, Rn. 50 ff. 55; Schmidt-Jortzig in Isensee/Kirchhof VI, § 141, Rn. 19 f.

57 Schmidt-Jortzig in Isensee/Kirchhof VI, S. 649; Pieroth/Schlink, Rn. 559; dagegen weist Art. 12 I GG keine gesonderte negative Komponente auf, da das positive Recht zwischen verschiedenen Berufen frei zu wählen, zugleich das Recht beinhaltet, einen einzelnen Beruf nicht zu ergreifen. Somit ist die Wahrung der anwaltlichen Verschwiegenheit zugleich positiver Bestandteil der Berufsausübung, vgl. Stern, III/1, S. 630 f.

rung und -verbreitung in Wort, Schrift und Bild geschützt, sondern auch das Recht, eine solche Meinung nicht zu haben oder sie nicht zu äußern.
Sieht man die negative Komponente als gegensätzlichen Part der positiven Freiheiten an, so müsste der Tatbestand spiegelbildlich konstruiert sein.[58]

Aus diesen Überlegungen ergibt sich, dass wenn keine Sonderregelungen für Rechtsmeinungen existieren, der Denk-, Sprech- und Handlungsspielraum, in dem Anwälte ihre Tätigkeit positiv ausüben, durch Art. 5 Abs. 1 GG geschützt sein müsste.

a) Positive Ausübung von Art. 5 Abs. 1 GG

Aufgrund seiner konstituierenden Wirkung für den Rechtsstaat wird der Schutzbereich des Art. 5 Abs. 1 GG weit verstanden, weswegen er sowohl das Verbreiten von Meinungen als auch meinungsbildenden Tatsachen in Wort, Bild und Schrift schützt.[59]

Indem der Anwalt die vom Mandanten erhaltenen Informationen verarbeitet, produziert er Rechtsmeinungen, anhand derer er versucht, Einfluss auf andere zu nehmen und sie zu überzeugen. Diese häufig gegensätzlichen Rechtsauffassungen sind stark von subjektiven Wertungen geprägt, weswegen auch Rechtsmeinungen in den Schutzbereich von Art. 5 Abs. 1 GG fallen.[60]

Dieses Ergebnis wird auch nicht durch die Tatsache geschmälert, dass die Hauptaufgabe des Anwalts, vor allem im Zivilprozess, darin liegt, Tatsachen vorzubringen. Als Klägervertreter hat er auf die Schlüssigkeit seines Vortrages zu achten, als Beklagtenvertreter obliegt es ihm, die Tatsachen zu widerlegen, auf die die Gegenseite ihre Argumentation stützt. Beiden Handlungsvarianten ist gemein, dass zuvor die vom Mandanten erhaltenen Informationen nach deren Relevanz für das Verfahren zu sortieren sind. Aufgrund dieser Vorauswahl erfolgt auch hier eine Wertung, die das Vorgetragene Art. 5 Abs. 1 GG unterfallen lässt.[61]

b) Negative Ausübung von Art. 5 Abs. 1 GG

In dem Maße, in dem die anwaltliche Meinungsäußerung durch Art. 5 Abs. 1 GG geschützt ist, wird auch das Recht des Anwalts verfassungsrechtlich gesi-

---

58 Merten, DöV 1990, 761.

59 Grundlegend hierzu Herzog in Maunz/Dürig, Art. 5, Rn. 50 ff.; Schmidt-Jortzig in Isensee/Kirchhof VI, S. 644 ff.; Wendt in von Münch/Kunig, Art. 5, Rn.8 f.

60 BVerfGE 76, 171 (192); Rick, aaO, S. 109; ebenso Rüpke, aaO, S. 70 f., der die fehlende Berücksichtigung von Art. 5 I GG in der Literatur kritisiert, vgl. Schneider, aaO, S. 44; Krämer, BRAK-Mitt. 88, 67 ff.; Friese, AnwBl 1985, 601 (602); Hartstang, Anwaltsrecht S. 253 f.

61 Merten, DöV 1990, 761 (762); Schmidt-Jortzig in Isensee/Kirchhof VI, S. 645; Stein/Frank, Staatsrecht, S. 304.

chert, seine Meinung nicht zu äußern und nicht zu verbreiten. Dies führt aufgrund der Spiegelbildlichkeit der Tatbereiche zu einer verfassungsrechtlichen Absicherung der anwaltlichen Verschwiegenheit durch Art. 5 Abs. 1 GG.[62]

Hiergegen wendet sich jedoch Merten, der aus der negativen Ausübung von Art. 5 Abs. 1 GG weder ein Schweigerecht als Recht zur Zeugnisverweigerung noch als Freiheit von Selbstbezichtigung ableitet.[63] Zur Begründung verweist er darauf, dass mangels Anspruchs auf eine Zuhörerschaft oder ein bestimmtes Äußerungsforum die positive Meinungsfreiheit aus Art. 5 Abs. 1 GG kein Recht auf eine Zeugenaussage gewährt.

Dieser Auffassung ist dahingehend zuzustimmen, dass dort, wo die Zeugnispflicht die Äußerung bloßer Tatsachen bedingt, dies nicht als „Meinungsäußerung" aufgefasst werden kann. Diese Auffassung wird auch durch das „Volkszählungsurteil" des Bundesverfassungsgerichts bestätigt, indem das Gericht Angaben im Rahmen statistischer Erhebungen nicht als Meinungsäußerung qualifiziert.[64]

Wie oben jedoch bereits dargestellt, beschränken sich die Äußerungen eines Anwalts so gut wie nie auf bloße Tatsachenmitteilungen, da zuvor eine wertende Selektion der vom Mandanten mitgeteilten Informationen stattgefunden hat. Somit ruht den Äußerungen des Anwalts stets eine Meinung inne, da er bestimmte Informationen zunächst zurückhält und andere besonders hervorhebt.

Hierin liegt ein gravierender Unterschied zu der Versagung des Zeugnisverweigerungsrechts für Tierärzte durch das Bundesverfassungsgericht[65] mit dem Merten seine Ansicht begründet.[66] Die Zeugnispflicht eines Tierarztes im Hinblick auf von ihm durchgeführte Tests kann nur die Äußerung von Tatsachen beinhalten, da es insoweit um naturwissenschaftlich nachprüfbare Erkenntnisse geht, die kein Element der Stellungnahme, des Dafürhaltens und des Meinens beinhalten. Somit sind schon seine Äußerungen nicht von der positiven Meinungsfreiheit des Art. 5 Abs. 1 GG geschützt, weswegen sich auch das Zeugnisverweigerungsrecht nicht aus der negativen Meinungsfreiheit herleiten lässt.

Merten verkennt somit die Besonderheiten der anwaltlichen Tätigkeit, weswegen seine ablehnende Haltung gegenüber der Ableitung der verfassungsrechtlichen Verankerung der anwaltlichen Verschwiegenheitspflicht aus Art. 5 Abs. 1 GG nicht zu überzeugen vermag.

---

62 Rüpke, aaO, S. 136 f.; Rick, aaO, S. 131.

63 Merten, DöV 1990, 761 (763).

64 BVerfGE 65, 1, (41).

65 BVerfGE 38, 312 (319 ff.).

66 Merten, DöV 1990, 761 (763).

6. Ergebnis

Die anwaltliche Verschwiegenheit wird demnach neben Art. 5 Abs. 1 GG auch durch Art. 12 Abs. 1 GG geschützt und erfährt durch seinen Gemeinwohlbezug auch eine verfassungsrechtliche Verankerung durch das Rechtsstaatsprinzip.

Der Bedeutung der anwaltlichen Verschwiegenheit für den Mandanten wird durch den Umstand Rechnung getragen, dass das anwaltliche Berufsgeheimnis mittelbar durch sein Recht auf informationelle Selbstbestimmung und das Selbstbezichtigungsverbot, welche beide aus Art. 2 Abs. 1 GG i.V.m. Art. 1 Abs. 1 GG hergeleitet werden, geschützt wird.

B. Rechtslage in Frankreich

I. Einfachgesetzliche Ausformung

Wie in Deutschland gilt das anwaltliche Berufsgeheimnis auch in Frankreich als Herzstück der anwaltlichen Berufsausübung.[67] Sowohl im strafrechtlichen wie auch im berufsrechtlichen Zusammenhang wird das Berufsgeheimnis des Anwalts als *Secret Professionnel de l'Avocat* bezeichnet.

Seinen Ursprung hat das *Secret Professionnel de l'Avocat*, wie auch die *Secrets Professionnels* der anderen traditionnel einem Berufsgeheimnise verpflichteten Berufsgruppen im Beichtgeheimnis der Priester.[68] Das Beichtgeheimnis ist das einzige *Secret Professionnel*, was durch die Jahrhunderte gesetzlich garantiert war, wohingegen die Achtung der anderen *Secrets Professionnels* mehr auf ungeschriebenen Regeln und Gebräuchen basierte.[69]

Diese ritualisierte Form des Geheimnisschutzes wurde mit Einführung des Code Pénal und des in ihm enthaltenen Delikts des Geheimnisbruchs in gesetzlich normierte Bahnen gelenkt. Art. 378 des alten Code Pénal von 1810 besagte, dass

„Les médecins, chirurgiens et autres officiers de santé, ainsi que les pharmaciens, les sages-femmes, et toutes autres personnes dépositaires, par état ou profession, des secrets qu'on leur confie, qui, hors le cas où la loi les oblige à se porter dénonciateur, auront révélé ces secrets, seront punis d'un emprison-

---

67 Gaté, Gaz. Pal., 17 mars 1987, doctr., 199; Viala in Droit et Déontologie de la Profession d'Avocat, Nr. 150.

68 Viala, aaO, Nr. 155; Moutouh, D. 2000, chron. 431 (434); Damien, Le secret nécessaire, S. 12; Woog, Dr. et Patr., septembre 1993, 68.

69 Damien, aaO, S.14 f., 44.

nement d'un mois à six mois et d'une amende de cent francs à cinq cent francs."[70]

Auffällig hierbei ist, dass die Anwälte im Gegensatz zu den Ärzten und anderen Berufen des Gesundheitswesens nicht extra aufgezählt werden, sondern der Sammelbezeichnung „*...et toutes autres personnes dépositaires par état ou profession...*" unterfallen.

Die Gründe hierfür sind in der Geschichte der französischen Rechtsanwaltschaft zu suchen. In den ersten Jahren nach der Französischen Revolution war die Arbeit der Nationalversammlung davon geprägt, alle Privilegien und Rechte abzuschaffen, die bestimmte Teile der Gesellschaft bevorzugten und aus diesem Grund als „Feudalismus" abgelehnt wurden.[71] Daher konnte die Gemeinschaft der Anwälte nicht länger fortbestehen, weil sie aus diesem Blickwinkel das alte königliche Rechtssystem verkörperte.[72] Aus diesem Grund fasste die Nationalversammlung am 2. September 1790 den Entschluss, den Anwälten die Organisation in einer Gemeinschaft und das Tragen einer Berufstracht zu verbieten.[73]

„*Les hommes de Lois, ci-devant appelés Avocats ne devant former ni Ordre ni Corporation, n'auront aucun costume particulier de leurs fonctions.*"[74]

Die Abschaffung des Berufes des Anwalts wurde mit Art. 3 des Dekrets vom 29. Januar 1791 vollendet,[75] wonach jeder Bürger das Recht hatte, als „*défenseur officiel*" sein Anliegen oder das eines anderen vor Gericht zu vertreten.[76] Erst unter Kaiser Napoleon wurde die Rechtsanwaltschaft auch rechtlich mit Dekret vom 14. Dezember 1810 wieder hergestellt.[77]

---

70 § 378 Code Pénal in Les cinq codes de l'empire français, S. 606 f., dt: „*Ärzte, Chirurgen und andere Amtsträger des Gesundheitswesen, wie auch die Apotheker, Hebammen und andere Personen, dürfen die Geheimnisse, die ihnen gesetzlich, durch ihren Beruf oder durch ihre temporäre oder permanente Funktion anvertraut werden nicht verraten, ausgenommen die Fälle in denen das Gesetz sie dazu verpflichtet oder befugt, ansonsten werden sie mit einem bis sechs Monate Freiheitsstrafe und eine Geldstrafe bestraft.*"

71 Bell, Lawyer & Citizen, p. 189; Fitzsimmons, The Parisian Order of Barristers and the French Revolution, S. 58.

72 Bell, aaO, S. 189.

73 Madival/Laurent, Archives parlementaires des 1787 à 1860, tome XVIII, S. 493; Duvergier, Collection complète des lois, décrets, ordonnances, règlements et avis du conseil d'état, tome 1, S. 354 f.

74 „*Die Rechtskundigen, vormals Anwälte genannt, dürfen weder einen Orden noch eine Gemeinschaft gründen und haben auch keine spezielle Amtstracht für ihre Aufgaben.*"

75 Madival/Laurent, aaO, tome 21, S. 512 f.; Duvergier, aaO, tome 2, 1790-1791, S. 184.

76 Payen/Duveau, Les règles de la profession d'avocat, S. 36; Fitzsimmons, aaO, S. 77; Bell, aaO, S. 190; Fabre, Histoire du barreau du Paris, S. 26.

77 Duvergier, aaO, tome 17, S. 236 ff.

Diese Wiederherstellung hatte zur Zeit der Arbeit am Code Pénal noch nicht stattgefunden, weswegen die Anwälte im Art. 378 des alten Code Pénal nicht ausdrücklich erwähnt wurden.[78]

In den zwanzig Jahren, in denen die Rechtsanwaltschaft abgeschafft war, hielten einige ehemalige Anwälte dennoch an den traditionellen Regeln und Gebräuchen der Anwaltschaft fest, die bis dahin noch nicht schriftlich festgehalten worden waren.[79] Eine Pariser Gruppe, die „*avocats du Marais*" formten sogar eine inoffizielle Gemeinschaft, um diese Regeln und Gebräuche beizubehalten und sie an ihre Schüler weiterzugeben.[80] Im Rahmen dieser Weitergabe sahen sie das *Secret Professionnel* als das wichtigste Element der zu überliefernden Regeln an.[81]

Diese Regeln und Gebräuche sind integraler Bestandteil des Berufsrechts der französischen Rechtsanwälte geworden, welche man heute „*les règles*" bzw. "*le statut de la profession d'avocat*" oder auch „*la déontologie de l'avocat*" nennt.[82]

Das geltende Berufsrecht der Rechtsanwälte in Frankreich baut auf diesen Regeln und Gebräuchen auf. Zum einen wird das Berufsrecht der französischen Anwälte von Seiten der Rechtsanwaltskammern durch das Règlement Intérieur National geregelt. Von Seiten des Gesetzgebers erfolgt die Regelung der anwaltlichen Berufsausübung durch das Gesetz vom 31. Dezember 1971, durch das Dekret vom 27. November 1991 und durch das Dekret vom 12. Juli 2005.[83] An höchster Stelle der Normenhierarchie stehen die formellen Gesetze (*lois*), welche eine generelle und unpersönliche Maßnahme sind, über die das Parlament abgestimmt hat.[84] Darunter sind als materielle Gesetze die vom Staatspräsidenten oder Ministerpräsidenten zu erlassenden Dekrete (*décrets*) angesiedelt, welche die Umsetzung und Ausführung der formellen Gesetze zum Inhalt ha-

---

78 Viala,aaO, Nr. 154.

79 Ozanam, in Halpérin (Hrsg.) Les structures du barreau et du notariat en Europe, S. 15; Cresson, Profession d'avocat, II, S. 88, 99; Mollet, Règles de la profession d'avocat, S. 20.

80 Ozanam, aaO, S. 15; Payen/Duveau, aaO, S. 36; Mollet, aaO, S. 27.

81 Viala, aaO, Nr. 154; Damien, aaO, S.45.

82 Viala, aaO, Nr. 154; vgl. zum Secret Professionnel im 19. Jh., Mollet, aaO, S.108, 148 ff.; Cresson, aaO, I, S. 261 ff; fühes 20. Jh., Payen/Duveau, aaO, S. 364 ff; zur Geschichte des Begriffes "déontologie" vgl. Ader, Gaz. Pal. 17/18 septembre 2004, lib.pr., 5.

83 Die Normtexte sind im Anhang abgedruckt; Gesett vom 31. Dezember 1971 betreffend die Reform gewisser juristischer Berufe, JO 5 janvier 1972, S. 131; Dekret Nr. 91-1179 vom 27. November 1991 betreffend die Organisation des Anwaltsberufes, JO 28 novembre 1991, S. 15502; Dekret Nr. 2005-790 vom 12. Juli 2005 betreffend die Regelung des Berufsrechts der Anwälte, JO 16 juillet 2005, S. 11688.

84 Sonnenberger/Autexier, Einführung in das französische Recht, S. 23.

ben.[82] Auf unterster Stufe stehen die von berufsständischen Organisationen erlassenen innerberuflichen Regelungen, wie das von der Vereinigung der französischen Anwaltskammer (Conseil National des Barreaux) erlassene Règlement Intérieur National. Die Kompetenz zum Erlass dieser Regelungswerke wird den berufsständischen Organisationen durch ein formelles Gesetz gegeben, wodurch diesen außerstaatlichen Rechtsetzungsakten Rechtsnormqualität verliehen wird.[83]

Das anwaltliche Berufsgeheimnis wird im französischen Recht zum einen im Straf- und Verfahrensrecht geregelt, zum anderen im Berufsrecht der Anwälte. Das anwaltliche Berufsrecht wiederum lässt sich in die von staatlicher Seite erlassenen Gesetze und Dekrete und in das von Seiten des Conseil National des Barreaux erlassene Règlement Intérieur National einteilen.

1. Straf- und verfahrensrechtliche Ausgestaltung

Im Rahmen der zuvor genannten Normenhierarchie nimmt die Normierung des anwaltlichen Berufsgeheimnisses in der strafrechtlichen Regelung des Art. 226-13 Code Pénal seinen Ausgangspunkt, wo das unbefugte Offenbaren eines im Rahmen der beruflichen Tätigkeit in Erfahrung gebrachten Geheimnisses sanktioniert wird. Auf derselben Normebene finden sich zum Schutz des anwaltlichen Berufsgeheimnisses in den Verfahrensrechten Regelungen, die das Zeugnisverweigerungsrecht des Anwalts vor Gericht und die Modalitäten bei Durchsuchungen der Kanzlei- und Privaträume des Anwalts regeln.

a) Art. 226-13 und Art. 226-14 Code Pénal

In Art. 226-13 des Code Pénal wird der Bruch des *Secret Professionnel* unter Strafe gestellt. Art. 226-13 Code Pénal ist der Nachfolger des oben bereits erwähnten Art. 378 alter Code Pénal. In Art. 226-13 Code Pénal wird im Gegensatz zu Art. 378 alter Code Pénal keine zur Verschwiegenheit verpflichtete Berufsgruppe gesondert aufgezählt, vielmehr wird der Bruch des *Secret Professionnel* durch eine Person bestraft, *„qui en est dépositaire soit par état ou par profession, soit en raison d'une fonction ou d'une mission temporaire"*.

Nach Art. 226-14 Code Pénal ist Art. 226-13 Code Pénal nicht anwendbar, wenn das Gesetz die Aufdeckung des Geheimnisses anordnet oder erlaubt. Danach stellt für einen Anwalt nach Absatz 1 des Art. 226-14 Code Pénal eine Mitteilung an Gerichtsbehörden, ärztliche Funktionsträger oder Verwaltungsbehörden über eine Vernachlässigung oder eine körperlicher Misshand-

82 Sonnenberger/Autexier, aaO, S. 23; Guimezanes, Introduction au Droit Français, S. 29 ff.

83 Sonnenberger/Autexier, aaO, S. 25.

lung, soweit es sich um sexuelle Übergriffe handelt, keinen Bruch des *Secret Professionnel* dar, sofern diese an Minderjährigen oder an Personen verübt wurden, die sich aus Altersgründen oder physischen oder psychischem Unvermögen nicht selbst schützen können.

Zugleich enthält Art. 226-14 Code Pénal in seinem letzten Absatz die Bestimmung, dass eine Benachrichtigung der zuständigen Stellen in den zuvor genannten Fällen nicht Gegenstand eines Disziplinarverfahrens einer berufsständischen Organisation sein kann.

b) Verfahrensrechte

Die oben vorgestellten Normen lassen einen umfangreichen Schutz des *Secret Professionnel* erkennen, das auch vor Gericht durch ein Zeugnisverweigerungsrecht des Anwalts geschützt wird.

Allerdings kennt das französische Recht kein speziell geregeltes Zeugnisverweigerungsrecht des Anwalts, vielmehr ist hier ebenfalls Art. 226-13 Code Pénal maßgebend. Indes ist man sich auch ohne gesetzliche Normierung darüber einig, dass ein Anwalt nicht zu einer Aussage gezwungen werden kann, sondern diesbezüglich vielmehr seinem Gewissen unterworfen ist.[84] Auf die hieraus entstehende Konfliktlage mit den eine Aussagepflicht für jeden geladenen Zeugen enthaltenden Art. 109 Code de Procédure Pénale und Art. 206 Nouveau Code de Procédure Civile wird weiter unten im Rahmen des Schweigerechts des Anwalts vor Gericht noch weiter eingegangen werden.[85]

(1) Durchsuchungen aufgrund von Art. 56-1 Code de Procédure Pénale

Dem umfangreichen Schutz des *Secret Professionnel* folgend müssten auch die Kanzlei- und Privaträume des Rechtsanwalts als absolut unverletzlich anzusehen sein. Das Interesse der Allgemeinheit an der Aufklärung von Straftaten steht jedoch im Gegensatz zu dem durch die Wahrung des *Secret Professionnel* bewirkten Schutz der Vertrauenssphäre zwischen Anwalt und Mandant, die die Grundlage jeder anwaltlichen Tätigkeit darstellt.[86] Im Bemühen um einen Ausgleich zwischen diesen beiden Interessen musste die absolute Unverletzlichkeit der Kanzlei- und Privaträume hinter dem Strafverfolgungsinteresse zurücktreten, mit der Folge, dass die Kanzlei- und Privaträume nicht unverletzlich sind.

Art. 56-1 Code de Procédure Pénale versucht daher, den Kanzlei- und Privaträumen einen privilegierten Status zukommen zu lassen, aber zugleich Durchsuchungen zu erlauben. Eine wichtige Rolle im Bemühen um einen Ausgleich in diesem Spannungsfeld spielt der ***Bâtonnier***. Als ***Bâtonnier*** wird der

---

84 Taisne, Rép. pr. civ. Dalloz, Avocat, Nr. 501; Martin, Déontologie de l'avocat, Nr. 462.

85 S.u. 3. Kap. B. I. 1.

86 Martin, aaO, Nr. 465; Taisne, aaO, Nr. 503.

Präsident einer französischen Anwaltskammer bezeichnet, der die Anwaltskammer nach außen vertritt, nach innen verwaltet und bei Streitfällen zwischen den Anwälten als Streitschlichter fungiert.[87]

Im Gegensatz zu sonstigen Durchsuchungen entscheiden bei der Durchsuchung von Kanzlei- oder Privaträumen eines Anwalts der *Juge d'Instruction* und der *Bâtonnier* gemeinsam über die Beschlagnahme der gefundenen Schriftstücke. Hierbei hat der *Bâtonnier* das Recht, sich der Beschlagnahme eines Schriftstückes zu widersetzen. Dies hat zur Folge, dass der *Juge des Libertés* über die endgültige Beschlagnahme des Schriftstücks zu entscheiden hat.

Die Funktion des *Juge des Libertés et de la Détention* wurde durch die Art. 48 bis 56 des Gesetzes[88] vom 15. Juni 2000 geschaffen, welches die Stärkung des Schutzes der Unschuldsvermutung und der Rechte der Opfer zum Ziel hat. Der *Juge des Libertés* wird gem. Art. 137-1 Abs. 2 Code de Procédure Pénale durch den Präsidenten eines Tribunal de Grande Instance ernannt. Seine Hauptaufgabe besteht darin zu prüfen, ob ein Angeklagter in Untersuchungshaft genommen wird.[89] Daneben ist es gem. Art. 56-1 Abs. 4 Code de Procédure Pénale seine Aufgabe, innerhalb von fünf Tagen nach Erhalt der Schriftstücke zu entscheiden, ob eine Beschlagnahme aufgrund des *Secret Professionnel* unzulässig ist. Gegen die mit einer Begründung versehene Entscheidung ist gem. Art. 56-1 Abs. 4 Code de Procédure Pénale kein Widerspruch möglich. Um zu dieser Entscheidung zu gelangen, findet eine Verhandlung vor dem *Juge de Libertés* statt, bei der der *Juge d'Instruction*, der Staatsanwalt, der betroffene Anwalt und der *Bâtonnier* ihren Standpunkt darlegen können. Der *Juge des Libertés* darf gem. Art. 56-1 Abs. 5 Code de Procédure Pénale während dieser Verhandlung das Siegel des in Frage stehenden Schriftstückes öffnen. Grundlage seiner Ermessensentscheidung sind demnach die Aussagen der beteiligten Parteien während der Verhandlung sowie das in Frage stehende Schriftstück selbst.

(2) Durchsuchungen aufgrund anderer Gesetze

Auch bei der Durchsuchung von Kanzlei- oder Privaträumen eines Anwalts aufgrund des Steuer-, Wettbewerbs- oder Zollrechts spielt der *Juge des Libertés* eine wichtige Rolle. Er muss gem. Art. 16 B II Code de Procédure Fiscale, Art. 450-4 Abs. 1 Code de Commerce oder gem. Art. 64, 2. a) Abs. 1 Code des Douanes die Durchsuchungen genehmigen. Bei diesen Durchsuchungen ist eine Beteiligung des *Bâtonnier* nicht vorgesehen, vielmehr soll gem. Art. 64, 2. b) Abs. 3 Code des Douanes, Art. 16 B III Abs. 3 Code de Pro-

87 Damien/Ader, Règles de la profession d'avocat, Nr. 24.41.

88 Gesetz Nr. 2000-516 vom 15. Juni 2000 betreffend die Stärkung des Schutzes der Unschuldvermutung und der Rechte der Opfer, JO 16 juin 2000, S. 9038 ff.

89 Martin, aaO, Nr. 467.

cédure Fiscale und Art. 450-4 Abs. 8, 9 Code de Commerce ein Beamter der ermittelnd tätigen Polizei („*un officier de police judiciare*") über die Beachtung des *Secret Professionnel* gem. Art. 56 Abs. 3 Code de Procédure Pénale wachen. Zwar können sie zur ordnungsgemäßen Erfüllung dieser Aufgabe einen Vertreter der Anwaltskammer herbeibestellen, hierzu sind jedoch weder die Beamten noch der die Durchsuchung anordnende Richter verpflichtet.[90] Der die Untersuchung anordnende *Juge des Libertés* kann während der Durchsuchung zugegen sein, muss es jedoch nicht. Er wird durch einen oder mehrere von ihm beauftragte Beamten der ermittelnd tätigen Polizei („*un officier de police judiciare*") über den Verlauf der Durchsuchung informiert. Hierin ist ein weiterer Unterschied zu der Durchsuchung nach Art. 56-1 Code de Procédure Pénale zu sehen, wo die Anwesenheit eines Richters zwingend vorgeschrieben ist.

Diese zwei Unterschiede zeigen, dass im Gegensatz zu der Durchsuchung nach Art. 56-1 Code de Procédure Pénale, bei den Durchsuchungen nach Art. 16 B Code de Procédure Fiscale, Art. 450-4 Code de Commerce oder nach Art. 63 ter und Art. 64 Code des Douanes der Schutz des *Secret Professionnel* weniger ausgeprägt ist. Zwar wird der Schutz des *Secret Professionnel* erwähnt, kennzeichnend für seine Wertigkeit im Zusammenhang mit den genannten Durchsuchungsrechten ist, dass ein Beamter der ermittelnd tätigen Polizei („*un officier de police judiciare*") über seine Achtung wachen soll. Dieselben Beamten können die Durchsuchung aber auch stellvertretend für den sie anordnenden Richter leiten. In der Frage, ob der Beschlagnahme eines Schriftstückes das *Secret Professionnel* entgegensteht, müssen sie demzufolge zugleich den Ermittlungsinteressen des Richters und dem Gemeininteresse an der Wahrung des *Secret Professionnel* gerecht werden. Die Wahrnehmung dieser Doppelfunktion durch die ermittelnd tätigen Beamten setzt den Schutz des *Secret Professionnel* zwar nicht automatisch herab, dennoch liegt in dieser Doppelfunktion die Gefahr begründet, den Ermittlungsinteressen Vorrang vor der Achtung des *Secret Professionnel* einzuräumen.

2. Berufsrechtliche Regelungen

Die strafrechtliche Regelung des Art. 226-13 Code Pénal stellt nicht speziell das unbefugte Offenbaren von anwaltlichen Berufsgeheimnissen unter Strafe, sondern bezieht sich auf alle Berufsgeheimnisträger. Speziell für Anwälte erfolgt daher die Regelung des anwaltlichen Berufsrechts, und damit auch die Regelung des Umfangs des anwaltlichen Berufsgeheimnisses, durch das Gesetz vom 31. Dezember 1971. Die Dekrete vom 27. November 1991 und vom 12. Juli 2005 stellen die hierzu gehörenden Ausführungsverordnungen dar. Von

90 Cass. com. 7 mars 1995, D. 1995, jur. 486, note Tixier, Lamulle.

Seiten der französischen Anwaltskammer erfolgt die Regelung des anwaltlichen Berufsrechts mittels des bereits angesprochenen Règlement Intérieur National.

a) Art. 66-5 des Gesetzes vom 31 Dezember 1971

Das Gesetz vom 31. Dezember 1971[94] sollte der bis dahin in Frankreich bestehenden Zersplitterung der anwaltlichen Tätigkeit in *Avocat, Avoué, Agréé, Conseil Juridique* und *Procureur* ein Ende setzen.[95] Zwar vereinigte das Reformgesetz von 1971 die Berufe des *Avocats, Agréé* und *Avoué* am Landgericht, ließ jedoch die hauptsächlich auf lukrative Wirtschaftsmandate spezialisierten *Conseils Juridiques* außen vor, weswegen das Gesetz vom 31. Dezember 1971 vielfach auch als die „kleine" Reform bezeichnet wird.[96] Fast zwanzig Jahre später holte man im Zuge einer erneuten Umstrukturierung des anwaltlichen Berufsrechts das bis dahin Versäumte nach. Durch das Änderungsgesetz vom 31. Dezember 1990[97] wurden die Berufe des *Avocat* und des *Conseil Juridique* miteinander vereinigt, so dass eine durch die Pariser Anwaltskammer vielbeworbene „*nouvelle profession d'avocat*" entstand.

Wie schon für ihre Vorgänger so enthält auch für diese vereinheitlichte Anwaltschaft das Gesetz vom 31. Dezember 1971, nun aber in seiner Fassung durch das Änderungsgesetz vom 31. Dezember 1990,[98] die Grundlagen des anwaltlichen Berufsrechts in Frankreich.

In Art. 66-5 des Gesetzes vom 31. Dezember 1971 wird der Umfang der Wahrung des *Secret Professionnel* für den Anwalt umrissen. Hierin wird ausdrücklich klargestellt, dass das *Secret Professionnel* die anwaltliche Berufsausübung „*en toutes matières*" erfasst, und somit nicht nur im Bereich der Verteidigung, sondern auch im Bereich der anwaltlichen Beratung Anwendung findet. Aus diesem Grund sind alle Beratungen zwischen Anwalt und Mandant sowie ihre Korrespondenz vertraulich. Sowohl der Anwalt wie auch der Mandant können sich auf die Vertraulichkeit der ausgetauschten Korrespondenz berufen, wenn diese zum Beispiel bei einer Durchsuchung sichergestellt werden soll. Dieser Schutz der zwischen dem Anwalt und seinem Mandanten ausgetauschten Korrespondenz begründet jedoch keinen absoluten Schutz vor einer Beschlagnahme durch einen Ermittlungsrichter. Sollte die Korrespondenz Beweise bein-

---

94 Gesetz Nr. 71-1130 vom 31. Dezember 1971 betreffend die Reform bestimmter juristischer Berufe, JO 5 janvier 1972, S. 131 ff.

95 Zur Abgrenzung der verschiedenen Tätigkeitsgebiete dieser anwaltlichen Berufe vgl. Niessen, Frankreichs Anwaltschaft, S. 22 ff.

96 Vgl. Niessen, aaO, S. 28 f.

97 Gesetz Nr. 90-1259 vom 31. Dezember 1990 betreffend die Reform bestimmter juristischer Berufe, JO 5 janvier 1991, S. 219 ff.

98 Das Gesetz vom 31. Dezember 1971 ist in seiner aktuellen Version im Anhang des Nouveau Code de Procédure Civile von Dalloz unter „Avocat" abgedruckt.

halten, dass der Anwalt eine strafbare Handlung begangen hat, dann hat der Ermittlungsrichter aufgrund von Art. 96 und 97 Code de Procédure Pénale die Befugnis, die Schriftstücke zu beschlagnahmen.[99] Demnach ist es dem Ermittlungsrichter während einer Durchsuchung erlaubt, auch die mit den Mandanten ausgetauschte Korrespondenz in Augenschein zu nehmen, um festzustellen, ob das Schriftstück einen Beweis für ein strafrechtlich relevantes Verhalten des Anwalts enthält.

Auch die zwischen den Anwälten untereinander ausgetauschte Korrespondenz unterliegt dem *Secret Professionnel* und ist deswegen vertraulich, es sei denn, sie trägt die Bezeichnung *„officielle"*. Des Weiteren unterfallen ebenfalls die Notizen des Mandantengesprächs sowie der gesamte Inhalt der Handakte dem *Secret Professionnel.*

b) Art. 160 des Dekrets vom 27. November 1991

Das Dekret vom 27. November 1991[100] betreffend der Organisation des Anwaltsberufes bezieht sich auf das Änderungsgesetz vom 31. Dezember 1990 und stellt die Durchführungsverordnung zu dem Änderungsgesetz von 1990 dar.

Die Anwälte gelten zusammen mit den Priestern und den Ärzten traditionell als an das *Secret Professionnel* gebunden, wie oben bereits angesprochen werden sie aber nicht explizit in Art. 226-13 Code Pénal erwähnt.[101] Zwar erfasst der Wortlaut des Art. 226-13 Code Pénal bereits die Anwälte, da sie aufgrund ihrer Tätigkeit zu den dort angesprochenen Berufsgeheimnisträgern zählen, dennoch legt Art. 160 des Dekrets vom 27. November 1991 noch einmal ausdrücklich die Verpflichtung der Anwälte zur Wahrung des *Secret Professionnel* fest.

In Art. 160 des Dekrets vom 27. November 1991 wird klargestellt, dass der Anwalt „en toute matière" keinerlei Verlautbarungen machen darf, die dem *Secret Professionnel* zuwider laufen. Des weiteren hat er das *„secret d'instruction"* im Bereich von Strafsachen zu achten und darf aus diesem Grund weder Informationen aus der Ermittlungsakte noch Dokumente, Teile oder Briefe, die eine im Gange befindliche Ermittlung betreffen, verbreiten. Nur ausnahmsweise ist dies möglich, wenn der Anwalt seinem Mandanten diese Informationen zum Zwecke der Verteidigung zukommen lässt.

---

99 Cass. crim. 27 juin 2001, Bull. crim. 2001, Nr. 163; Cass. crim. 18 juin 2003, Bull. crim. 2003, Nr. 129.

100 Dekret n ° 91-1197 vom 27. November 1991 betreffend die Organisation des Anwaltsberufes, JO 28 novembre 1991, S. 15502 ff.; das Dekret ist ebenfalls im Anhang des Nouveau Code de Procédure Civile von Dalloz unter „Avocat" abgedruckt.

101 Vgl. Peltier, Jur. Clas. Code Pénal, Art. 226-13, 226-114, fasc. 20, Nr. 17.

c) Art. 4 des Dekretes vom 12. Juli 2005

Das Dekret vom 12. Juli 2005[102] betreffend die Regelung des Berufsrechts der Anwälte hat zum Ziel, das anwaltliche Standesrecht auch von staatlicher Seite durch ein Dekret zu regeln.

Bislang waren die Anwaltskammern und nach seiner Gründung der Conseil National des Barreaux gem. Art. 21.1 Abs. 1 Gesetz vom 31. Dezember 1971 für die Ausarbeitung und den Erlass der Regelungen zuständig, die das Standesrecht der Anwälte betrafen. Einige Anwälte sehen die Unabhängigkeit der Anwälte in Gefahr, wenn, wie durch das Dekret vom 4. Juli 2005 geschehen, der Staat mit der Tradition bricht, die Ausarbeitung und Regelung des anwaltlichen Standesrechts allein den Anwaltskammern beziehungsweise dem Conseil National des Barreaux zu überlassen.[103]

Hiergegen wird von Braunschweig eingewandt, dass das Dekret vom 27. November 1991 aufgrund von Art. 53 des Gesetzes vom 31. Dezember 1971 bereits die wichtigsten Regelungen des anwaltlichen Standesrechts von staatlicher Seite regelt.[104] Er selbst sieht in dem Dekret vom 12. Juli 2005 eine Bestärkung des Wertes der grundlegenden Regelungen der Anwälte gegenüber Dritten, aber auch gegenüber den eigenen Kollegen, da sie durch das Dekret über eine unangreifbare rechtliche Grundlage verfügen.[105] Andere wiederum bemängeln die Halbherzigkeit des Dekrets, da es nicht zu der umstrittenen Frage der Anwendung des Berufsrechts im Rahmen der Zusammenarbeit in einem *Réseau Pluridisciplinaire* Stellung nimmt, und verweisen ferner darauf, dass ein richtiger „Code de déontologie“ den Vorteil gehabt hätte, die immer zahlreicher werdenden Regelungen, die die Anwälte betreffen, in einem Regelungswerk zusammenzufassen.[106]

Abgesehen von dieser, gerade in Bezug auf die Zersplitterung des anwaltlichen Berufsrechts in verschiedene Gesetze und Dekrete berechtigten Kritik, bleibt festzuhalten, dass sich Art. 4 des Dekrets vom 12. Juli 2005 der Verpflichtung des Anwalts zur Wahrung des *Secret Professionnel* widmet. In diesem Artikel wird festgehalten, dass das *Secret Professionnel* des Anwalts absolut ist und er nur zu seiner eigenen Verteidigung oder in den Fällen, in denen das Gesetz eine Offenbarung erlaubt oder vorsieht, hiervon abweichen darf. Damit enthält Art. 4 des Dekrets vom 12. Juli 2005 nur eine zusammenfassende Wiederholung der weiter unten dargestellten Regelung des Art. 2 RIN und der

102 Dekret Nr. 2005-790 vom 12. Juli 2005 betreffend die Regelung des Berufsrechts der Anwälte, JO 16 juillet 2005, S. 11688 ff.

103 de Belval, Gaz. Pal. 2/3 décembre 2005, 2 (4 f.); Vatier/Paquet, Gaz. Pal. 14/15 septembre 2005, 2 (3 ff.).

104 Braunschweig, Gaz. Pal. 5/6 octobre 2005, 2 (4).

105 Braunschweig, Gaz. Pal. 5/6 octobre 2005, 2 (4).

106 Martin, JCP. 2005, actual. 1729 (1730); Blanchard, D. 2006, 266 (268).

zuvor bereits dargestellten Art. 66-5 des Gesetzes vom 31. Dezember, 160 des Dekrets vom 27. November 1991 und der Art. 226-13 und 226-14 Code Pénal. Da auch die anderen Artikel des Dekrets vom 12. Juli 2005 lediglich zusammenfassende Wiederholungen der genannten Gesetzestexte darstellen, wird am Inhalt der Regelungen keinerlei Kritik geübt. Die geäußerte Kritik richtet sich, aus den eingangs genannten Gründen, vielmehr gegen das Dekret selbst.

d) Art. 2 Règlement Intérieur National

Die Vereinigung aller französischen Rechtsanwaltskammern, der Conseil National des Barreaux, hat nach langjähriger Vorarbeit ein für alle Rechtsanwaltskammern geltendes, einheitliches Berufrecht verabschiedet.[107] Dieses Règlement Intérieur National[108] gilt direkt für alle französischen Rechtsanwälte, ohne dass es einer Übertragung in die Regelungen ihrer jeweiligen Anwaltskammer bedarf, da dem Conseil National des Barreaux durch Art. 25 des Gesetzes vom 11. Februar 2004 die Rechtsetzungsbefugnis für die Vereinheitlichung des Standesrechts der Rechtsanwälte anhand allgemeiner Bestimmungen zuerkannt wurde.[109]

Das RIN ersetzt das bis dahin gültige Règlement Intérieur Unifié,[110] welches selbst das bis 2004 gültige Règlement Intérieur Harmonisé ersetzt hatte.[111]
Im Gegensatz zum RIU und zum RIH ist das RIN der erste vom Conseil National des Barreaux erlassene Regelungstext, der unmittelbare Geltung gegenüber den französischen Anwaltskammern erlangt, ohne dass diese hierfür den Text, wie noch beim RIU und beim RIH in ihr eigenes Règlement Intérieur übernehmen mussten.[112]

Art. 2 RIN widmet sich dem *Secret Professionnel*. Der erste Abschnitt des Art. 2 RIN hat die grundlegenden Prinzipien des *Secret Professionnel* zum Inhalt. Nach Art. 2.1 RIN ist der Anwalt der notwendige Vertraute des Mandan-

---

107 Décision du Conseil national des barreaux à caractère normatif Nr. 2005-003, gemäß den Anforderungen des Art. 21-1 des Gesetzes Nr. 71-1130 vom 31. Dezember 1971 geändert durch das Gesetz Nr. 2004-130 vom 11. Februar 2004 betreffend die Reform gewisser juristischer Berufe , JO 12 février 2004, S. 2847.

108 Im Folgenden als RIN bezeichnet.

109 Art. 25 des Gesetzes vom 11. Februar 2004 betreffend die Reform gewisser juristischer Berufe, der Art. 21-1 des Gesetzes vom 31. Dezember 1971 ändert.

110 Décision du Conseil national des Barreaux à caractère normatif Nr. 2004-001 vom 24. April 2004, abgedruckt im Dalloz Nouveau Code de Procédure Civile 2004 im Anhang unter „Avocat", im Folgenden mit RIH abgekürzt.

111 Décision du Conseil national des Barreaux à caractère normatif Nr. 1999-001 vom 26. und 27. März 1999, abgedruckt in eigener Veröffentlichung des Conseil national des Barreaux oder im Dalloz Nouveau Code de Procédure Civile 2003 im Anhang unter „Avocat", im Folgenden mit RIU abgekürzt.

112 Martin, Déontologie de l'avocat, Nr. 318.

ten. Des Weiteren besagt Art. 2.1 RIN, dass das *Secret Professionnel* im *Ordre Public* begründet ist und generell, absolut und zeitlich unbegrenzt gilt.

Entgegen diesem strikten Verständnis des *Secret Professionnel* darf der Anwalt hiervon abweichen, wenn es die Erfordernisse seiner eigenen Verteidigung gebieten oder wenn das Gesetz eine Erklärung oder Aufdeckung vorsieht oder erlaubt. In diesem Fall begeht er keinen Bruch des *Secret Professionnel.*

In Art. 2.2 RIN wird der Umfang des *Secret Professionnel* dargestellt, und Art. 2.3 RIN befasst sich mit den Auswirkungen der verschiedenen Formen anwaltlicher Zusammenarbeit auf das *Secret Professionnel.*

3. Zwischenergebnis

Das *Secret Professionnel* ist somit sowohl strafrechtlich wie auch berufsrechtlich geschützt.

Während in Art. 226-13 Code Pénal die Verletzung der Schweigepflicht für all diejenigen sanktioniert ist, die aufgrund ihres Berufes zu Geheimnisträgern geworden sind, unterwirft Art. 160 des Dekrets vom 27. November 1991 die Anwälte noch einmal ausdrücklich der Achtung des *Secret Professionnel.* Durch Art. 66-5 des Gesetzes vom 31. Dezember 1971 wird der Rahmen abgesteckt, in dem der Anwalt das *Secret Professionnel* zu achten hat.

Diesem Rahmen fügt Art. 2 RIN nichts Neues hinzu, vielmehr macht dieser Artikel den Bruch des *Secret Professionnel* auch berufsrechtlich sanktionsbewehrt. Art. 4 des Dekrets vom 12. Juli 2005 wiederholt ebenfalls nur bereits bekannte Tatsachen.

Aufgrund dieser normativen Ausgestaltung des *Secret Professionnel* gewinnt man den Eindruck, dass es absolut geschützt ist, so dass jedes andere Interesse hinter seiner Wahrung zurücktreten muss. Dieser Befund wird bestärkt durch die Existenz eines Zeugnisverweigerungsrechts des Anwalts vor Gericht.

Ein erster Widerspruch tut sich in Gestalt des Art. 226-14 Code Pénal auf, dem zu entnehmen ist, dass das *Secret Professionnel* in bestimmten Fällen hinter dem Schutz anderer, höherrangiger Interessen zurücktreten kann. Während im Rahmen des Art. 226-14 Code Pénal dem Anwalt die Entscheidung überlassen bleibt, ob er der Wahrung des *Secret Professionnel* oder den in Art. 226-14 Code Pénal genannten Interessen den Vorrang gibt, wird ihm im Rahmen der Durchsuchungsrechte jegliche Entscheidungsbefugnis verwehrt. Grundsätzlich steht das *Secret Professionnel* des Anwalts einer Durchsuchung nicht entgegen, so dass es bereits relativiert ist. Durch die Beteiligung des *Bâtonniers* oder der Verpflichtung der *Officiers de Police Judiciaires* wird versucht, dem Umstand Rechnung zu tragen, dass in den Kanzlei- und Privaträumen eines Anwalts viele Schriftstücke durch das *Secret Professionnel* geschützt sind.

Diese Maßnahmen begrenzen oder erschweren jedoch nur die Beschlagnahme der Schriftstücke. Eine grundsätzliche Unmöglichkeit der Beschlagnahme vermag der Schutz durch das *Secret Professionnel* den Schriftstücken nicht zu verleihen, weswegen entgegen dem ersten Eindruck nicht von einem absoluten *Secret Professionnel* gesprochen werden kann. Um wenigstens den Begriff des absoluten *Secret Professionnel* zu bewahren, wird vielfach davon gesprochen, dass das *Secret Professionnel* zwar im Prinzip absolut ist, jedoch nicht in seinem Umfang.[113] Dieser Beschreibung wohnt ein zu großer logischer Widerspruch inne, als dass man ihn näher beleuchten müsste. Zugleich macht diese Beschreibung aber deutlich, wie sehr dem Schrifttum an der Beibehaltung des Wortes „absolut" im Zusammenhang mit dem *Secret Professionnel* gelegen ist, selbst wenn dies in einem derart widersprüchlichen Satz gipfelt.

II. Grundlagen des Secret Professionnel

Zu einem weiteren Verständnis des *Secret Professionnel* ist zu klären, welche Interessen an seiner Wahrung bestehen und ob diese so gewichtig sind, dass das *Secret Professionnel* verfassungsrechtlich verankert ist. Wie schon im deutschen Recht hängt auch im französischen Recht der Umfang und die Schwere der dem Staat erlaubten Eingriffe in das *Secret Professionnel* von dieser Bestimmung ab.

1. Secret Professionnel: Ordre Privé oder Ordre Public?

Zunächst gilt es zu klären, ob die Wahrung des *Secret Professionnel* im Individualinteresse des Einzelnen oder im Allgemeininteresse der ganzen Gesellschaft liegt.

Wie zuvor gezeigt, ist das *Secret Professionnel* nicht absolut in dem Sinne, dass seine Wahrung jedem anderen Interesse, zum Beispiel dem der Strafverfolgung, vorgeht. Sollte die Wahrung des *Secret Professionnel* lediglich im Interesse des Einzelnen liegen, dann könnte ein Eingriff bereits durch ein anders höherrangiges Individualinteresse gerechtfertigt sein. Sollte jedoch ein Interesse der Gesellschaft an der Wahrung des *Secret Professionnel* bestehen, so erhöht sich die Schwelle, ab der ein Eingriff möglich ist, da es sich um ein höherrangiges Interesse der Allgemeinheit handeln müsste.

Die Wahrung des *Secret Professionnel* liegt zunächst im Interesse des Mandanten, denn nur so kann er sicher sein, dass die dem Rechtsanwalt anvertrauten Informationen vertraulich behandelt werden. Aus diesem Grund ist die Achtung des *Secret Professionnel* Inhalt des Mandatsvertrages zwischen Rechtsanwalt und Mandant.[114] Demnach liegt die Wahrung des *Secret Professionnel* im *Ordre*

---

113 Damien, Le secret nécessaire, S. 48; ders. Gaz. Pal. 16 mars 1982, 136 (138); Hamelin/Damien, aaO, Nr. 258; Monéger/Demeester, aaO, S. 249; Martin, aaO, Nr. 456.

114 Woog, Dr. et Patr., septembre 1993, 68 (70); Lemaire/Payen/Duveau, Les règles de la profession d'avocat et les usages du barreau de Paris, S. 447.

Privé begründet. Wäre der *Ordre Privé* jedoch die einzige Grundlage des *Secret Professionnel*, so ließen sich zahlreiche Vorrechte des Anwalts gegenüber den staatlichen Autoritäten, wie z.B. das bereits erwähnte Zeugnisverweigerungsrecht vor Gericht oder die Hinzuziehung des *Bâtonnier*, nicht hinreichend erklären.[115] Das französische Schrifttum weist diesbezüglich darauf hin, dass auch die Allgemeinheit ein Interesse an der Wahrung des *Secret Professionnel* durch den Rechtsanwalt hat. Denn nur, wenn der Mandant dem Anwalt ohne Vorbehalt vertraut, kann der Anwalt die Interessen des Mandanten vollumfänglich vertreten. Durch seinen Rat und die Verteidigung seines Mandanten trägt der Anwalt zur Funktionsfähigkeit des Rechtssystems bei, woran wiederum die Allgemeinheit ein Interesse hat, weswegen die Wahrung des *Secret Professionnel* auch im *Ordre Public* begründet ist.[116]

Lange Zeit war man sich in der Literatur über das vorherrschende Element nicht einig, bis man sich in der Zeit vom Ende des 19. Jahrhunderts bis zur ersten Hälfte des 20. Jahrhunderts auf die Konzeption des „*intérêt général*" verständigte,[117] wonach das Interesse an der Wahrung des *Secret Professionnel* im *Ordre Public* begründet ist.[118]

Dies hat Émile Garçon in seinem Kommentar zu Art. 378 des alten Code Pénal wie folgt begründet:
„*Le secret professionnel a uniquement pour base un intérêt social. Sans doute sa violation peut causer un préjudice au particulier, mais cette raison ne suffirait pas à en justifier l'incrimination. La loi la punit parce que l'intérêt général l'exige. Le bon fonctionnement de la société veut que le malade trouve un médecin, le plaideur un défenseur, le catholique un confesseur, mais ni le médecin, ni l'avocat, ni le prêtre ne pourraient accomplir leur mission, si les confidences qui leur sont faites n'étaient assurées d'un secret inviolable. Il importe donc à l'ordre social que ces confidences nécessaires soient astreint à la discrétion, et que le silence leur soit imposé, sans condition ni réserve, car personne n'oserait plus s'adresser à eux si on pouvait craindre la divulgation d'un secret confié. Ainsi l'article 378 a pour but, moins de protéger la confidence d'un particulier que de garantir un devoir professionnel indispensable à tous.*"[119] Auch

---

115 Gaté, Gaz. Pal. 17 mars 1987, doctr. 199 (200).

116 Martin, Jur. Clas. Proc. civ., Avocat, Nr.105; Woog, Dr. et Patr., septembre 1993, 68 (70).

117 Einen Überblick über die Anfang des 20. Jahrhunderts herrschenden Auffassungen gibt Pimienta, Le secret professionnel de l'avocat, S. 30 ff.

118 Delmas-Marty, D. 1982, 267 (268); Damien, Gaz. Pal. 16 mars 1982, doctr., 136.

119 Garçon, Code Pénal annoté, Art. 378, Nr. 7, dt. „*Die Wahrung des Secret Professionnel liegt einzig im Interesse der Allgemeinheit. Ohne Zweifel kann seine Verletzung zu einem Schaden für den Einzelnen führen, aber dies reicht nicht aus, um seine Verletzung unter Strafe zu stellen. Das Gesetz bestraft vielmehr, weil es das Interesse der Allge-*

die Rechtsprechung und die Literatur stimmen der Analyse von Èmile Garçon zu, weswegen sie Allgemeingültigkeit beanspruchen kann.[120]

Demnach liegt die Pflicht zur Wahrung des *Secret Professionnel* in erster Linie im *Ordre Public* begründet. Aufgrund dieses Umstandes ist es nur möglich, in die Verpflichtung des Anwalts zur Wahrung des *Secret Professionnel* einzugreifen, wenn hinter diesem Eingriff ein höherrangiges öffentliches Interesse steht.

2. Verfassungsrechtliche Verankerung des *Secret Professionnel*

Die Begründung des *Secret Professionnel* im *Ordre Public* deutet darauf hin, dass es einen elementaren Beitrag zur Ausübung der anwaltlichen Tätigkeit leistet, welche wiederum für eine funktionierende Rechtspflege von grundlegender Bedeutung ist. Aufgrund dieses Stellenwertes könnte man auf die Idee kommen, dass das *Secret Professionnel* oder zumindest die anwaltliche Tätigkeit eine verfassungsrechtliche Verankerung erfahren haben.

Das *Secret Professionnel* wird weder direkt noch indirekt in der französischen Verfassung erwähnt. Aber auch die verfassungsrechtliche Verankerung des Anwalts ist in Frankreich nicht das Werk der Staatsordnung, vielmehr ist dem gesamten Justizwesen in der Verfassung vom 4. Oktober 1958 kein spezieller Abschnitt gewidmet.[121] Nur einige Fragmente werden im VIII. Abschnitt unter dem Titel „*De l'autorité judiciaire*" zusammengefasst.[122] Aus diesem

---

meinheit erfordert. Das reibungslose Funktionieren einer Gesellschaft will es, dass der Kranke einen Arzt, der Prozessführer einen Verteidiger und der Katholik einen Beichtvater findet, aber weder der Arzt, noch der Anwalt, noch der Priester könnten ihre Aufgaben erfüllen, wenn die ihnen anvertrauten Offenbarungen nicht durch ein unverletzliches Geheimnis geschützt wären. Es ist demnach für die soziale Grundordnung wichtig, dass die notwendigen Offenbarungen vertraulich behandelt werden und das die Verschwiegenheit ihnen ohne Bedingung und Vorbehalt vorgeschrieben sei, weil niemand sich mehr an sie wenden würde, wenn man die Offenbarung eines anvertrauten Geheimnisses befürchten müsste. Deswegen zielt Art. 378 weniger darauf ab, die vertraulichen Mitteilungen des Einzelnen zu schützen, als vielmehr eine für die Allgemeinheit unverzichtbare Berufspflicht zu garantieren."

120 Cass. crim. 8 mai 1947, D. 1948, 109; Cass. crim. 22 déc. 1966, D. 1967, 122 (124); Bull. crim. Nr. 364; Damien, aaO, S. 49; Damien/Hamelin, Les règles de la profession d'avocat, Nr. 258; J. et S. Woog/Sari/Goudineau, Pratique professionnelle de l'avocat, S. 343; Damien/Ader, Régles de la profession d'avocat, Nr. 35.41; Viala,aaO, Nr. 156; Delmas-Marty, D. 1983, 267 (268); Decheix, D. 1983, 133 (136); Uettwiller, Gaz. Pal. 4/5 novembre 1998, 7.

121 Vgl. in diesem Sinne: Renoux, Le conseil constitutionnel et l'autorité judiciare, S. 11 ff.

122 Vgl. Renoux/Mendes Constante, La constitution de 1958 et le pouvoir juridictionnel in La justice et institutions judiciaires, S. 16; in Art. 64 wird die Unabhängigkeit des Gerichtswesens bestätigt, in Art. 65 der Conseil supérieur de la magistrature (oberster fran-

Grund war es Aufgabe des Conseil Constitutionnel, durch seine Rechtsprechung die Stellung der Justiz im modernen Verfassungsrecht festzuschreiben.[123]

Der Conseil Constitutionnel ist das Verfassungsgericht Frankreichs. Seine Hauptaufgabe besteht in der Kontrolle der Gesetze im Hinblick auf ihre Vereinbarkeit mit der Verfassung.[124] Von Amts wegen prüft er alle Parlamentsgesetze mit verfassungsergänzendem Charakter vor ihrer Verkündung.[125] Auf Antrag kann er jedoch auch alle übrigen förmlichen Gesetze auf ihre Vereinbarkeit mit der Verfassung überprüfen.[126] Im Gegensatz zum Bundesverfassungsgericht kann vor dem Conseil Constitutionnel nicht jeder Bürger anhand einer Verfassungsbeschwerde die Unvereinbarkeit einer Norm mit dem Grundgesetz rügen.[127] Dies dürfen in Frankreich gem. Art. 61 Abs. 2 der Verfassung nur der Präsident der Republik, jeweils die Präsidenten der Nationalversammlung und des Senats oder sechzig Abgeordnete oder sechzig Senatoren. Hierbei muss es sich allerdings um noch nicht verkündete Gesetze handeln. Wird eine Bestimmung vom Conseil Constitutionnel für verfassungswidrig erklärt, so kann sie gem. Art. 62 Abs. 1 der Verfassung weder verkündet noch angewandt werden.

Die Bedeutung der anwaltlichen Tätigkeit für die Funktionstüchtigkeit einer rechtsstaatlichen Justiz wird mit der Bezeichnung der Rechtsanwälte als „*auxiliers de justice*“ in Art. 3 des Gesetzes vom 31. Dezember 1971[128] Rechnung getragen.

Wenn dennoch die französische Verfassung in Bezug auf das Recht auf einen Anwalt schweigt, so liegt dieser Umstand in der Struktur der Verfassung von 1958 begründet, welcher es an einem geschlossenen Grundrechtskatalog fehlt. Der Schwerpunkt der verfassungsrechtlichen Verankerung von Grundrechten beziehungsweise Freiheiten liegt dagegen in der Verfassungspräambel.[129]

Die Präambel der Verfassung von 1958 umfasst zwei Absätze. Im ersten Absatz verweist sie auf die Menschenrechtserklärung von 1789 und auf die Präambel der Verfassung von 1946, der zweite Absatz betrifft die Überseegebiete

---

zösischer Richterrat) eingeführt, und in Art. 66 ist das Prinzip verankert, dass die Justiz die Wächterin der bürgerlichen Freiheiten ist.

123 Renoux, La constitutionnalisation du droit au juge en France, S. 109; Carotenuto, LPA 2003, Nr. 124, 5.

124 Sonnenberger/Autexier, aaO, S. 54.

125 Hübner/Constantinesco, Einführung in das französische Recht, S. 50.

126 Hübner/Constantinesco, aaO, S. 50.; Guimezanes, aaO, S. 36.

127 Guimezanes, aaO, S. 36.

128 Gesetz vom 31. Dezember 1971, geändert durch das Gesetz Nr. 2004-130 vom 11. Februar 2004 betreffend die Reform gewisser juristischer Berufe, JO 12 février 2004, S. 2847.

129 vgl. Stahl, Die Sicherung der Grundfreiheiten im öffentlichen Recht der Fünften Französischen Republik, S. 13; Itin, Grundrechte in Frankreich, S. 5.

und ist daher hier ohne Belang. Weder in der Erklärung der Menschenrechte von 1789 noch in der Präambel der Verfassung von 1946 wird Bezug auf die anwaltliche Tätigkeit genommen. Allerdings enthält die Präambel der Verfassung von 1946 neben einer Aufzählung grundlegender politischer, wirtschaftlicher und sozialer Grundsätze in Satz Zwei einen Verweis auf die *„principes fondamentaux reconnus par les lois de la République"*. Durch die Erwähnung in der Präambel stehen die *„principes fondamentaux"* auf derselben Ebene wie die anderen in der Verfassung aufgezählten Grundsätze. Die in der zuvor genannten Konstruktion angelegte Bedeutung der Grundprinzipien als Träger verfassungsrechtlicher Grundsätze für die Grundrechte in Frankreich hat der Conseil Constitutionnel erst in seinem Urteil vom 16. Juli 1971 erkannt.[130] Dieser Linie folgend hat der Conseil Constitutionnel anhand der *„principes fondamentaux reconnus par les lois de la République"* die *Droits de la Défense* als verfassungsrechtliches Prinzip anerkannt.[131] Die *Droits de la Défense* stellen das Recht eines jeden Bürgers dar, sich vor Gericht aufgrund des Respekts vor seiner Person verteidigen zu dürfen. Bei der Ausübung dieses Rechts hat jedermann das Recht und manchmal sogar die Pflicht, sich von einem Anwalt unterstützen zu lassen.[132] Demnach ist das Recht auf einen Anwalt in den *Droits de la Défense* enthalten. Da dieses Verständnis der *Droits de la Défense* eine lange Tradition aufweist, ist das Recht auf einen Anwalt nicht besonders hervorgetreten.[133] Demzufolge ist die anwaltliche Tätigkeit indirekt in der französischen Verfassung verankert.

Wie bereits kurz angedeutet, hat der Conseil Constitutionnel 1981 angefangen, die Rolle des Rechtsanwalts verfassungsrechtlich als *„rôle de défenseur"* festzuschreiben. In der Entscheidung *Sécurité et Liberté* führte der Conseil Constitutionnel aus, dass die Bestimmung des Art. 66 des Gesetzes vom 2. Feb-

---

130 Cons. const., 16 juillet 1971, déc. Nr. 71-44 DC Rec. CE, S. 29; diese Entscheidung hatte zugleich umwälzende Bedeutung für den Rechtswert der ganzen Präambel, vgl. hierzu Itin, aaO, S. 24 f.

131 Cons. const. 2 décembre 1976, déc. Nr. 76-70 DC, Rec. CE, S. 39.

132 Damien/Ader, aaO, Nr. 41.11.

133 Renoux, Le conseil constitutionnel et l'autorité judiciaire, S. 369, wo er diesbezüglich in Fußote (91) auf folgende Gesetze hinweist: loi du 22 ventôse an XII, Duvergier, aaO, t. 14, S. 331 ff.; Cod. proc. (art. 85); Code inst. crim. (art. 295); décret du 14 décembre 1810 rétablissant les Ordres d'avocats, Duvergier, t. 17, 236 ff.; ordonnance du 27 août 1830, Duvergier, t. 30, S. 132 f.; loi du 8 décembre 1897, Duvergier, t. 97, S. 498 ff. Ferner weißt Renoux darauf hin, dass ab dem ersten Viertel des 19. Jahrhunderts die Rechtsprechung den Charakter des Naturrechtsgedanken der *Droits de la Défense* bestärkt, deren Verletzung zur Unwirksamkeit einer Prozesshandlung führen kann, „bien que la loi ne la prononce pas textuellement"; vgl. Cass. crim. 7 août und 7 décembre 1822, S. 1823, I, 65 et 5; Cass. crim. 3 octobre 1822, S. 1822, I, 394 ; Cass. crim. 19 juin et 10 juillet 1823, S. 1823, I, 377, 378 et 425.

ruar 1981[134] nicht mit den *Droits de la Défense* vereinbar ist.[135] Dieser Art. 66 hätte es dem Präsidenten jeder Gerichtsbarkeit aufgrund seines Hausrechts ermöglicht, einen die Ernsthaftigkeit der Verhandlung störenden Anwalt des Gerichtssaals zu verweisen. Durch diesen Verweis würde der Richter gleich zweifach die *Droits de la Défense* verletzen. Zum einen würde er die Rechte des Angeklagten missachten, der seines selbst gewählten Verteidigers beraubt wäre, zum anderen würde er die Verteidigerrolle des Anwalts schädigen.[136]

Die Bedeutung des anwaltlichen Beistandes für die Wahrnehmung der *Droits de la Défense* bekräftigte der Conseil Constitutionnel 1993 in seiner Entscheidung *garde à vue*, worin er ausführt, dass das Recht eines Festgenommenen, sich mit seinem Anwalt während der Ermittlungen unterhalten zu können, ein *Droit de la Défense* darstellt.[137] Dieses Recht erstreckt sich jedoch nicht auf die bloße Anwesenheit des Anwalts, sondern auf alle Tätigkeiten, die ihm helfen, seinen Mandanten zu verteidigen, wozu auch die Vertraulichkeit der Gespräche und der Korrespondenz mit seinem Mandanten zählt.[138]

Für den Conseil Constitutionnel stellt demnach die Möglichkeit eines Angeklagten, zum Zweck seiner Verteidigung den Beistand eines Rechtsanwalts zu haben, ein unverzichtbares Recht der *Droits de la Défense* dar. [139] Durch diese Rechtsprechung werden zugleich die Rechte der Anwälte gestärkt, denn erst durch ihre Tätigkeit kann der Angeklagte seine Rechte umfassend wahrnehmen.[140]

Da schon sechzig Abgeordnete der Nationalversammlung oder sechzig Senatoren das Recht haben, dem Conseil Constitutionnel ein Gesetz vor dessen Verkündigung zur verfassungsrechtlichen Prüfung vorzulegen, sind seit 1975 fast alle diese Anträge von Seiten der Opposition eingereicht worden.[141] Dies

---

134 Gesetz Nr. 81-82 vom 2. Februar 1981 betreffend die Verstärkung der Sicherheit und den Schutz der Freiheit der Person, JO 3 février 1982, S. 415.

135 Cons. const., 19 et 20 janvier 1981, déc. Nr. 80-127 DC, sécurité et liberté, Rec. CE, S. 15 (cons. 52).

136 Philip, RDP 1981, 651 (659).

137 Cons. const., 11 août 1993, déc. Nr. 93-326 DC, garde à vue, Rec. CE, S. 217 (cons. 12).

138 Carotenuto, LPA 2003, Nr. 124, 5 (7); Cons. const., 11 août 1993, déc. Nr. 93-326 DC, garde à vue, Rec. CE, S. 217 (cons. 12).

139 Favoreu/Philip, Les grandes décisions du Conseil constitutionnel, p. 899; vgl.: Cons. const., 9 janvier 1980, déc. Nr. 79-109 DC, prévention de l'immigration clandestine, Rec. CE, S. 29 (cons. 3); Cons. const., 19 et 20 janvier 1981, déc. Nr. 80-127 DC, sécurité et liberté, Rec. CE, S. 15 (cons. 52); Cons. const., 11 août 1993, déc. Nr. 93-326 DC, garde à vue, Rec. CE, S. 217 (cons. 12); Cons. const., 20 janvier 1994, déc. Nr. 93-334 DC, peines incompressibles, Rec. CE, S. 27 (cons. 18); Cons. const., 2 mars 2004, déc. 2004-492 DC, evolutions de la criminalité, Rec. CE, S. 66 (cons. 31).

140 Carotenuto, LPA 2003, Nr. 124, 5 (8).

141 Pactet, Institutions politiques-Droit constitutionnel, S. 491.

führt dazu, dass die Mehrheit in der Nationalversammlung und im Senat beim Erarbeiten von Gesetzen stets die Vorgaben des Conseil Constitutionnel im Blick haben muss, wenn sie nicht Gefahr laufen will, dass das Gesetz aufgrund eines Antrages der Opposition für verfassungswidrig erklärt wird.[142] Selbst wenn der Conseil Constitutionnel nicht ausdrücklich zum *Secret Professionnel* Stellung genommen hat, wird er zusammen mit den anderen Rechten der Anwälte über die zuvor genannte, verfassungsrechtlich motivierte Beachtung der *Droits de la Défense* gestärkt, weswegen die Rechtsprechung des Conseil Constitutionnel dazu geführt hat, dass der Anwalt in Frankreich nicht mehr nur der oben bereits erwähnte „*auxiliaire de justice*" ist, sondern ein in der Verfassung verankerter Teil des Justizwesens.[143]

3. Zwischenergebnis

An die Begründung der *Secret Professionnel* im *Ordre Public* schließt sich die verfassungsrechtliche Verankerung des Rechtsanwalts durch die Rechtsprechung des Conseil Constitutionnel an. Der Anwalt, der durch seine Tätigkeit seinem Mandanten hilft, seine *Droits de la Défense* wahrzunehmen, trägt zugleich dazu bei, ein Gleichgewicht der Kräfte vor Gericht zu erreichen.[144] Ohne Berufsgeheimnis wäre die Tätigkeit des Anwalts in dieser Form nicht möglich, weswegen die Wahrung des *Secret Professionnel* grundlegendes Element der *Droits de la Défense* ist.[145] Zwar liegt dies auch im Individualinteresse des Rechtsuchenden, vorrangig ist jedoch das Allgemeininteresse, denn ein solches Gleichgewicht der Kräfte ist die Grundlage eines funktionierenden Rechtssystems.

C. Vergleichendes Zwischenergebnis

Der Bruch des anwaltlichen Berufsgeheimnisses in Deutschland ist wie der Bruch des *Secret Professionnel* in Frankreich sowohl auf strafrechtlicher wie auch auf berufsrechtlicher Seite unter Strafe gestellt. Wenn auch das französische Recht kein ausdrücklich normiertes Schweigerecht des Anwalts kennt, so ist jedoch allgemein anerkannt, dass er genau wie in Deutschland das Recht hat, vor Gericht zu schweigen.

Der in den aufgezeigten Normen anklingende, umfassende Schutz des anwaltlichen Berufsgeheimnisses in Deutschland und des *Secret Professionnel* in

142 Pactet, aaO, S. 488.
143 Carotenuto, LPA 2003, Nr. 124, 5 (8).
144 Piwnica, LPA, 14 décembre 2005, 3.
145 Piwnica, LPA, 14 décembre 2005, 3.

Frankreich rührt aus der verfassungsrechtlichen Verankerung dieser anwaltlichen Grundpflicht in beiden Ländern her.

Beide Rechtsordnungen erkennen an, dass das anwaltliche Berufsgeheimnis die Grundlage der anwaltlichen Tätigkeit ist. Nur wenn der Mandant sicher ist, dass der Anwalt die ihm anvertrauten Informationen vertrauensvoll behandeln wird, wird er dem Anwalt alle seinen Fall betreffenden Informationen geben. Dieses Wissen ist die Grundlage auf der der Anwalt dann seine Strategie aufbauen kann, sei es in beratender oder verteidigender Hinsicht. Aufgrund dieser Bedeutung ist die Pflicht zur Verschwiegenheit in beiden Ländern Bestandteil des Vertrages zwischen Anwalt und Mandant.

Vor dieses Privatinteresse des Mandanten tritt jedoch in beiden Rechtsordnungen ein Interesse der Allgemeinheit an der Wahrung des anwaltlichen Berufsgeheimnisses, weil sowohl in Deutschland wie auch in Frankreich die Tätigkeit der Anwälte der Gewährleistung einer ordnungsgemäßen Rechtspflege dient, da durch sie ein Kräfteausgleich zugunsten des Bürgers gegenüber dem Staat erfolgt. Aufgrund dieses Interesses der Allgemeinheit an der störungsfreien Ausübung der anwaltlichen Tätigkeit, deren Grundlage das anwaltliche Berufsgeheimnis ist, ist die Anwaltschaft in Deutschland in Gestalt der freien Advokatur im Rechtsstaatsprinzip und in Frankreich über die *Droits de la Défense* verfassungsrechtlich verankert. Diese vergleichbare verfassungsrechtliche Stellung der Anwälte in Deutschland und Frankreich und damit auch des anwaltlichen Berufsgeheimnisses als unabdingbarer Grundlage ihrer Tätigkeit wird nicht zuletzt daran deutlich, dass obwohl der Beruf des Anwalts in beiden Ländern frei und unabhängig ausgeübt wird, der Rechtsanwalt in Deutschland als „Organ der Rechtspflege“ und in Frankreich als „*auxiliaire de justice*“ bezeichnet wird.[146]

146 § 1 BRAO, Art. 3 des Gesetzes vom 31. Dezember 1971, geändert durch das Gesetz Nr. 2004-130 vom 11. Februar 2004 betreffend die Reform gewisser juristischer Berufe, JO 12 février 2004, S. 2847.

3. Kapitel - Gesetzliche Ausgestaltung des Verschwiegenheitsrechts

A. Rechtslage in Deutschland

Ein Recht des Rechtsanwalts zur Verschwiegenheit ist nirgendwo ausdrücklich normiert. Das in § 2 Abs. 1, 2 BerO enthaltene Verschwiegenheitsrecht des Rechtsanwalts hat lediglich Programmcharakter, da die Satzungsversammlung nur die Befugnis hatte, § 43a BRAO näher auszugestalten, und es ihr nicht oblag, dem Rechtsanwalt über dieses Maß hinausgehende Rechte zuzubilligen.[147]

I. Schweigerecht gegenüber dem Staat

Auch die in den verschiedenen Verfahrensordnungen enthaltenen Aussage- und Zeugnisverweigerungsrechte[148] sind nicht unter dem Gedanken entwickelt worden, dem Rechtsanwalt ein eigenständiges Schweigerecht zukommen zu lassen. Sie sind vielmehr ein Reflex der Schweigepflicht, denn wenn der Staat den Bruch der Schweigepflicht strafrechtlich sanktioniert, muss er dem Anwalt auch vor Gericht die Möglichkeit geben, diese Pflicht zu beachten.[149] Demzufolge ist das anwaltliche Zeugnisverweigerungsrecht eine Ausprägung des sich aus der Schweigepflicht ergebenden Schweigerechts.[150] Als Beispiele für das anwaltliche Zeugnisverweigerungsrecht werden hier das strafprozessuale Zeugnisverweigerungsrecht des § 53 Abs. 1 Nr. 3 StPO und das zivilprozessuale Zeugnisverweigerungsrecht des § 383 Abs. 1 Nr. 6 ZPO näher betrachtet.

1. Schweigerecht im Strafprozess gem. § 53 Abs. 1 Nr. 3 StPO

a) Zweck der Vorschrift und Verhältnis zu § 203 StGB

Das strafprozessuale Zeugnisverweigerungsrecht des § 53 Abs. 1 Nr. 3 StPO soll das besondere Vertrauensverhältnis zwischen dem Anwalt und dem rechtsuchenden Mandanten schützen.[151] Zwar ähnelt dieser Schutzgedanke dem des § 203 StGB, im Gegensatz zu der aus § 203 StGB resultierenden Schweigepflicht bezieht sich das Zeugnisverweigerungsrecht aber auch auf solche anver-

---

147 Hartung/Holl-Hartung, § 2 BerO, Rn. 14, 23, 24.

148 Vgl. § 383 Abs. 1 Nr. 6 ZPO; § 28 Abs. 1 BverfGG; § 15 Abs. 1 FGG; §§ 46 Abs. 2, 80 Abs. 2 ArbGG; § 98 VwGO; § 65 Abs. 2 VwVfG; § 118 Abs. 1 SGG; § 102 Abs. 1 Nr. 3a, b AO; § 84 Abs. 1 FGO; § 53 Abs. 1 Nr. 3 StPO; vgl. auch 4. Kapitel A. I. 4.

149 Eylmann in Henssler/Prütting, § 43a BRAO, Rn. 30.

150 Kalsbach, nach § 43, Rn. 6 zu § 30 Richtl.

151 Meyer-Goßner, § 53, Rn. 1.

trauten und bekannt gewordenen Tatsachen, die kein „Geheimnis" darstellen.[152] Diese weitere Fassung des § 53 StPO ist dadurch bedingt, dass der Gesetzgeber für den Strafprozess verzichtet hat, eine Wahrheitspflicht des Angeklagten und des Prozessbevollmächtigten wie in § 138 ZPO zu normieren. Hieraus ergibt sich zum einen, dass der Angeklagte das Recht hat zu leugnen und auch seinem Anwalt nicht die Wahrheit zu sagen braucht. Zum anderen bedingt der Verzicht der Normierung einer Wahrheitspflicht aber auch, dass der Angeklagte seinem Verteidiger die Wahrheit anvertrauen kann, ohne befürchten zu müssen, dass dieser oder er selbst in der Hauptverhandlung gehalten sein werden, das wirkliche Tatgeschehen offen legen zu müssen.[153] Nur wenn der Angeklagte darauf vertrauen kann, dass die dem Verteidiger mittgeteilten und bekannt gewordenen Tatsachen und offenbarten Geheimnisse nicht durch den Umweg der Aussage des Verteidigers doch dem Gericht bekannt werden, kann das für die Tätigkeit des Anwalts und Verteidigers unverzichtbare Vertrauensverhältnis zwischen Anwalt und Mandant entstehen. Aus diesem Grund ist das Zeugnisverweigerungsrecht des § 53 StPO weiter gefasst als die Schweigepflicht des § 203 StPO.

b) Umfang des Schweigerechts

Grundsätzlich werden die in den Verfahrensordnungen enthaltenen Zeugnisverweigerungsrechte von der Rechtsprechung sehr weit interpretiert, was insbesondere auf das Schweigerecht des Verteidigers nach § 53 Abs. 1 Nr. 3 StPO zutrifft.[154] So darf er nicht nur schweigen, sondern sich sogar durch sein Verhalten in Widerspruch zu seinem Kenntnisstand setzen. Aus diesem Grund darf der Verteidiger auch wider besseren Wissens auf Freispruch plädieren, ohne sich strafbar oder einer Standesverfehlung schuldig zu machen.[155] Erst das Einwirken auf Zeugen, um diese zu einer unwahren Aussage zu veranlassen,[156] oder das Beeinflussen von Beschuldigten und Zeugen dahingehend, dass sie ihre Aussagen wahrheitswidrig aufeinander abstimmen sollen, überschreitet die Grenze erlaubten Verteidigerhandelns.[157]

---

152 Meyer-Goßner, § 53, Rn. 4; KK-Senge, § 53, Rn. 3.

153 Kalsbach, Standesrecht des Rechtsanwalts, S. 320.

154 Scheffler, StV 92, 299.

155 So h.M., vgl. RGSt 66, 316 (325); BGHSt 2, 375 (377); Pfeiffer, Strafverfahrensrecht, Rn. 65; Roxin, Strafverfahrensrecht, § 19, Rn. 13; Bottke, ZStW 96, 726 (759); Pfeiffer, vor §§ 137-149, Rn. 1; Meyer-Goßner, vor § 137, Rn. 2; KK-Laufhütte, vor § 137, Rn. 7; ausführlich zur Verteidigung wider besseren Wissens, Hammerstein, NStZ 97, 12 ff.; a.A. Beulke, Der Verteidiger im Strafverfahren, S. 150; mit einzelnen Nuancen Ackermann, NJW 1954, 1385 (1387).

156 BGH NStZ 83, 503 (504).

157 OLG Frankfurt MDR 81, 515 (516); KK-Laufhütte, vor § 137, Rn. 7.

Bis zu diesem Extrempunkt ist der Verteidiger stets dem Konflikt zwischen der Wahrheitspflicht, der er als Anwalt unterworfen ist, und der Verschwiegenheit ausgesetzt. Obwohl die Wahrheitspflicht des Anwalts bis zur Berufsrechtsnovelle vom 2. September 1994[158], die § 43a in die BRAO einfügte, nirgends eine dezidierte Regelung erfahren hat, ist ihr Bestehen allgemein anerkannt.[159] In Ermangelung einer ausdrücklichen Regelung wurde sie bis dahin entweder aus der Generalklausel des § 43 BRAO[160] oder aus der sich aus § 1 BRAO ergebenden Organstellung des Anwalts dogmatisch hergeleitet[161]. Seit dem Urteil des Bundesverfassungsgerichts vom 14.7. 1987[162] wird der Generalklausel die Fähigkeit abgesprochen, aus sich selbst heraus anwaltliche Berufspflichten zu konstituieren,[163] weswegen sie nicht mehr der Ausgangspunkt der dogmatischen Herleitung der Wahrheitspflicht sein kann.[164] Mit Einführung des Sachlichkeitsgebot in § 43 Abs. 3 S. 2 BRAO ist es aber auch nicht länger nötig, die Wahrheitspflicht des Anwalts entweder aus der Generalklausel oder aus der Organstellung des Anwalts herzuleiten, denn gem. § 43a Abs. 3 S. 2 BRAO ist es dem Rechtsanwalt ausdrücklich verboten, bewusst die Unwahrheit zu verbreiten. Nach Einführung des § 43a Abs. 3 S. 2 BRAO wird diese Normierung deswegen als abschließende Regelung der anwaltlichen Wahrheitspflicht verstanden.[165]

Gem. § 43a Abs. 2 S. 3 BRAO ist es dem Anwalt verboten, bewusst die Unwahrheit zu sagen. Diese Pflicht reicht jedoch nicht so weit, dass hierdurch eine Pflicht des Anwalts begründet wird, unklare Sachverhalte aufzuklären.[166] Auch

---

158 Gesetz zur Neuordnung des Berufsrechts der Rechtsanwälte und Patentanwälte vom 2.9.1994, BGBl 1994, S. 2278.

159 Dahs, Handbuch des Strafverteidigers, Rn. 43; Jessnitzer/Blumberg, § 43a BRAO, Rn. 3; Eylmann in Henssler/Prütting, § 43a BRAO, Rn. 87.

160 Für § 28 RAO: Friedländer, aaO, § 28, Rn. 3, Ackermann, NJW 1954, 1385 (1387), Noack, Kommentar zur Reichsrechtsanwaltsordnung, § 31, Rn. 9.

161 Finger, Die Kunst des Rechtsanwalts, S. 25 ff., S. 119 ff.; Ficht, Die Wahrheitspflicht der Parteien im Zivilprozeß, S. 55 f.; Krencker, Die Wahrheitspflicht der Parteien im deutschen und österreichischen Zivilprozessrecht, S. 84; Isele, Kommentar zur Bundesrechtsanwaltsordnung, S. 8, 492 und insb. S. 781 f.

162 BverfGE 76, 171.

163 Eylmann in Henssler/Prütting, § 43 BRAO, Rn. 8, 17 f.; Grunewald/Piepenstock, MDR 2000, 869 (871); Feuerich/Weyland, § 43 BRAO, Rn. 4.

164 Zur Schwierigkeit des Findens der Rechtsgrundlage der Wahrheitspflicht: Kleine-Cosack, § 43a BRAO, Rn. 74.

165 Jessnitzer/Blumberg, § 43a BRAO, Rn. 3; Feuerich/Weyland, § 43a BRAO, Rn. 38; Eylmann in Henssler/Prütting, § 43a BRAO, Rn. 107 ff.; Hartung/Holl-Hartung, § 43a BRAO, Rn. 44; a.A. Lindenberg, Wahrheitspflicht und Dritthaftung im Zivilverfahren, S. 54 ff., insb. S. 60 ff., der die Wahrheitspflicht noch immer aus der Organstellung des Rechtsanwalts herleitet.

166 Eylmann in Henssler/Prütting, § 43a BRAO, Rn. 112.

das Verschweigen von für den Mandanten ungünstigen oder ihn belastenden Tatsachen stellt keine bewusste Verbreitung von Unwahrheiten dar, sofern dadurch die Wahrheit nicht eindeutig verfälscht wird.[167]

Die zwiespältige Situation des Rechtsanwalts zwischen Wahrheits- und Verschwiegenheitspflicht wird von Dahs mit dem Satz zusammengefasst: „Alles, was der Verteidiger sagt, muss wahr sein, aber er darf nicht alles sagen, was wahr ist."[168]

Dem daraus erwachsenden Erfordernis des Anwalts, nicht die ganze Wahrheit zu sagen, entspricht es, dass er nicht gehalten ist, eine als falsch erkannte Zeugenaussage aufzuzeigen.[169]

c) Aussagepflicht nach § 53 Abs. 2 StPO

Während es grundsätzlich dem Zeugnisverweigerungsberechtigten überlassen ist, ob er von seinem Recht Gebrauch macht, ist der Entscheidungsspielraum des Anwalts in diesem Bereich eingeschränkt. Nach § 53 Abs. 2 StPO ist er zur Aussage verpflichtet, wenn sein Mandant ihn von der Schweigepflicht entbunden hat. Er ist selbst dann zur Aussage verpflichtet, wenn diese nach seiner Auffassung den Interessen seines Mandanten zuwiderläuft.[170] Die diesbezügliche Abhängigkeit des Anwalts von dem Willen des Mandanten ist darauf zurückzuführen, dass der Mandant Träger des Geheimhaltungsinteresses und daher „Herr des Geheimnisses" ist.[171]

d) Verwertbarkeit bei Verstoß gegen das Schweigerecht

Kommt die Aussage eines Rechtsanwalts unter Bruch der Schweigepflicht zustande, da sein Tun weder durch einen Rechtfertigungsgrund gedeckt ist[172] noch eine Entbindung von der Schweigepflicht vorliegt, so berührt dieser Umstand nach ständiger Rechtsprechung des Bundesgerichtshofes nicht die Verwertbarkeit der Aussage.[173] Zur Begründung wird darauf verwiesen, dass es verfahrensrechtlich ohne Bedeutung ist, ob der als Zeuge vernommene Rechtsanwalt be-

---

167 Eylmann in Henssler/Prütting, § 43a BRAO, Rn. 113.

168 Dahs, aaO, Rn. 49.

169 BGHSt 4, 327 (328); KK-Laufhütte, vor § 137, Rn. 7.

170 Henssler, NJW 1994, 1817 (1823).

171 Friedländer, Exkurs I zu § 28 RAO, Rn. 9,10; Eylmann in Henssler/Prütting, § 43a BRAO, Rn. 59.

172 Mehr zur Rechtfertigung nach § 34 unten im 6. Kap. A. I. 1.

173 BGHSt 9, 59 (61); 15, 200 (202); 18, 146 (147 f.); ebenso Meyer-Goßner, § 53, Rn. 6; KK-Senger, § 53, Rn. 9; Alsberg/Nüse/Meyer, S. 497 f.

fugt oder unbefugt ausgesagt hat,[174] zumal der vernehmende Richter diese Frage gar nicht schnell und sicher entscheiden kann.[175]

Die Gegenansicht hingegen beruft sich mit unterschiedlicher Gewichtung auf den Gedanken der Widerspruchsfreiheit der Rechtsordnung, auf die Verletzung der Fürsorgepflicht gegenüber dem Zeugen und darauf, dass den vernehmenden Richter zumindest eine moralische, wenn nicht gar strafrechtliche Mitschuld am Bruch des Geheimnisses treffe.[176] Unter diesen Gesichtspunkten hält die Gegenansicht die Zeugenaussage für nicht verwertbar.

Im Zusammenhang mit diesen gegensätzlichen Ansichten ist jedoch zu bedenken, dass § 53 StPO kein Aussageverbot, sondern ein Zeugnisverweigerungsrecht begründet, über dessen Inanspruchnahme der Rechtsanwalt selbst entscheidet.[177] Der Gesetzgeber hat demnach den Geheimnisschutz im Strafverfahren nicht so umfassend ausgestaltet wie den strafrechtlichen Geheimnisschutz in § 203 Abs. 1 StGB.[178] Die von der Mehrheit vertretene Verwertbarkeit einer unter Verstoß von § 203 StGB zustande gekommenen Aussage ist ein Resultat dieser beiden unterschiedlichen Regelungen, weswegen eine wünschenswerte Harmonisierung der beiden Regelungskreise dem Gesetzgeber obliegt.[179]

2. Schweigerecht im Zivilprozess gem. § 383 Abs. 1 Nr. 6 ZPO

a) Zweck und Umfang der Vorschrift

Das zivilprozessuale Zeugnisverweigerungsrecht dient dem Schutz Dritter, indem es auf die besondere berufliche Stellung derjenigen Rücksicht nimmt, denen aufgrund ihres Berufes vertraulich zu behandelnde Tatsachen anvertraut werden.[180]

Da sich das zivilprozessuale Zeugnisverweigerungsrecht nur auf anvertraute Tatsachen bezieht, entsteht der Eindruck, als ob es keinen deckungsgleichen Anwendungsbereich mit § 203 StGB hat.[181] Hiermit würde das zivilprozessuale Schweigerecht aber zugleich auch einen engeren Rahmen als die strafprozessuale Vorschrift des § 53 Abs. 1 Nr. 3 StPO aufweisen, die auch die sonstwie be-

---

174 BGHSt 15, 200 (202).

175 BGHSt 9, 59 (62).

176 Kühne, JZ 81, 647 (652); Fezer, JuS 78, 472; Roxin, Strafverfahrensrecht, S. 213, Rn. 22; Haffke, GA73, 65 (79); Lenckner, NJW 1965, 321 (327); Beulke, Der Verteidiger im Strafverfahren, S. 209; Freund, GA 93, 49 (55).

177 BGHSt 15, 200 (202); KK-Senge, § 53, Rn. 7; SK-Rogall, § 53, Rn. 18; Meyer-Goßner, § 53, Rn. 6; Fezer, JuS 78, 472.

178 Vgl. Haffke, GA 73, 65 (66), der auf den bewussten Verzicht des Gesetzgebers verweist, eine dem § 383 Abs. 3 ZPO entsprechende Vorschrift in die StPO aufzunehmen.

179 Vgl. Jung, GS Constantinesco, 355 (375).

180 Musielak-Huber, § 383, Rn. 1; Zöllner-Berger, § 383, Rn. 1.

181 Zöllner/Greger, § 383, Rn. 16; Baumbach/Lauterbach-Hartmann, § 383, Rn. 8.

kannt gewordenen Umstände erfasst. Dieser Unterschied verschwindet bei näherem Hinsehen jedoch, da der Begriff des „Anvertrauens" weit auszulegen ist und ihm somit auch solche Tatsachen unterfallen, die ihm nicht vom Mandanten anvertraut wurden, sondern ihm im beruflichen Verkehr mit den ihm Vertrauen schenkenden Personen bekannt geworden sind.[182]

Von diesem weiten Verständnis sind beim strafprozessualen Schweigerecht gem. § 53 Abs. 1 Nr. 3 StPO solche Informationen auszunehmen, die dem Anwalt privat oder als Teil der Öffentlichkeit bekannt geworden sind.[183]

b) Aussagepflicht gem. § 385 Abs. 2 ZPO

Wie bei der strafprozessualen Vorschrift des § 53 Abs. 2 StPO entfällt das Zeugnisverweigerungsrecht gem. § 385 Abs. 2 ZPO, wenn der Mandant als Auftraggeber auf seinen Schutz verzichtet.

c) Verwertbarkeit bei Bruch der Schweigepflicht

Im Anwendungsbereich der Zivilprozessordnung ist es im Gegensatz zur Strafprozessordnung schwieriger zu einem Bruch der Schweigepflicht zu gelangen, weil das Gericht nach § 383 Abs. 3 ZPO bei den in § 383 Abs. 1 Nr. 4-6 ZPO aufgezählten Personen solche Fragen nicht stellen darf, die der betreffende Zeuge nur unter Verletzung seiner Schweigepflicht beantworten kann.[184] Verstößt das Gericht gegen § 383 Abs. 3 ZPO, so ist die Aussage der in § 383 Abs. 1 Nr. 4-6 ZPO genannten Personen dennoch verwertbar.[185] Die Zeugenaussage ist selbst dann verwertbar, wenn sich der Zeuge durch die Aussage gem. § 203 StGB strafbar gemacht hat oder der Richter ihn zu seiner Aussage veranlasst hat.[186] Eine Unvereinbarkeit ist nur dann gegeben, wenn durch die Aussage die Vertrauensbeziehung zwischen dem Mandanten und dem Anwalt noch nicht

---

182 So h.M., vgl. OLG München MDR 81, 853 (854); OLG Düsseldorf MDR 51, 681 (682); Stein/Jonas-Berger, § 383, Rn. 90; Baumbach/Hartmann-Hartmann, § 383, Rn. 9; dieser Meinung ist auch OLG Düsseldorf MDR 85, 507, das jedoch betont, dass die Tatsache eine Beziehung zu dem Mandanten haben muss.; a.A. wohl Kalsbach, Standesrecht, S. 325, der in der Formulierung „anvertraute Tatsachen" einen Unterscheid zu der Regelung in § 53 Abs. 1 Nr. 3 StPO sieht.

183 OLG Düsseldorf MDR 51, 681 (682).

184 Baumbach/Lauterbach-Hartmann, § 383, Rn. 20; Musielak-Huber, § 383, Rn. 9.

185 Baumbach/Lauterbach-Hartmann, § 383, Rn. 21; Musielak-Huber, § 383, Rn. 9; Zöllner/Greger, § 383, Rn. 22; Habscheid, ZZP 96 (1983), 306 (321); Lenckner, NJW 1965, 321 (325) bezeichnet § 383 Abs. 3 ZPO daher als lex imperfecta; a.A. Gießler, NJW 1977, 1185 (1186), der von der Rechtsprechung bzw. in letzter Konsequenz vom Gesetzgeber fordert, der Bestimmung des § 383 Abs. 3 ZPO ein Beweisverwertungsverbot zu entnehmen.

186 Habscheid, ZZP 96 (1983), 306 (321); Schneider, Beweis und Beweiswürdigung, Rn. 179; a.A. Gießler, NJW 1977, 1185.

zerstört worden ist, eine Verwertung der Aussage in den Entscheidungsgründen schlussendlich jedoch zu einer Verletzung des in Art. 2 GG verankerten Persönlichkeitsschutzes des Mandanten führen würde.[187]

d) Schweigerecht im Hinblick auf die Nichtanzeige geplanter Straftaten gem. § 139 Abs. 3 S. 2 StGB

Während die straf- und zivilprozessualen Zeugnisverweigerungsrechte bedingte Schweigerechte gegenüber dem Staat darstellen, weil sie vom Geheimhaltungsinteresse des Auftraggebers abhängig sind, begründet § 139 Abs. 3 S. 2 StGB ein vom Mandantenwillen unabhängiges Schweigerecht des Rechtsanwalts.[188] Daher obliegt es einzig dem Rechtsanwalt zu entscheiden, ob er das Schweigerecht gem. § 139 Abs. 3 S. 2 StGB in Anspruch nimmt.

Die gem. § 138 Abs. 1 StGB jeden treffende Pflicht, die Planung der im Katalog von § 138 Abs. 1 StGB genannten Straftaten anzuzeigen, trifft den Rechtsanwalt nur bei den in § 139 Abs. 3 StGB aufgeführten Verbrechen. Diese Aufzählung umfasst Mord und Totschlag gem. §§ 211, 212 StGB, Völkermord gem. § 220 Abs. 1 Nr. 1 StGB, erpresserischen Menschenraub gem. § 239 a Abs. 1 StGB, Geiselnahme gem. § 239b Abs. 1 StGB und einen Angriff auf den Luftverkehr gem. § 316c Abs. 1 StGB durch eine terroristische Vereinigung gem. § 129a StGB.

Bei den übrigen in § 138 Abs. 1 StGB aufgeführten Delikten ist der Rechtsanwalt nicht zur Anzeige verpflichtet, wenn er von dem Vorhaben im Rahmen seiner beruflichen Tätigkeit Kenntnis erlangt und sich ernsthaft bemüht, den Täter von der Tat abzuhalten oder den Erfolg zu verhindern.

II. Schweigerecht gegenüber dem Mandanten

Die oben dargestellten zivil- und strafprozessualen Zeugniserweigerungsrechte haben einen primär drittschützenden Charakter, was darauf hindeutet, dass ein vom Auftraggeber unabhängiges Schweigerecht des Anwalts allenfalls in Randbereichen existieren kann. Erschwerend kommt hinzu, dass die Verschwiegenheitsrechte des Rechtsanwalts gegenüber seinem Mandanten von der Rechtsprechung bewusst restriktiv behandelt werden.[189]

---

187 Habscheid, ZZP 96 (1983), 306 (321); Schneider, aaO, Rn. 179.

188 Die Rechtsnatur des § 139 Abs. 3 S. 2 StGB wird unterschiedlich beurteilt: Einige sind der Auffassungs durch ihn sei schon der Tatbestand des § 138 Abs. 1 StGB nicht erfüllt (Schönke/Schröder-Cramer, § 139, Rn. 3), andere sehen in ihm einen Rechtsfertigungsgrund zu § 138 Abs. 1 StGB (SK-Rudolphi, § 139, Rn. 10; Lackner/Kühl, § 139, Rn. 2), und für eine dritte Ansicht stellt er einen persönlicher Strafaufhebungsrund dar (Maurach/Schröder/Maiwald BT/2, § 98, Rn. 26).

189 Henssler, NJW 1994, 1817 (1823).

Zwar ist der Rechtsanwalt alleiniger Adressat der Verschwiegenheitspflicht und der Mandant „Herr des Geheimnisses", jedoch ist diese Herrschaft nicht unbeschränkt. Anderenfalls müsste der Rechtsanwalt jedes Mal, wenn der Mandant ihn von der Schweigepflicht entbindet, vollumfänglich dessen Informationsbedürfnis nachkommen.

1. Verschwiegenheitsrecht aufgrund widerstreitenden Berufsrechts

Dieser Verpflichtung gegenüber dem Mandanten sind dort Grenzen gesetzt, wo sie mit anderen berufsrechtlichen Pflichten des Anwalts, wie dem Sachlichkeitsgebot und der Verschwiegenheitspflicht gegenüber einem anderen Mandanten, kollidiert.[190]

Aus dem Gesamtbild der Berufspflichten wird deutlich, dass die Verschwiegenheit ein Element der beruflichen Haltung ist.[191] Diese berufsethische Maxime bindet den Rechtsanwalt unabhängig von dem Willen und Interesse des Mandanten.[192] Aus diesem Grund verpflichtet nicht allein die Entbindung von der Schweigepflicht den Anwalt, dem Informationsbegehren des Mandanten auch stattzugeben.

Hierzu sei auf den Fall eines skandalfreudigen Mandanten verwiesen, der mit Hilfe seines Anwalts seine Straftat zu einer medienwirksamen Sensation aufbauschen möchte.[193] Würde man dem Anwalt ein Verschwiegenheitsrecht gegenüber seinem Mandanten vollumfänglich versagen, so wäre der Anwalt gehalten, dem Mandanten die geforderten Informationen nebst Handakten und sonstigen Unterlagen auszuhändigen. Durch ein solches Verhalten würde er in den Augen der Öffentlichkeit jedoch zu einem Handlanger der Boulevardmedien werden.

Dieses Ergebnis scheint mit der rechtspflegerischen Stellung des Rechtsanwalts aus § 1 BRAO unvereinbar. Als Organ der Rechtspflege soll der Anwalt dem rechtsuchenden Bürger helfen seine Rechte wahrzunehmen.[194] Grundvoraussetzung hierfür ist das Bestehen eines Vertrauensverhältnisses zwischen

190 Feuerich/Weyland, § 43a BRAO, Rn. 15.

191 Dahs, aaO, Rn. 44; Lingenberg/Hummel/Zuck/Eich, § 42, Rn. 15; a.A. Eylmann in Henssler/Prütting, § 43a, Rn. 29, der eine solche eigenständige berufsrechtlich sanktionierte Pflicht ablehnt, zugleich aber dem Anwalt aufgrund seiner Stellung als Organ der Rechtspflege einen Freiraum zur Befolgung seiner berufsethischen Maximen einräumt, wenn diese im Hinblick auf die Verschwiegenheitspflicht im Widerstreit zueinander stehen; ebenfalls ablehnend OLG Hamburg MDR 1964, 672 (673), das jedoch in seinem Urteil nur zur Auskunftspflicht des Rechtsanwalts gegenüber dem Erben Stellung nimmt.

192 Ackermann, FS 100 Jahre DJT, Bd. 1, 479 (482).

193 Altbekanntes Beispiel auf das schon Ackermann, FS 100 Jahre DJT, Bd. 1, 479 (482), Dahs, aaO, Rn. 43, Henssler, NJW 1994, 1817 (1824) hinweisen.

194 S.o. 2. Kap. A. II. 2.

Anwalt und Mandant, wobei gerade die Verschwiegenheit ein elementarer Eckpfeiler dieses Vertrauensverhältnisses ist.[195] Durch die oben dargestellte Hilfeleistung des Anwalts beim Inszenieren eines solchen Medienspektakels sinkt das Ansehen der Anwaltschaft und damit zugleich das Vertrauen der Bevölkerung in das Bestehen des anwaltlichen Berufsgeheimnisses. Hierdurch wäre im Endergebnis das einwandfreie Funktionieren der Rechtspflege betroffen, woraus das Berufsgeheimnis des Rechtsanwalts seinen Gemeinwohlbezug herleitet.[196]

Im Interesse der Rechtspflege sollte daher dem Anwalt ein Verschwiegenheitsrecht gegenüber seinem Mandanten zustehen, um dem überindividuellen Interesse des anwaltlichen Berufsgeheimnisses gerecht zu werden.

2. Verschwiegenheitsrecht aufgrund höchstpersönlichen Bereichs des Anwalts

Doch nicht nur in Bezug auf einen solchen Extremfall zeigt sich, wie wichtig ein dem Mandanten unzugänglicher Freiraum für die anwaltliche Tätigkeit ist. Macht sich ein Rechtsanwalt Aufzeichnungen über seine persönlichen Eindrücke von einem Gespräch, so unterfallen diese Notizen nicht nur dem Tun im Rahmen der Vertragserfüllung, sondern sie geben auch Aufschluss über seine sachliche und persönliche Motivation.[197]

Die Offenbarung dieser Motivation ist nicht Inhalt des Vertrages zwischen Anwalt und Mandant, so dass er hierüber auch nicht „Herr des Geheimnisses" sein kann und der Anwalt ihm diesbezüglich auch nicht zur Offenbarung verpflichtet ist. Zu dem für die sachgerechte Interessenwahrnehmung notwendigen höchstpersönlichen Bereich zählt auch das Sammeln von Hintergrundinformationen durch den Anwalt selbst.

Das Verschwiegenheitsrecht des Anwalts in Bezug auf persönliche Wahrnehmungen und Hintergrundinformationen dient demnach der sinnvollen Berufsausübung. Aus diesem Grund ist das Geheimhaltungsinteresse des Anwalts unmittelbar durch das Grundrecht der Berufsausübungsfreiheit gem. Art. 12 Abs. 1 GG geschützt. Sofern in den Niederschriften der persönlichen Wahrnehmungen auch eigene Werturteile des Anwalts eingeflossen sind, kann das Schweigerecht auch durch sein allgemeines Persönlichkeitsrecht aus Art. 2 Abs. 1 i.V.m. Art. 1 Abs. 1 GG verfassungsrechtlich begründet werden.

Da nach Art. 1 Abs. 3 GG ausschließlich die öffentliche Gewalt zur Beachtung der Grundrechte verpflichtet ist, kann sich der Anwalt gegenüber seinem

---

195 Henssler, NJW 1994, 1817.

196 S.o. 2. Kap. A. II. 3. c.

197 Nassall, KTS 88, 633 (635).

Mandanten nicht auf diese verfassungsrechtliche Begründung eines eigenständigen Schweigerechts berufen.[198]

Der fehlende Grundrechtsbezug im Verhältnis zwischen Anwalt und Mandant ändert jedoch nichts an der Bedeutung dieser Hintergrundinformationen für eine sachgerechte Interessenwahrnehmung durch den Anwalt, weswegen der Bundesgerichtshof es für einen Anwalt als unzumutbar ansieht, wenn er seine Aufzeichnungen dem Mandanten zugänglich machen muss.[199] Dies umfasst jedoch nur den sehr begrenzten Teil der persönlichen Aufzeichnungen und der selbst gesammelten Hintergrundinformationen, weswegen der Anwalt seine Aufzeichnungen gegebenenfalls in herausgabepflichtige und nicht herausgabepflichtige Aufzeichnungen trennen muss.[200] Demzufolge existiert in einem begrenzten Umfang ein vom Willen des Mandanten unabhängiges Schweigerecht des Anwalts.

Zugleich ist zu beachten, dass ein solches Verschwiegenheitsrecht nicht den Effekt haben darf, dass sich die Mandanten durch den Anwalt bevormundet fühlen, was schlußendlich zu einem Vertrauensverlust gegenüber der Anwaltschaft führen könnte. Daher sollte das anwaltliche Verschwiegenheitsrecht nur in Ausnahmefällen auch unabhängig vom Willen des Mandanten Wirkung entfalten.[201]

III. Schweigerecht gegenüber der Rechtsanwaltskammer

Nach § 56 Abs. 1 BRAO ist der Rechtsanwalt verpflichtet, in Aufsichts- und Beschwerdesachen dem Vorstand der Rechtsanwaltskammer Auskunft zu erteilen.

Der Rechtsanwalt kann sich weigern, diesem Verlangen nachzukommen, wenn er dadurch seine Verschwiegenheitspflicht verletzen oder sich der Gefahr einer Verfolgung wegen einer Straftat, einer Ordnungswidrigkeit oder einer Berufspflichtverletzung aussetzen würde. Die Grenzen der Verschwiegen-

---

198 Im Hinblick auf das anwaltliche Berufsgeheimnis ist § 43a Abs. 2 BRAO lex specialis zu § 43 BRAO, so dass auch für die mittelbare Drittwirkung von Grundrechten an einer auslegungsfähigen Generalklausel mangelt; aus diesen dogmatischen Gründen ist daher auch die gegenteilige Auffassung des Bundesgerichtshofes abzulehnen, obiter dictum des Bundesgerichtshofes, BGH NJW 1990, 510 (512); vgl. Rick, aaO, S. 130.

199 BGHZ 85, 327 (335).

200 Friedländer, aaO, § 32, Rn. 18.

201 Ein solches Schweigerecht bejahend Henssler, NJW 1994, 1817 (1823 f.); BHG NJW 1990, 519 (511); Ackermann, FS 100 Jahre DJT, Bd. 1, 479 (497); a.A. Nassall, KTS 88, 633 (642), der ein eigenes Schweigerecht unabhängig von der Entbindung des Mandanten (hier Konkursverwalter) ohne nähere Begründung ablehnt; zuvor hat er jedoch auf S. 635 dem Anwalt einen höchstpersönlichen Bereich in Bezug auf persönliche Aufzeichnungen zugesprochen; ebenfalls ablehnend OLG Hamburg MDR 1964, 672 (673), das jedoch in seinem Urteil nur zur Auskunftspflicht des Rechtsanwalts gegenüber dem Erben Stellung nimmt.

heitspflicht werden dabei durch die strafrechtliche Schweigepflicht gem. § 203 Abs. 1 Nr. 3 StGB bestimmt.[202]

Allerdings muss der Rechtsanwalt gem. § 56 Abs. 1 S. 3 BRAO darauf hingewiesen werden, dass er das Recht hat, aus den oben genannten Gründen die Auskunft zu verweigern. Unterlässt der Vorstand diesen Hinweis, so braucht der Anwalt der Aufforderung nicht Folge leisten.[203] Auf der anderen Seite ist es nach § 56 Abs. 1 S. 2 BRAO wiederum erforderlich, dass der Rechtsanwalt sein Auskunftsverweigerungsrecht auch geltend macht, damit es wirksam wird.

In den Fällen, in denen der Anwalt kein Aussageverweigerungsrecht hat oder er dies nicht geltend macht, ist er verpflichtet, die Wahrheit zu sagen.[204] Ihm steht nicht das Recht zu, wie ein Angeklagter im Strafprozess lügen zu dürfen, weil er sich durch seine Zulassung den gesetzlichen Berufspflichten unterworfen hat, wozu auch die Wahrheitspflicht zählt.[205]

IV. Ergebnis

Die straf- und zivilprozessualen Zeugnisverweigerungsrechte stellen bedingte Schweigerechte des Anwalts dar, da ihre Ausübung vom Willen des Mandanten abhängt. Involviert sind hier zwei verschiedene Grundrechtsträger, die beide das Berufsgeheimnis schützen. Der Schutz erfolgt zum einen durch das Recht auf informationelle Selbstbestimmung und das Selbstbezichtigungsverbot des Mandanten aus Art. 2 Abs. 1 GG i.V.m. 1 Abs. 1 GG und durch den verfassungsrechtlichen Individualschutz des Anwalts durch Art. 12 Abs. 1 GG und Art. 5 Abs. 1 GG.[206] Der verfassungsrechtlichen Bedeutung der Geheimnisherrschaft des Mandanten in diesem Abhängigkeitsverhältniss zwischen Anwalt und Mandant entspricht es, dass der Anwalt sein Grundrecht nicht losgelöst vom Mandanten ausüben kann.[207]

Aufgrund der bisherigen Darstellung ist festzuhalten, dass die berufsrechtliche Verschwiegenheit nicht nur weiter reicht als die strafrechtliche Schweigepflicht,[208] sondern sie zum Teil auch vom Willen des Mandanten unabhängig ist. Zwar kann sich der Anwalt daher in einem eng umgrenzten Raum auf ein

---

202 S.o. 2. Kap. A. I. 3.

203 Hartung in Henssler/Prütting, § 56 BRAO, Rn. 12; Feuerich/Weyland, § 56 BRAO, Rn. 32.

204 Feuerich/Weyland, § 56 BRAO, Rn. 19; Jessnitzer/Blumberg, § 56 BRAO, Rn. 3.

205 Hartung in Henssler/Prütting, § 56 BRAO, Rn. 16; Feuerich/Weyland, § 56 BRAO, Rn. 19.

206 S.o. 2. Kap. A. II. 4.

207 Vgl. Rüpke, aaO, S. 26, 138, der dies als ein „informationelles Kondominium" bezeichne; Stern, Staatsrecht III/1, § 66 II b, spricht in diesem Zusammenhang von „interaktionistischen" Freiheiten, die nur gemeinsam realisiert werden können.

208 Vgl. 4. Kap. A., I., II.

Verschwiegenheitsrecht gegenüber seinem Mandanten berufen, dies vermag jedoch nicht darüber hinwegzutäuschen, dass die Grundrechtsausübungen von Anwalt und Mandant nicht losgelöst voneinander stattfinden können. Nur das Zusammenwirken und nicht das gegenseitige Blockieren beider Grundrechtsträger führt zur Durchsetzung aller in Frage stehender Grundrechtsinhalte gegenüber dem Hoheitsträger und zu einem umfassenden Schutz des Berufsgeheimnisses gegenüber übermäßigen Informationsansprüchen des Staates.[209]

Anders als die prozessualen Zeugnisverweigerungsrechte und das berufsrechtliche Verschwiegenheitsrecht dient das Schweigerecht wegen der Nichtanzeige geplanter Straftaten gem. § 139 Abs. 3 S. 2 StGB nicht dem Schutz des Schweigerechts bzw. der Verschwiegenheitspflicht, sondern es stellt einen gesetzlichen Ausgleich des Konflikts zwischen Geheimhaltung und Verbrechensverhütung dar[210]. Ohne diese gesetzliche Regelung müsste der Anwalt selbst diese Abwägung vornehmen.[211]

Das Schweigerecht gegenüber der Bundesrechtsanwaltskammer verlagert das dem Anwalt in anwaltsgerichtlichen Verfahren zustehende Zeugnisverweigerungsrecht[212] in die Vorstufe des Aufsichtsverfahrens vor. Anderenfalls würde der Anwalt möglicherweise in einem Aufsichtsverfahren, durch das häufig die Einleitung eines anwaltlichen Verfahrens wegen pflichtwidrigen Verhaltens geklärt wird,[213] gehalten sein, sich selbst zu belasten, obwohl ihm im eigentlichen Verfahren ein Zeugnisverweigerungsrecht zusteht.

B. Rechtslage in Frankreich

I. Schweigerecht gegenüber dem Staat

1. Schweigerecht vor Gericht

Die vorgestellten Regelungen des *Secret Professionnel* in Art. 2 RIN, Art. 226-13 und 226-14 Code Pénal, Art. 66-5 des Gesetzes vom 31. Dezember 1971, Art. 160 des Dekrets vom 27. November 1991 und Art. 4 des Dekrets vom 12. Juli 2005 zeigen, dass das es eine starke, wenn auch nicht unantastbare Stellung hat. Resultat dieses Verständnisses des *Secret Professionnel* ist es, dass kein Anwalt gezwungen werden kann, vor Gericht auszusagen, wenn er hierbei Informationen offenbaren müsste, die dem Schutz des *Secret Professionnel* unter-

---

209 Vgl. Rüpke, aaO, S. 142.
210 Schönke/Schröder-Cramer, § 139, Rn. 2.
211 Vgl. 6. Kap. A., I., II.
212 Vgl. § 116 BRAO i.V.m. §§ 136, 243 IV StPO.
213 Feuerich/Weyland, § 56 BRAO, Rn. 33.

fallen, selbst wenn das französische Recht kein gesondertes Zeugnisverweigerungsrecht des Anwalts kennt.

In Bezug auf die Qualität eines Rechtsanwalts als Zeuge vor Gericht hat ein grundlegendes Urteil der Chambre Criminelle der Cour de Cassation 1862 folgendes festgestellt:

„Attendu que l'avocat a toujours été tenu de garder un secret inviolable sur tout ce qu'il apprend à ce titre; que cette obligation absolue est d'ordre public; que l'avocat appelé en témoignage n'a donc, dans sa déposition, d'autre règle que sa conscience et qu'il doit s'abstenir des réponses qu'elle lui interdit" .[214]

Dieses Grundsatzurteil hat schlußendlich zu den Einschränkungen der Aussagepflicht in Art. 109 Code de Procédure Pénale und Art. 206 Nouveau Code de Procédure Civile geführt. So muss nach Art. 109 Code de Procédure Pénale die Aussage unter Beachtung des Vorbehalts der Art. 226-13 und 226-14 des Code Pénal stattfinden, und nach Art. 206 Nouveau Code de Procédure Civile dürfen Personen mit einem *„motif légitime"* das Zeugnis verweigern. Ein legitimer Grund kann in der Wahrung des in Art. 226-13 und 226-14 Code Pénal niedergelegten *Secret Professionnel* zu sehen sein.[215] Da Art. 226-13 Code Pénal jedoch nicht explizit die dem *Secret Professionnel* unterworfenen Berufsgruppen aufzählt, ist hier Platz für Interpretation. Daher hat die Rechtsprechung im Hinblick auf die verschiedenen Berufsgruppen eine „Hierarchie" der Absolutheit des *Secret Professionnel* entwickelt. Diejenigen Berufsgruppen, die über ein „absolutes" *Secret Professionnel* gegenüber der Justiz verfügen, dürfen ihr Zeugnis verweigern.[216] Hierzu gehören die Priester[217], die Ärzte,[218] die Notare[219] und die Anwälte.[220]

Demnach darf der als Zeuge in einem Strafverfahren oder in einem Zivilprozess vernommene Rechtsanwalt das Zeugnis verweigern, wenn er bei seiner Aussage Informationen preisgeben müsste, die ihm im Rahmen seiner berufli-

---

214 Cass. crim. 24 mai 1862, D. 1862. 1. 545.

215 Vincent/Guinchard, Procédure civile, Nr. 1096; Alaphilippe/Miguet, Jur. Clas. Procédure Civile., fasc. 640, Nr. 27.

216 Rassat, Droit pénal spécial, Nr. 438; Pradel/Varinard, Les grands arrêts de la procédure pénale, S. 217.

217 Cass. crim. 4 décembre 1891, D. 1892, 139; Cass. crim. 11 mai 1959, Bull. crim. 1959 Nr. 253; Cass. crim. 5 février 1970, D. 1970, 249.

218 Cass. crim. 8 mai 1947, D. 1948, 109, note Gulphe, JCP 1948. II. 4141, note Légal; Cass. crim. 22 décembre 1966, D. 1967, 122, note Combaldieu, JCP 1967. II. 15126, note Savatier.

219 Cass. 2ème civ., Paris 13 juillet 1973, D. 1974, 16, note de la Marnière.

220 Cass. crim. 7 mars 1989, Bull. crim. 1989, Nr. 109; Cass. crim. 16 mai 2000, Bull. crim. 2000, Nr. 192.

chen Tätigkeit anvertraut worden sind. Entscheidet er sich jedoch auszusagen, so darf er nur für seinen Mandanten vorteilhafte Informationen preisgeben.[221]

An dieser Stelle wird eine Besonderheit des *Secret Professionnel* des Anwalts deutlich. Anders als der Priester oder der Arzt erhält er die Informationen nicht, um sie für sich zu behalten, sondern um einen Sachverhalt juristisch zu bewerten und diesen anschließend vor Gericht oder bei Verhandlungen mit der anderen Partei vertreten zu können. Um eine wirksame Vertretung der Interessen seines Mandanten zu erlangen, entscheidet der Anwalt selbstständig darüber, wie viel er vor Gericht oder gegenüber der anderen Partei von den ihm anvertrauten Informationen offenbart. Demzufolge wird ein absolutes Verständnis der aus dem *Secret Professionnel* resultierenden Schweigepflicht, das zu einem absoluten Schweigerecht des Anwalts führen würde, durch die Erfordernisse der anwaltlichen Tätigkeit abgemildert. Aufgrund der Verpflichtung zur Wahrung des *Secret Professionnel* hat der Anwalt daher grundsätzlich das Recht, vor Gericht die Aussage zu verweigern. Entscheidet er sich auszusagen, so resultiert aus diesem Schweigerecht und aus seiner Verpflichtung zur Wahrung des *Secret Professionnel* das Recht, nachteilige Informationen bezüglich seines Mandanten nicht weitergeben zu müssen. Ansonsten würde er gegen die aus dem *Secret Professionnel* resultierende Schweigepflicht verstoßen.[222]

Dem Anwalt bleibt sowohl im Rahmen seiner Prozessführung wie auch im Rahmen seiner Aussage überlassen, welche Tatsachen er im Falle ihrer Offenbarung als vor- bzw. nachteilig für das Begehren seines Mandanten bewertet. Die Aussage eines Anwalts kann demzufolge nur die Fortführung seiner im Rahmen der Prozessführung gemachten Aussagen sein, denn die Antwort auf jede kritische Nachfrage während seiner Aussage könnte er unter Hinweis auf seine Verpflichtung zur Wahrung des *Secret Professionnel* zurückweisen. Unter diesem Gesichtspunkt wird nicht nur die Überzeugungskraft der Aussage eines Anwalts eingeschränkt,[223] vielmehr ist die Aussage im Hinblick auf ihren Erkenntniswert für den Prozess wertlos.

Im Falle eines Rechtsstreits in Bezug auf eine gütliche Einigung oder einen Vergleich folgt das Schweigerecht des Anwalts denselben Prinzipien.[224]

Selbst wenn der Anwalt vor Gericht die Aussage verweigern will, entbindet ihn diese Entscheidung nicht von der Pflicht, nach Art. 109 Code de Procédure

---

221 Martin, aaO, Nr. 462; Damien, Gaz. Pal. 16 mars 1982, 136 (138); Taisne, aaO, Nr. 501; Monéger/Demeester, Profession: avocat, S. 249.

222 Cass. crim. 15 septembre 1987, JCP.1988, II 21047, note Chambon; Cass. crim. 25 octobre 1995, Bull. Crim. 1995, Nr. 323; Monéger/Demeester, aaO, S. 249, Fn.7; Couturon, Gaz. Pal. 18 avril 1992, doctr., 295; Damien, Gaz. Pal. 16 mars 1982, doctr., 136 (137).

223 Martin, aaO, Nr. 464.

224 CA Paris 17 janvier 1969, D. 1969, 316.

Pénale und Art. 211 Nouveau Code de Procédure Civile vor Gericht zu erscheinen und zu schwören, die Wahrheit zu sagen.[225] Dieser Umstand stellt keine Missachtung des *Secret Professionnel* dar, denn der Anwalt kann nicht im vorneherein wissen, welche Fragen ihm gestellt werden.[226] Demnach muss sich der Rechtsanwalt während seiner Vernehmung bei jeder Frage erneut entscheiden, ob er durch seine Verpflichtung zur Wahrung des *Secret Professionnel* gehindert ist, auszusagen.[227] Gelangt er zu der Überzeugung, dass dies der Fall ist, so kann er die Aussage unter Verweis auf seine Verpflichtung zur Wahrung des *Secret Professionnel* verweigern.

a) Verwertbarkeit bei Verstoß gegen das Schweigerecht im Zivilrecht

Nach Art. 9 Nouveau Code de Procédure Civile obliegt es jeder Partei, ihre Behauptung „*...conformément à la loi...*“ zu beweisen. Aus diesem Grund sind Beweismittel, die durch betrügerische oder andere strafbare Handlungen erlangt wurden oder deren Erlangung sonst im Widerspruch zum Allgemeinwohl steht, nicht zugelassen.[228] Das Recht, vor Gericht zu schweigen, resultiert aus der Verpflichtung des Anwalts zur Wahrung des *Secret Professionnel.* Macht ein Anwalt trotz dieses Schweigerechts im Verlauf des Prozesses eine Aussage, deren Inhalt geheimhaltungspflichtige Tatsachen umfasst, so hat er das *Secret Professionnel* gebrochen. Sollte dieser Bruch des *Secret Professionnel* nicht wie in den Fällen des Art. 226-14 Code Pénal erlaubt sein, dann ist die Aussage durch eine strafbare Handlung erlangt worden.

Aufgrund des Prinzips der rechtmäßigen Erlangung der Beweismittel (*principe de la licéité de la preuve*) schenkt die Cour de Cassation im Zivilrecht Beweismitteln, die unter Verstoß gegen das aus dem *Secret Professionnel* resultierenden Schweigerecht vor Gericht gewonnen wurden, keine Beachtung und schließt sie aus.[229] Die Aussage des Anwalts, die er trotz seines Schweigerechts vor Gericht gemacht hat, wird daher, wenn durch sie das *Secret Professionnel* gebrochen wurde, nicht als Beweismittel zugelassen und darf daher nicht in das Urteil einfließen.

225 C. assises, Seine, 10 avril 1877, DP 1878. 5. 442.

226 Floriot/Combaldieu, Le secret professionnel, S. 150.

227 Floriot/Combaldieu, aaO, S. 150.

228 Guinchard, Droit et pratique de la procédure civile, Nr. 111.21, 111.23 ; Vincent/Guinchard, aaO, Nr. 606 ; Ghestin/Goubeaux, Traité de droit civil, introduction générale, Rn. 576; Nagel, Die Grundzüge der Beweisrechts im europäischen Zivilprozeß, S. 129.

229 Cass. 1ère civ., 22 janvier 1957, D. 1957, 445; CA Grenoble 29 mai 1952, D. 1952, 729, in beiden Entscheidungen wurde die Verwertbarkeit eines ärztlichen Attestes aufgrund ihres Widerspruchs zu Art. 378 alter Code Pénal abgelehnt.

So hat in jüngster Zeit die Cour de Cassation eine Entscheidung einer Cour d'Appel aufgehoben, in der ein Versicherungsvertrag aufgrund einer Auskunft des behandelnden Arztes für nichtig erklärt worden war.[230] Die Chambre Commerciale der Cour de Cassation hat diesem Urteil folgend ein Urteil aufgehoben, das einem Erben die Zahlung einer streitigen Geldsumme auferlegte, da dieses Urteil auf der Aussage eines Bankangestellten basierte, der durch diese Aussage sein *Secret Professionnel* verletzt hatte.[231] Da in beiden Fällen die Aussagen des Arztes beziehungsweise des Bankangestellten trotz eines bestehenden Schweigerechts unter Verstoß gegen das *Secret Professionnel* zustande gekommen waren, sind sie als Beweismittel unzulässig und dürfen nicht ins Urteil einfließen. Im ersten Fall führt die Unverwertbarkeit der Auskunft des Arztes dazu, dass der Versicherungsvertrag als bestehend anzusehen ist und im zweiten Fall führt die nicht als Beweismittel zulässige Aussage des Bankangestellten zu einer Rückverweisung des Falles an das zuständige Gericht.

b) Verwertbarkeit bei Verstoß gegen das Schweigerecht im Strafrecht

In Bezug auf das Beweismittelrecht besagt Art. 427 Abs. 1 du Code de Procédure Pénale, dass *„Hors le cas où la loi dispose autrement, les infractions peuvent être établies par tout mode de preuve"*. Dieses weitreichende Prinzip wird begrenzt durch die Achtung der Grundwerte der Zivilisation und das Prinzip der Rechtmäßigkeit der Beweismittel, welche nicht im Code de Procédure Pénale niedergeschrieben sind.[232] Ihre Wurzeln haben die Grundsätze in der Verfassung. In der Präambel der Verfassung von 1958 wird auf die Menschenrechtserklärung von 1789 und die Präambel der Verfassung von 1946 verwiesen. Die Achtung der Grundprinzipien der Zivilisation sind das beherrschende Thema dieser beiden Texte. Art. 7 und 8 der Menschenrechtserklärung von 1789 enthalten das Legalitätsprinzip (*sûreté*). Direkt in Art. 7 und 8 der Menschenrechtserklärung von 1789 ist der Grundsatz *nulla poena sine lege* enthalten.[233] Zugleich werden an das Legalitätsprinzip weitere Justizgrundsätze, wie das Prinzip der Rechtmäßigkeit der Beweismittel, angekoppelt, die die Voraussetzung zur Anerkennung des Legalitätsprinzips darstellen.[234]

Die Wahrung des Prinzips der Rechtmäßigkeit der Beweismittel wird durch die Achtung von zwei weiteren Prinzipien sichergestellt, die auch aus allgemeinen Rechtsgrundsätzen entwickelt worden sind, der *„loyauté"* bei der Beweismittelsuche und der *„loyauté"* bei der Auseinandersetzung mit den Be-

230 Cass. 1ère civ., 12 janvier 1999, Nr. 96-20.580, Rec. Cass. Civ., S. 139.

231 Cass. com. 5 octobre 2004, numéro JurisData: 2004-025135.

232 Stefani/Levasseur/Bouloc, Procédure pénale, Nr. 145 ff.; Conte/Maistre de Chambon, Procédure pénale, S. 40 ff; Fourment, Procédure pénale, Nr. 76 ff.

233 Itin, aaO, S. 50.

234 Itin, aaO, S. 53.

weismitteln.[235] Aus diesen Eingrenzungen folgt, dass die Beweismittelsuche durch den Ermittlungsrichter und die ermittelnden Beamten im Strafverfahren unvereinbar mit unlauteren Vorgehensweisen und Arglist ist.[236] Vielmehr müssen die Beweismittel auf ordnungsgemäße Weise erlangt werden.[237] Auch die Staatsanwaltschaft darf ihre Strafverfolgung nicht auf Beweismittel gründen, die sie in unerlaubter Weise erlangt hat. [238] Des Weiteren verbietet Art. 432 Code de Procédure Pénale ausdrücklich die Verwertung der schriftlichen Korrespondenz zwischen einem Anwalt und seinem Mandanten als Beweismittel.

Aufgrund der oben genannten Grundsätze hat die Chambre Correctionelle an der Cour d'Appel in Poitiers ein Urteil wegen Trunkenheit am Steuer aufgehoben, denn der Beweis und die Dokumentation der Trunkenheit basierten auf der Aussage eines Arztes und einer Fotokopie der Krankenakte.[239] Das Gericht führt hierzu aus, dass die Richter zwar dazu ermächtigt sind, den Zustand der Trunkenheit mit allen Mitteln zu beweisen, dies umfasst aber nicht die Möglichkeit des Beweises anhand einer Krankenakte, da diese aufgrund ihrer Vertraulichkeit auch für das Gericht unzugänglich ist.[240]

Das oben bereits angesprochene Prinzip der *„loyauté“* bei der Auseinandersetzung mit den Beweismitteln beinhaltet die Achtung der *Droits de la Défense* und des Grundsatzes des rechtlichen Gehörs.

Abweichend von der oben skizzierten Nichtzulassung von unrechtmäßig erlangten Beweisen, verfährt die Chambre Criminelle der Cour de Cassation unter Berufung auf den Grundsatz des rechtlichen Gehörs anders.[241] Für sie ist die Zulassung von unrechtmäßig erlangten Dokumenten und Aufzeichnungen als Beweismitteln durch den *Juge d'Instruction* möglich, wenn diese einen Beweis darstellen, von einem Prozessbeteiligten und nicht von der Staatsanwaltschaft eingebracht werden und über sie in Gegenwart der Parteien verhandelt werden kann.[242]

---

235 Fourment, aaO, Nr. 78.

236 Fourment, aaO, Nr. 78; Stefani/Levasseur/Bouloc aaO, Nr. 146.

237 Dieser Grundsatz wurde schon 1888 von den Chambres Réunies des Cour de Cassation aufgestellt, die ein Verfahren für ungültig erklärt haben, indem ein Ermittlungsrichter einen Tatverdächtigen unter Leugnung seiner Identität in ein Telefonat verwickelt hatte, um Anklagepunkte gegen sein Gegenüber in Erfahrung zu bringen, Cass. ch. réunies 31 janvier 1888, S. 1889. I. 241.

238 Vgl. hierzu die Zulässigkeit von Aussagen unter Einfluss von Hypnose, deren Zulässigkeit abgelehnt wurde: Cass. crim. 12 décembre 2000, D. 2001, 1340, note Mayer.

239 CA Poitiers, 21 avril 1989, numéro JurisData: 1989-041660.

240 CA Poitiers, 21 avril 1989, numéro JurisData: 1989-041660.

241 Cass. crim. 11 février 1992, JCP 1992, IV Nr. 1991; Cass. crim. 6 avril 1993, JCP 1993, II 22144, note Rassat; Cass. crim. 30 mars 1999, D. 2000, 391, note Garé.

242 Cass. crim. 11 février 1992, JCP 1992, IV Nr. 1991; Cass. crim. 6 avril 1993, JCP 1993, II 22144, note Rassat; Cass. crim. 30 mars 1999, D. 2000, 391, note Garé.

In Fortführung dieser Rechtsprechung hat es die Chambre Criminelle der Cour de Cassation abgelehnt, ein Urteil eines Ermittlungsgerichts aufzuheben, das die Verweisung eines wegen Vergewaltigung Angeklagten an einer Cour d'Assises vorsah und dessen Grundlage die Aussage eines Priesters war.[243] Die Aussage dieses Priesters war unrechtmäßig erlangt, da er aufgrund des *Secret Professionnel* absolutes Stillschweigen über die Informationen bewahren muss, die er in Ausübung seiner beruflichen Tätigkeit erfährt. Dies bestätigt auch die Chambre Criminelle, was sie jedoch nicht davon abhält, die Aussage des Priesters mit in ihre Betrachtung einzubeziehen:

„Qu'en effet, les juridictions d'instruction apprécient souverainement si les faits retenus à la charge de la personne mise en examen sont constitutifs d'une infraction, la Cour de cassation n'ayant d'autre pouvoir que de vérifier si, à supposer les faits établis, la qualification justifie la saisie de la juridiction de jugement".[244]

Vereinzelt wird darauf hingewiesen, dass nach dieser Rechtsprechung der Chambre Criminelle der Cour de Cassation ein Beweis, der unter Verletzung des *Secret Professionnel* erlangt wurde, im Zivilprozess ausgeschlossen, aber im Strafprozess unter der Bedingung zugelassen werden müsste, dass dieser Beweis von einer Prozesspartei und nicht von der Staatsanwaltschaft eingebracht wird und in Gegenwart der Parteien debattiert werden kann.[245] Im Zusammenhang mit dieser Rechtsprechung wird auch der Widerspruch kritisch betrachtet, dem *Juge d'Instruction* nach Art. 81 Code de Procédure Pénale aufzuerlegen, *„conformément à la loi"* nach der Wahrheit zu suchen und ihm zugleich zu erlauben, auch unrechtmäßig erlangte Beweise mit in seine Wertung einzubeziehen, solange diese von anderen eingebracht werden.[246]

Sollte die Chambre Criminelle der Cour de Cassation im Gegensatz zu den Chambres Civiles fortfahren, unrechtmäßig erlangte Beweise zuzulassen, sofern sie von einer Prozesspartei eingebracht und in Gegenwart der Parteien debattiert werden können, so besteht die Gefahr, dass dies zu einer Trennung der Art der Beweisführung im Straf- und Zivilrecht führt. In diesem Zusammenhang müsste eine Aussage, die unter Verletzung des sich aus dem *Secret Professionnel* ergebenden Schweigerechts vor Gericht zustandegekommen ist, in einem Zivilprozess ausgeschlossen, aber in einem Strafprozess für zulässig erachtet werden, solange die Aussage von einer Prozesspartei und nicht von der Staatsan-

---

243 Cass. crim. 19 octobre 2004, Nr. 04-84.928, unveröffentlicht.

244 Cass. crim. 19 octobre 2004, Nr. 04-84.928, unveröffentlicht.

245 PY, Le secret professionnel, S. 81; Garé in note zu Cass. crim. 30 mars 1999, D. 2000, 392 (394).

246 Rassat in note zu Cass. crim. 6 avril 1993, JCP. 1993, II 22144, 416 (418 ff.); Garé in note zu Cass. crim. 30 mars 1999, D. 2000, 392 (393).

waltschaft eingebracht wird und in Gegenwart der Parteien diskutiert werden kann.

c) Einschränkungen des Schweigerechts im Falle von nur rechtsberatender Tätigkeit des Rechtsanwalts?

In Bezug auf den Umfang des Schweigerechts des Anwalts hat die Chambre Criminelle der Cour de Cassation einen Sonderweg eingeschlagen. Sie hat in ihrer Rechtsprechung angefangen, zwei unterschiedlich umfangreiche *Secrets Professionnels* des Anwalts zu entwickeln.[247] Eines für die verteidigende Tätigkeit des Anwalts vor Gericht und eines für die rechtsberatende Tätigkeit. Nach dieser Unterscheidung ist das aus dem *Secret Professionnel* des Strafverteidigers folgende Schweigerecht vor Gericht absolut, weil es aus den *Droits de la Défense* abgeleitet wird. Das Schweigerecht des rechtsberatend tätigen Anwalts ist hingegen nur relativ, weil es nicht über diese Ableitung verfügt. Die folgenden zwei Urteile der Chambre Criminelle der Cour de Cassation sind kennzeichnend für diese Entwicklung in ihrer Rechtsprechung.

(1) Chambre Criminelle der Cour de Cassation 30. September 1991

Der Ausgangspunkt des ersten Urteils waren Ermittlungen gegen die Geschäftsführer einer Gesellschaft wegen Betruges und Missbrauchs von Gesellschaftsvermögen.[248] Im Rahmen des Ermittlungsverfahrens war der die Gesellschaften beratende Anwalt von einem Ermittlungsrichter im Hinblick auf die Umstände, die zur Ausarbeitung von Vereinbarungen über die Übernahme einer Unternehmenspacht an zwei Handelsgesellschaften und zur Erstellung eines Briefes, in dem eine Bank eine Bürgschaft in Aussicht stellte, vernommen worden. Als dann der Anwalt selbst der Mittäterschaft an den seinen Mandanten zur Last gelegten Taten verdächtigt wurde, war sich der Ermittlungsrichter nicht mehr sicher, ob die Aussage des Anwalts aufgrund eines Verstoßes gegen das *Secret Professionnel* möglicherweise unverwertbar sei. Aus diesem Grund rief er unter Anwendung des Art. 171 Code de Procédure Pénale die Chambre d'Accusation mit der Bitte um Klärung an. Die Chambre d'Accusation warf den Prozessparteien vor keine Beschwerde erhoben zu haben, und erklärte die Aussage des Anwalts für verwertbar, indem sie sich auf Art. 802 Code de Procédure Pénale berief, wonach keine Nichtigkeit ohne Beschwerde gegeben sein kann. Gegen

247 Cass. crim. 30 septembre 1991, JCP 1992. II 21858, note Martin; Cass. crim. 7 mars 1994, JCP 1994. II 22251, note Martin.

248 Zu den Einzelheiten des der Entscheidung zugrunde liegenden Sachverhaltes und dem unveröffentlichten Urteil der Chambre d'Accusation der Cour d'Appel vgl. Martin, aaO, Nr. 470, sowie die Anmerkung Martins zu Cass. crim. 30 septembre 1991, JCP 1992. II 21858, und die Anmerkung von Gavalda zu Cass. crim. 30 septembre 1991, D. 1992, 323 ff.

dieses Urteil vorgehend rief der vernommene Anwalt die Chambre Criminelle der Cour de Cassation an. Er bezog sich hierbei im Wesentlichen darauf, dass das *Secret Professionnel* generelle und absolute Gültigkeit hat, woran nicht nur die Partein, sondern auch die Allgemeinheit ein Interesse haben. Dieses Interesse der Allgemeinheit hat nach Ansicht des Klägers zur Folge, dass es keiner Beschwerde bedarf, um die Nichtigkeit einer unter Verletzung des *Secret Professionnel* erlangten Aussage festzustellen, weswegen Art. 802 Code de Procédure Pénale nicht anwendbar ist.

Die Chambre Criminelle der Cour de Cassation folgte dieser Argumentation nicht und wies den Einspruch aufgrund folgender Argumentation zurück:[249]

„Dès lors que l'audition en cause concernait une activité de rédacteur d'actes ou de négociateur, et non l'exercice des droits de la défense, la chambre d'accusation a justifié sa décision sans encourir les griefs allégués;"

Nach Ansicht der Chambre Criminelle besteht das *Secret Professionnel* des beratend tätigen Anwalts nur im Interesse der beteiligten Parteien und ist aus diesem Grunde relativ. Gegen dieses Verständnis des *Secret Professionnel*, welches eine nicht immer klar zu ziehende Trennung der einzelnen Tätigkeitsbereiche des Anwalts erfordert, hat sich starker Protest von Seiten des Schrifttums geregt.[250]

Auch der kurz nach Verkündigung dieses Urteils am 1. Januar 1992 in Kraft tretende Art. 66-5 des Gesetzes vom 31. Dezember 1971[251] bestätigt die von der Chambre Criminelle gemachte Unterscheidung nicht:

„Les consultations adressées par un avocat à son client et les correspondances échangées entre le client et ses avocats sont couvertes par le secret professionnel."

Zwar wird schon in dieser Fassung des Art. 66-5 des Gesetzes vom 31. Dezember 1971 deutlich, dass der Gesetzgeber keine Unterscheidung zwischen der verteidigenden und der beratenden Tätigkeit eines Rechtsanwalts macht, doch durch das oben angesprochene Urteil der Cour de Cassation sah sich der Gesetzgeber zum erneuten Handeln gezwungen. Aus Klarstellungsgründen wurde der Wortlaut des Art. 66-5 des Gesetzes vom 31. Dezember 1971 durch Art. 4 des Gesetzes vom 4. Januar 1993 wie folgt ergänzt:[252]

---

249 Cass. crim. 30 septembre 1991, Gaz. Pal 18 février 1992, note Doucet; JCP 1992. II 21858, note Martin; D. 1992, 323, note Gavalda.

250 de La Serviette, Gaz. Pal. 10/11 avril 1992, 21; Couturon, Gaz. Pal. 18 avril 1992, doctr., 295 (297); Woog, Dr. et Patr., sept. 1993, 68 (73).

251 Hinzugefügt durch Art. 26 des Gesetzes Nr. 90-1259 vom 31. Dezember 1990 betreffend die Reform gewisser juristischer Berufe, JO 5 janvier 1991, S. 215.

252 Gesetz Nr. 93-2 vom 4. Januar 1993 betreffend die Reform des Strafverfahrens, JO 5 janvier 1993, S. 215 (Die Hervorhebungen stammen vom Verfasser der Arbeit).

*„**En toute matière**, les consultations adressées par un avocat à son client **ou destinées à celui-ci** et les correspondances échangées entre le client et son avocat sont couvertes par le secret professionnel."*

(2) Chambre Criminelle der Cour de Cassation 7. März 1994

Trotz dieses klaren Wortlautes des Art. 66-5 des Gesetzes vom 31. Dezember 1971 und des darin erkennbaren Willens des Gesetzgebers, keine Unterscheidung zwischen den verschiedenen Tätigkeitsfeldern des Anwalts zu machen, bestätigte die Chambre Criminelle der Cour de Cassation in ihrem Urteil vom 7. März 1994 ihre Sichtweise. In diesem Urteil erklärte sie die Beschlagnahme von Briefen, die zwischen einem Mandanten und seinem Anwalt ausgetauscht worden waren, für rechtmäßig.[253] Im Gegensatz zu dem oben dargestellten Urteil nimmt die Abstufung des Umfanges des *Secret Professionnel* seinen Ausgangspunkt nicht in einer das *Secret Professionnel* verletzenden Aussage, sondern in der Beschlagnahme der Korrespondenz zwischen Anwalt und Mandant, die aber auch dem Schutz des *Secret Professionnel* unterfällt. Aus diesem Grund liegt eine, einen Vergleich zulassende, gemeinsame Ausgangslage vor.

In dem Urteil vom 7. März 1994 machte die Chambre Criminelle im Rahmen ihrer Urteilsbegründung von dem Prinzip des Art. 66-5 des Gesetzes vom 31. Dezember 1971, wonach die Korrespondenz zwischen Anwalt und Mandant aufgrund des *Secret Professionnel* vertraulich ist, dahingehend eine Ausnahme, dass der Ermittlungsrichter die Korrespondenz beschlagnahmen kann, wenn sie nicht die *Droits de la Défense* betreffen.[254]

Das Festhalten der Chambre Criminelle der Cour de Cassation an ihrer Rechtsprechung führte zu einem erneuten Tätigwerden des Gesetzgebers, der durch das Gesetz vom 7. April 1997 den Art. 66-5 des Gesetzes vom 31. Dezember 1971 wie folgt umschrieb:[255]

*„**En toutes matières, que ce soit dans le domaine du conseil ou celui de la défense**, les consultations adressées par un avocat à son client ou destinées à celui-ci et les correspondances échangées entre le client et son avocat, **entre l'avocat et ses confrères, les notes d'entretien et plus généralement toutes les pièces du dossier** sont couvertes par le secret professionnel."*

Diese umfassende Definition des Umfanges des *Secret Professionnel* hätte es der Chambre Criminelle unmöglich machen müssen, ihre Rechtsprechung in

253 Cass. crim. 7 mars 1994, JCP 1994. II 22252, note Martin, D. 1994, IR 83.

254 Cass. crim. 7 mars 1994, JCP 1994. II 22252, note Martin, D. 1994, IR 83.

255 Gesetz Nr. 97-308 vom 7. April 1997 betreffend die Reform gewisser juristischer Berufe, JO 8 avril 1997, S. 5323 (Die Hervorhebungen stammen von der Verfasserin der Arbeit).

der oben aufgezeigten Art fortzuführen.[256] Entgegen dem eindeutigen Wortlaut des neugefassten Art. 66-5 des Gesetzes vom 31. Dezember 1971 fährt die Chambre Criminelle jedoch fort, das *Secret Professionnel* des Anwalts unterschiedlich zu bewerten, je nachdem, ob er eine beratende oder verteidigende Tätigkeit ausübt.[257]

Dies führt dazu, dass die Chambre Criminelle dem *Secret Professionnel* des beratend tätigen Anwalts nahezu keinerlei Gewicht gegenüber den Ermittlungsbestrebungen des Ermittlungsrichters zukommen lässt.[258] Diese Entwicklung wird im Schrifttum weiterhin sehr kritisch verfolgt, wobei immer wieder auf den Gegensatz zwischen der Rechtsprechung der Chambre Criminelle der Cour de Cassation und dem Gesetzestext hingewiesen wird.[259]

2. Schweigerecht im Hinblick auf die Nichtanzeige geplanter Straftaten

a) Anzeigepflicht gem. Art. 434-1 bis 434-3 Code Pénal

Grundsätzlich besteht bei der Kenntnis von einer geplanten Straftat eine Anzeigepflicht nach Art. 434-1 bis 434-3 Code Pénal, der auch die Anwälte unterfallen.

In Art. 434-1 Code Pénal wird die Nichtanzeige jeglicher Art von Verbrechen pönalisiert, die noch verhindert werden, oder deren Auswirkungen zumindest begrenzt werden können oder deren Urheber der erneuten Begehung von Straftaten verdächtigt werden. Art. 434-2 Code Pénal erhöht den Strafrahmen von Art. 434-1 Code Pénal, sofern es sich um Straftaten handelt, die eine Beeinträchtigung der grundsätzlichen Interessen des Staates darstellen, und Art. 434-

256 Hoffnung gab ein Urteil der Chambre Criminelle des Cour de Cassation vom 6. Februar 1997, indem sie sich selbst weniger überzeugt von der Abgrenzung zwischen beratender und verteidigender Tätigkeit in Bezug auf die Rechtmäßigkeit der Beschlagnahme von Mandatsakten zeigte als noch in dem Urteil vom 7. März 1994. Allerdings führte das Urteil vom 6. Februar 1997 auch zu keinem klaren Ergebnis in Bezug auf die Abgrenzung zwischen rechtmäßiger Beschlagnahme und Verletzung des Secret Professionnel.

257 Cass. crim. 30 juin 1999, JCP 1999. II 10177, note Martin; D 1999, 458, note Pradel, wobei den dem Urteil zustimmenden Anmerkungen Pradels entgegengehalten werden muss, dass es keinerlei Klärung bedarf, dass die Durchsuchung von Kanzlei- und Privaträumen eines Anwalts, der verdächtigt wird Urheber oder Komplize eines Verbrechens zu sein, erlaubt ist (vgl. Cass. crim. 6 mars 1958, D. 1958, 696; Cass. crim. 5 juin 1975, JCP 1976. II 18243, note Chambon; Cass. crim. 9 février 1988, Bull. crim., Nr. 63; Cass. crim. 12 mars 1992, D. 1993, somm. 207, obs. Pradel; JCP 1992. IV 2331). Dies war jedoch nicht Ausgangslage des der Entscheidung zugrunde liegenden Sachverhalts.

258 Cass. crim. 30 juin 1999, procédures 1999, comm. Nr. 236, note Buisson; Dr. pén. 1999, comm. Nr. 155, note Maron.

259 Uettwiller, Gaz. Pal. 4/5 novembre 1998, 7 (9); Varaut/Ruet, Gaz. Pal. 12 août 1997, 1054 (1059); Filiberti, Dr. et Patr. septembre 1999, 16; Martin, aaO, Nr. 473.

3 Code Pénal stellt die Nichtanzeige von Vernachlässigung, Misshandlung oder sexuellen Übergriffen an Minderjährigen unter vierzehn Jahren oder sonstigen, aus verschiedenen Gründen hilflosen Personen unter Strafe.

Von dieser Verpflichtung werden jedoch sowohl nach Art. 434-1 Abs. 3 Code Pénal wie auch nach Art. 434-3 Abs. 2 Code Pénal solche Personen ausgenommen, die der Wahrung des *Secret Professionnel* verpflichtet sind. Anwälte sind demnach von der Verpflichtung zur Anzeige geplanter Straftaten ausgenommen.

(1) Ausnahmen von der Verpflichtung zur Wahrung des *Secret Professionnel* in Art. 226-14 Code Pénal und Anzeigepflicht in Art. 434-3 Code Pénal bei Missbrauchsfällen

Nachfolgend soll untersucht werden, wie sich die Ausnahme von der Verpflichtung zur Wahrung des *Secret Professionnel* in Art. 226-14 Nr. 1 Code Pénal bei Missbrauchsfällen zur Anzeigepflicht bei Missbrauchsfällen gem. Art. 434-3 Abs. 1 Code Pénal verhält.[260]

In Art. 226-14 Nr. 1 Code Pénal wird die Verpflichtung zur Wahrung des *Secret Professionnel* aus Art. 226-13 Code Pénal für die dort aufgezählten Fälle des Missbrauches für ungültig erklärt. Daher können Personen, die aufgrund ihres Berufes zur Wahrung des *Secret Professionnel* verpflichtet sind, in den in Art. 226-14 Nr. 1-3 Code Pénal genannten Fällen Anzeige erstatten. Hierzu sind sie jedoch nicht verpflichtet, vielmehr besteht für diese Berufsgeheimnisträger eine Wahlmöglichkeit zwischen der Wahrung des *Secret Professionnel* oder der Anzeige eines Verbrechens, dessen Opfer eine aufgrund ihres Alters oder körperlichen oder geistigen Zustands schutzbedürftige Person ist, ohne dass sie im Falle einer Anzeige strafrechtliche Konsequenzen wegen eines Bruchs des *Secret Professionnel* fürchten müssen.[261]

In Art. 434-3 Abs. 1 Code Pénal wird eine Anzeigepflicht für die dort beschriebenen Fälle des Missbrauches normiert, die für jedermann gilt. Hiervon werden in Abs. 2 diejenigen Personen ausgenommen, die aufgrund ihres Berufes gem. Art. 226-13 Code Pénal zur Wahrung des *Secret Professionnel* verpflichtet sind. Folglich werden die zur Wahrung des *Secret Professionnel* verpflichteten Berufsgruppen nicht gezwungen, aufgrund der in Art. 434-3 Abs. 1

260 Die Art. 226-14 und 434-3 Code Pénal sind im Anhang abgedruckt.

261 Conte, Droit pénal spécial, Nr. 353; Alt-Maes, Rev. sc. crim. 1998, 301 (303); Pradel/Danti-Juan, Droit pénal spécial, Nr. 291; Cass. crim. 14 février 1978, D. 1978, jurispr. 354, note Pradel; a.A. Rassat, Droit pénal spécial, Nr. 437, der aufgrund des Wegfalls der Verpflichtung zur Wahrung des Secret Professionnel aus Art. 226-13 Code Pénal in Art. 226-14 Code Pénal die Verpflichtung zur Anzeige in den dort genannten Fällen sieht.

Code Pénal normierten Anzeigepflicht bei Missbrauchsfällen gegen ihre Verpflichtung zur Wahrung des *Secret Professionnel* zu verstoßen.

Für das Verhältnis der Art. 226-14 und 434-3 Code Pénal zueinander lässt sich auf den ersten Blick aufgrund der nahezu identischen Formulierung der Missbrauchsfälle in den Normtexten auf eine Wahlmöglichkeit für die schweigepflichtigen Berufsgeheimnisträger schließen, ob sie Anzeige erstatten oder der Wahrung des *Secret Professionnel* den Vorrang geben wollen. Nach Art. 434-3 Code Pénal ist der Berufsgeheimnisträger eigentlich zur Anzeige bei den beschriebenen Delikten verpflichtet, wird aber hiervon durch den zweiten Absatz zur Wahrung des *Secret Professionnel* freigestellt. Will er aber dennoch Anzeige erstatten, so bewirkt Art. 223-14 Code Pénal, dass er hierfür nicht bestraft werden kann.[262] Diese Wahlmöglichkeit besteht nur für die in Art. 226-14 und 434-4 Code Pénal genannten Verbrechen, deren Opfer aufgrund ihres Alters oder ihrer psychischen oder physischen Konstitution schutzbedürftig sind.

Peltier wendet gegen dieses nahezu einheitliche Verständnis des Schrifttums von einer Wahlmöglichkeit zwischen Wahrung des *Secret Professionnel* und einer Anzeige ein, dass die Berufsgeheimnisträger in Missbrauchsfällen zu einer Anzeige verpflichtet seien. Gegen die zuvor genannte Wahlmöglichkeit spricht nach ihrer Ansicht der erste Satz des letzten Abschnitts des Art. 434-3 Code Pénal. Dieser entlässt die dem *Secret Professionnel* verpflichteten Berufsgeheimnisträger nur unter dem Vorbehalt *„sauf la loi en dispose autrement, sont exeptées...“* aus ihrer Anzeigepflicht. Diese anderweitige Bestimmung sieht *Peltier* in Art. 226-14 Code Pénal, der das *Secret Professionnel* für Missbrauchsfälle an schutzbedürftigen Personen für unanwendbar erklärt. Würde dem Verständnis *Peltiers* folgend Art. 226-14 Code Pénal die Berufsgeheimnisträger in den aufgezählten Missbrauchsfällen von der Verpflichtung zur Wahrung des *Secret Professionnel* befreien, wären diese Berufsgeheimnisträger in den genannten Fällen nicht mehr zur Wahrung des *Secret Professionnel* verpflichtet, so dass sie auch Art. 434-3 Abs. 2 Code Pénal nicht mehr von der Anzeigepflicht ausnehmen könnte. Aufgrund der nicht mehr vorhandenen Eigenschaft als Berufsgeheimnisträger wären sie nach Art. 434-3 Abs. 1 Code Pénal zur Anzeige verpflichtet, weil sie keine Berufsgeheimnisträger mehr wären.

Gegen dieses Verständnis des Art. 226-14 Code Pénal ist einzuwenden, dass das Gesetz eine andere Bestimmung -*„un ordre de la loi“*- aufweisen muss, um den Berufsgeheimnisträger trotz seiner Verpflichtung zur Wahrung des *Secret Professionnel* zu einer Anzeige zu verpflichten zu können. Eine solche Bestimmung ist aber eben nicht in Art. 226-13 Code Pénal zu sehen, vielmehr be-

262 Vgl. Alt-Maes, Rev. sc. crim. 1998, 301 (305); Conte, aaO, Nr. 353; Pradel/Danti-Juan, aaO, Nr. 315; Jeandidier, Droit pénal des affaires, Nr.40, Fn. 1; Véron, aaO, Nr. 291, 595.

inhaltet dieser lediglich eine Erlaubnis –„*permission de la loi*"-, trotz des *Secret Professionnel* die zuständigen Behörden über die aufgeführten Delikte zu informieren.[263]

Dieses Ergebnis wird durch die Tatsache untermauert, dass aufgrund des Gebots der strikten Interpretation des Strafgesetzes gem. Art. 111-4 Code Pénal die Normen, die aufgrund der Formulierung „*sauf lorsque la loi en dispose autrement*" für Berufsgeheimnisträger eine Anzeigepflicht bei bestimmten Delikten schaffen wollen, zugleich darauf hinweisen müssen, dass der Verstoß gegen diese Anzeigepflicht die in Art. 434-3 Code Pénal aufgeführten Strafen zur Folge hat. Genügt die die Anzeigepflicht statuierende Norm diesen Anforderungen nicht, so kann sie für den Berufsgeheimnisträger keine Anzeigepflicht statuieren.[264] Der *Circulaire*[265] zur Einführung des neuen Code Pénal weist ebenfalls in seiner Anmerkung zu Art. 434-3 Code Pénal darauf hin, dass der Anfang des zweiten Absatzes von Art. 434-3 Code Pénal nur eine Wiederholung der allgemeinen Regel darstellt, wonach eine speziellere Norm einer allgemeineren Norm vorgeht. Aus diesem Grund muss sich aber die speziellere Norm, in diesem Fall die Norm, die eine Anzeigepflicht trotz des *Secret Professionnel* vorsieht, auch auf die allgemeinere Norm, hier Art. 434-3 Code Pénal, in ihren Strafandrohungen beziehen.[266]

Diesen Anforderungen genügt Art. 226-14 Code Pénal nicht, da er für die dem *Secret Professionnel* unterfallenden Berufsgeheimnisträger eine bloße Anzeigemöglichkeit, jedoch keine Anzeigepflicht statuiert. In Ermangelung einer Pflicht zur Anzeige in Art. 226-14 Code Pénal genügt dieser Artikel nicht den Anforderungen an eine anderweitige Bestimmung im Sinne des Art. 434-3 Code Pénal, weswegen der Berufsgeheimnisträger weiterhin zur Wahrung des *Secret Professionnel* verpflichtet bleibt.

Aus dem Verhältnis der Art. 226-14 und Art. 434-3 Code Pénal zueinander ergibt sich für den Berufsgeheimnisträger bei Missbrauchsfällen eine Wahlmöglichkeit, wonach er zwischen der Wahrung des *Secret Professionnel* gem. Art. 226-13 Code Pénal und der Anzeigemöglichkeit gem. Art. 434-3 Code Pénal wählen kann, ohne aufgrund seiner Entscheidung mit strafrechtlichen Konse-

---

263 So auch Alt-Maes, Rev. sc. crim. 1998, 301 (305); Pradel/Danti-Juan, aaO, Nr. 315; Véron, aaO, Nr. 291.

264 Guéry, D. 2001, 3293 (3294).

265 Ein *Circulaire* ist ein Runderlass, der von einer staatlichen Stelle für den internen Dienstbetrieb ausgegeben wird, Sonnenberger/Autexier, aaO, S. 23 f.

266 Circulaire du 14 mai 1993, Livre III, Chapitre IV, Section 1. C., abgedruckt in Dalloz Code Pénal, Nouveau Code Pénal 1993-94, S. 1980 (2181); vgl. auch Alt-Maes, Rev. sc. crim. 1998, 301 (309).

quenzen rechnen zu müssen.[267] Dieses Ergebnis bestätigt den ersten Eindruck, den man aus dem Verhältnis der Art. 226-14 und Art. 434-3 Code Pénal zueinander bekommt, allerdings wird vielfach die mangelnde Klarheit der Formulierungen kritisiert, die zu den angesprochenen Zweifelsfragen führt.[268]

(2) Verhältnis der Art. 223-6 und 434-3 Code Pénal

Die in Art. 226-14 und Art. 434-3 Code Pénal enthaltene Möglichkeit, bei Missbrauchsfällen zwischen der Wahrung des *Secret Professionnel* und einer Anzeige wählen zu können, bedeutet nicht, dass die dem *Secret Professionnel* verpflichtete Person völlig passiv bleiben darf, wenn sie die Möglichkeit hat, ein die körperliche Integrität einer Person beeinträchtigendes Verbrechen zu verhindern oder einer Person in Gefahr zu helfen. In jedem Fall muss der Berufsgeheimnisträger Art. 223-6 Code Pénal beachten, der die unterlassene Hilfeleistung bezüglich einer sich in Gefahr befindlichen Person unter Strafe stellt, denn Art. 223-6 Code Pénal sieht keine Ausnahmeregelung ähnlich der in Art. 226-14 und Art. 434-3 Code Pénal enthaltenen Regelungen für die dem *Secret Professionnel* unterfallenden Berufsgeheimnisträger vor.

Der erste Absatz von Art. 223-6 Code Pénal pönalisiert die Nichtverhinderung eines Verbrechens oder Vergehens, das gegen die körperliche Integrität einer anderen Person gerichtet ist, sofern dies ohne Gefahr für denjenigen, der das Delikt verhindert, und für Dritte möglich ist. Im zweiten Absatz wird die unterlassene Hilfeleistung bezüglich einer sich in Gefahr befindlichen Person unter Strafe gestellt. Der Unterschied zwischen diesen beiden Absätzen besteht darin, dass in dem ersten Absatz die Gefahr der Körperverletzung zwingend von einem Körperverletzungsdelikt herrühren muss, wohingegen die Hilflosigkeit im zweiten Absatz auch auf natürliche Umstände zurückzuführen sein kann.[269]

Sofern die dem *Secret Professionnel* unterfallenden Berufsgeheimnisträger im Zuge ihrer beruflichen Tätigkeit von einer Tatsache Kenntnis erlangen, die sie zu einer Handlung nach Absatz 1 oder 2 des Art. 223-6 Code Pénal ver-

---

267 Vgl. TGI Caen 4 septembre 2001, Gaz. Pal., 7/8 novembre 2001, 1811, hat bestätigt, dass ein Bischof, der von der Misshandlung und sexuellen Übergriffen an einem Minderjährigen erfahren hat, nicht verpflichtet ist diese nach Art. 434-3 Code Pénal anzuzeigen, wenn er diese Informationen in Ausübung seiner Seelsorge erfahren hat, weil diese Informationen dann dem Beichtgeheimnis unterfallen. In dem vorliegenden Fall stellte sich aber heraus, dass der Bischof aufgrund eines Anfangsverdachts, der nicht von dem Beichtenden herrührte, die besagten Informationen selbst ermittelt hat, vgl. hierzu auch das Interview mit Olivier Echappé, D. 2001, 2606.

268 So auch Guéry, D. 2001, 3293 (3294); Conte, aaO, Nr. 353; Peltier, Jur. Clas. Code Pénal, Art. 226-13, 226-14, fasc. 30, Nr. 67.

269 Guéry, D. 2001, chron., 3293 (3295).

pflichtet, ist festzuhalten, dass die zur Verhinderung des Delikts oder zur Beseitigung der Hilflosigkeit führende Handlung nicht zwingend mit dem Bruch des *Secret Professionnel* verbunden sein muss. Lediglich das Einschreiten zur Verhinderung der Körperverletzung oder zur Beendigung der hilflosen Lage ist dem Berufsgeheimnisträger, wie jedem anderen auch, durch Art. 223-6 Code Pénal auferlegt.[270] Dieses Einschreiten kann aber auch andere Formen als die Anzeige haben, wie zum Beispiel die Einlieferung der misshandelten Person ins Krankenhaus, die zwangsweise Entfernung der gefahrbringenden Person oder das Verbringen der bedrohten Person in ein sicheres Umfeld.[271]

Demnach bleibt die Entscheidung des Anwalts darüber, ob er zugunsten der Verhinderung eines Verbrechens oder zugunsten der Hilfeleistung einer schutzlosen Person das *Secret Professionnel* bricht, weiterhin allein seinem Gewissen unterworfen.

b) Interessenkonflikt im Rahmen des anwaltlichen Berufsrechts

Mit den in den Art. 226-14, 434-3 und 223-6 Code Pénal enthaltenen gesetzlichen Regelungen ist nur etwas über die strafrechtliche Betrachtung dieses Konflikts zweier widerstreitender Interessen gesagt. Auf der einen Seite dieses Konfliktes befindet sich die Wahrung des *Secret Professionnel* zum Wohle der Allgemeinheit, auf der anderen Seite muss der Anwalt auch die Konsequenzen seines Schweigens sehen, das zur Begehung von Straftaten mit Auswirkungen auf das Wohl der Allgemeinheit führen kann.

Im Hinblick auf die Entscheidung, wann der Anwalt welchem Interesse den Vorrang gibt, gibt es auch im Bereich des anwaltlichen Berufsrechts keinerlei geschriebenen Richtlinien.

Grundsätzlich wird die Auffassung vertreten, dass das *Secret Professionnel* zum absoluten Schweigen im Hinblick auf die anvertrauten Informationen verpflichtet.[272] Stehen jedoch Menschenleben auf dem Spiel, dann erscheint der Allgemeinheit die Wahrung des Prinzips des *Secret Professionnel* schnell zweitrangig.[273] Ein unbedingtes Festhalten an der Wahrung des *Secret Professionnel*

---

270 Alt-Maes, Rev. sc. crim. 1998, 301 (312); PY, aaO, S. 121.

271 Desportes/Le Gunehec, Droit pénal général, Nr. 699; PY, aaO, S. 120; Conte, aaO, Nr. 354.

272 Martin, aaO, Nr. 477; Viala, aaO, Nr. 161; Damien/Ader, aaO, Nr. 35.82; Hamelien/Damien, aaO, Nr. 264-1; Monéger/Demeester, aaO, S. 249.

273 Damien, Le secret nécessaire, S. 121; vgl. hierzu auch die Reaktion der Öffentlichkeit auf die Affäre *Mazurier*, in der ein Anwalt als Agent für den Geheimdienst tätig war und Informationen seiner Mandanten weiterreichte; er wurde jedoch nicht für schuldig befunden, das *Secret Professionnel* verletzt zu haben, weil die weitergereichten Informationen nicht direkt mit der von ihm übernommenen Verteidigung zusammenhingen, CA

könnte hier schnell als dekadenter Standesdünkel verstanden werden, der dem Ansehen des Anwaltsberufes mehr schaden als nützen würde.[274]

Aus diesem Grund wurden verschiedene Lösungsmöglichkeiten entwickelt, um beiden Interessen gerecht zu werden. Hat ein Anwalt beispielsweise von seinem Mandanten erfahren, dass ein Unschuldiger für eine von dem Mandanten begangene Tat verurteilt wurde oder dass der Mandant ein Verbrechen begehen will, so wird vorgeschlagen, dass sich der jüngere Anwalt an seinen Arbeitgeber und der ältere an seinen *Bâtonnier* wenden könne.[275] Nach Überprüfung des Sachverhalts könne dieser ohne Nennung des Mandantennamens die Staatsanwaltschaft informieren, die dann die Ermittlungen aufnimmt. Doch schon dieses Anvertrauen an den *Bâtonnier* stellt einen Bruch des *Secret Professionnel* dar.[276] Des Weiteren ist es realitätsfern zu glauben, dass die Staatsanwaltschaft sich mit einem solchen halbanonymen Hinweis zufrieden gibt und nicht doch den Namen des Täters verlangt, um Ermittlungen einzuleiten.[277]

Diese Schwierigkeiten sehend wird zwar weiterhin an der Absolutheit des *Secret Professionnel* im Hinblick auf die Anzeige geplanter Verbrechen oder die Anzeige unschuldig Verurteilter festgehalten, es wird jedoch im selben Moment jedem Anwalt die Möglichkeit zugestanden, frei nach seinem Gewissen eine Abwägung vorzunehmen.[278] Hierbei sollte der Rechtsanwalt aber äußerst umsichtig handeln, damit er nicht einer umfassenden Einschränkung des *Secret Professionnel* die Tür öffnet.[279]

c) Zwischenergebnis

Ein Anwalt hat demnach aufgrund der in Art. 434-1 und Art. 434-3 Code Pénal normierten Ausnahmeregelung für Berufsgeheimnisträger die Wahl, ob er Anzeige erstattet oder der Wahrung des *Secret Professionnel* den Vorrang gibt. Bei der hierfür notwendigen Interessenabwägung ist der Anwalt auf sich gestellt und einzig seinem Gewissen verpflichtet. All dies befreit ihn allerdings nicht

---

Paris, 16 décembre 1987 und CA Paris, 27 avril 1988, Gaz. Pal. 12 juillet 1988, 487, note Damien.

274 Floriot/Combaldieu, aaO, S. 148 f.; Damien, Le secret nécessaire, S. 115 ff.

275 Viala, aaO, Nr.161; Garçon, aaO, Art. 378 Nr. 264.

276 Damien, Le secret nécessaire, S. 118, a.A. Viala, aaO, Nr. 161, der von einem *„secret... partagé entre personnes astreintes au secret"* spricht.

277 Floriot/Combaldieu, aaO, S. 148.; Damien, Le secret nécessaire, S. 113.

278 Martin, aaO, Nr. 477; Damien/Ader, aaO, Nr. 35.82; Hamelien/Damien, aaO, Nr. 264-1; Monéger/Demeester, aaO, S. 249; Damien, Le secret nécessaire, S. 125 ff.

279 Hamelin/Damien, aaO, Nr. 264-1, Damien/Ader, aaO, Nr. 35.82 nennen hier wirtschaftliche und steuerrechtliche Verpflichtungen, die aus Gründen des *ordre public* schon zu häufig zu Eingriffsmöglichkeiten in das *Secret Professionnel* geführt haben. Auf diese Gefahr weisen auch Monéger/Demeester, aaO, S. 250 hin.

davon, die für jeden geltende Pflicht zur Hilfeleistung bezüglich einer sich in Gefahr befindlichen Person nach Art. 223-6 Code Pénal zu missachten.

II. Schweigerecht gegenüber dem Mandanten

Aufgrund des Absolutheitsanspruches des *Secret Professionnel* könnte man der Idee verfallen, dass auch ein Schweigerecht des Anwalts gegenüber seinen Mandanten besteht. Art. 226-13 Code Pénal bedroht nur die Enthüllung von den dem *Secret Professionnel* unterfallenden Informationen gegenüber einem Dritten mit Strafe. Der Mandant, von dem die Information stammt, ist aber kein Dritter in diesem Sinne, weil er Urheber der besagten Information ist, weswegen ihm gegenüber kein aus dem *Secret Professionnel* abgeleitetes Schweigerecht besteht.[280] Da dem Mandanten in diesen Fällen als Urheber der Information die Tatsachen schon bekannt sind, hat die Erörterung dieser Frage allenfalls theoretischen Wert. Bedeutsamer ist die Frage, ob der Anwalt gegenüber seinem Mandanten das Recht hat, über Informationen zu schweigen, die ihm nicht direkt von seinem Mandanten anvertraut wurden, sondern die er im Zuge seiner Tätigkeit für den Mandanten erfahren hat. Doch auch bezüglich dieser Informationen verfügt der Anwalt über kein Schweigerecht gegenüber seinem Mandanten, weil hierbei der Mandant wenn auch nicht Urheber, so zumindest „Auslöser" der Information ist.[281]

III. Zwischenergebnis

Auch wenn das französische Recht kein gesondertes Zeugnisverweigerungsrecht des Anwalts kennt, so hat er dennoch das Recht, vor Gericht die Aussage zu verweigern. Dieses Recht steht ihm sowohl bei verteidigender wie auch bei beratender Tätigkeit zu. In der Entscheidung darüber, ob er aussagt oder nicht, ist der französische Anwalt völlig frei. Entscheidet er sich jedoch auszusagen muss er darauf achten, dass er nicht durch das Offenbaren von für seinen Mandanten unvorteilhaften Informationen das *Secret Professionnel* bricht. Diese starke und eigenständige Stellung des französischen Anwalts erklärt sich aus der Verankerung des *Secret Professionnel* im *Ordre Public*. Zwar hat das *Secret Professionnel* des Anwalts keine Wirkung gegenüber dem Mandanten, weil dieser in Bezug auf die schützenswerten Informationen kein Dritter ist, so dass der Anwalt ihm gegenüber weder zum Schweigen verpflichtet noch berechtigt ist. Da die Wahrung des *Secret Professionnel* im Allgemeininteresse liegt, haben die Interessen des Mandanten keinen Einfluss auf die Entscheidung eines Anwalts hinsichtlich einer möglichen Aussage vor Gericht. Diese Entscheidung obliegt einzig und allein dem Anwalt.

---

280 Peltier, Jur. Clas. Code Pénal, fasc. 20, Nr. 45, fasc. 30, Nr. 23.

281 Cass. crim. 26 février 1959, Bull. crim. 1959, Nr. 134.

Durch die Art. 434-1 und 434-3 Code Pénal wird dem Anwalt die Möglichkeit gegeben, seine Verpflichtung zur Wahrung des *Secret Professionnel* trotz der jedermann treffenden Pflicht zur Anzeige bei der Kenntnis von geplanten Straftaten einzuhalten. Auf der anderen Seite gibt ihm Art. 226-4 Code Pénal trotz seiner Verpflichtung zur Wahrung des *Secret Professionnel* die Handhabe, bei bestimmten Straftaten gegen Personen, die aufgrund ihres Alters oder ihrer physischen oder psychischen Konstitution besonders schützenswert sind, Anzeige zu erstatten. Beiden Fällen ist gemein, dass dem Anwalt in dem genannten Rahmen die Möglichkeit zum Schweigen oder zur Anzeige gegeben wird, ohne dass er bei einer Entscheidung mit straf- oder berufsrechtlichen Konsequenzen rechnen muss.

C. Vergleichendes Zwischenergebnis

Zwar kennt das französische Recht im Gegensatz zum deutschen Recht kein ausdrücklich normiertes Schweigerecht des Anwalts, dennoch ist allgemein anerkannt, und diese Auffassung hat mittlerweile auch ihre Spuren im Prozessrecht hinterlassen, dass ein französischer Anwalt vor Gericht die Aussage verweigern darf, wenn er hierbei Informationen offenbaren müsste, die durch das *Secret Professionnel* geschützt sind. Ein weiterer Unterschied in der Ausgestaltung des anwaltlichen Schweigerechts im deutschen Recht gegenüber dem französischen Recht besteht darin, dass das Schweigerecht des französischen Anwalts auch dann existiert, wenn sein Mandant die Schweigepflicht aufhebt, denn zu dieser Entbindung ist der Mandant nicht befugt. Ein französischer Anwalt ist hinsichtlich seiner Aussage vor Gericht nur seinem Gewissen verpflichtet, wohingegen im deutschen Recht die Entbindung des Anwalts von seiner Schweigepflicht durch den Mandanten nach § 53 Abs. 2 StPO zu einer Aussagepflicht führt.

Diese Verschiedenheit resultiert aus der unterschiedlichen Rolle des Mandanten im deutschen und im französischen Recht. Im deutschen Recht ist der Mandant der „Herr des Geheimnisses“, weswegen sein Wille maßgebend ist. Im französischen Recht hingegen wird in Bezug auf die Rolle des Mandanten auf das Allgemeininteresse an der Wahrung des *Secret Professionnel* verwiesen. Nach dieser Betrachtungsweise kann der private Wille des Mandanten den Anwalt nicht von einer Verpflichtung befreien, an deren Bestehen die Allgemeinheit ein Interesse hat und deren Bruch strafrechtlich sanktioniert ist.[282]

---

282 Peltier, Jur. Clas Code Pénal, fasc. 30, Nr. 23.

4. Kapitel - Umfang der Verschwiegenheitspflicht

A. Rechtslage in Deutschland

I. Umfang der strafrechtlichen Schweigepflicht

Durch § 203 Abs. 1 Nr. 3 StGB wird die Verletzung des dem Rechtsanwalt anvertrauten, fremden Geheimnisses strafrechtlich sanktioniert. Folglich ist nicht die Offenbarung jeder Information strafrechtlich bewehrt, vielmehr muss die Information gewissen Ansprüchen genügen.

1. Begriff des fremden Geheimnisses

Der Begriff des fremden Geheimnisses enthält faktische und normative Voraussetzungen.

a) Faktische Voraussetzungen

Die faktischen Voraussetzungen stellen die objektive Komponente des Geheimnisbegriffs dar und geben somit die äußeren Grenzen des Geheimnisbegriffs vor.

(1) Tatsachen

Schon nach natürlicher Auffassung wird unter Geheimnis eine Tatsache verstanden, die nur wenigen bekannt ist.

Tatsachen sind vergangene oder gegenwärtige Vorgänge oder Zustände, die sowohl der Außenwelt als auch der Innenwelt des Einzelnen entstammen können und dem Beweis zugänglich sind.[283]

Hierbei ist es nicht von Bedeutung, ob es sich um Tatsachen des persönlichen Lebensbereichs oder des Betriebs- und Geschäftsbereichs handelt, da diese in § 203 Abs. 1 Nr. 3 StGB gesondert genannten Fälle lediglich Beispielsfälle sind.[284] Unwahrheiten und Werturteile sind hingegen keine Tatsachen und werden nicht durch § 203 StGB geschützt.[285]

---

283 RGSt 24, 193 (194); 55, 130 (131); Kindhäuser, § 27, Rn. 18; Rengier, § 13, Rn. 2.

284 SK-Hoyer, § 203 StGB, Rn. 9; LK-Schünemann, § 203, Rn. 20; eine ausführliche Darstellung mit vielen Beispielsfällen findet sich bei Kienapfel, Privatsphäre und Strafrecht, S. 27-32.

285 LK-Schünemann, § 203 StGB, Rn. 20; Rogall, NStZ 83, 1 (6).

(2) Begrenzter Personenkreis

Diese Tatsache darf nur einem begrenzten Personenkreis bekannt sein. Schwierig ist festzustellen, wann eine Tatsache zu vielen Personen bekannt ist, um noch als Geheimnis zu gelten.

Das Reichsgericht nimmt ein Geheimnis an, wenn die Kenntnis der in Frage stehenden Tatsache nicht über einen geschlossenen Personenkreis hinausgeht.[286]

Die Vertreter der Lehre gehen zur Abgrenzung von Geheimnis und offenkundiger Tatsache einen anderen Weg. Einige wählen den Weg der negativen Abgrenzung und bejahen ein Geheimnis, wenn die Tatsache nicht der Allgemeinheit bekannt ist.[287] Andere wiederum versuchen, den mit dem Geheimnis vertrauten Personenkreis durch eine Mengenbezeichnung zu konkretisieren.[288]

Einigende Grundüberzeugung ist, dass ein Geheimnis dann nicht mehr vorliegt, wenn die Tatsache offenkundig ist.[289] Aus diesem Grund sind Tatsachen, die Gegenstand einer öffentlichen Gerichtsverhandlung waren, nicht mehr geheim, unabhängig davon wie viele Zuhörer anwesend waren.[290] Als alleiniges Abgrenzungsmerkmal ist die Offenkundigkeit nicht zu gebrauchen, da der Begriff selbst auslegungsbedürftig ist.[291]

Aus demselben Grund ist auch die negative Abgrenzung abzulehnen, die ein Geheimnis verneint, wenn die Tatsache der Allgemeinheit bekannt ist. Der Begriff der Allgemeinheit ist zu unbestimmt, um eine wirkungsvolle Auslegungshilfe zu sein. Deswegen ist auf einen zahlenmäßig beschränkten Personenkreis als wirkungsvolles Abgrenzungskriterium für das Vorliegen eines Geheimnisses abzustellen. Hierbei kann nicht eine exakte Zahl als Maßstab genommen werden, denn dies hieße, eine nicht nachvollziehbare Grenze zwischen dem Vorliegen einer offenkundigen Tatsache und eines Geheimnisses zu ziehen. Insofern ist für den jeweiligen Einzelfall eine Entscheidung zu treffen, die sich an dem Gesichtspunkt des „überschaubaren" oder „beschränkten" Personenkreises zu orientieren hat. Diese Umschreibung des Personenkreises deutet auf eine geringe Zahl von Personen hin, ohne die Anzahl jedoch genau zu bestimmen.[292] Zu

---

286 RGSt 74, 110 (111).

287 Arzt/Weber, § 8, Rn. 32; Hippe, GA 46, 283 (296).

288 Zschock, § 300 StGB, S. 24 („kleiner Personenkreis"); Müller-Welt, Das Berufsgeheimnis des Arztes und Apothekers nach der Reichsärzte- und Apothekenverordnung, S. 18 („bestimmter Personenkreis"); Stucke, Berufliche Schweigepflicht bei Drittgeheimnissen als Vertrauenssache, S. 21 („überschaubarer Personenkreis"); Flor, JR 53, 368 (369) („beschränkte Personenzahl").

289 Sauter, Das Berufsgeheimnis und sein strafrechtlicher Schutz, S. 109; Müller-Welt, aaO, S. 19; Deschl, Das Berufsgeheimnis im Strafrecht, S. 33; LK-Schünemann, § 203 StGB, Rn. 22; Schönke/Schröder-Lenckner, § 203 StGB, Rn. 6.

290 BGHZ 122, 115 (118).

291 Vgl. Bär, aaO, S. 7.

292 Vgl. Bär, aaO, S. 8.

beachten ist jedoch, dass im Verlauf der Zeit die Offenkundigkeit mancher Tatsachen in Vergessenheit geraten kann, so dass sie dann zu einem Geheimnis werden.[293]

(3) Fremdes Geheimnis

Neben der Kenntnis eines überschaubaren Personenkreises ist es wichtig, dass das Geheimnis „fremd“ ist. Die Fremdheit eines Geheimnisses ist gegeben, wenn es der Sphäre eines anderen als der des Schweigepflichtigen selbst entstammt.[294] Aus diesem Grund fallen auch Geheimnisse, die die Belange Dritter berühren, in den Anwendungsbereich des § 203 Abs. 1 Nr. 3 StGB.[295]

b) Normative Voraussetzungen

Anhand der faktischen Voraussetzungen ist ein sehr weiter Geheimnisbegriff entstanden, der der Korrektur durch normative Voraussetzungen bedarf. Denn nicht jede Tatsache, die faktisch ein Geheimnis darstellt, sieht auch der Einzelne als Geheimnis an. Somit gelangen hier wertende Gesichtspunkte in den Geheimnisbegriff, die es ermöglichen, Bagatellgeheimnisse bereits auf Tatbestandsebene auszusondern.[296]

(1) Willenstheorie

Nach der früher vertretenen Willenstheorie musste die geheimnisgeschützte Person den Willen aufweisen, das faktisch bestehende Geheimnis auch als Geheimnis zu bewahren.[297]

(2) Interessentheorie

Die Interessentheorie hingegen stellt auf das objektive Interesse des Einzelnen an dem faktischen Geheimnis ab.[298] Dadurch werden solche Geheimnisse aus dem Anwendungsbereich von § 203 StGB herausgenommen, an deren Geheim-

---

293 RGSt 31, 90 (91); Schönke/Schröder-Lenckner, § 203 StGB, Rn. 6; Rogall, NStZ 83, 1 (6).

294 LK-Schünemann, § 203 StGB, Rn. 30; Schönke/Schröder-Lenckner, § 203 StGB, Rn. 8.

295 SK-Hoyer, § 203 StGB, Rn. 23 f.; Schönke/Schröder-Lenckner, § 203 StGB, Rn. 8; Lackner/Kühl, § 203 StGB, Rn. 14; Rogall, NStZ 83, 1 (5f.); Hackel, NJW 1969, 2257; Schal, aaO, S. 23 f.

296 Bockelmann, Verkehrsstrafrechtliche Aufsätze, 27 (29 ff.); Schmidt, ZStW 79 (1967), 741 (786); Schünemann, ZStW 90, 11 (13 f.); a.A. (Rechtfertigungsfrage) Bohne/Sax, Dt. Landesreferate zum III. Internat. Kongress für Rvgl., 159 (172 ff.); Schal, aaO, S. 26.

297 Deschl, aaO, S. 34; Sauter, aaO, S. 126; Müller-Welt, aaO, S. 119; Kohlhaas, GA 1958, 65 (68).

298 RGSt 13, 60 (61); OLG Schleswig, NJW 1983, 1090 (1091); BT-Drucksache 7 /550, S. 238; Flor, JR 53, 368 (369); Arzt/Weber, § 8, Rn. 32; Schönke/Schröder-Lenckner, § 203 StGB, Rn. 7; Rogall, NStZ 83, 1 (6); LK-Schünemann, § 203 StGB, Rn. 27.

haltung der Geheimnisgeschützte kein verständiges Interesse haben kann. Dies führt dazu, dass für das Vorliegen eines Geheimnisses nicht mehr nur der Wille des Geheimnisgeschützten wichtig ist, sondern auch die Wertungen des Richters ausschlaggebend sind.[299]

(3) Zwischenergebnis

Hierin ist gegenüber der Willenstheorie der entscheidende Vorteil der Interessentheorie zu sehen, denn objektiv lässt sich das Vorliegen oder Nichtvorliegen eines Geheimhaltungsinteresses auch bei Bewusstlosen und Kindern bestimmen. Die Vertreter der Willenstheorie würden in einem solchen Fall auf den mutmaßlichen Willen abstellen, wofür sie wiederum Anleihen bei der Interessentheorie nehmen müssten.[300]

Das Abgrenzungsmerkmal des objektiven oder „vernünftigen" Interesses darf nicht zu eng ausgelegt werden, denn es hat lediglich die Aufgabe, Tatsachen aus dem Schutzbereich des § 203 StGB auszugrenzen, die auf einer Laune oder Willkür des Geheimnisgeschützten basieren.[301] Gemäß dieser Lesart des objektiven Interesses können auch solche Tatsachen schützenswert sein, die nach einem objektiven Maßstab nicht als vernünftig anzusehen sind, solange jeder in der Lage des Geheimnisgeschützten dessen Position teilen würde.[302]

Demzufolge fallen auch Geheimnisse, die die Belange Dritter berühren, in den Anwendungsbereich von § 203 StGB, solange der Mandant ein eigenes schützenswertes Interesse an ihrer Wahrung hat.[303]

2. Zwischenergebnis

Nach Darstellung der faktischen und normativen Voraussetzungen des Geheimnisbegriffs bleibt festzuhalten, dass Geheimnisse Tatsachen sind, die nur einem bestimmten Personenkreis bekannt sind und an deren Geheimhaltung der Betroffene ein schutzwürdiges Interesse hat.[304]

---

299 Schmidt, ZStW 79 (1967), 741 (784); Bartsch, Ärztliche Schweigepflicht und Zeugnisverweigerungsrecht im Strafprozeß, S. 36.

300 Vgl. Bär, aaO, S. 11.

301 Schönke/Schröder-Lenckner, § 203 StGB, Rn. 7; LK-Schünemann, § 203 StGB, Rn. 27.

302 Bockelmann, Verkehrsstrafrechtliche Aufsätze, S. 30; OLG Schleswig, NJW 1985, 1090 (1091); Bär, aaO, S. 11 f.; Schmidt, ZStW 79, 741 (785); LK-Schünemann, § 203 StGB, Rn. 27.

303 SK-Hoyer, § 203 StGB, Rn. 23 f.; Schönke/Schröder-Lenckner, § 203 StGB, Rn. 8; Lackner/Kühl, § 203 StGB, Rn. 14.

304 BGHZ 40, 288 (292); RG GA 45 (1897), 364 (365); 50, 140; Schönke/Schröder-Lenckner, § 203 StGB, Rn. 10; LK-Schünemann, § 203 StGB, Rn. 19; Langkeit, NStZ 94, 6; Flor, JR 53, 368 (369); Ackermann, FS 100 Jahre DJT, Bd. 1, 479 (487); Niemeyer in Müller-Gugenberger, § 27, Rn. 16.

3. Als Rechtsanwalt anvertraut oder sonst bekanntgeworden

a) Täterqualifikation

Die hier betrachtete Variante des § 203 Abs.1 Nr. 3 StGB setzt voraus, dass der Täter Angehöriger eines rechts- oder wirtschaftsberatenden Berufs ist. Aufgrund des Themas der vorliegenden Arbeit interessiert hier nur der Beruf des Rechtsanwalts. Dieser wird in der von §§ 1 ff. BRAO gekennzeichneten Funktion erfasst.[305] Nach § 42 des Gesetzes über die Tätigkeit europäischer Rechtsanwälte in Deutschland zählen hierzu auch Anwälte aus der Europäischen Union.[306]

b) Als Rechtsanwalt anvertraut

Ein Geheimnis ist dem Rechtsanwalt anvertraut, wenn es ihm schriftlich, mündlich oder auf sonstige Weise unter solchen Umständen mitgeteilt wurde, aus denen sich die Anforderung der Geheimhaltung ergibt.[307]

Beruflicher Natur sind solche Handlungen, die dem Berufsbild des Anwalts entsprechen und die er in erlaubter Weise ausübt, weswegen Straftaten und Beihilfetaten zu Straftaten anderer berufsfremd sind.[308] Zur Abgrenzung kann auch die gebühren- und steuerrechtliche Einordnung der Angelegenheit dienen, da sich diese Abgrenzung am Berufsbild des Rechtsanwaltes orientiert,[309] wobei ein einheitliches Geschäft nicht aufgespalten wird.[310] Berufsfremde Tätigkeiten liegen zum Beispiel vor, wenn der Anwalt als Vormund, Insolvenzverwalter, Makler oder Heiratsvermittler tätig wird.[311]

Hiervon sind solche Tatsachen zu unterscheiden, die der Anwalt lediglich anlässlich der Ausübung seiner anwaltlichen Tätigkeit erfährt.[312] Um zu einer sachgerechten Unterscheidung zwischen „in Ausübung" und „anlässlich der Ausübung" der anwaltlichen Tätigkeit zu gelangen, wird ein innerer Zusammenhang zwischen der Information und dem Mandat gefordert.[313]

---

305 Schönke/Schröder-Lenckner, § 203 StGB, Rn. 37.

306 EURAG v. 9.3.2000 BGBl I, S. 182.

307 Schönke/Schröder-Lenckner, § 203 StGB, Rn. 13; Tröndle/Fischer, § 203 StGB, Rn. 8; OLG Köln, NStZ 83, 412.

308 KK-Senge, § 53 StPO, Rn. 14; Meyer-Goßner, § 53 StPO, Rn. 13.

309 BGHZ 18, 340 (345 f.); 46, 268 (270 f.); 53, 394 (396); BGH NJW 1980, 1855 (1856); BGH NJW 1985, 2642; BFH Anwbl 81, 190 (191).

310 BGHSt 34, 295 (298).

311 LK-Schünemann, § 203 StGB, Rn. 35; Flor, JR 53, 368, (369).

312 LK-Schünemann, § 203 StGB, Rn. 35; MK-Cieniak, § 203 StGB, Rn. 39; Flor, JR 53, 368 (369).

313 Tröndle/Fischer, § 203 StGB, Rn. 7; SK-Hoyer, § 203 StGB, Rn. 24; MK-Cierniak, § 203 StGB, Rn. 39; Bär, aaO, S. 80, wobei auf S. 75 ff. auch noch andere Kriterien zur

Dieser innere Zusammenhang mit der beruflichen Stellung des Anwalts bedeutet jedoch nicht, dass das Geheimnis in unmittelbarem Zusammenhang mit der Berufstätigkeit stehen muss. Auch wenn der Mandant dem Anwalt „sein Herz ausschüttet", gelten diese Tatsachen als in Ausübung des Berufes erlangt, denn erst die Tätigkeit als Anwalt gibt ihm Gelegenheit zur Kenntnisnahme.[314] Der innere Zusammenhang mit der anwaltlichen Tätigkeit ist selbst dann gewahrt, wenn der Anwalt sich im privaten Rahmen befindet und ihm zum Beispiel bei einem gesellschaftlichen Anlass kostenloser Rat von aufdringlichen Bekannten abgenötigt wird.[315] Dieser innere Zusammenhang besteht bereits im Vorfeld anwaltlicher Berufsausübung. Schon die Tatsache, dass jemand überhaupt einen Anwalt aufsucht, unterfällt der Schweigepflicht.[316] Aber auch solche Informationen, die der Anwalt bei Anbahnung des Mandats erfährt, gelten als in Ausübung des Berufes erlangt, weswegen er ebenso zum Schweigen verpflichtet ist, wenn es nicht zur Übernahme des Mandats kommt.[317]

c) Sonst bekanntgeworden

Das Bekanntwerden eines Geheimnisses in sonstiger Weise erfasst alle Möglichkeiten der Kenntniserlangung jenseits des Anvertrauens.[318] Das weit auszulegende Bekanntwerden muss allerdings auch in der beruflichen Eigenschaft als Rechtsanwalt geschehen.[319] Dies kann insbesondere durch eigene Nachforschungen des Rechtsanwalts erfolgen.[320]

4. Mitarbeiter

Andere Mitglieder einer Rechtsanwaltskammer, berufsmäßig tätige Gehilfen und diejenigen Personen, die sich beim Rechtsanwalt auf ihren Beruf vorbereiten, sind gem. § 203 Abs. 3 S. 1, 2 StGB dem Rechtsanwalt im Hinblick auf die strafrechtliche Schweigepflicht aus § 203 Abs. 1 Nr. 3 StGB gleichgestellt.

Ursächlichkeit zwischen Kenntniserlangung und Berufstätigkeit aufgeführt und verworfen werden.

314 MK-Cierniak, § 203 StGB, Rn. 40; für die ärztliche Schweigepflicht, wobei sich die Aspekte auf die anwaltliche Schweigepflicht übertragen lassen: Laufs, NJW 1975, 1433 (1434); Schlund, JR 77, 265.

315 wiederum nur auf die ärztliche Schweigepflicht bezogen: LK-Schünemann, § 203 StGB, Rn. 40; Schlund, JR 77, 265 (266, Fn. 11); Kohlhaas, Medizin und Recht, S. 12.

316 Friedländer, aaO, § 28 Exkurs I, Rn. 15.

317 Lingenberg/Hummel/Zuck/Eich, § 42, Rn. 9; für Ärzte BGHSt 33, 148 (151).

318 Tröndle/Fischer, § 203, Rn. 9; Rogall, NStZ 83, 413.

319 BGH JR 86, 33; MK-Cierniak, § 203 StGB, Rn. 46.

320 LK-Schünemann, § 203 StGB, Rn. 34; Tröndle/Fischer, § 203 StGB, Rn. 9;

a) Andere Mitglieder der Rechtsanwaltskammer

„Andere Mitglieder einer Rechtsanwaltskammer“ sind solche Mitglieder, die selber nicht Rechtsanwalt sind, aber gem. § 209 BRAO berechtigt sind, mit Rechtsanwälten in einer Sozietät verbunden zu sein. Dies betrifft die verbleibenden sog. Kammerrechtsbeistände, denen vor Änderung des § 1 Abs. 1 RBerG eine grundsätzlich uneingeschränkte Erlaubnis zur Rechtsberatung erteilt worden war.[321]

b) Gehilfen

Gehilfen sind diejenigen Personen, die den schweigepflichtigen Rechtsanwalt in seiner beruflichen Tätigkeit unterstützen.[322] Dieser funktionelle Zusammenhang mit der anwaltlichen Tätigkeit eines Anwalts fehlt bei solchen Personen, die lediglich die äußeren Bedingungen der beruflichen Tätigkeit schaffen, wie z.B. Chauffeure, Boten, Reinigungskräfte und Pförtner.[323] Gehilfen eines Rechtsanwaltes sind demnach juristische Mitarbeiter, die selbst nicht als Rechtsanwälte zugelassen sind, und das sonstige Büropersonal[324] sowie ausnahmsweise auch kanzleifremde Dritte und Sachverständige, deren Hilfe sich der Anwalt zur Erfüllung eines Mandats unter Einbeziehung in die berufliche Verschwiegenheit bedient.[325]

Die Anerkennung der letztgenannten Personen als Gehilfen des Rechtsanwalts und ihre damit verbundene Einbeziehung in die Schweigepflicht ist nicht ganz unumstritten. Vielfach werden selbstständig Gewerbetreibende, die für einen Hauptberufsgeheimnisträger einen Einzelauftrag ausführen, nicht als schweigepflichtige Gehilfen des Rechtsanwalts angesehen.[326] Diese Auffassung verkennt jedoch, dass, wenn die oben genannten Personen den Rechtsanwalt in einem konkreten Mandatsverhältnis unterstützen, sie alle an einen Gehilfen gestellten Anforderungen erfüllen und aus diesem Grund mit in den Anwendungs-

---

321 Hinzufügung von Satz 2 und 3 zu § 1 Abs. 1 RBerG durch Art. 2 Abs. 6 des fünften Gesetzes zur Änderung der Bundesgebührenordnung für Rechtsanwälte vom 18. 8. 1980, BGBl I, S. 1507.

322 MK-Cierniak, § 203 StGB, Rn. 114; LK-Schünemann, § 203 StGB, Rn. 77.

323 Ackermann, FS 100 Jahre DJT, Bd. 1, 479 (496); Kohlhaas GA 1958, 65 (67);

324 Schönke/Schröder-Lenckner, § 203 StGB, Rn. 64; Ackermann, FS 100 Jahre DJT, Bd. 1, 479 (496).

325 OLG Köln, StV 91, 506 mit zust. Anmerkung von Münchhalffen; Krekeler/Schonard, wistra 98, 137 (140); Michalski/Römermann, NJW 1996, 3233 (3235); Landesberufsgericht für Zahnärzte, NJW 1975, 2255 (für Hinzuziehung eines Zahntechnikers durch einen Zahnarzt); LG Frankfurt /Main, NJW 1959, 589 (für Hinzuziehung eines Detektivs durch einen Rechtsanwalt).

326 OLG Frankfurt NJW 2002, 1135 (1136); Meyer-Goßner, § 53a StPO, Rn. 2; KK-Senge, § 53a StPO, Rn. 3; Pfeiffer, § 53a StPO, Rn. 1.

bereich von § 203 Abs. 3 S. 2 StGB fallen.[327] Anerkannt ist, dass das in einer Kanzlei im Einzelfall aushelfende Familienmitglied als Gehilfe im Sinne des § 203 Abs. 3 S. 2 StGB anzusehen ist, da nicht gefordert wird, dass der Gehilfe berufsmäßig tätig ist oder in einem Angestelltenverhältnis zum Rechtsanwalt steht.[328] Diese kommen aber genau in demselben Maße mit dem Geheimnis in Berührung wie der zu einem einzelnen Mandat hinzugezogene, selbstständig Gewerbetreibende, weswegen für eine Differenzierung keine sachlichen Gründe ersichtlich sind.[329]

Zur Vorbereitung auf den Beruf, der nicht notwendig der des Rechtsanwalts sein muss, können bei einem Rechtsanwalt Rechtsreferendare, Rechtsanwalts- und Notarfachangestelltenauszubildende, Praktikanten und Teilnehmer eines Berufsfindungspraktikums tätig sein.[330]

c) Andere Rechtsanwälte

Bei anderen Rechtsanwälten fehlt es an der den Gehilfen kennzeichnenden Hilfsfunktion. Funktionell gleichgestellte Personen, wie ein Sozius oder auch ein angestellter Rechtsanwalt, sind keine Gehilfen, wenn ihnen ein eigenständig zu bearbeitendes Aufgabenfeld zugewiesen worden ist.[331] In diesem Fall unterfallen sie bereits Abs. 1.[332] Die hieraus erwachsende Schweigepflicht bezieht sich jedoch nur auf die Geheimnisse, die sie im Rahmen ihrer anwaltlichen Tätigkeit, bezogen auf ihr zu bearbeitendes Aufgabenfeld, erfahren haben.

Demnach würde ein Rechtsanwalt, der seinen Sozietätskollegen im Rahmen einer Mandatsbearbeitung um Rat fragt, seine Schweigepflicht aus § 203 Abs. 1 Nr. 3 StGB verletzen. Hier kann jedoch i.d.R. von einem konkludenten Einverständnis des Mandanten in die Offenbarung ausgegangen werden, weil der Mandant weiß, dass der Rechtsanwalt auch die anderen Rechtsanwälte der Sozietät zur Erledigung des Auftrages einschaltet, wenn dieses Vorgehen der Bearbeitung seines Mandats dienlich ist.[333]

---

327 Vgl. SK-Rogall, § 53a StPO, Rn. 15; Krekeler/Schonard, wistra 98, 137 (139).

328 LK-Schünemann, § 203 StGB, Rn. 82; Ackermann, FS 100 Jahre DJT, Bd. 1, 479 (496); SK-Rogall, § 53a StPO, Rn. 8; Dallinger, JZ 53, 432 (436).

329 Vgl. v. Harenne, Das Zeugnisverweigerungsrecht der Berufshelfer nach § 53 a StPO, S. 47.

330 MK-Cierniak, § 203 StGB, Rn. 120; SK-Schünemann, § 203 STGB, Rn. 83; Schönke/Schröder-Lenckner, § 203 StGB, Rn. 65.

331 LK-Schünemann, § 203 StGB, Rn. 81; Schönke/Schröder-Lenckner, § 203 StGB, Rn. 64.

332 Tröndle/Fischer, § 203 StGB, Rn. 21; MK-Cierniak, § 203 StGB, Rn. 114.

333 BGH JR 96, 200 (202) mit zust. Anmerkung v. Poll, JR 96, 203 (204); zur konkludenten Einwilligung, s. 5. Kap. A. I. 3. a).

5. Ergebnis

Der strafrechtlichen Schweigepflicht unterfallen demnach solche Geheimnisse, die nur einem bestimmten Personenkreis bekannte Tatsachen darstellen und an deren Geheimhaltung der Betroffene ein schutzwürdiges Interesse hat. Zugleich müssen diese Tatsachen dem Anwalt im Zusammenhang mit seiner beruflichen Tätigkeit anvertraut oder sonst bekanntgeworden sein.

Die letztgenannte Möglichkeit der Kenntniserlangung zeigt, dass es egal ist, von wem und auf welche Weise der Anwalt seine Informationen erhalten hat. Unter den geschützten Geheimnisbegriff fallen demnach nicht nur die Tatsachen, die er durch Gespräche mit dem Mandanten gewonnen hat, sondern auch das Wissen, das ihm von dritter Seite zugetragen wird oder das er aufgrund eigener Nachforschungen ermittelt.

In Bezug auf die Behandlung privat erlangten Wissens unterliegt der Anwalt prinzipiell keinerlei Beschränkungen, denn wenn der Anwalt das in Frage stehende Wissen sowohl privat wie auch dienstlich erlangt hat, ist das Wissen ihm nicht als Anwalt anvertraut oder bekannt geworden, sondern schon vorher als Privatmann.[334] Sollten allerdings privat und dienstlich erlangtes Wissen zu sehr miteinander verwoben sein, so dass eine Auskunftserteilung des Anwalts die Offenlegung von Details der anwaltlichen Beratung befürchten lässt, muss er schweigen.[335]

II. Umfang der berufsrechtlichen Verschwiegenheitspflicht

Sowohl § 43a Abs. 2 BRAO als auch der ihn näher ausgestaltende § 2 Abs. 2 BerO bestimmen, dass die in § 43a Abs. 2 S. 1 BRAO bzw. in § 2 Abs. 1 BerO geregelte Verschwiegenheitspflicht sich auf alles bezieht, was dem Anwalt in Ausübung seines Berufes bekannt geworden ist.

1. Kenntniserlangung der geschützten Informationen

Der in § 43a Abs. 2 S. 1 BRAO bzw. § 2 Abs. 1 BerO geregelte Schutz der dem Rechtsanwalt bekannt gewordenen Tatsachen bezieht sich auf alles, was dem Anwalt in Ausübung seiner beruflichen Tätigkeit bekannt geworden ist. Eine Eingrenzung erfolgt wie bei § 203 Abs. 1 Nr. 3 StGB dadurch, dass die Information dem Rechtsanwalt in Ausübung seiner beruflichen Tätigkeit bekannt geworden sein muss. Aus diesem Grund ist es auch im Rahmen der berufsrechtlichen Verschwiegenheitspflicht nicht ausreichend, dass die Information dem

---

334 Schönke/Schröder-Lenckner, § 203 StGB, Rn. 18; LK-Schünemann, § 203 StGB, Rn. 40.

335 OLG Köln MDR 73, 857.

Anwalt nur anlässlich seiner beruflichen Tätigkeit bekannt wird.[336] Für die diesbezügliche Abgrenzung gelten die bereits im Hinblick auf die strafrechtliche Schweigepflicht dargestellten Kriterien.

Im Gegensatz zu § 203 StGB, der nur Geheimnisse schützt, umfasst der Anwendungsbereich von § 43a Abs. 2 S. 1 BRAO, § 2 Abs. 1 BerO aber alle Tatsachen, die der Anwalt im Rahmen seiner beruflichen Tätigkeit erfährt und geht damit über die strafrechtlich sanktionierte Pflicht hinaus.[337]

2. Offenkundiges und Bedeutungsloses

Nach § 43a Abs. 2 S. 3 BRAO bezieht sich die anwaltliche Pflicht zur Verschwiegenheit nicht auf Tatsachen, die offenkundig oder bedeutungslos sind. Diese Tatsachen bedürfen nicht des Schutzes der anwaltlichen Verschwiegenheitspflicht, weil sie entweder nicht mehr offenbart werden können oder ihre Offenbarung bedeutungslos ist.

a) Offenkundiges

In den die Beweisaufnahme regelnden §§ 291 ZPO und 244 Abs. 3 S. 2 StPO verwenden Literatur und Rechtsprechung den Begriff der Offenkundigkeit als Oberbegriff für die Allgemeinkundigkeit und Gerichtskundigkeit.[338]

Allgemeinkundig sind solche Vorgänge, von denen verständige und erfahrene Menschen regelmäßig Kenntnis haben oder über die sie sich aus allgemein zugänglichen, zuverlässigen Quellen ohne besondere Fachkenntnis sicher unterrichten können.[339] Gerichtskundig hingegen sind die Tatsachen, die der Richter in Zusammenhang mit seiner amtlichen Tätigkeit zuverlässig erfahren hat.[340]

Bei § 291 ZPO und § 244 Abs. 3 S. 2 StPO handelt es sich um Normen, die die Beweisaufnahme regeln, welche von Seiten des Gerichts vorgenommen wird. § 43a Abs. 2 BRAO hingegen hat den Schutz des Vertrauensverhältnisses zwischen Anwalt und Mandant zum Inhalt. Ausgehend von diesen verschiedenen Grundkonstellationen ist es gerechtfertigt, zur näheren Bestimmung des

---

336 Ein altbekannter Beispielsfall stellt der Anwalt dar, der als wartender Zuhörer bei einer Gerichtsverhandlung Tatsachen erfährt, die nichts mit seinen Mandaten zu tun haben; vgl. Hartung/Holl-Hartung, § 2 BerO, Rn. 28; Eylmann in Henssler/Prütting, § 43a BRAO, Rn. 35.

337 Vgl. amtliche Entwurfsbegründung, BT-Drucks. 12/4993, S. 27.

338 Baumbach/Lauterbach, § 291 ZPO, Rn. 4,5; Musielak-Huber, § 291 ZPO, Rn. 1,2; KK-Herdegen, § 244 StPO, Rn. 69-71; Meyer-Goßner, § 244 StPO, Rn. 51, 52; Alsberg/Nüse/Meyer, Der Beweisantrag im Strafprozeß, S. 534; BVerfGE 10, 177 (183); BGHSt 6, 292 (293); 26, 56 (59).

339 KK-Herdegen, § 244 StPO, Rn. 69; Baumbach/Lauterbach, § 291 ZPO, Rn. 4.

340 Meyer-Goßner, § 244 StGB, Rn. 52; Musielak-Huber, § 291 ZPO, Rn. 2.

Begriffs des Offenkundigen i.S.d. § 43a Abs. 2 BRAO die Gerichtskundigkeit auszuklammern, da diese sich nur auf die Kenntnis des Richters bezieht.

Folgt man nun dem Grundsatz der Einheit der Rechtsordnung, so ist die Offenkundigkeit berufsrechtlich nicht anders zu bestimmen als prozessrechtlich, weswegen Offenkundigkeit mit Allgemeinkundigkeit gleichzusetzen ist.[341]

Allgemeinkundigkeit bedeutet nicht, dass die Tatsache jedem geläufig sein muss, vielmehr können örtliche, zeitliche und persönliche Beschränkungen im Hinblick auf die Kenntnis der Tatsache bestehen.[342] Entscheidend ist nur, dass man sich das Wissen ohne besondere Fachkenntnis aus allgemein zugänglichen Quellen aneignen kann. Solche allgemein zugänglichen Quellen sind Landkarten, Lexika und andere Nachschlagewerke, aber auch Zeitungen, Zeitschriften, Rundfunk und Fernsehen.[343] Bei den durch die Medien verbreiteten Tatsachen ist jedoch zwischen der Tatsache an sich und der verbreiteten Tatsachenbehauptung zu unterscheiden, denn nur eine wahre Tatsache kann allgemeinkundig sein.[344] Auch die Inhalte einer Gerichtsverhandlung sind allgemeinkundig, dies gilt jedoch nur dann, wenn die Öffentlichkeit die Verhandlung überhaupt wahrgenommen hat und sie auch noch nicht zu lange zurückliegt.[345] Der Grund hierfür liegt darin, dass es für das Bestimmen der Allgemeinkundigkeit auf den Zeitpunkt der Weitergabe des Wissens ankommt und nicht der Zeitpunkt der Kenntniserlangung entscheidend ist.[346]

Diese Zweifelsfragen zeigen, dass sich der Anwalt im Hinblick auf die Bewertung einer Tatsache als offenkundig auf sein Gespür verlassen muss und daher hierbei sehr zurückhaltend sein sollte.[347]

b) Bedeutungsloses

Bedeutungslose Tatsachen verdienen aufgrund ihres Inhalts keinen Schutz durch die Verschwiegenheitspflicht. Fraglich ist jedoch, welcher Maßstab für die Bewertung der Bedeutungslosigkeit einer Tatsache anzulegen ist. Entweder wird die Bedeutungslosigkeit anhand eines objektiven Maßstabs festgestellt, der

---

341 Vgl. Eylmann in Henssler/Prütting, § 43a, Rn. 38; Alsberg/Nüse/Meyer, aaO, S. 534, Anm. 1 weisen jedoch darauf hin, dass der Begriff der Offenkundigkeit in § 44 Abs. 1 VwVfG eine völlig andere Bedeutung hat; die Norm hat die Nichtigkeit eines Verwaltungsaktes zum Inhalt, die bei einem besonders schwerwiegenden, offenkundigen Fehler vorliegt. Offenkundigkeit hat hier die Bedeutung von Offensichtlichkeit.

342 Stein/Jonas-Leipold, § 291 ZPO, Rn. 2; KK-Herdegen, § 244 StPO, Rn. 69; Alsberg/Nüse/Meyer, aaO, S. 536; Nüse, GA 55, 72 (73).

343 Stein/Jonas-Leipold, § 291 ZPO, Rn. 2; Nüse, GA 55, 72.

344 KG NJW 1972, 1909 (1910); KK-Herdegen, § 244 StPO, Rn. 69; Löwe-Rosenberg-Gollwitzer, § 244 StPO, Rn. 228.

345 OLG Schleswig NJW 1985, 1090.

346 Friedländer, aaO, § 28, Exkurs I Rn. 7.

347 Hartung/Holl-Hartung, § 2 BerO, Rn. 34.

danach fragt, wie viel Bedeutung ihr ein Durchschnittsmensch zumessen würde, oder man stellt auf die subjektive Betrachtung des betroffenen Mandanten ab. Ausgehend vom Schutzzweck der Verschwiegenheitspflicht muss man die subjektive Betrachtung des Mandanten als Maßstab wählen, denn es gilt das Vertrauen des Mandanten in die anwaltliche Verschwiegenheit zu schützen. Dieses Ergebnis wird durch den Umstand verstärkt, dass es dem Mandanten obliegt zu entscheiden, ob und wann er den Anwalt von seiner Schweigepflicht entbindet.[348] Es wäre demnach widersprüchlich, dem Mandanten die Entscheidung zuzubilligen, wann er auf das Schweigerecht des Anwalts verzichtet, aber in der Frage der Bewertung einer Tatsache als „bedeutungslos" einen anderen Maßstab anzulegen.

Demnach ist die Bewertung des Mandanten entscheidend für die Frage der Bedeutungslosigkeit einer Tatsache, es sei denn, seine Entscheidung ist eindeutig willkürlich und nicht nachvollziehbar.[349] Aber auch hier sollte sich der Anwalt auf sein Gespür verlassen und im Zweifel der Geheimhaltung den Vorrang lassen, zumal sich die Bedeutung einer Tatsache im Lauf der Zeit ändern kann.[350]

3. Dauer

Aufgrund seiner Eigenschaft als § 43a Abs. 2 BRAO näher ausgestaltende Regelung legt § 2 Abs. 2 BerO fest, dass die Verschwiegenheitspflicht auch nach Beendigung des Mandats fortbesteht. Zwar ergibt sich diese Pflicht schon unmittelbar aus dem Mandatsvertrag, durch § 2 Abs. 2 BerO wird diese privatrechtliche Verpflichtung jedoch in das Berufsrecht eingebracht, wodurch die Verletzung dieser Pflicht auch berufsrechtlich sanktionsbewehrt wird.[351]

4. Mitarbeiter

Durch § 2 Abs. 4 BerO wird der Rechtsanwalt verpflichtet, auch seine Mitarbeiter zur Verschwiegenheit nach § 43a Abs. 2 BRAO anzuhalten. Aufgrund dieser gem. §§ 43, 113 Abs. 1 BRAO berufsrechtlich sanktionierten Pflicht ist der Rechtsanwalt gehalten, jeden neuen Mitarbeiter entweder einen Anstellungsvertrag mit Verschwiegenheitsklausel oder eine gesonderte Verschwiegenheitserklärung unterschreiben zu lassen.[352] Aber auch nach der Einstellung muss der Rechtsanwalt seine Mitarbeiter durch Belehrungen und Ermahnungen zur Verschwiegenheit anhalten.[353]

---

348 Vgl. 5. Kap. A. II.

349 Eylmann in Henssler/Prütting, § 43a BRAO, Rn. 40.

350 Eylmann in Henssler/Prütting, § 43a BRAO, Rn. 40.

351 Hartung/Holl-Hartung, § 2 BerO, Rn. 35; Feuerich/Weyland, § 43a BRAO, Rn. 20.

352 Feuerich/Weyland, § 43a BRAO, Rn. 21.

353 Hartung in Hartung/Holl, § 2 BerO, Rn. 36.

Diese in § 2 Abs. 4 BerO enthaltene Pflicht gestaltet § 43a Abs. 2 BRAO nicht nur näher aus, sondern begründet eine zusätzliche Pflicht. Die formelle Satzungskompetenz hierzu ergibt sich aus § 59b Abs. 2 Nr. 1c BRAO, der der Berufsordnung aufgibt, die Verschwiegenheit näher zu regeln.
Sollten die mit dem Mandat befassten Mitarbeiter nicht gehalten sein, ebenfalls die Verschwiegenheitspflicht zu wahren, ist es dem Mandanten unmöglich, sich auf die Verschwiegenheitspflicht des Anwalts zu verlassen.[354] Daher ist die Pflicht des Rechtsanwalts, seine Mitarbeiter zur Verschwiegenheit anzuhalten, geeignet und erforderlich, um die Wahrung der Verschwiegenheit sicherzustellen. Die Pflicht des Anwalts, seine Angestellten bei Einstellung zur Verschwiegenheit zu verpflichten und sie stetig hierzu anzuhalten, wahrt als Eingriff in die Berufsausübung angesichts der ihn rechtfertigenden Gemeinwohlinteressen auch die Zumutbarkeitsgrenze.[355]

5. Andere Rechtsanwälte

Neben der Einbindung der Mitarbeiter in die Verschwiegenheitspflicht nach § 43a Abs. 2 BRAO i.V.m. § 2 Abs. 4 BerO muss der Rechtsanwalt beachten, dass seine Pflicht zur Verschwiegenheit gegenüber jedermann, auch gegenüber anderen Rechtsanwälten gilt. Hierbei ist unerheblich, dass auch der andere Rechtsanwalt zur Verschwiegenheit verpflichtet ist, denn er ist berufsrechtlich nicht gehindert, die Informationen weiterzugeben.[356]

a) Sozietät, GmbH und Partnerschaft

Eine Ausnahme zu der Verschwiegenheitsverpflichtung gegenüber anderen Rechtsanwälten besteht für die Rechtsanwälte, die sich in einer Sozietät, GmbH oder Partnerschaft zusammengeschlossen haben.

Zumeist wird auf das gemeinsam entgegengenommene Mandat verwiesen, durch das alle Anwälte einer Sozietät, GmbH oder Partnerschaft als Gesamtheit in den Mandatsvertrag einbezogen sind, weswegen sie gemeinschaftlich der Verschwiegenheitspflicht unterfallen und untereinander nicht die Pflicht zur Verschwiegenheitspflicht zu wahren haben.[357]

Dies ist jedoch nur in Bezug auf die aus dem Mandatsvertrag resultierende Verschwiegenheitspflicht zutreffend, denn der Rechtsanwalt ist zum einen berufsrechtlich zur Verschwiegenheit verpflichtet, zum anderen ist die Verschwiegenheitspflicht auch Bestandteil des zivilrechtlichen Mandatsvertra-

---

354 DAV-Berufsrechtsausschuß, AnwBl 95, Beilage zu Heft 4, S. 9.
355 Hartung/Holl-Hartung, § 2 BerO, Rn. 50.
356 Eylmann in Henssler/Prütting, § 43a BRAO, Rn. 54; Streck, NJW 2001, 3605.
357 Michalski/Römermann, NJW 1996, 3233 (3239); Kleine-Cosack, § 43a BRAO, Rn. 36.

ges.[358] Da sowohl der Auftraggeber wie auch der Rechtsanwalt den Willen haben, das Mandatsverhältnis mit allen Mitgliedern der Sozietät zu begründen, werden durch den Mandatsvertrag nicht nur der das Mandat annehmende Rechtsanwalt, sondern auch seine zur gemeinsamen Berufsausführung verbundenen Kollegen verpflichtet. Insoweit müssen die Rechtsanwälte die Pflicht zur Verschwiegenheit zwar nicht untereinander, aber gegenüber Dritten wahren.[359] Diese Einbeziehung gilt nicht automatisch für die berufsrechtliche Verschwiegenheitspflicht aus § 43a Abs. 4 BRAO. Die Entbindung von der Verschwiegenheitspflicht gegenüber den assoziierten Anwälten erfolgt auf berufsrechtlicher Ebene durch eine konkludente Einwilligung, da der Mandant bei Beauftragung einer Sozietät auch den Vorteil der Bearbeitung „seines" Mandats durch die gesamte Sozietät nutzen will.[360] Aus diesem Grund ist er damit einverstanden, dass sich die assoziierten Anwälte über Details seines Mandats austauschen.

b) Bürogemeinschaft

Eine solche gemeinschaftliche Bearbeitung eines Mandats erfolgt bei einer Bürogemeinschaft nicht. Zwar teilen sich die Mitglieder Räume, Personal und Einrichtungsgegenstände, jedoch erhält jedes Mitglied seine berufliche Selbstständigkeit aufrecht und führt seine Mandate allein.[361] Aus diesem Grund sind die anderen Mitglieder der Bürogemeinschaft außenstehende Dritte, denen gegenüber die Verschwiegenheitspflicht gewahrt werden muss.

Dieses Erfordernis gestaltet sich aufgrund der räumlichen Nähe und der engen personellen und sachlichen Verknüpfung schwierig. Eingriffe in die Verschwiegenheitspflicht der anderen Mitglieder der Bürogemeinschaft finden zwangsläufig, z.B. im Bereich der gemeinsamen Brief-, Telefon-, Fax- und E-Mail-Annahme statt. Demnach ist es einem in einer Bürogemeinschaft tätigen Rechtsanwalt nahezu unmöglich, die Verschwiegenheitspflicht vollständig zu wahren.

Kleine-Cosack versucht dieses Problem zu lösen, indem er die Offenlegung einer Bürogemeinschaft gegenüber dem Mandanten fordert. Bei Kenntnis des Bestehens einer Bürogemeinschaft muss der Mandant nach seiner Ansicht damit rechnen, dass die Verschwiegenheitspflicht gegenüber den anderen Mitgliedern

358 Eylmann in Henssler/Prütting, § 43 BRAO, Rn. 15; Michalski/Römermann, NJW 1996, 3233 (3235 f.)

359 Vgl. Michalski/Römermann, NJW 1996, 3233 (3235 f.), die darauf verweisen, dass in manchen Ländern aus diesem Grund die zivilrechtliche Pflicht zur Verschwiegenheit als ausreichend angesehen wird, und sich dort auf die Normierung eines Zeugnisverweigerungsrechts beschränkt wird.

360 BGH NJW 1994, 257 (258); zur konkludenten Einwilligung vgl. 5. Kap. A. II.

361 Hartung in Henssler/Streck, Handbuch des Sozietätenrechts, S. 585, Rn. 39.

der Bürogemeinschaft nicht gewahrt werden kann und willigt mutmaßlich darin ein.[362]

Berufsrechtlich wäre es sinnvoll dieses Problem durch eine klare Regelung zu lösen, wie z.B. durch eine Erstreckung der Verschwiegenheitspflicht auf alle Mitglieder einer Bürogemeinschaft in der Berufsordnung.[363]

III. Verhältnis von Verschwiegenheitspflicht und Verbot der Vertretung widerstreitender Interessen

Die Probleme im Hinblick auf die Wahrung der anwaltlichen Verschwiegenheitspflicht in einer Bürogemeinschaft sollen zum Anlass genommen werden, das Verhältnis der Verschwiegenheitspflicht zum Verbot der Vertretung widerstreitender Interessen genauer darzustellen. Anlass hierfür gibt § 3 Abs. 2 BerO, der das Verbot der Vertretung widerstreitender Interessen, dessen Zuwiderhandlung in § 356 StGB als Parteiverrat und in § 43a Abs. 4 BRAO auch berufsrechtlich sanktionsbewehrt ist, nicht nur auf Sozietäten, sondern auch auf Bürogemeinschaften ausdehnt und dabei die Verschwiegenheitspflicht berührt. Somit sind die nachfolgenden Punkte als Ergänzung zu den Ausführungen bezüglich des Umfangs der Verschwiegenheitspflicht in Bürogemeinschaften zu sehen, woran sich eine generelle Betrachtung des Verhältnisses von der Verschwiegenheitspflicht zum Verbot der Vertretung widerstreitender Interessen anschließen wird. Um den Rahmen dieser Arbeit nicht zu sprengen, werden sich die Ausführungen hinsichtlich des Verbots der Vertretung widerstreitender Interessen und der Erstreckungsklausel des § 3 Abs. 2 BerO auf seine Bezüge zur Verschwiegenheitspflicht beschränken.[364]

---

362 Kleine-Cosack, § 43a BRAO, Rn. 47.

363 So auch Hartung in Hartung/Holl, § 3 BerO, Rn. 105, der die Verschwiegenheitspflicht aus § 2 BerO auf alle Mitglieder der Bürogemeinschaft erstrecken will, weil so alle Mitglieder und Mitarbeiter einer Bürogemeinschaft die Verschwiegenheit bezüglich aller im Rahmen der Tätigkeit in der Bürogemeinschaft bekannt gewordenen Informationen wahren müssen, und diese Verpflichtung nicht nur für die eigenen Mandatsinformationen gilt. Auch Eylmann in Henssler/Prütting, § 43a, Rn. 55 will die Voraussetzungen zur Wahrung der Verschwiegenheitspflicht in einer Bürogemeinschaft verbessern und plädiert daher dafür, dass der Mandant sich bei Erteilung des Mandats mit einer Entbindung von der Verschwiegenheitspflicht seines Anwalts gegenüber den anderen Mitgliedern und Mitarbeitern der Bürogemeinschaft einverstanden erklärt. Hierbei übersieht Eylmann jedoch, dass damit die Frage nicht geklärt ist, ob die anderen Mitglieder oder Mitarbeiter an der Weitergabe der Informationen, die sie nicht in Ausübung ihres eigenen Mandates erhalten, auch durch § 43a Abs. 2 BRAO gehindert sind.

364 Aus diesem Grund wird weder auf die Frage eingegangen, ob nach der Neufassung des § 3 Abs. 2 S. 2 BerO die Vertretung widerstreitender Interessen in einer Berufsausübung- oder Bürogemeinschaft an demselben Standort möglich ist, dies verneinend Hartung in Hartung/Holl, § 3, Rn. 122 ff., noch auf die Frage, ob es für die Sozietätserstre-

1. Inhalt von § 3 BerO

Der das Verbot der Vertretung widerstreitender Interessen betreffende § 3 BerO besteht aus fünf Absätzen. Genaugenommen ist von § 3 BerO n.F. zu sprechen, denn § 3 BerO a.F. wurde 2003 vom Bundesverfassungsgericht für verfassungswidrig erklärt,[365] weil er gegen Art. 12 I GG verstieß. Grund hierfür war die in § 3 Abs. 2 BerO a.F. enthaltene Regelung, wonach der Wechsel eines Anwalts in eine andere Sozietät dazu führte, dass die aufnehmende Kanzlei keine Mandate mehr betreuen durfte, auf deren Gegenseite die den Anwalt abgebende Kanzlei stand. In Ermangelung einer Möglichkeit zur Einzelfallbetrachtung wurde diese Berufsausübungsregelung als unverhältnismäßig und damit als unvereinbar mit Art. 12 Abs. 1 GG angesehen.[366] Aufgrund dieses Urteils bedurfte es der seit dem 1. Juli 2006 geltenden Neufassung des § 3 BerO.[367]

In § 3 Abs. 1 BerO wird die sehr kurz gefasste Bestimmung des § 43a Abs. 4 BRAO dahingehend konkretisiert, dass der einzelne Rechtsanwalt nicht tätig werden darf, wenn er eine andere Partei in derselben Rechtssache bereits beraten oder vertreten hat oder mit dieser Rechtssache in sonstiger Weise im Sinne der §§ 45, 46 BRAO beruflich befasst war.

Die bereits mehrfach angesprochene Sozietätserstreckungsklausel ist in § 3 Abs. 2 BerO enthalten. Nach § 3 Abs. 2 S. 1 BerO erstreckt sich das Verbot der Vertretung widerstreitender Interessen auch auf die in einer Berufsausübungs- oder Bürogemeinschaft verbundenen Rechtsanwälte. In § 3 Abs. 2 S. 2 BerO erfährt diese Regelung dahingehend eine Einschränkung, dass die Regelung des § 3 Abs. 2 S. 1 BerO nicht gilt, wenn die betroffenen Mandanten sich im Einzelfall nach umfassender Information mit der Vertretung einverstanden erklären und Belange der Rechtsordnung nicht entgegenstehen.

Sofern eine Einwilligung des Mandanten vorliegt, ist es demnach möglich, dass zwei Rechtsanwälte in einer Sozietät Mandate mit widerstreitenden Interessen vertreten. Hierdurch wird nicht gegen § 356 StGB verstoßen, weil sich das in dieser Norm enthaltene Verbot der Vertretung widerstreitender Interessen

---

ckung des Verbots der Vertretung widerstreitender Interessen einen Unterschied macht, ob der wechselnde Anwalt selbst mit der Vertretung des Mandats betraut war, oder ob dies einem Kollegen in seiner ihn abgebenden Sozietät oblag, vgl. Hartung in Hartung/Holl, § 3, Rn. 125 ff., der zu dem Schluss kommt, dass der Mandant nicht in die Vertretung widerstreitender Interessen einwilligen kann, wenn der die Sozietät wechselnde Anwalt in seiner vorherigen Sozietät selbst mit der Vertretung der Gegenseite betraut war.

365 BVerfG MDR 2003, 1081, mit Anmerkung von Römermann, 1083 ff.

366 BVerfG MDR 2003, 1081 (1083).

367 Vgl. Beschlüsse der 5. Sitzung der 3. Satzungsversammlung vom 7. November 2005, die in BRAK-Mitt. 2006, S. 79 ff. veröffentlicht sind.

nur auf den einzelnen Anwalt und nicht auf die Sozietät bezieht.[368] Die Einbeziehung des Mandantenwillens in das Verbot der Vertretung widerstreitender Interessen wurde vielfach kritisiert, weil es droht, die Konturen des Verbots der Vertretung widerstreitender Interessen zu verwischen.[369]

Für den Fall des Wechsels eines Rechtsanwalts von einer Berufsausübungs- oder Bürogemeinschaft in eine andere regelt § 3 Abs. 3 BerO die Anwendung des Verbots der Vertretung widerstreitender Interessen, weswegen das Verbot grundsätzlich auch im Falle des Wechsels eines Mitglieds einer Berufsausübungs- oder Bürogemeinschaft in eine andere gilt. Durch den Verweis auf § 3 Abs. 2 S. 2 BerO ist es jedoch möglich, dass auch bei einem Kanzlei- oder Sozietätswechsel der Mandant sein Einverständnis in die Fortführung der nun kollidierenden Mandate gibt. Die Einverständniserklärung durch den Mandanten ermöglicht es, bei einem die Berufsausübungs- oder Bürogemeinschaft wechselnden Anwalt die vom Bundesverfassungsgericht[370] geforderte Einzelfallabwägung vornehmen zu können, so dass die den wechselnden Anwalt aufnehmende Sozietät nicht automatisch widerstreitende Mandate beenden muss.[371]

Erkennt ein Rechtsanwalt, dass seine Tätigkeit dem Verbot der Vertretung widerstreitender Interessen zuwiderläuft, so muss er nach § 3 Abs. 4 BerO seinen Mandanten hierüber informieren und alle Mandate in derselben Rechtssache niederlegen.

In § 3 Abs. 5 BerO wird darauf hingewiesen, dass die Regelungen des § 3 Abs. 1-4 BerO die Verpflichtung zur Verschwiegenheit unberührt lassen. Auch wenn sich der Mandant nach dem Kanzlei- oder Sozietätswechsel eines Anwalts mit der Fortführung seines nun widerstreitenden Mandats einverstanden erklären, bleibt der wechselnde Anwalt weiterhin an seine Verschwiegenheit gebunden.[372]

Das Bundesverfassungsgericht hatte bereits aufgrund der Klage eines Rechtsanwalts über die Verfassungsmäßigkeit des § 3 Abs. 2 BerO zu befinden. Es stellte fest, dass die in § 3 Abs. 2 BerO enthaltene Sozietätserstreckungsklausel als verhältnismäßig und somit als vereinbar mit Art. 12 Abs. 1 GG anzusehen ist.[373] *Hartung* bezweifelt allerdings die Gesetzmäßigkeit des § 3 Abs. 2 S. 2 BerO, weil die in ihm enthaltene Möglichkeit der Einver-

---

368 Deckenbrock, BB 2002, 2453 (2454); Henssler, NJW 2001, 1521 (1524 f.); Schönke/Schröder-Cramer/Heine, § 356 StGB, Rn. 10.

369 Hartung/Holl-Hartung, § 3 BerO, Rn. 45; Krenzler, BRAK-Mitt. 2003, 249 (250); Scharmer, BRAK-Mitt. 2006, 150 (151 f.).

370 BverfG AnwBl 2003, 521 (523 f.).

371 Hartung/Holl-Hartung, § 3 BerO, Rn. 46.

372 Hartung in Hartung/Holl § 3 BerO, Rn. 48, 157, bezeichnet diesen Absatz als "inhaltsleer" und "überflüssig", weil er eine Selbstverständlichkeit zum Ausdruck bringt

373 BVerfG, BRAK-Mitt. 2006, 170.

ständniserklärung des Mandanten das in § 43a Abs. 4 BRAO enthaltene Verbot der Vertretung widerstreitender Interessen lockert, wozu der Satzungsversammlung die Kompetenz fehlte.[374]

2. Die Verschwiegenheitspflicht und die Erstreckung des Verbots widerstreitender Interessen auf die Bürogemeinschaft durch § 3 Abs. 2 BerO

Wie weiter oben bereits dargestellt,[375] erschweren die engen räumlichen und personellen Verflechtungen die Wahrung der Verschwiegenheitspflicht in einer Bürogemeinschaft erheblich. Aufgrund von § 3 Abs. 2 BerO erstreckt sich das berufsrechtliche Verbot der Vertretung widerstreitender Interessen auch auf Bürogemeinschaften, weswegen zwei Anwälte, die nur eine gemeinsame Büroausstattung nutzen, nicht die verschiedenen Parteien derselben Rechtssache vertreten dürfen. Um diesem, aus § 3 Abs. 2 BerO folgenden Erfordernis genüge tun zu können, sind die in einer Bürogemeinschaft tätigen Anwälte gezwungen, Informationen bezüglich ihrer jeweils neu angenommenen Mandate auszutauschen. Auch wenn es sich hierbei nur um die Namen des Mandanten und seines Gegners handelt, so verletzen die Anwälte bereits hierdurch ihre Verschwiegenheitspflicht. Die Sozietätserstreckungsklausel des § 3 Abs. 2 BerO erschwert demnach die Wahrung der Verschwiegenheitspflicht in der Bürogemeinschaft zusätzlich, wenn sie sie nicht gänzlich unmöglich macht.[376]

Auf der anderen Seite geht der Austausch solcher Informationen nicht über das Maß hinaus, was die Anwälte und Mitarbeiter einer Bürogemeinschaft täglich voneinander erfahren können, weil sie jederzeit Akteneinsicht in die Mandatsakten der übrigen Gemeinschaftsmitglieder nehmen können oder über ein gemeinsames Wartezimmer verfügen. Diese Zugriffsmöglichkeit auf die Mandatsakten und das Vorhandensein eines gemeinsamen Wartezimmers wird als vereinbar mit der Verschwiegenheitspflicht angesehen, weswegen man auch den Austausch der Namen der Mandate im Rahmen einer Abwägung zwischen der Wahrung der Verschwiegenheitspflicht und des Verbots der Vertretung widerstreitender Interessen als vereinbar mit der Verschwiegenheitspflicht ansehen muss.[377]

Dennoch zeigt auch das aus § 43a Abs. 4 BRAO i.V.m. § 3 Abs. 2 BerO resultierende Erfordernis einer Absprache zur Vermeidung der Vertretung widerstreitender Interessen in einer Bürogemeinschaft, dass es im Rahmen der Verschwiegenheitspflicht in Bürogemeinschaften an einer in der Praxis befolgba-

374 Hartung/Holl-Hartung, § 3 BerO, Rn. 106 ff.
375 S.o. 4. Kap. II. 5. b).
376 Hartung in Henssler/Streck, S. 608, Rn. 111.
377 Ähnlich Hartung/Holl-Hartung, § 3 BerO, Rn. 104.

ren, berufsrechtlichen Lösung im Hinblick auf die Geltung der Verschwiegenheitspflicht gegenüber den anderen Mitgliedern und Mitarbeitern einer Bürogemeinschaft fehlt.[378]

3. Abgrenzung von Verschwiegenheitspflicht und dem Verbot der Vertretung widerstreitender Interessen

Ausgehend von dieser Konfrontation soll nachfolgend eine Abgrenzung der Verschwiegenheitspflicht von dem Verbot der Vertretung widerstreitender Interessen vorgenommen werden. Sowohl die Regelungen hinsichtlich der Verschwiegenheitspflicht wie auch die hinsichtlich des Verbots der Vertretung widerstreitender Interessen nehmen ihren Ausgangspunkt in der Vereinigung sensibler Informationen in einer Person. Aufgrund der Verschwiegenheitspflicht darf der Rechtsanwalt sensible Informationen, die er von seinem Mandanten in Ausübung seines Berufes erfahren hat, nicht Dritten offenbaren. Das Verbot der Vertretung widerstreitender Interessen basiert darauf, dass die Vereinigung von sensiblen Informationen aus zwei oder mehr Mandaten in der Person eines Rechtsanwalts zu einem Interessenkonflikt führen kann, wenn er beide Parteien bestmöglichst vertreten will.

Die Vereinigung von sensiblem Wissen in einer Person stellt somit eine Gemeinsamkeit der Verschwiegenheitspflicht und des Verbots der Vertretung widerstreitender Interessen dar. Da § 3 BerO und die in ihm enthaltene sozietätsweite Erstreckung des Verbots der Vertretung widerstreitender Interessen nur eine erweiterte inhaltliche Ausgestaltung des § 43a Abs. 4 BRAO ist, könnte basierend auf dieser Gemeinsamkeit die Sozietätserstreckungsklausel zu einem erhöhten Schutz der Verschwiegenheitspflicht beitragen.

a) Stärkung der Verschwiegenheitspflicht in Sozietäten durch § 3 Abs. 2 BerO

In einer Sozietät, womit im Folgenden auch eine Rechtsanwalts-GmbH und eine Partnergesellschaft gemeint sind, sind die einzelnen Rechtsanwälte untereinander nicht zur Verschwiegenheit verpflichtet, weil sie das Mandat gemeinsam als Sozietät entgegengenommen haben.[379] Daher ist es grundsätzlich möglich, dass jedes Sozietätsmitglied auf die Mandatsakten der Kollegen Zugriff hat. Aufgrund dieser Zugriffsmöglichkeit kann es zu einer Vereinigung von sensiblen Informationen in einer Person kommen. Um schon den Verdacht des Ausnutzens einer solchen Informationsvereinigung durch einen Anwalt zu vermeiden, ist es auch einer Sozietät gem. § 3 Abs. 2 S. 1 BerO verboten, widerstreitende

378 Hierauf wurde bereits in den Ausführungen zum Umfang der berufsrechtlichen Verschwiegenheitspflicht gegenüber den anderen Mitgliedern und Mitarbeitern einer Bürogemeinschaft hingewiesen, s.o. 4. Kap. II. 5. b).

Interessen zu vertreten, weil ansonsten die Mandanten das Vertrauen in ihren Rechtsanwalt und damit allgemein in die Rechtspflege verlieren könnten, wenn sie nicht von der unabhängigen Sachwalterstellung „ihres" Rechtsanwalts überzeugt sind.[380]

In Einzelfällen kann der betroffene Mandant jedoch gem. § 3 Abs. 2 S. 2 BerO darin einwilligen, dass innerhalb einer Sozietät widerstreitende Mandate vertreten werden. Dies erfordert eine umfassende Information des Mandanten, in der nachgewiesen wird, dass innerhalb der Sozietät zwischen den mit der Mandatsbearbeitung betrauten Anwälten der Wissenstransfer unterbunden wird. Hierbei kann auf eine räumliche Trennung innerhalb der Sozietät verwiesen werden, weil die widerstreitenden Mandate in Büros der Sozietät bearbeitet werden, die in verschiedenen Städten liegen.[381] Da dies im Zeitalter der elektronischen Kommunikationsmittel nicht mehr als ausreichend angesehen werden kann, wird zur Vermeidung des Wissenstransfers zunehmend auch in Deutschland auf unternehmensinterne Informationssperren abgestellt.[382] Diese internen Regeln und Verfahren, die verhindern sollen, dass bestimmte Informationen von einem Teil des Unternehmens in den anderen gelangen, werden auch „*Chinese Walls*" genannt.[383] Diese Vorkehrungen dienen der Verhinderung der Vereinigung von sensiblen Informationen in einer Person und beugen daher der Gefahr des Verbots der Vertretung widerstreitender Interessen und dem damit einhergehenden Mandatsverlust vor. Durch sein Einverständnis willigt der Mandant daher nicht in eine Aufhebung der Verschwiegenheitspflicht ein, sondern er bringt vielmehr sein Vertrauen zum Ausdruck, dass diese Pflicht weiter beachtet wird, weil die sozietätseigenen Abschottungsmechanismen bereits den Wissenstransfer unterbinden.[384]

Dies zeigt, dass indirekt über die sozietätsweite Erstreckung des Verbots der Vertretung widerstreitender Interessen auch der Schutz der Verschwiegenheitspflicht erhöht wird, weil so verhindert wird, dass die jederzeit griffbereiten Informationen über das gegnerische Mandat dem Mandanten und damit einem Dritten zugänglich gemacht werden. Der Schutz der Verschwiegenheitspflicht wird demnach dadurch erhöht, dass es für die nicht mit der Mandatsvertretung betrauten Anwälte nichts zu verschweigen gibt.

---

379 Vgl. die oben gemachten Ausführungen in 4. Kap. B. II. 5. a).

380 Vgl. die Begründung des BVerfG BRAK-Mitt. 2006, 170 (171).

381 Vgl. Argumente des Bundesverfassungsgerichts in seiner Entscheidung vom 3.7.2003, BVerG AnwBl.2003, 521 (524).

382 Kilian, WM 2000, 1366 (1372); Deckenbrock, BB 2002, 2453 (2461, insb. Fn. 96).

383 Kilian, WM 2000, 1366 (1372); ders., BB 2003, 2189 (2194) mit Beispielen für die Ausgestaltung solcher "*Chinese Walls*".

384 Deckenbrock, BB 2003, 2189 (2193).

b) Weder von der Verschwiegenheitspflicht noch vom Verbot der Vertretung widerstreitender Interessen erfasster Bereich

Die Vereinigung von sensiblen Informationen in einer Person als gemeinsamer Ausgangpunkt der Verschwiegenheitspflicht und des Verbots der Vertretung widerstreitender Interessen führt jedoch auch zu einem Bereich, der von keiner der beiden Berufspflichten erfasst wird.

Durch die Vereinigung von sensiblen Informationen aus mehreren Mandaten kann in der Person des Rechtsanwalts ein Interessenkonflikt erwachsen, der zu einem Tätigkeitsverbot führt, wenn er in derselben Rechtssache beiden Parteien dienen will.[385] Diesen Interessenkonflikt kann der Einzelanwalt wie auch der in der Sozietät tätige Anwalt durch das Ablehnen des zeitlich nachrangigen Mandats vermeiden.

Anders verhält es sich bei Interessengegensätzen, denn diese bestehen und sind im Gegensatz zu Interessenkonflikten nicht aktiv vermeidbar.[386]

Ein Interessengegensatz entsteht, wenn Informationen aus einem vorherigen Mandat auch für die Bearbeitung eines nachfolgenden Mandats verwendet werden können. Durch die Verschwiegenheitspflicht wird dem Rechtsanwalt die Offenbarung dieses sensiblen Wissens verboten, nicht jedoch ein Handeln unter Ausnutzung dieses Wissens bei Bearbeitung eines anderen Mandats, sei es in derselben Kanzlei oder nach einem Sozietätswechsel. Solange der Rechtsanwalt seinem neuen Mandanten gegenüber die vertraulichen Informationen nicht offenbart, sondern sie lediglich seinem Handeln zugrunde legt, ist hierin keine Verletzung der Verschwiegenheitspflicht zu sehen.[387] Hierbei ist zu bedenken, dass dem Anwalt durch eine intensive Mandatsbearbeitung die Persönlichkeitsprofile der Mandanten beziehungsweise grundlegende Strategieentscheidungen der Unternehmen bekannt werden und er somit über extrem sensibles Wissen verfügt.[388]

Zweifellos liegt hier ein Interessenkonflikt vor, aber auch das Verbot der Vertretung widerstreitender Interessen erfasst diesen Fall nicht, wenn es sich nicht um dieselbe Rechtssache handelt.[389] Es liegt somit ein Fall vor, der weder von der Verschwiegenheitspflicht noch von dem Verbot der Vertretung widerstreitender Interessen erfasst wird. Da es sich um einen Interessenkonflikt des Anwalts und dessen Auswirkungen auf die geradlinige und unabhängige Aus-

---

385 Feuerich/Weyland, § 43a BRAO, Rn. 62; Eylmann in Henssler/Prütting, § 43a BRAO, Rn. 139.

386 Kilian, WM 2000, 1366 (1377).

387 Kleine-Cosack, § 43a BRAO, Rn. 17; Eylmann in Henssler/Prütting, § 43a BRAO, Rn. 141; Westerwelle, Rechtsanwaltssozietäten und das Verbot der Vertretung widerstreitender Interessen , S. 91; Deckenbrock, BB 2002, 2453 (2459).

388 Deckenbrock, BB 2002, 2453 (2459).

389 Eylmann in Henssler/Prütting, § 43a BRAO, Rn. 141.

übung der anwaltlichen Tätigkeit handelt und nicht die Verschwiegenheit des Anwalts gegenüber Dritten in Frage steht, muss dieser Fall der Ausnutzung zuvor erworbenen Wissen auch im Bereich des Vertretungsverbots widerstreitender Interessen geregelt werden.

Aus diesen Gründen wäre eine Erweiterung des Vertretungsverbots dahingehend wünschenswert, eine anwaltliche Vertretung auch in solchen Fällen zu untersagen, in denen der bearbeitende Rechtsanwalt über relevante, vertrauliche Informationen aus einem anderen Mandat verfügt.[390]

4. Ergebnis

Die Verschwiegenheitspflicht und das Verbot der Vertretung widerstreitender Interessen nehmen beide ihren Ausgangspunkt in der Vereinigung von sensiblen Informationen in einer Person. Aufgrund dieser Gemeinsamkeit vermag die Erstreckung des Verbots der Vertretung widerstreitender Interessen den Schutz der Verschwiegenheitspflicht in Sozietäten indirekt zu erhöhen, weil durch das Verbot der Vertretung widerstreitender Interessen die mögliche Weitergabe an Dritte im Rahmen einer Mandatsbearbeitung von vorneherein unterbunden wird. Um das Einverständnis eines Mandanten in die Vertretung widerstreitender Interessen in einer Sozietät zu erlangen, muss nachgewiesen werden, in welchem Umfang die die Mandate bearbeitenden Sozietätsmitglieder über Informationen verfügen. Da der Mandant ein hohes Interesse daran hat, dass die die Gegenseite vertretenden Sozietätsmitglieder über möglichst keinerlei Informationen betreffend sein Mandat verfügen, muss die Sozietät den Informationstransfer durch geeignete Organisationsmaßnahmen, wie *„Chinese Walls“*, zu unterbinden. Hieran zeigt sich, dass *„Chinese Walls“* nicht in erster Linie dem Schutz der Verschwiegenheit dienen, sondern vielmehr die Vereinigung von sensiblem Wissen in einer Person verhindern sollen, weil hierdurch Interessenkonflikte begründet werden können, die zu einer Aufgabe des Mandats zwingen können. Durch die Begrenzung der Weitergabe der sensiblen Informationen auf den durch die *„Chinese Walls“* umfassten Raum tragen sie als Reflex auch zur Stärkung der Verschwiegenheit bei, denn je kleiner der Kreis der Informationsträger ist, desto geringer ist die Gefahr einer Weitergabe an Dritte.

In einer Bürogemeinschaft vermag theoretisch die Erstreckung des Verbots der Vertretung widerstreitender Interessen auf alle Mitglieder einer Bürogemeinschaft den Schutz der Verschwiegenheitspflicht nicht zu erhöhen, weil die Mitglieder auch zur Wahrung der Verschwiegenheitspflicht gegenüber den an-

---

390 Kilian, WM 2000, 1366 (1377); Deckenbrock, BB 2002, 2453 (2459 f.), unter Verweis auf das Berufsrecht der Wirtschaftsprüfer, das in § 10 BS-WPK eine solches Verwertungsverbot enthält; Grunewald, AnwBl 2005, 437 (441), die dies zumindest für erwägenswert hält.

deren Mitgliedern der Bürogemeinschaft verpflichtet sind. Diesem Erfordernis werden sie jedoch aufgrund der räumlichen und personellen Verflechtungen nur schwer gerecht, so dass praktisch durchaus die Möglichkeit der Vereinigung von sensiblem Wissen in einer Person besteht. Aus diesem Grund verstärkt auch die Erstreckung des Verbots der Vertretung widerstreitender Interessen auf die Bürogemeinschaft den Schutz der Verschwiegenheit. Um zu einer einheitlichen berufsrechtlichen Regelung zu gelangen, sollte man jedoch, wie schon mehrfach erwähnt,[391] die Verschwiegenheitspflicht auf alle Mitglieder einer Bürogemeinschaft ausdehnen.

Die Verschwiegenheitspflicht und das Verbot der Vertretung widerstreitender Interessen haben beide zum Ziel, einen Missbrauch zu unterbinden, wenn sich in der Person eines Rechtsanwalts sensible Informationen vereinigen. In diesem Schutzkonzept tut sich dann eine Lücke auf, wenn der Rechtsanwalt Informationen aus einem vorangegangenen Mandat benutzt, um sie vorteilhaft für die Bearbeitung eines anderen Mandats einzusetzen. Solange er diese Informationen keinem Dritten offenbart und es sich auch nicht um dieselbe Rechtssache handelt, wird er hieran weder durch die Verschwiegenheitspflicht noch durch das Verbot der Vertretung widerstreitender Interessen gehindert. Aus diesem Grund sollte das Vertretungsverbot aus § 43a Abs. 4 BRAO i.V.m. § 3 Abs. 1 BerO ähnlich dem zuvor angesprochenen Verbot für Wirtschaftsprüfer auf diese Fälle der Ausnutzung zuvor erworbenen Wissens erweitert werden.

IV. Ergebnis

Auf den ersten Blick scheinen der Umfang der strafrechtlichen Schweigepflicht und der berufsrechtlichen Verschwiegenheitspflicht verschieden zu sein. Bedingt durch den Umstand, dass die strafrechtliche Schweigepflicht nur fremde Geheimnisse schützt, der Schutz der berufsrechtlichen Verschwiegenheitspflicht sich hingegen gem. § 43a Abs. 2 BRAO i.V.m. § 2 BerO auf alles bezieht, was dem Rechtsanwalt in Ausübung seines Berufes bekannt geworden ist, ruft die berufsrechtliche Verschwiegenheitspflicht den Eindruck hervor, umfangreicher zu sein.

Durch das Erfordernis der Nichtoffenkundigkeit der geschützten Tatsache in § 43a Abs. 2 S. 3 BRAO wird jedoch eine Gleichstellung mit dem Umfang des in § 203 Abs. 1 StGB geschützten Geheimnisses erreicht, denn die Offenkundigkeit einer Tatsache beseitigt ihren Geheimnischarakter.[392]

Auch zufällig erlangtes Wissen kann ein Geheimnis i.S.d. § 203 Abs. 1 StGB darstellen, so dass Zufallswissen sowohl von § 203 Abs. 1 StGB wie auch von

---

391 S.o. 4. Kap. B. II. 5. b) und 4. Kap. B. III. 2.

392 Vgl. Eylmann in Henssler/Prütting, § 43a BRAO, Rn. 44; Michalski/Römermann, 1996, 3233 (3235).

§ 43a Abs. 2 BRAO i.V.m. § 2 BerO erfasst wird, solange es die berufliche Tätigkeit ist, die dem Anwalt die Möglichkeit gibt, das Wissen zu erwerben.[393]

Ferner enthalten sowohl die strafrechtliche Schweigepflicht wie auch die berufsrechtliche Verschwiegenheitspflicht vergleichbare Regelungen, um Mitarbeiter und assoziierte Rechtsanwälte in den Schutzbereich der Schweige- bzw. Verschwiegenheitspflicht einzubeziehen.

Im Gegensatz zur strafrechtlichen Schweigepflicht aus § 203 Abs. 1 StGB genügt bei der Verletzung der in § 43a Abs. 2 BRAO i.V.m. § 2 BerO normierten berufsrechtlichen Verschwiegenheitspflicht jedoch schon ein fahrlässiger Verstoß.[394]

Zusammenfassend lässt sich daher sagen, dass sowohl die strafrechtliche Schweigepflicht wie auch die berufsrechtliche Verschwiegenheitspflicht die dem Anwalt anvertrauten Informationen in gleichem Umfang schützen, die berufsrechtliche Verschwiegenheitspflicht aber dahingehend weiter reicht, dass sie bereits eine fahrlässige Begehung unter Strafe stellt.

In Bezug auf das Verhältnis der Verschwiegenheitspflicht zu dem Verbot der Vertretung widerstreitender Interessen ist festzuhalten, dass beide Normen ihren Ausgangspunkt in der Vereinigung von sensiblem Wissen in einer Person haben. Aufgrund dieser Gemeinsamkeit vermag die Erstreckung des Verbots der Vertretung widerstreitender Interessen auf die in einer Berufsausübungs- oder Bürogemeinschaft zusammengeschlossenen Anwälte zumindest indirekt den Schutz der Verschwiegenheit zu erhöhen. Hierbei hat sich gezeigt, dass die Unterbrechung des Informationstransfers in einer Sozietät durch organisatorische Vorkehrungen, wie zum Beispiel durch die Verwendung von „*Chinese Walls*", nicht zum Schutz der Verschwiegenheitspflicht geschieht, sondern die Grundlage dafür schafft, dass der Mandant aufgrund der abgeschotteten Informationsverarbeitung sein Einverständnis in die Vertretung widerstreitender Interessen in einer Kanzlei geben kann. Die Ausnutzung von zuvor aus einem anderen Mandat erworbenem Wissen zur Bearbeitung eines nachfolgenden, nicht dieselbe Rechtssache betreffenden Mandats widerspricht weder der Verschwiegenheitspflicht noch dem Verbot der Vertretung widerstreitender Interessen. Da aber hierbei auch ein Interessenkonflikt vorliegt, sollte das Verbot der Vertretung widerstreitender Interessen aus § 43a Abs. 4 BRAO dahingehend erweitert werden, das ein Vertretungsverbot auch dann vorliegt, wenn der Anwalt zuvor

---

393 Vgl. Schönke/Schröder-Lenckner, § 203 StGB, Rn. 15; Tröndle/Fischer, § 203 StGB, Rn. 9; Eylmann in Henssler/Prütting, § 43a StGB, Rn. 40; a.A. Hartung/Holl-Hartung, § 2 BerO, Rn. 27, der Zufallswissen nur als von § 43a Abs. 2 BRAO, § 2 BerO geschützt ansieht.

394 Vgl. Boecker, AnwBl 1996, 520 (521); Eylmann in Henssler/Prütting, § 43a BRAO, Rn. 56.

vertrauliche Informationen erlangt hat, die bei der Bearbeitung eines nachfolgenden Mandats relevant sind.

B. Rechtslage in Frankreich

I. Umfang des Secret Professionnel

Auch nach französischem Recht verstößt nicht jede Offenbarung durch den Anwalt gegen die Pflicht zur Wahrung des *Secret Professionnel.* Außerdem wird durch das *Secret Professionnel* auch die Vertraulichkeit der zwischen den Anwälten ausgetauschten Korrespondenz sichergestellt.

1. Art. 226-13 Code Pénal

a) Begriff des „secret“

In Art. 226-13 des Code Pénal wird die Enthüllung *„...d'une information à caractère secret...“* mit Strafe bedroht.

Da Art. 378 alter Code Pénal[395] den Berufsgeheimnisträgern gebot, *„les secrets qu'on leur confie“* zu bewahren, könnten dieser Tradition folgend von dem in Art. 226-13 Code Pénal verwendeten Begriff *secret* nur anvertraute Geheimnisse umfasst sein. Diese von *Rassat* vertretene Auslegung des Begriffes *„secret“* würde den Schutzumfang des *Secret Professionnel* in Art. 226-13 Code Pénal im Gegensatz zu seinem Vorgänger in Art. 378 alter Code Pénal verkleinern,[396] denn in Bezug auf Art. 378 alter Code Pénal hatte die Rechtsprechung auch solche Fakten und Informationen als vom *Secret Professionnel* umfasst angesehen, die der Geheimnisträger bei Ausübung seines Berufes erfahren hat.[397] Diese Position wird besonders gut in einem Urteil von 1925 deutlich, wonach

„celui qui est astreint au secret professionnel est dans l'obligation de garder un mutisme complet non seulement sur ce qui lui est confié mais encore sur

395 Alter Code Pénal von 1832 gültig bis zum 1.3.1994, als der Nouveau Code Pénal in Kraft trat.

396 Rassat, Droit pénal spécial, Nr. 429; ders., Les infractions contre les biens et les personnes dans le nouveau Code Pénal, Nr. 261.

397 Cass. crim 19 décembre 1885, S. 1886. 1, 86, "Affaire Docteur Watelet", rapport Tanon; Cass. crim. 17 mai 1973, D. 1973, 582, note Doll; JCP 1974. II 17712, note Rosenthal; Cass. crim. 18 octobre 1977, D. 1978, 94, note Brunois; Cass. crim. 22 novembre 1994, Dr. pén. 1995, comm. Nr. 64, note Véron.

tout ce qu'il a pu voir, entendre, comprendre ou même déduire, de l'exercice de son profession." [398]

Rassat führt zur Begründung seiner wortgetreuen Auslegung des Begriffes *„secret"* die Tatsache an, dass die Formulierung des oben angeführten Urteils von 1925 als Änderungsvorschlag in den vorbereitenden Arbeiten zum neuen Code Pénal abgelehnt wurde.[399] Aus diesem Grund sei die heutige Formulierung des Art. 226-13 Code Pénal kein Zufallsprodukt. Immer dann, wenn eine neue Gesetzesformulierung der alten widerspricht, will sie auch die damit zusammenhängende Rechtsprechung ändern, weswegen der Begriff *„secret"* im wörtlichen Sinne zu verstehen sei.[400] Als Beispiel für die vermeintlich geänderte Rechtsprechung führt *Rassat* das oben bereits angesprochene Urteil des Tribunal de Grande Instance de Caen vom 4. September 2001 an.[401] Wie zuvor dargestellt, wurde in diesem Urteil nicht der Begriff des Geheimnisses eng ausgelegt, sondern das Gericht hat festgestellt, dass der Bischof die mit der Misshandlung und den sexuellen Übergriffen an einem Minderjährigen zusammenhängenden Informationen nicht in Ausübung seiner Seelsorge, sondern aufgrund eigener Nachforschungen und der Aussage eines Dritten erlangt hat. Diese eigenen Nachforschungen und die Aussage des Dritten betrachtete das Gericht nicht mehr als vom *Secret Professionnel* des Priesters gedeckt, weil er diese Informationen nicht in Ausübung seiner seelsorgerischen Tätigkeit erlangt hat. Das Gericht will demnach nur solche Informationen vom *Secret Professionnel* des Priesters umfasst ansehen, die dieser in Ausübung seiner seelsorgerischen Tätigkeit erfahren hat. Diese Abgrenzung des Gerichts ist angreifbar, wenn man in Betracht zieht, dass der Bischof die ihm von dritter Seite anvertrauten Informationen in seiner Eigenschaft als Bischof, und damit in Ausübung seines Berufes, erlangt hat.[402] Demnach hat das Gericht hier nicht den Begriff des Geheimnisses enger als zuvor ausgelegt, sondern das *Secret Professionnel* des Priesters auf seine seelsorgerische Tätigkeit beschränkt.

---

398 Trib. civ. Pau 20 juin 1925, Gaz. Pal 21 novembre 1925, 2.

399 Amendement der Commission des lois des Senats, eingebracht von Senator Charles Jolibois in seiner Eigenschaft als Präsident der Commission des lois in der Sitzung vom 14. Mai 1991, dort in erster Lesung angenommen, JO débats parlementaires sénat 15 mai 1991, S. 957, 960, dann jedoch in der Fortführung der Arbeiten nicht bewahrt, vgl. beschlossene Formulierung des Art. 226-13 Code Pénal in der Sitzung des Senats am 3. Oktober 1991, JO débats parlementaires sénat 4 octobre 1991, S. 2644.

400 Rassat, Droit pénal spécial, Nr. 429, bereits oben, 3. Kap. B. I. 1. a) (1), angesprochen.

401 TGI Caen 4 septembre 2001, Gaz. Pal. 7/8 novembre 2001, 181; vgl. hierzu auch das Interview mit O. Echappé, D. 2001, 2606 f.

402 Peltier, Jur. Clas. Code Pénal, Art. 226-13, 226-14, fasc. 20, Nr. 35; Interview mit O. Echappé, D. 2001, 2606 (2607).

Aus diesem Grund ist in dem besagten Urteil keine Abwendung von der bisher geltenden Auslegung des Art. 378 alter Code Pénal zu sehen, so dass auch das *Secret Professionnel* des Art. 226-13 Code Pénal weiterhin alle Fakten und Informationen umfasst, die der Geheimnisträger bei Ausübung seines Berufes erfährt.[403] Dieses Ergebnis wird auch von dem *Circulaire* vom 14. Mai 1993 zur Einführung des neuen Code Pénal untermauert, der ausdrücklich darauf hinweist, dass die Formulierung des Art. 226-13 Code Pénal von der bisherigen Rechtsprechung und dem Schrifttum zu Art. 378 alter Code Pénal hergeleitet wurde und aus diesem Grund keine grundsätzlichen Veränderungen beinhaltet.[404] Ferner bestätigt auch die neue Rechtsprechung zu Art. 226-13 Code Pénal diese Auslegung und weist darauf hin, dass auch solche Informationen als in Ausübung der anwaltlichen Tätigkeit erlangt angesehen werden, zu denen der Anwalt durch eigene Schlussfolgerungen gelangt.[405]

b) Privater Charakter der Information

Dem bislang ermittelten, sehr weiten Umfang der durch das *Secret Professionnel* geschützten Informationen lässt sich aufgrund des Standortes des Art. 226-13 im Code Pénal eine Eingrenzung entnehmen. Die Verletzung des *Secret Professionnel* in Art. 226-13 Code Pénal steht im Dritten Buch, das den Verbrechen und Vergehen gegen Personen gewidmet ist. Aus diesem Grund pönalisiert Art. 226-13 Code Pénal nicht die unerlaubte Enthüllung von Staatsgeheimnissen. Diesen Fällen ist das vierte Buch des Code Pénal gewidmet, das die Verbrechen und Vergehen gegen die Nation, den Staat und den öffentlichen Frieden zum Inhalt hat, wie zum Beispiel in Art. 413-9 Code Pénal, wo der Bruch des Verteidigungsgeheimnisses bestraft wird.

Aus diesem Grund werden durch Art. 226-13 Code Pénal Informationen geschützt, die das Privat- und Berufsleben der einzelnen Bürger betreffen, nicht jedoch solche Informationen, an deren Schutz der Staat aus wirtschaftlichen, militärischen oder politischen Gründen interessiert ist. Demzufolge haben die geschützten Interessen einen „privaten“ Charakter in dem Sinne, dass sie den Interessenssphären der Bürger und nicht, wie bei Staatsgeheimnissen üblich, denen des Staates zuzuordnen sind.

---

403 Jeandidier, Droit pénal des affaires, Nr. 38; Conte, Droit pénal spécial, Nr. 340 f.; Véron, Droit pénal spécial, Nr. 287; Pradel/Danti-Juan, Droit pénal spécial, Nr. 294.

404 Circulaire du 14 mai 1993, Livre II, Chapitre VI, Section 4. § 1., abgedruckt in Dalloz Code Pénal, Nouveau Code Pénal 1993-94, S. 1980 (2104).

405 CA Paris 30 novembre 1994, D. 1996, somm. 311, obs. Castelan; CA Paris 1er juillet 1999, D. 1999, IR 230.

c) Vertraulicher Charakter der Information

Der Begriff des *„secret"* setzt weiterhin voraus, dass es sich um eine Information handelt, die noch nicht allgemein bekannt ist. Demnach kann ein dem *Secret Professionnel* verpflichteter Geheimnisträger eine allgemein bekannte Information, wie die Augenfarbe seines Mandanten, offenbaren, ohne das *Secret Professionnel* zu verletzten.[406] Die Rechtsprechung bestätigt diese Sichtweise, indem sie festgehalten hat, dass nur eine solche Aussage eines Berufsgeheimnisträgers das *Secret Professionnel* zu verletzten vermag, die zur Aufdeckung einer geschützten Information führt.[407] Ferner können auch solche Informationen nicht als vertraulich eingestuft werden, die dazu gedacht sind, öffentlich verbreitet zu werden, wie Werbung oder zur Veröffentlichung bestimmte Briefe.[408] Ein Leserbrief oder eine Werbebroschüre für ein Unternehmen können keine vertraulichen Informationen beinhalten, da sie wegen ihrer Verbreitung zu einer allgemein bekannten Information geworden sind.

Diese Sichtweise betrifft jedoch nur die von Anfang an allgemein bekannte Information. Anders verhält es sich, wenn eine anfangs nicht allgemein bekannte Information im Nachhinein mehreren Personen bekannt wird. Selbst wenn die in Frage kommende Information dem Gesprächspartner bereits bekannt ist oder dies zumindest vermutet werden kann, hat der Anwalt, wie jeder andere Berufsgeheimnisträger, weiterhin in absoluter Weise das *Secret Professionnel* zu wahren.[409] Dies gilt sogar dann, wenn die in Frage kommende Tatsache in ihrer Gesamtheit bekannt ist und der Anwalt nur noch einzelne Details offenbaren kann.[410] Eine Zusammenfassung der Motive, die die Chambre Criminelle der Cour de Cassation zu dieser strikten Rechtsprechung bewegt haben, findet sich in einem Urteil, in dem ein Anwalt im Zuge von Honorarstreitigkeiten bereits bekannte Hintergrundinformationen über seinen ehemaligen Mandanten offenbart hat:

„la connaissance par d'autres personnes, de faits couverts par le secret professionnel, n'est pas de nature à enlever à ces faits leur caractère confidentiel et secret".[411]

Festzuhalten ist daher, dass selbst dann, wenn eine Information nicht mehr vertraulich ist, sie immer noch eine durch das *Secret Professionnel* schützenswerte Information darstellt, weil es keine von Natur aus durch das *Secret Professionnel* schützenswerte Information gibt, sondern sie erst durch das An-

406 Pradel/Danti-Juan, aaO, Nr. 297; PY, aaO, S. 54.

407 Cass. crim. 15 septembre 1987, Bull. crim. 1987 Nr. 311.

408 Cass. crim 13 mars 1956, JCP 1956, II 9364; Conte, aaO, Nr. 337.

409 Cass. crim. 12 avril 1951, D. 1951, jurispr. 363; Cass. crim. 24 janvier 1957, D. 1957, jurispr. 298; Cass. crim. 8 février 1994, Gaz. Pal. 1994, somm., 298.

410 Cass. crim. 7 mars 1989, JCP 1989. IV 200.

411 Cass. crim. 16 mai 2000, Dr. pén. 2000, comm. Nr. 127.

vertrauen an den Anwalt diesen Status erhält.[412] Aus diesem Grund hat der Anwalt jegliche Information, egal ob teilweise oder gänzlich bekannt, vertraulich zu behandeln. Anders verhält es sich bei den oben angesprochenen, allgemein bekannten Informationen. Diese Informationen sind nicht nur einigen Personen, sondern einem großen Personenkreis bekannt, und entbehren aufgrund ihrer Verbreitung eines vertraulichen Charakters, der durch das *Secret Professionnel* geschützt werden müsste.

d) In seiner Eigenschaft als Rechtsanwalt erfahren

Wie bereits in dem vorangegangen Abschnitt angedeutet, muss der Anwalt die vertrauliche Information, die das *„secret"* darstellt, in Zusammenhang mit der Ausübung seiner beruflichen Tätigkeit erfahren haben. Diese Voraussetzung trägt dem Umstand Rechnung, dass die dem Art. 226-13 Code Pénal unterworfenen Geheimnisträger auch ein Privatleben haben, und somit unterschieden werden muss, ob der Privatmann oder der Berufsgeheimnisträger die Information bewahren soll.[413]

Aus diesem Grund unterfallen die Äußerungen einer sich in Scheidung ihrer Ehe befindlichen Frau gegenüber einem Anwalt nicht dem *Secret Professionnel*, wenn sie sich dem Anwalt nicht in seiner beruflichen Eigenschaft, sondern als Freund der Familie anvertraut hat.[414]

Erst wenn der Berufsgeheimnisträger die vertraulichen Informationen während seiner beruflichen Tätigkeit erfährt, unterfallen sie dem Schutz des Art. 226-13 Code Pénal. Wie oben bereits dargestellt, wird hierbei der Umfang der beruflichen Tätigkeit weit verstanden, so dass hiervon auch Tatsachen umfasst sind, die der Berufstätige aufgrund eigener Feststellungen und Schlussfolgerungen erlangt, zu denen ihm aber der Zugang ohne seine berufliche Tätigkeit verwehrt gewesen wäre.[415]

Gelangt der Berufsgeheimnisträger aber nur anlässlich seiner beruflichen Tätigkeit in den Besitz von vertraulichen Informationen, die nichts direkt mit seiner Tätigkeit zu tun haben, so unterfallen diese nicht dem *Secret Professionnel*. Diese für den Schutz durch das *Secret Professionnel* geforderte, direkte Verbindung mit der beruflichen Tätigkeit liegt nur dann vor, wenn sie im Zu-

412 Peltier, Jur. Clas. Code Pénal, Art. 226-13, 226-14, fasc. 20, Nr. 39.

413 Rassat, aaO, Nr. 428.

414 Cass. crim. 21 juin 1973, D. 1974, 16.

415 Pradel/Danti-Juan, aaO, Nr.294; Conte, aaO, Nr. 340; Peltier, Jur. Clas. Code Pénal, Art. 226-13, 226-14, fasc. 20, Nr. 35.

sammenhang mit der Beziehung zwischen Anwalt und Mandant, Arzt und Patient etc. steht.[416]

2. Art. 66-5 de la loi du 31 décembre 1971

Nach dem Wortlaut des Art. 66-5 des Gesetzes vom 31. Dezember 1971 wird durch das *Secret Professionnel* die gesamte Handakte geschützt, wodurch alle Beratungen, Briefwechsel, Gesprächsnotizen diesem Schutz unterfallen.

Diese sehr weite Fassung des Art. 66-5 des Gesetzes vom 31. Dezember 1971 geht auf Art. 4 des Gesetzes vom 7. April 1997 zurück.[417] Bedingt durch die Rechtsprechung der Chambre Criminelle der Cour de Cassation hatte der Gesetzgeber bei der Neufassung dieses Artikels das Bestreben, alle Dokumente dem Schutz des *Secret Professionnel* unterfallen zu lassen, egal, ob sie im Zusammenhang mit einer rechtsberatenden oder verteidigenden Tätigkeit des Anwalts stehen.[418] Demnach war es nicht Ziel des Wortlautes des veränderten Art. 66-5 des Gesetzes vom 31. Dezember 1971, die Natur des *Secret Professionnel* zu verändern, vielmehr sollte nur der Anwendungsbereich des *Secret Professionnel* so weit ausgedehnt werden, dass die Mandatsakte „unverletzbar" für eventuelle Beschlagnahmen würde.[419]

3. Art. 2.2 RIN

Durch Art. 2.2 RIN wird der Umfang des *Secret Professionnel* des Anwalts von berufsrechtlicher Seite bestimmt. Art. 2.2 RIN vermag als Norm des Berufsrechts nur die Anwälte, nicht jedoch die staatlichen Stellen zu binden.

---

416 Peltier, Jur. Clas. Code Pénal, Art. 226-13, 226-14, fasc. 20, Nr. 34, im Hinblick auf einen Arzt, diese Situation lässt sich jedoch auf einen Rechtsanwalt übertragen; PY, aaO, S. 57 f.

417 Gesetz Nr. 97-308 vom 7. April 1997 betreffend die Reform gewisser juristischer Berufe, JO 8 avril 1997, S. 5323.

418 Vgl. zur Intention des Formulierungsvorschlages in Bezug auf die Änderung des Art. 66-5 de la loi du 31 décembre 1971 die Äußerungen des Abgeordneten Xavier de Roux in der Sitzung der Assemblée Nationale am 19. Dezember 1996, JOAN 20 décembre 1996, 8603 f.; Uetwiller, Gaz. Pal. 4/5 novmbre 1998, 7 (8); vgl. hierzu auch die Rechtsprechung der Chambre Criminelle des Cour de Cassation und die damit zusammenhängenden Änderungen des Art. 66-5 des Gesetzes vom 31. Dezember 1971 in 3. Kap. B. I. 1. b) (1) und (2).

419 van den Moortel, Gaz. Pal. 4-6 mai 2003, doctr. 1359 (1360); ders., Gaz. Pal. 29 févr.-2 mars 2004, doctr. 719; Coulaud, Gaz. Pal. 22 janvier 1998, 136 (138); vgl. auch die Anmerkung des Senators Robert Badinter in der Sitzung des Senats vom 18. Februar 1997: „Il ne s'agit pas ici de redéfinir la nature du secret ni de savoir s'il a un caractère absolu ou un caractère relatif. Le texte de l'art. 4 ne vise que le domaine du secret professionnel", JO Sénat 19 février 1997, Nr. 13, S. 817.

Einleitend stellt Art. 2.2 RIN klar, dass vom Schutz des *Secret Professionnel* sowohl die verteidigende wie auch die beratende Tätigkeit des Anwalts erfasst wird. Von diesem umfassenden Schutz des *Secret Professionnel* werden nach Art. 2.2 RIN alle Besprechungen, die Korrespondenz, die Gesprächsnotizen, alle Teile der Mandatsakte, die vom Mandanten im Rahmen der anwaltlichen Tätigkeit anvertrauten Informationen, die Namen der Mandanten, der Terminplan des Anwalts, die Kassenführung nach Art. 27 Abs. 2 des Gesetzes vom 31. Dezember 1971 und von Dritten erbetene Informationen erfasst.

Die Hervorhebung des umfassenden Schutzes des *Secret Professionnel*, der nicht nur die verteidigende, sondern auch die beratende Tätigkeit des Anwalts erfasst, und die detaillierte Aufzählung der vom Schutz des *Secret Professionnel* umfassten Arbeitsmittel des Anwalts zeigen das Bemühen des berufsrechtlichen Normengebers, entgegen der Rechtsprechung der Chambre Criminelle, nicht nur die verteidigende Tätigkeit und die damit zusammenhängenden Arbeitsmittel, sondern auch die beratende Tätigkeit des Anwalts dem Schutz des *Secret Professionnel* unterfallen zu lassen. Von diesem Bestreben wurde auch der staatliche Gesetzgeber bei der Neufassung des Art. 66-5 des Gesetzes vom 31. Dezember 1971 geleitet,[420] woraus sich die teilweise identischen Formulierungen des Art. 2.2 RIN und des Art. 66-5 des Gesetzes vom 31. Dezember 1971 erklären lassen.

Zusätzlich stellt Art. 2.2 RIN in Bezug auf die Verkörperung der durch das *Secret Professionnel* geschützten Information klar, das jegliche Art der Verkörperung hiervon erfasst ist, sei es auf Papier, per Fax, als E-Mail etc. Diese Aufzählung hat jedoch nur klarstellende Funktion, denn aus der detaillierten Aufzählung in Art. 2.2 RIN lässt sich schlussfolgern, dass die Art der Verkörperung keinen Einfluss auf den Schutz der Information durch das *Secret Professionnel* hat.

Da eine ähnliche, nur weniger umfangreiche Aufzählung auch in Art. 66-5 des Gesetzes vom 31. Dezember 1971 enthalten ist, weicht aufgrund der Erwähnung der Verkörperungsarten der Informationen der Schutzumfang des in Art. 2.2 RIN beschriebenen *Secret Professionnel* nicht von dem in Art. 66-5 des Gesetzes vom 31. Dezember 1971 normierten Schutzumfang ab.

4. Zwischenergebnis

Im Hinblick auf die oben gemachten Ausführungen bleibt festzuhalten, dass der Umfang des *Secret Professionnel* von Seiten des staatlichen Gesetzgebers durch Art. 226-13 Code Pénal und Art. 66-5 des Gesetzes vom 31. Dezember 1971 und von Seiten des berufsrechtlichen Normengebers durch Art. 2.2 RIN festgelegt wird.

---

420 Vgl. hierzu 4. Kap. B. I. 2.

In Art. 226-13 Code Pénal wird die grundsätzliche Verpflichtung zur Achtung des *Secret Professionnel* für bestimmte Berufsgruppen festgelegt. Erst durch Art. 160 des Dekrets vom 27. November 1991 werden ausdrücklich die Anwälte zur Wahrung des *Secret Professionnel* verpflichtet, wobei der Umfang des anwaltlichen *Secret Professionnel* durch Art. 66-5 des Gesetzes vom 31. Dezember 1971 präzisiert wird.[421] Auf Seiten des Berufsrechts erläutert Art. 2.2 RIN den Umfang des von den Anwälten zu wahrenden *Secret Professionnel*, wobei dies deckungsgleich mit dem von Seiten des staatlichen Gesetzgebers in Art. 66-5 des Gesetzes vom 31. Dezember 1971 beschriebenen *Secret Professionnel* ist.

5. Dauer

In Bezug auf die Dauer, die der Rechtsanwalt gehalten ist, das *Secret Professionnel* zu wahren, führt Art. 2.1 RIN aus, dass das *Secret Professionnel* zeitlich unbegrenzt besteht. Somit hat der Anwalt das *Secret Professionnel* auch nach Mandatsende oder nach dem Tod des Mandanten zu wahren.[422] Aus diesem Grund hat die Cour d'Appel in Paris die Verbreitung eines Buches des Arztes von François Mitterand wegen Bruchs des *Secret Professionnel* verboten, in dem der Arzt den zum Tode Mitterands führenden Krankheitsverlauf beschrieben hatte, denn „... *la mort du malade ne délie pas le medecin du secret auquel il est tenue*".[423] Die Frage, ob ein Anwalt auch Jahrzehnte nach dem Tod seines Mandanten noch an sein *Secret Professionnel* gebunden ist oder ob zum Beispiel bei Personen der Zeitgeschichte das öffentliche Interesse nach Jahrzehnten der Wahrung des *Secret Professionnel* hinsichtlich bestimmter Informationen vorgeht, ist noch nicht problematisiert worden. Auch ein Gerichtsurteil, welches diese Frage zum Inhalt hat, ist noch nicht ergangen. Dies mag zum einen an dem bereits mehrfach angesprochenen Absolutheitsanspruch des *Secret Professionnel* der Anwälte liegen, zum anderen aber auch daran, dass Jahrzehnte nach dem Tod des Mandanten auch deren Anwalt bereits verstorben ist.

6. Andere Rechtsanwälte

Grundsätzlich muss der Anwalt das *Secret Professionnel* auch gegenüber anderen Rechtsanwälten wahren, auch wenn diese ebenfalls dem *Secret Professionnel* verpflichtet sind.[424] Andere Anwälte sind wie jede andere Person hinsicht-

---

421 Peltier, Jur. Clas. Code Pénal, Art. 226-13, 226-14, fasc. 30, Nr. 15.

422 Vgl. hierzu CA Paris 8 novembre 1971, Gaz. Pal. 2/3 février 1972, 24, in diesem Urteil erklärte das Gericht eine Erbin für unzuständig, die Vertraulichkeit der zwischen ihrem Vater und seinem Anwalt ausgetauschten Korrespondenz zu beseitigen.

423 CA Paris 13 mars 1996, JCP 1996. II 22632.

424 Damien/Ader, aaO, Nr. 35.24.

lich des anwaltlichen *Secret Professionnel* Dritte, so dass ein Anwalt auch gegenüber seinen Kollegen zur Achtung des *Secret Professionnel* verpflichtet ist.

a) Secret partagé

Sollten mehrere Anwälte, zum Beispiel in einer société civile professionnelle[425] oder aufgrund der Hinzuziehung eines externen Experten, gehalten sein, ein Mandat zu bearbeiten, so erfährt zwangsläufig ein Anwalt von dem anderen Einzelheiten des Mandats. Eine solche Verbreitung der durch das *Secret Professionnel* geschützten Informationen wird *„secret partagé"* genannt.[426] Im Unterschied zu der oben dargestellten Variante des Anvertrauens der geschützten Information an einen anderen Anwalt geschieht die Verbreitung der geschützten Information beim *„secret partagé"* im Rahmen einer beruflichen Zusammenarbeit. Der die Information an seinen Kollegen weitergebende Anwalt bleibt gegenüber dem Mandanten und der Allgemeinheit weiterhin zur Wahrung des *Secret Professionnel* verpflichtet. Die durch das Erfordernis der beruflichen Zusammenarbeit bedingte Weitergabe der geschützten Information führt dazu, dass der hinzugezogene Kollege mit in die Verpflichtung zur Wahrung des *Secret Professionnel* einbezogen wird. Demzufolge sind diese Anwälte, wie auch die hinzugezogenen Experten im Rahmen eines *„secret partagé"* mit in die Verpflichtung zur Wahrung des *Secret Professionnel* gegenüber allen außenstehenden Dritten einbezogen.[427]

Das Erfordernis der beruflichen Zusammenarbeit bedingt aber auch, dass jeweils nur die zur Zusammenarbeit erforderlichen Informationen ausgetauscht werden und nicht auch die Einzelheiten der vorangegangenen Mandate, die mit dem aktuellen Fall in keinem Zusammenhang stehen.[428] Das spärliche Schrifttum zum *„secret partagé"* enthält keinerlei hinweise darauf, dass der Anwalt seinen Mandanten um Erlaubnis bitten muss, um einen anderen Kollegen zu Rate zu ziehen.[429] Des weiteren führt das Erfordernis der beruflichen Zusammenarbeit dazu, dass ein *„secret partagé"* nicht mit dem Anwalt der Gegenseite e-

425 Abgekürzt SCP, bürgerlich-rechtliche Gesellschaft für Freiberufler, grundsätzlich zur SCP vgl. Art. 1 des Gesetzes vom 29. November 1966, betreffend die bürgerlichrechtliche Gesellschaft für Freiberufler, JO 30 novembre 1966, S. 10451, zur SCP von Anwälten vgl. Art. 7 und 8 des Gesetzes vom 31. Dezember 1971 betreffend die Reform bestimmter juristischer Berufe, JO 5 janvier 1972, S. 131 ff.

426 Peltier, Jur. Class. Code Pénal, fasc. 20, Nr. 31 für Arzt, Schlussfolgerungen aber auf Rechtsanwalt übertragbar; Conte, aaO, Nr. 337; Pradel/Danti-Juan, aaO, Nr. 317.

427 Peltier, Jur. Class. Code Pénal, fasc. 20, Nr. 31, 32; Conte, aaO, Nr. 337.

428 Vgl. Peltier, Jur. Class. Code Pénal, fasc. 20, Nr. 32, für den Arzt, Schlussfolgerungen aber auf den Anwalt übertragbar.

429 Vgl. Peltier, Jur. Class. Code Pénal, fasc. 20, Nr. 31, 32 ; Conte, aaO, Nr. 337 ; Pradel/Danti-Juan, aaO, Nr. 317.

xistieren kann, da beide Anwälte zwar an demselben Fall arbeiten, nicht jedoch auf derselben Seite agieren. Da keinerlei gesetzlich normierte Vorgaben für die Einbeziehung eines anderen Anwalts in das *„secret partagé"* existieren, ist nach den jeweiligen Umständen abzugrenzen, ob es sich um ein erlaubtes *„secret partagé"* oder um die unerlaubte Weitergabe von Informationen handelt.[430]

Im Entwurf zum neuen Code Pénal war das *„secret partagé"* erwähnt worden,[431] es wurde dann jedoch im Laufe der parlamentarischen Debatten aus dem Text des Art. 226-13 Code Pénal gestrichen, weil man den Begriff des *„secret partagé"* als noch für zu unbestimmt für einen Gesetzesbegriff ansah.[432]

b) Art. 2.3 RIN

Diese Ausdehnung des *Secret Professionnel* auf Personen, mit denen der Anwalt zusammenarbeitet, hält auch Art. 2.3 RIN fest, ohne hierbei von einem *„secret partagé"* zu sprechen. Im ersten Abschnitt dieses Artikels wird dem Anwalt die Verpflichtung auferlegt, darüber zu wachen, dass jede Person, mit der er zusammenarbeitet, das *Secret Professionnel* zu beachten hat. Sollte zum Beispiel ein hinzugezogener Experte das *Secret Professionnel* brechen, so wird hierfür der Rechtsanwalt verantwortlich gemacht. Da im Rahmen eines Disziplinarverfahrens der Verstoß des Anwalts gegen das Berufsrecht im Zusammenhang mit den äußeren Umständen gewertet wird, hat die Beachtung einer Sorgfaltspflicht durch den Anwalt entlastende Wirkung.[433] Sollte der Anwalt demnach nachweisen können, dass er alles in seiner Macht Stehende getan hat, um die Wahrung des *Secret Professionnel* durch die hinzugezogenen Kollegen oder Experten sicherzustellen, wird er disziplinarrechtlich nicht wegen eines Verstoßes gegen das *Secret Professionnel* bestraft werden.

Im zweiten Abschnitt wird durch Art. 2.3 RIN klargestellt, dass sich die Verpflichtung zur Wahrung des *Secret Professionnel* auf alle Formen der Assoziierung von Rechtsanwälten erstreckt, wovon auch die Bürogemeinschaft ausdrücklich erfasst wird. Demnach führt weder die Zusammenarbeit in einer Bürogemeinschaft noch in einer Anwaltsgesellschaft dazu, dass die dort gemeinsam arbeitenden Anwälte allein aufgrund dieser Assoziierung gegenseitig in das *Secret Professionnel* der Kollegen einbezogen werden. Diese Einbeziehung erfolgt vielmehr erst dann im Rahmen eines *„secret partagé"*, wenn zwei oder

---

430 Peltier, Jur. Class. Code Pénal, fasc. 20, Nr. 32.

431 Projet de nouveau Code Pénal, Art. 226-13: *„Toute personne qui,..., la révèle sciemment à une personne non qualifiée pour en partager le secret est punie..."*, Bandinter (Hrsg.), Projet de nouveau Code Pénal, S. 135.

432 Circulaire du 14 mai 1993, Livre II, Chapitre VI, Section 4. § 1., abgedruckt in Dalloz Code Pénal 1993-94, Nouveau Code Pénal, S. 1980 (2105); vgl. auch die Argumentation des Senators Charles Jolibois diesbezüglich in der Sitzung des Senates am 3. Oktober 1991, JO Sénat 4 octobre 1991, Nr. 59, S. 2642.

433 Damien/Ader, aaO, Nr. 81.07.

mehr Anwälte, die in einer Anwaltsgesellschaft wie der société civile professionnelle zusammenarbeiten, ein konkretes Mandat gemeinsam bearbeiten.[434]

Im Hinblick auf die zur Wahrung des *Secret Professionnel* erforderlichen Maßnahmen bei Mitgliedern einer Bürogemeinschaft wurde es als ungenügend angesehen, wenn sich zwei Anwälte dasselbe Arbeitszimmer teilen, auch wenn sie nicht zu derselben Zeit in diesem Zimmer sind, sondern die Belegung des Arbeitszimmers wöchentlich wechselt, da es sich nur um ein Zweitbüro handelt.[435] Durch diesen regelmäßigen Wechsel der Anwälte können die Mandanten ihren Anwalt nicht zweifelsfrei identifizieren, und aus diesem Grund Bedenken hinsichtlich der Wahrung des *Secret Professionnel* bekommen. Ein gemeinsames Wartezimmer und ein gemeinsames Sekretariat sind jedoch zulässig, weil diese nicht unmittelbar die anwaltliche Arbeitssphäre berühren.[436]

c) Art. 3.2 Convention Collective Nationale des Cabinets d'Avocats

Die Bedeutung des *Secret Professionnel* wird auch im ersten Abschnitt des Art. 3.2 der Convention Collective Nationale des Cabinets d'Avocats[437] deutlich, wonach die Verletzung des *Secret Professionnel* einen Kündigungsgrund darstellt.[438] Zugleich stellt aber Absatz 2 des Art. 3.2 der Convention Collective Nationale des Cabinets d'Avocats klar, dass das Arbeitsumfeld des angestellten Anwalts die Wahrung des *Secret Professionnel* ermöglichen muss.

7. Nichtanwaltliche Mitarbeiter

Bei der Zusammenarbeit in einem Anwaltsbüro oder einer Sozietät bleibt es nicht aus, dass auch die nichtanwaltlichen Mitarbeiter mit sensiblen, dem *Secret Professionnel* unterfallenden Informationen in Kontakt kommen. Mit nichtanwaltlichen Mitarbeitern sind die angestellten Mitarbeiter eines Anwalts gemeint, die selbst nicht Anwälte sind und keinem anderen freien Beruf, wie dem des Steuerberaters oder Wirtschaftsprüfers angehören.

Diese Mitarbeiter werden ebenfalls durch Art. 2.3 RIN der Verpflichtung zur Wahrung des *Secret Professionnel* unterworfen. Aufgrund des oben bereits angesprochenen Absatz 1 des Art. 2.3 RIN wird der Rechtsanwalt für die Verstöße seiner Mitarbeiter gegen das *Secret Professionnel* disziplinarrechtlich verantwortlich gemacht, wenn er nicht nachweisen kann, dass er seine nichtan-

---

434 Vgl. 4. Kap. B. I. 6. a).

435 CA Basse-Terre 19 janvier 2000, BICC 2000, Nr.519, § 994.

436 CA Basse-Terre 19 janvier 2000, BICC 2000, Nr.519, § 994.

437 Die convention collective nationale des cabinets d'avocats ist ein in ganz Frankreich geltender Tarifvertrag für die anwaltlichen Mitarbeiter von Anwaltsbüros, der auch arbeitsrechtliche Grundfragen regelt.

438 Convention collective nationale des cabinets d'avocats (avocats salariés) du 17 février 1995, IDCC 1850, Brochure JO Nr. 3078.

waltlichen Mitarbeiter sorgfältig auf ihre Verpflichtung zur Wahrung des *Secret Professionnel* hingewiesen hat.[439] Aus diesem Grund sollte der Anwalt die Einhaltung des *Secret Professionnel* gegenüber den Richtern, den anderen Anwälten, den Mandanten, den Behörden und sonstigen Dritten überwachen.[440]

Neben Art. 2.3 RIN, der die nichtanwaltlichen Mitglieder nur eingeschränkt betrifft, sind sie selbst durch Art. 11 der Convention Collective Nationale du Personnel des Cabinets d'Avocats verpflichtet, das *Secret Professionnel* zu achten.[441]

8. Réseaux pluridisciplinaires

Unter dem Begriff *Réseaux Pluridisciplinaires* wird die Zusammenarbeit verschiedener freier Berufe zusammengefasst, ohne dass diese Zusammenarbeit in einer gemeinsamen rechtlichen Struktur stattfindet.[442] Aufgrund des Fehlens einer Gesellschaftsform, die die interdisziplinäre Zusammenarbeit in einem gemeinsamen rechtlichen Rahmen ermöglicht, wird darauf ausgewichen, eine einzelne, eigenständige „Anwaltsgesellschaft" zu gründen, die mit einer anderen Gesellschaft, in der die anderen freien Berufe zusammengefasst sind, zusammenarbeitet. Diese „Anwaltsgesellschaften" sind nach Art. 67 Abs. 3 des Gesetzes vom 31. Dezember 1971 dazu verpflichtet, ihre Zugehörigkeit zu einem *Réseau Pluridisciplinaire* kenntlich zu machen.[443]

Weitergehende Regelungen bestehen jedoch nicht, weswegen es sich Art. 16 RIN zur Aufgabe gemacht hat, die Ausübung einer anwaltlichen Tätigkeit in einem *Réseau Pluridisciplinaire* zu regeln. Aufgrund der Erfahrungen der Vor-

---

439 S.o. 4. Kap. B. I. 6. b) wo diese Sorgfaltspflicht des Anwalts bereits im Zusammenhang mit seinen anwaltlichen Mitarbeitern erörtert wurde.

440 Damien/Ader, aaO, Nr. 35.23.

441 Convention collective nationale du personnel des cabinets d'avocats du 20 février 1979, IDCC 1000, Brochure JO Nr. 3078.

442 Zwar sehen die Art. 1 Abs. 3 und Art. 2 Abs. 2 des Gesetzes vom 29. November 1966, welches die Regelung der sociétes civiles professionnelles zum Inhalt hat, und Art. 1 Abs. 3 des Gesetzes vom 31. Dezember 1990, welches die Regelung der sociétes d'exercice libéral zum Inhalt hat, die gemeinsame Ausübung verschiedener freier Berufe in einer Gesellschaft vor, jedoch ist das hierzu erforderliche Dekret nicht erlassen worden, da die Widerstände gegen diese verfestigte Form der interprofessionnellen Zusammenarbeit bislang zu groß waren, vgl. Monéger/Demeester, aaO, Nr. 6.11, S. 150; Pontier, note zu Conseil d'Etat 17 novembre 2004, AJDA 2005, Nr. 6, 320 (322).

443 Nach dem Bericht des Abgeordneten Henri Nallet von 1999 waren zum Beispiel die Rechtsanwälte der Wirtschafts- und Steuerberatungsgesellschaft Price Waterhouse Coopers in einer sociéte d'exercise libéral à forme anonyme (SELAFA) zusammengefasst, vgl. Nallet, Les réseaux pluridisciplinaires et les professions du droit, rapport au Premier ministre, Rapports officiels 1999, S. 34.

gängernormen in Art. 16 RIH[444] und Art. 16 RIU[445] ist die Definition des dem Anwalt zugängigen *Réseau Pluridisciplinaire* in Art. 16.1 RIN sehr großzügig gefasst und auch die anderen Unterartikel sind nicht mehr so restriktiv wie ihre Vorgängernormen im RIH oder RIU.

Das mittlerweile geltende RIN definiert in Art. 16.1 RIN die einem Anwalt zugänglichen *Réseaux Pluridisciplinaires* ebenfalls großzügig, stellt aber ausdrücklich fest, dass diese interprofessionelle Zusammenarbeit nicht in einer gemeinsamen Gesellschaft stattfinden darf, weil dies durch das geltende französische Recht verboten ist. Diese Definition eines *Réseau Pluridisciplinaire* lässt sich in keinem anderen Gesetzestext finden, was nicht zuletzt auf die oben bereits angesprochene Regelungsarmut in diesem Bereich zurückzuführen ist.[446] Art. 16.2 RIN erinnert daran, dass auch bei der Arbeit in einem *Réseau Pluridisciplinaire* die Grundsätze der anwaltlichen Tätigkeit, wie zum Beispiel die Unabhängigkeit zu achten sind, und dass der Anwalt sich daher aus einem *Réseau Pluridisciplinaire* zurückziehen muss, wenn diese Prinzipien bedroht sind. Zu diesen Regeln zählt natürlich auch die Pflicht zur Wahrung des *Secret Professionnel*, aber um dieser Verpflichtung einen besonderen Schutz bei einer anwaltlichen Tätigkeit in einem *Réseau* zukommen zu lassen, müssen die dem *Réseau* angehörigen Anwälte bei Nachfrage des *Bâtonnier* ihrer Anwaltskammer nachweisen, dass die Organisation des *Réseau* der Wahrung des *Secret Professionnel* Rechnung trägt. Hinsichtlich der Wahrung des *Secret Professionnel* durch einen Anwalt werden in einem *Réseau Pluridisciplinaire* keine höheren oder geringeren Anforderungen gestellt als in jeder anderen Form von assoziierter Zusammenarbeit. Demnach muss ein Anwalt das *Secret Professionnel* auch gegenüber seinen anwaltlichen und nichtanwaltlichen Kollegen im *Réseau* wahren. Allerdings besteht, wie bereits weiter oben dargestellt,[447] im Rahmen eines „*secret partagé*" die Möglichkeit, einen Kollegen zur Bearbeitung eines Mandates hinzuzuziehen, ohne gegen die Verpflichtung zur Wahrung des *Secret Pro-*

444 Annullierung der Art. 16.4 und 16.5 RIH durch den Cour de Cassation, Cass. 1re civ. 21 janvier 2003, D. 2003, 855, nachdem mehrere Anwälte gegen einzelne Unterartikel des Art. 16 RIH vorgegangen waren, vgl. CA Dijon 6 juin 2000, JCP 2000, II 10364, note Martin; CA Bordeaux 3 octobre 2000, Gaz. Pal. 8 novembre 2000, 2352; CA Lyon 13 novembre 2000, Gaz. Pal 21/22 janvier 2001, 39; CA Versailles 24 janvier 2001, Gaz. Pal. 21/22 février 2001, 43; CA Paris 31 janvier 2001, Gaz. Pal. 21/22 janvier 2001, 32.

445 Annullierung des gesamten Art. 16 RIU durch den Conseil d'Etat, weil der Conseil national des Barreaux durch eine Bestimmung, die Anwälten verbot an einem *Réseau Pluridisciplinaire* beteiligt zu sein, in dem auch ein Angehöriger eines Berufes mit kaufmännischen Charakters Mitglied ist, seine Regelungsgewalt überschritten hat. Conseil d'Etat, 17 novembre 2004, AJDA 2005, Nr.6, 319.

446 Règlement Intérieur National de la profession d'avocat, textes et commentaires, S. 60.

447 S.o. 4. Kap. B. I. 6. a).

fessionnel zu verstoßen. Dies gilt zunächst nur für die Zusammenarbeit von Anwälten.

Sinn und Zweck eines *Réseau* ist es, die Kompetenzen verschiedener freier Berufe, wie dem der Wirtschaftsprüfer, Steuerberater und Anwälte, unter einem Dach zusammenzufassen. Um diese Synergieeffekte nutzen zu können, muss es den Anwälten auch in ihren ausgelagerten Anwaltsgesellschaften möglich sein, punktuell zur Bearbeitung eines Mandats mit den zum *Réseau* gehörenden Wirtschaftsprüfern und Steuerberatern zusammenzuarbeiten. Die Regelung dieser Zusammenarbeit im Hinblick auf die Anforderungen zur Wahrung des *Secret Professionnel* hat Art. 18.5 RIN zum Inhalt. In Absatz 1 wird festgehalten, dass die Zusammenarbeit mit den Angehörigen anderer Berufe nicht die Wahrung des *Secret Professionnel* beeinträchtigen darf, und selbst wenn eine vertrauliche Information mehreren, der Wahrung des *Secret Professionnel* verpflichteten Personen bekannt ist, führt dies nach Absatz zwei nicht zu einer Befreiung vom der Verpflichtung zur Wahrung des *Secret Professionnel* gegenüber Dritten. Um den Umfang der ausgetauschten Informationen möglichst klein zu halten, dürfen nur die zur Erfüllung des Auftrages notwendigen Informationen nach Art. 18.5 Abs. 3 RIN ausgetauscht werden. Sollte dieser vertrauliche Austausch allerdings die Bearbeitung des Auftrages beeinträchtigen, so kann der Anwalt gem. Art. 18.5 Abs. 4 RIN die Fortführung der Auftragsbearbeitung beenden, wenn er zuvor seinen Mandanten darüber informiert hat. Die in Art. 18.5 RIN aufgestellten Anforderungen an eine interprofessionelle Zusammenarbeit beschreiben die weiter oben dargestellte Form der Einbeziehung in das *Secret Professionnel* in Gestalt des „*secret partagé*". Da sich auch der staatliche Gesetzgeber nicht überwinden konnte, bei der Neufassung des Code Pénal das *secret partagé* in den Normtext des Art. 226-13 Code Pénal aufzunehmen, weil man diesen Begriff als noch für zu unbestimmt für einen Gesetzesbegriff ansah,[448] spricht die Nichtbezeichnung als *secret partagé* in Art. 18.5 RIN nicht gegen diese Schlussfolgerung. Somit ist ein „*secret partagé*" nicht nur zwischen Anwälten untereinander, sondern auch zwischen Anwälten und Angehörigen anderer freier Berufe möglich.

9. Bâtonnier

In keiner Norm wird von der Verpflichtung jeden Anwalts, das *Secret Professionnel* zu wahren, eine Ausnahme für seine Beziehung zum *Bâtonnier* gemacht. Daraus folgt, dass auch der *Bâtonnier* in Bezug auf das *Secret Professionnel* Dritter für den Anwalt bleibt, und er auch ihm gegenüber keine Einzelheiten des Mandats offenbaren darf.[449]

---

448 S.o. 4. Kap. B. I. 6. a).

449 Damien/Ader, aaO, Nr. 35.24.

Von diesem Grundsatz wird jedoch dann eine Ausnahme gemacht, wenn der *Bâtonnier* im Rahmen seiner streitschlichtenden oder rechtsprechenden Funktion tätig wird.

a) Streitschlichtende Funktion des *Bâtonnier*

Sollte es zu Streitigkeiten zwischen Anwälten, zwischen Anwälten und Richtern oder zwischen Anwälten und Mandanten kommen, ist es gem. Art. 21 des Gesetzes vom 31. Dezember 1971 Aufgabe des *Bâtonnier*, diesen Streit zu schlichten. Hierfür ist es notwendig, dass er die Details des Streites erfährt, wodurch zwangsläufig das *Secret Professionnel* verletzt wird.

Sofern es sich um einen Streit zwischen Anwälten handelt, kann das Règlement Intérieur festlegen, dass der Streit dem *Bâtonnier* oder einem seiner Vertreter vorgelegt werden muss.[450] Sollte es auch diesen nicht gelingen, die zerstrittenen Kollegen zu versöhnen, kann das Règlement Intérieur auch vorsehen, dass der Streit durch einen Schiedsspruch des *Bâtonnier* geschlichtet wird.[451]

b) Rechtsprechende Funktion

Der *Bâtonnier* ist jedoch nicht nur streitschlichtend oder als Schiedsinstanz tätig, vielmehr übt er auch eine rechtsprechende Funktion aus. Sollte es sich bei den Streitigkeiten zwischen Anwalt und Mandant um eine Frage des Honorars handeln, so ist es nach Art. 174 ff. des Dekrets vom 27. November 1991 Aufgabe des *Bâtonniers*, über diese Streitigkeit zu entscheiden. Die Übertragung dieser rechtsprechenden Funktion an den *Bâtonnier* rührt aus der Sorge her, dass das *Secret Professionnel* verletzt werden könnte, wenn diese Streitigkeit vor einem ordentlichen Gericht verhandelt werden würde.[452] Wie bereits zuvor im Rahmen der streitschlichtenden Funktion des *Bâtonnier* erörtert, müssen auch hierbei dem *Bâtonnier* dem *Secret Professionnel* unterfallende Informationen mitgeteilt werden. Das Offenbaren dieser sensiblen Informationen gegenüber dem *Bâtonnier* erscheint jedoch gegenüber einer öffentlichen Verhandlung vor Gericht vorzugswürdig, weil die Informationen im Bereich der Selbstverwaltungskörperschaft der Anwälte verbleiben.

Gem. Art. 175 ff. des Dekrets vom 27. November 1991 muss der *Bâtonnier* innerhalb von drei Monaten zu einer Entscheidung gelangen, wobei er zuvor beide Seiten gehört haben muss. Gegen seine Entscheidung ist gem. Art. 176 ff. des Dekrets vom 27. November 1991 Berufung beim ersten Präsidenten der Cour d'Appel möglich.

---

450 Damien/Ader, aaO, Nr. 24.82.

451 Damien/Ader, aaO, Nr. 24.82.

452 Damien/Ader, aaO, Nr. 24.102.

10. Finanzamt

Erhebliche Eingriffe in das *Secret Professionnel* erfolgen durch die Informationsbedürfnisse der Finanzverwaltung. Zur Besteuerung von Gewinnen aus nichtgewerblicher Tätigkeit sieht die Finanzgesetzgebung zwei Möglichkeiten vor. Bei jährlichen Einkünften unter 27.000 € ohne Steuern besteht gem. Art. 102 ter Code Général des Impôts die Möglichkeit, die Steuerlast mittels eines pauschalisierten Verfahrens durch das Finanzamt festlegen zu lassen. Sofern die jährlichen Einkünfte über 27.000 € liegen oder sofern dies der Anwalt wünscht, kann gem. Art. 96 I Code Général des Impôts eine kontrollierte Mitteilung an das Finanzamt gemacht werden, in der alle Ein- und Ausgaben aufgelistet sein müssen.

Gem. Art. 98 Abs. 1 und Art. 102 ter Nr. 4 des Code Général des Impôts hat die Finanzverwaltung das Recht, von dem betroffenen Steuerpflichtigen jegliche Information zu fordern, die geeignet ist, die Genauigkeit seiner Angaben nachzuprüfen. Dies gilt insbesondere für alle Unterlagen, die es erlauben, die Wichtigkeit des Mandantenkreises nachzuvollziehen. Aus diesem Grund sind die Anwälte gem. Art. 99 und Art. 102 ter Nr. 4 Code Général des Impôts gehalten, die Bücher so zu führen, dass sie die Einzelheiten der Tageseinnahmen dahingehend enthalten, ob es sich um Honorare oder Vorauszahlungen handelt. Wie bereits oben angesprochen, müssen in der Buchführung die Namen der Mandanten enthalten sein, allerdings sind Angaben zu Einzelheiten des Mandats nicht erforderlich.

Doch bereits durch das Aufführen der Namen der Mandanten verstößt der Anwalt gegen seine Verpflichtung zur Achtung des *Secret Professionnel*. Dieses sehend hat der Conseil d'État bereits 1982 geurteilt, dass die der Wahrung des *Secret Professionnel* verpflichteten Berufe nicht durch ein Dekret genötigt werden dürfen, die Namen ihrer Mandanten in die Buchführungsunterlagen, noch in andere Unterlagen, auf die die Finanzverwaltung Zugriff hat, einzutragen.[453] Zwar brandmarkte dieses Urteil den Verstoß gegen die Verpflichtung zur Wahrung des *Secret Professionnel*, sein Hauptaugenmerk lag jedoch darauf, dass die Anweisung zur Eintragung der Namen der Mandanten in einem Dekret enthalten war. Die in Art. 99 und Art. 102 ter Nr. 4 Code Général des Impôts enthaltene Verpflichtung zur Eintragung der Namen der Mandanten beruht auf einem Gesetz und begegnet somit gem. Art. 226-14 Abs. 1 Code Pénal keinen Bedenken. Dennoch liegt ein, wenn auch gesetzlich legitimierter, Verstoß gegen die Verpflichtung zur Wahrung des *Secret Professionnel* durch die Anwälte vor.[454]

---

453 Conseil d'État, 12 mars 1982, JCP 1982, II 19857.

454 Vgl. Damien/Ader, aaO, Nr. 35.71 f., 58.61.

11. Caisse des Règlements Pécuniares des Avocats

Die *Caisse des Règlements Pécuniares des Avocats* wurde gegründet, um die Kassenführung der Anwälte zu kontrollieren.[455] Die CARPA, die der sie jeweils gründenden Anwaltskammer zugeordnet ist, ist ein bei der zuständigen Präfektur angemeldeter Verein mit beschränkter Rechtsfähigkeit (*association déclarée*),[456] allerdings bleiben die sie gründenden Anwaltskammern in vollem Umfang für sie verantwortlich.[457] Jede Anwaltskammer ist verpflichtet, eine solche Kasse zu unterhalten, wobei diese auch im Verbund mit mehreren Anwaltskammern gegründet werden kann.[458] Jeder Anwalt muss die Gelder, die er von seinem Mandanten oder auf dessen Rechnung empfängt, auf sein Konto bei der CARPA einzahlen, weswegen für jeden Mandanten ein Unterkonto angelegt wird.[459].

Die Arbeit der CARPA selbst wird auf zwei Wegen kontrolliert. Der Vorstand jeder Anwaltskammer ernennt für die ihrer Verantwortung unterstehende Kasse gem. Art. 241-2 des Dekrets vom 27. November 1991 einen Rechnungsprüfer. Dieser für die Dauer von sechs Jahren ernannte Rechnungsprüfer besitzt Ermittlungsbefugnisse und verfasst jedes Jahr einen Bericht über die Einhaltung der Verpflichtungen der Anwälte gegenüber der CARPA. Der Bericht wird von ihm an den *Bâtonnier* und den Generalstaatsanwalt am Kassationshof weitergeleitet.[460]

Einen zweite Kontrollinstanz stellt die gem. Art. 241-3 des Dekrets vom 27. November 1991 gegründete Kontrollkommission dar, die ebenfalls den Bericht des Rechnungsprüfers erhält. Darüber hinaus verfügt sie aber zusätzlich über die Befugnisse, jederzeit ihre Meinung oder Empfehlungen gegenüber der CARPA abzugeben, nach Art. 241-4 des Dekrets vom 27. November 1991 interne Prüfer zu ernennen und im Falle fortgesetzter Verfehlungen, Schutzmaßnahmen nach Art. 241-6 des Dekrets vom 27. November 1991 zu erlassen.

Durch das Anlegen der einzelnen Unterkonten auf die Namen der Mandanten erfährt die CARPA die Namen der Mandanten und den durch die Zahlungsein- und -ausgänge dokumentierten Umfang der Mandate. Durch diese Art der Kontoführung wird gegen die Verpflichtung des Anwalts zur Wahrung des *Secret Professionnel* verstoßen. Da es sich bei der CARPA um eine Einrichtung der Anwaltskammer handelt und dieses sensible Wissen zumindest auch innerhalb

---

455 Im folgenden mit CARPA abgekürzt; die CARPA ist in Art. 53-9° des Gesetzes vom 31. Dezember 1991 und in Art. 236 bis 244 des Dekrets vom 27. November 1991 vorgesehen.

456 Vgl. Art. 237 des Dekrets vom 27. November 1991.

457 Taisne, La déontologie de l'avocat, S. 26 ; Damien/Ader, aaO, Nr. 62.12.

458 Vgl. Art. 27 und 53-9° des Gesetzes vom 31. Dezember 1971.

459 Vgl. Art. 240 und 240-1 des Dekrets vom 27. November 1991.

460 Vgl. Art. 241-2 des Dekrets vom 27. November 1991.

der ersten Kontrollinstanz bei der CARPA und somit im Bereich der Selbstverwaltung verbleibt, wird hieran aber keine Kritik geäußert.

II. Die Confidentialité des Correspondances

Um bei einer Verhandlung über die außergerichtliche Beilegung eines Streits das Risiko auszuschließen, im Falle eines Scheiterns mit den der Gegenseite gemachten Angeboten vor Gericht konfrontiert zu werden, wird die Korrespondenz zwischen den Anwälten nach traditioneller Auffassung der französischen Anwaltskammern als vertraulich angesehen.[461] Diese vertrauliche Behandlung der zwischen den Anwälten ausgetauschten Korrespondenz ist ungewohnt für einen deutschen Rechtsanwalt, der es gewohnt ist, seinen Mandanten über den Schriftverkehr mit dem gegnerischen Anwalt zu informieren. In Frankreich hingegen ist der Anwalt durch die *Confidentialité des Correspondances* verpflichtet, die mit dem gegnerischen Anwalt ausgetauschte Korrespondenz vertraulich zu behandeln und sie weder seinem Mandanten noch einem anderen Dritten zugänglich zu machen.

Durch Art. 4 des Gesetztes vom 7. April 1997, das die Reform gewisser juristischer Berufe zum Inhalt hat, wurde der Bruch dieser, bis dahin internen Regelung der Anwaltskammern, durch Einfügung in Art. 66-5 des Gesetzes vom 31. Dezember 1971 unter die Strafandrohung des Art. 226-13 Code Pénal gestellt.[462] Neben dieser gesetzlichen Regelung unterwirft Art. 3 RIN weiterhin auf berufsrechtlicher Seite die Korrespondenz der Anwälte der Vertraulichkeit.

1. Rechtslage bis zum 7. April 1997

Bis zur angesprochenen Änderung des Art. 66-5 des Gesetzes vom 31. Dezember 1971 war die Vertraulichkeit der Korrespondenz, die unter Anwälten verschiedener Seiten ausgetauscht wurde, nur eine in den Regeln der verschiedenen französischen Anwaltskammern enthaltene Berufsregel, die den Richtern nicht verbot, zur Begründung ihres Urteils von einem vertraulichen Dokument Gebrauch zu machen.[463] Sie war weder im Gesetz vom 31. Dezember 1971, welches durch das Gesetz vom 31. Dezember 1991 erheblich verändert wurde,[464] noch im Dekret vom 27. November 1991 enthalten.[465]

---

461 Vgl. Payen/Duveau, aaO, Nr. 423; Mollet, aaO, 152 f ; Taisne, aaO, 129; Damien/Ader, aaO, Nr. 36.51; Landry, Gaz. Pal. 5 mars 1998, 290, (291).

462 Gesetz Nr. 97-308 vom 7. April 1997 betreffend die Reform gewisser juristischer Berufe, JO 8 avril 1997, S. 5323.

463 Martin, JCP 1994. II 3787, 402; Cottereau, Dr. et Patr. 2000, Nr. 87, 36 (39).

464 Gesetz Nr. 90-1258 vom 31. Dezember 1990 betreffend die Reform gewisser juristischer Berufe,, JO 5 janvier 1991, S. 215.

465 Dekret Nr. 91-1197 vom 27. November 1991 betreffend die Organisation des Anwaltsberufes, JO 28 novembre 1991, S. 15502.

a) Règlement intérieur du Barreau de Paris

Ein Beispiel für die bis dahin geltende Regelung der *Confidentialité des Correspondances* gibt das Règlement Intérieur der Anwaltskammer von Paris. In ihrem Règlement Intérieur von 1994 waren nach Art. 5-8-1 alle mündlichen Kontakte zwischen den Anwälten von Natur aus vertraulich und niemand konnte sie verwenden.[466] Auch jegliche schriftliche Korrespondenz zwischen den Anwälten war nach Art. 5-8-2 des Règlement Intérieur vertraulich und konnte daher nicht verwendet werden, es sei denn sie war von ihrem Urheber als *„officielle"* oder *„non confidentielle"* gekennzeichnet worden.[467] In diesem Fall lag es im Ermessen des Empfängers, wie er mit der Korrespondenz verfuhr, was eine eventuelle Benutzung vor Gericht einschloss. Die Regelungen der *Confidentialité de Correspondances* erstreckten sich auch auf die Dokumente, auf die in der Korrespondenz Bezug genommen wurde oder die der Korrespondenz beigefügt waren.[468] Damit die durch die Regelungen der *Confidentialité des Correspondances* geschützte Korrespondenz nicht durch den Mandanten oder einen anderen Dritten, der nicht der *Confidentialité* verpflichtet war, vor Gericht präsentiert werden konnte, war es dem Anwalt verboten, seinem Mandanten und jedem Dritten eine Kopie der Korrespondenz auszuhändigen.[469]

b) Rechtsprechung

Da kein Strafgesetz die Präsentation von Dokumenten verbat, die unter die oben aufgeführten Regelungen der *Confidentialité* fielen, konnte ein Anwalt versucht sein, entgegen den Regelungen der *Confidentialité des Correspondances* die mit dem gegnerischen Anwalt ausgetauschte Korrespondenz vor Gericht zu prä-

---

466 **Art. 5-8-1du réglement intérieur du Barreau de Paris von 1994**, abgedruckt in Règlement intérieur et textes applicables à la profession d'avocat, 7 (80 ff.):
Les communications verbales entre avocats sont confidentielles par nature et nul ne peut on faire état.

467 **Art. 5-8-2 règlement intérieur du Barreau de Paris:**
Toute correspondance entre avocats est confidentielle, cette confidentialité interdisant toute divulgation par le destinataire et toute utilisation par quiconque. Dans le cas où une correspondance entre avocats est qualifiée par son auteur "officielle" ou "non confidentielle", elle peut être utilisée librement, y compris en justice.
Aucune correspondance non confidentielle ne peut faire référence à une correspondance confidentielle.

468 **Art. 5-8-5 règlement intérieur du Barreau de Paris:**
La règle de confidentialité s'applique à la correspondance ainsi qu'aux documents visé dans la correspondance et joints à celle-ci.

469 **Art. 5-8-5 règlement intérieur du Barreau de Paris:**
L'avocat, lorsqu'il envoie à un confrère ou reçoit de lui une correspondance confidentielle, violerait ses obligations s'il en remettait copie à son client ou à un tiers.

sentieren.[470] Dieser Verstoß gegen die anwaltliche Standesregelung der *Confidentialité* konnte für seinen Mandanten zum Vorteil gereichen, wenn er die Korrespondenz über eine zunächst zustandegekommene Einigung, die dann aber von der Gegenseite geleugnet wurde, dem Gericht als Beweismittel präsentieren konnte.

Die Rechtsprechung hat in Bezug auf die Verwertbarkeit eines solchen Briefwechsels, der entgegen den Regelungen der *Confidentialité* vor Gericht präsentiert wurde, strikt zwischen dem Standesrecht der Anwälte und dem Beweismittelrecht getrennt.[471]

Dieser Trennung folgend, stellten die bloß im Standesrecht der Anwälte enthaltenen Regelungen über die *Confidentialité des Correspondances* keinen Hindernisgrund für das Gericht dar, die Vorlage eines Briefwechsels der beteiligten Anwälte zu erlauben, und diesen dann als Beweismittel zuzulassen. Aufgrund dieser Betrachtungsfreiheit bildete sich die Gerichtspraxis aus, einen Briefwechsel als Beweismittel zuzulassen, wenn er eine zu einem Prozessende führende, endgültige Einigung enthielt. [472] Aufgrund des erheblichen Einflusses eines solchen Beweismittels auf den Prozessausgang erforschten die Gerichte die Korrespondenz sehr genau. Enthielt die Korrespondenz keine Einigung der am Rechtsstreit beteiligten Parteien, konnte sie demnach auch nicht vor Gericht vorgelegt werden.[473]

Von Seiten der Anwaltskammer wurde in den Fällen, in denen es um die Präsentation einer Korrespondenz ging, die eine Einigung enthüllen sollte, meistens die Vertraulichkeit durch den *Bâtonnier* aufgehoben.[474] Diese Möglichkeit der Aufhebung der Vertraulichkeit durch den *Bâtonnier* war vor 1997 gängige Praxis und richtete sich nach dem jeweiligen Règlement Intérieur der einzelnen Anwaltskammern, allerdings wurde dieses Recht des *Batonnier* wegen seiner Willkürlichkeit kritisiert.[475] Aufgrund der oben bereits angeführten Trennung des Standesrechts der Anwälte vom Beweismittelrecht hatte die Auf-

470 Dies konnte mit Disziplinarstrafe geahndet werden, vgl. Cass. civ. 14 juin 1957, D. 1957, 557.

471 Vgl. CA Toulouse 15 décembre 1993, D. 1995, somm. 167; Landry, Gaz. Pal. 5 mars 1998, 290 (291).

472 Vgl. Cass. com. 15 nov. 1994, JCP 1995. IV, 133: „*La correspondance échangée entre les avocats et conseils juridiques ne peut être produite en justice qu'autant qu'elle révèle un accord conclu au nom des clients qu'ils représentent.*" ; vgl. auch Cass. soc. 24 avril 1985, D.1987, somm. 68, note Brunois ; Cass. 1re civ. 22 mars 1988, JCP 1988. IV, 202 ; CA Douai, 15 juin 1956, D. 1957, 97.

473 CA Dijon, 10 février 1972, JCP 1972, II 17256, note Lemoine; CA Reims 3 juillet 1975, D. 1976, somm., 53; CA Aix-en-Provence 18 décembre 1991, D. 1994, somm. 134.

474 Martin, JCP 1994, I 3787, 402 (403); Damien/Ader, aaO, Nr. 36.54.

475 Damien/Ader, aaO, Nr. 36.54; Cottereau, Dr. et Patr. 2000, Nr. 87, 36 (39); Martin, JCP 1998, I 108, 227; ders. JCP 1994, I 3787, 402 (403).

hebung der Vertraulichkeit durch den *Bâtonnier* jedoch keine Indizwirkung für das Gericht.[476] Allerdings ist festzuhalten, dass beide Seiten auf verschiedene Weise zu einer Verwertbarkeit der eine Einigung enthaltenden Korrespondenz kamen, wenn auch ihre Ansätze völlig unterschiedlich waren.[477]

Da es dem Gericht oblag, festzustellen, ob der Schriftwechsel zwischen zwei Anwälten eine endgültige Einigung enthielt und somit als Beweismittel zugelassen werden konnte, ging jeder Zulassung eine eingehende Prüfung des Schriftwechsels voraus. Die Prüfungskompetenz des Gerichts ausnutzend waren Anwälte versucht, dem Gericht den Inhalt eines von der Gegenseite nicht angenommen Angebots zu offenbaren, damit das Gericht dies als Minimum dessen, was es dem Mandanten gewähren wollte, in seinen Urteilsspruch miteinbeziehen konnte.[478] Zwar wusste ein so handelnder Anwalt, dass das Gericht ein solches Schriftstück mangels entgültiger Einigung nicht als Beweismittel zulassen würde, auf der anderen Seite hatte das Gericht aufgrund der Prüfung Kenntnis vom Inhalt des Schriftwechsels erhalten. Hätte der Anwalt sich an die Regelungen der *Confidentialité des Correspondances* gehalten, hätte er dem Gericht den Schriftwechsel nicht zugänglich machen dürfen, mit der Folge, dass dem Gericht das abgelehnte Angebot unbekannt geblieben wäre. Durch Ausnutzung der Prüfungskompetenz hat der Anwalt das Gericht über das abgelehnte Angebot informiert, so dass zumindest die Möglichkeit bestand, dass das Gericht dieses Wissen in seinem Urteil verwendet, auch wenn der Schriftwechsel kein zugelassenes Beweismittel darstellt. In diesen Fällen hatte der Anwalt für seinen Mandanten einen Vorteil herausgearbeitet, den er aufgrund des Verstoßes gegen die Regelungen der *Confidentialité* mit einer Disziplinarstrafe bezahlen musste.

Festzuhalten ist jedoch, dass die Cour de Cassation sich weigerte, die *Confidentialité des Correspondances* dem Schutz des *Secret Professionnel* unterfallen zu lassen und die Nichtzulassung der zwischen den Anwälten ausgetauschten Korrespondenz auf diesen Umstand zu gründen.[479]

2. Rechtslage nach dem 7. April 1997 und die Einführung des Règlement Intérieur Harmonisé

Wie oben bereits angesprochen, wurde durch das Gesetz vom 7. April 1997 der Art. 66-5 des Gesetzes vom 31. Dezember 1971 dahingehend geändert, dass auch die Regelungen der *Confidentialité des Correspondances* den Schutz des *Secret Professionnel* genießen.

---

476 CA Toulouse 15 décembre 1993, D. 1995, somm. 167.

477 Martin, JCP 1994. II 3787, 402 (403).

478 Martin, JCP 1994. II 3787, 402 (403).

479 Cass. civ. 22 mars 1988, JCP. 1988 IV, 202; Cass. civ. 28 mai 1988, Bull. civ. 1988, Nr. 90; Martin, JCP 1994. II 3787, 402 (403); Coulaud, Gaz. Pal. 22 janvier 1998, 136 f.

Ebenfalls 1997 beginnt der Conseil National des Barreaux nach langer Vorarbeit, die Vereinheitlichung der Regelungen der verschiedenen französischen Anwaltskammern voranzutreiben. Diese Bemühungen führen 1999 zur Verabschiedung des Règlement Intérieur Harmonisé.[480]

Nachdem in Art. 3.1 RIH erklärt wird, dass sowohl der schriftliche wie auch der mündliche Austausch zwischen den Anwälten dem Schutz durch das *Secret Professionnel* unterfällt, werden hiervon bereits in Art. 3.2 RIH Ausnahmen gemacht.[481] Diese in Art. 3.2 RIH enthaltenen Ausnahmen widersprachen der gesetzlichen Regelung des *Secret Professionnel* in Art. 66-5 des Gesetzes vom 31. Dezember 1971, der in seiner damaligen Fassung keine Ausnahme vom Schutz des *Secret Professionnel* für einzelne Teile der ausgetauschten Korrespondenz kannte.[482] Aus Sicht der Berufsregeln des RIH waren diese Ausnahmen zulässig, was nicht zuletzt die oben dargestellte, bisherige Handhabung der Regelungen der *Confidentialité* beweist, doch vor einem strikten Verständnis des gesetzlich geregelten *Secret Professionnel*, welches in dieser Hinsicht keine Ausnahme kennt, sind sie unzulässig.[483]

---

480 Décision à caractère normatif Nr. 1999 – 001 du Conseil national des barreaux auf Grundlage des Art. 17-10° de la loi du 31 décembre 1971 und des Art. 12 du règlement intérieur du Conseil national des barreaux, folgend mit RIH abgekürzt; Text veröffentlicht durch den Conseil national des barreaux 1999 und abgedruckt in Dalloz, Code de procédure civile 2004 im Anhang unter „Avocat".

481 **Art. 3.1 RIH – Principes**
Tous échanges écrits et verbaux entre avocats sont couverts par le secret professionnel et sont par nature confidentiels.
Les correspondances entre avocats, quel qu'en soit le support, ne peuvent en aucun cas être saisies ou produites en justice, ni faire l'objet d'une levée de confidentialité.
Art. 3.2 RIH– Exceptions
Ne sont pas couverts par le secret professionnel et ne sont donc pas en conséquence confidentielles:
- une correspondance ayant pour unique objet de se substituer à un acte de procédure (lettre de procédure) ;
- une correspondance portant la mention "officielle";
- une convention entre avocats portant la mention "officielle".

Les correspondances et conventions prévues ci-dessus ne doivent faire aucune référence à des correspondances ou propos antérieurs confidentiels.

482 Text des Art. 66-5 des Gesetzes vom 31. Dezember 1971 nach seiner Änderung durch das Gesetz vom 7. April 1997 betreffend die Reform gewisser juristischer Berufe, JO 8 avril 1997, S. 5323: „*En toutes matières, que ce soit dans le domaine du conseil ou celui de la défense, les consultations adressées par un avocat à son client ou destinées à celui-ci et les correspondances échangées entre le client et son avocat, entre l'avocat et ses confrères, les notes d'entretien et plus généralement toutes les pièces du dossier sont couvert par le secret professionnel.*"

483 Vgl. van den Moortel, Gaz. Pal. 29 février-2 mars 2004, 719 (720).

Diese Sichtweise bestätigen auch die nachfolgenden Gerichtsentscheidungen. Wegen der Widersprüchlichkeit zu Art. 66-5 des Gesetzes vom 31. Dezember 1971 hebt die Cour d'Appel in Angers den Beschluss der dortigen Anwaltskammer zur Einbeziehung des RIH in sein eigenes Règlement Intérieur auf, soweit er den Art. 3.2 RIH betrifft.[484] Die Première Chambre Civile der Cour de Cassation vertritt in ihrem Urteil vom 4. Februar 2003 die Auffassung, dass Art. 66-5 des Gesetzes vom 31. Dezember 1971 keinerlei Ausnahmen dergestalt beinhaltet, dass trotz seines eindeutigen Wortlautes die zwischen den Anwälten ausgetauschte Korrespondenz einen Beweis vor Gericht darstellen kann, sofern sie als *„officielle"* gekennzeichnet ist, oder eine Prozesshandlung ersetzt. Aus diesem Grund hebt sie ein Urteil der Cour d'Appel in Montpellier auf, der in Anlehnung an Art. 3.2 RIH eine Ausnahme von Art. 66-5 des Gesetzes vom 31. Dezember 1971 gemacht hatte, um einen Brief mit in die Verhandlung einbeziehen zu können, in dem eine Partei ein Urteil eines Handelsgerichts anerkennt.[485]

Bereits zuvor hatte die Cour d'Appel in Aix-en-Provence festgestellt, dass Art. 66-5 des Gesetzes vom 31. Dezember 1971 es aufgrund des in ihm enthaltenen weitreichenden Schutzumfangs des *Secret Professionnel* nicht zulässt, dass die zwischen Anwälten ausgetauschte Korrespondenz vor Gericht präsentiert werden kann.[486]

3. Änderung des Art. 66-5 des Gesetzes vom 31. Dezember 1971 durch das Gesetz vom 11. Februar 2004

Alarmiert durch die strikte Interpretation des Art. 66-5 des Gesetzes vom 31. Dezember 1971 durch die Cour de Cassation in seinem Urteil vom 4. Februar 2003, wonach ausnahmslos die gesamte, mit einem anderen Anwalt ausgetauschte Korrespondenz dem Schutz des *Secret Professionnel* unterfällt und demnach nicht als Beweismittel genutzt werden kann, sah sich der Gesetzgeber genötigt, Art. 66-5 des Gesetzes vom 31. Dezember 1971 durch das Gesetz vom 11. Februar 2004 erneut zu ändern.[487]

Um den anwaltlichen Bedürfnissen in der Praxis gerecht zu werden, wurde der Wortlaut des Art. 66-5 des Gesetzes vom 31. Dezember 1971 um einen Ein-

---

484 CA Angers 20 avril 2001, Gaz. Pal. 20-22 mai 2001, jurispr., 747, note Damien.

485 Cass. civ. 4 février 2003, Gaz. Pal. 13-15 avril 2003, jurispr., 1067, note Raoult.

486 Urteil abgedruckt unter Pons, LPA 26 février 2003, Nr. 41.

487 Art. 34 des Gesetzes Nr. 2004-130 vom 11. Februar 2004 betreffend die Reform gewisser juristischer Berufe, JO 12 février 2004, S. 2847-2857; zu den Motiven zur Änderung des Art. 66-5 des 31. Dezember 1971 vgl. die Äußerungen des Senators Jean-René Lecerf in der Sitzung des Senats vom 2. April 2003, JO Sénat, 3 avril 2003, Nr. 33, S. 2417, und die des Justizministers Dominique Perben in der Sitzung der Assemblée Nationale am 6. Januar 2004, JOAN 7 janvier 2003, Nr. 1, S. 65.

schub dahingehend ergänzt, dass die zwischen den Anwälten ausgetauschte Korrespondenz dem *Secret Professionnel* unterfällt, „*...à l'exception pour ces dernières de celles portant la mention „officielle"...*".

Da der geänderte Art. 66-5 des Gesetzes vom 31. Dezember 1971 bereits den Fall nennt, in dem die zwischen den Anwälten ausgetauschte Korrespondenz nicht dem *Secret Professionnel* unterfällt, zählt die Neufassung des Art. 3.2 Règlement Intérieur Unifié keinerlei weitere Ausnahmen auf. [488] Vielmehr beschränkt sich Art. 3.2 RIU darauf, den Rahmen der Korrespondenz, die als „*officielle*" bezeichnet werden darf, genauer zu definieren.[489] Dieser Artikel wurde unverändert ebenfalls als Art. 3.2 in das 2005 vom Conseil National des Barreaux verabschiedete Règlement Intérieur National übernommen.

Der Conseil National des Barreaux erklärt in seiner Kommentierung zum RIN, dass im RIN im Gegensatz zum RIH bewusst auf die Aufzählung von Ausnahmefällen verzichtet wurde.[490] Vielmehr beschränkt sich der Art. 3.2 RIN darauf vorzugeben, was bei einer als „*officielle*" gekennzeichneten Korrespondenz zu beachten ist.[491] Die Erwähnung der Korrespondenz, die einen Verfahrensakt darstellt, wäre nach Ansicht des Conseil National des Barreaux nicht notwendig gewesen, da dieser grundsätzlich nicht zu der von den Regelungen der *Confidentialité* geschützten Korrespondenz zählt.[492]

In diesem Zusammenhang ist auf einen, bislang unkommentierten Umstand hinzuweisen: Art. 3.2 RIN vermag als Norm des Berufsrechts nicht, ein Gericht zu binden. Sollte ein als „*officielle*" gekennzeichneter Brief diese Angabe aus Sicht des Art. 3.2 RIN in unzulässiger Weise tragen, dann kann das an berufsrechtliche Normen nicht gebundene Gericht diesen Brief dennoch als Beweismittel zulassen. Bezeichnung

---

488 Décision du conseil national des barreaux à caractère normatif Nr. 2004-001, wodurch das réglement interieur unifié, RIU, eingeführt wurde, das das RIH ersetzt ; abgedruckt in Dalloz, Code de procédure civile 2005, im Anhang unter „Avocat".

489 **Art. 3.2 RIU – Exceptions**
Peuvent porter la mention officielle et ne sont donc pas couverts par le secret professionnel, au sens de l'article 66.5 de la loi du 31 décembre 1971:
- une correspondance équivalent à un acte de procédure;
- une correspondance ne faisant référence à aucun écrit, propos ou éléments antérieurs confidentiels.

Ces correspondances doivent respecter les principes essentiels de la profession définis par l'article 1er du présent règlement.

490 Règlement Intérieur National de la Profession d'Avocat, textes et commentaires, S. 44.

491 Règlement Intérieur National de la Profession d'Avocat, textes et commentaires, S. 44.

492 Règlement Intérieur National de la Profession d'Avocat, textes et commentaires, S. 45.

4. Kritik des Schrifttums an den Änderungen

Im Schrifttum wird die Verbindung der Regelungen der *Confidentialité des Correspondances* mit dem *Secret Professionnel* kritisch betrachtet. In diesem Zusammenhang wird auf die unterschiedlichen Charaktere des *Secret Professionnel* einerseits und der *Confidentialité des Correspondances* andererseits verwiesen.[493]

Das *Secret Professionnel* schützt die dem Anwalt durch den Mandanten anvertrauten, geheimen Informationen. Sein Ziel ist es, im Interesse des Mandanten an einer wirksamen Rechtsvertretung, aber vor allem im Allgemeininteresse an einer funktionierenden Rechtspflege, bestimmte Informationen, die einen vertraulichen Charakter besitzen, geheim zu halten.[494] Die *Confidentialité des Correspondances* hingegen soll gerade die Kommunikation zwischen den Anwälten schützen, wenn sie versuchen, außergerichtlich eine Einigung in einem Rechtstreit zu finden.[495]

Um das Vorankommen in einem Rechtsstreit zu erleichtern, sah die Standesregel der *Confidentialité des Correspondances* vor, dass die Anwälte selbst ihre Korrespondenz vom Schutz der *Confidentialité* befreien konnten, wodurch ihrer Verwertung als Beweismittel vor Gericht möglich wurde. Des Weiteren hatte es die Rechtsprechung bisher stets zugelassen, dass die Anwälte solche Teile ihrer Korrespondenz vor Gericht präsentieren durften, die eine endgültige Einigung zum Inhalt hatten.[496] Diese weiche Handhabung der Regelungen der *Confidentialité des Correspondances* sahen die Kritiker der Neufassung des Art. 66-5 des Gesetzes vom 31. Dezember 1971 vom 7. April 1997 nicht gewahrt, weil die ausgetauschte Korrespondenz darin ohne Ausnahme dem strengen Korsett des *Secret Professionnel* unterworfen wurde.[497]

Nachdem zunächst versucht wurde, dem von den Kritikern geäußerten Bedürfnis nach einer flexiblen und praxisnahen Handhabung durch Art. 3.2 RIH nachzukommen, was jedoch zu den oben dargestellten Verwirrungen führte, ist durch die erneute Änderung des Art. 66-5 des Gesetzes vom 31. Dezember 1971

---

493 Martin, JCP.1998, I 108, 227 (228); van den Moortel, Gaz. Pal. 4-6 mai 2003, 359 f.; Coulaud, Gaz. Pal. 22 janvier 1998, 136 (137); Landry, Gaz. Pal. 5 mars 1998, 290 (294).

494 van den Moortel, Gaz. Pal. 4-6 mai 2003, 359 (360); ders. Gaz. Pal. 29 février-2 mars 2004, 719 (721) ; Veroone, Gaz. Pal. 13 juin 1998, 728 (729).

495 van den Moortel, Gaz. Pal. 4-6 mai 2003, 359 (360); ders. Gaz. Pal. 29 février-2 mars 2004, 719 (721); Veroone, Gaz. Pal. 13 juin 1998, 728 (729).

496 V.o. 4. Kap. II. 1. b).

497 Landry, Gaz. Pal. 5 mars 1998, 290 (294); Raoult, note zu Cass. Civ. 4 février 2003, Gaz. Pal. 13-15 avril 2003, 1068 (1069); zweifelnd, ob das *Secret Professionnel* eine solche flexible Handhabung zulässt: Martin, JCP 1998, I 108, 227 (228).

durch das Gesetz vom 11. Februar 2004 den Bedenken des Schrifttums Rechnung getragen worden.[498]

Gegen Art. 3.2 RIN, der wie seine Vorgängernorm im RIU auf den 2004 geänderten Art. 66-5 des Gesetzes vom 31. Dezember 1971 abgestimmt ist, regt sich nur von Seiten *Martins* Kritik, der bemängelt, dass die Ausnahmeregelungen von der absoluten Vertraulichkeit den Bestimmungen in Art. 66-5 des Gesetzes vom 31. Dezember 1971 zuwiderlaufen.[499] Martin sieht die in der Art. 3.2 RIN enthaltenen Aufzählung der Fälle, in denen eine Korrespondenz als „*officielle*" bezeichnet werden kann, als Ausnahmeregelungen an, die eigenständig umschreiben, in welchem Fall eine Ausnahme von der absoluten Vertraulichkeit vorliegt.[500] Wie bereits oben ausgeführt, stellen die in Art. 3.2 RIN enthaltenen Fallgruppen nach dem Willen des Conseil National des Barreaux jedoch keine Aufzählung von Ausnahmefällen dar, sondern geben einen Rahmen vor, wann ein Brief als „*officielle*" gekennzeichnet werden kann.[501]

Die Einleitung des Art. 3.2 RIN mit dem Wendung „*Peuvent porter la mention officielle...*" spricht dafür, dass es sich gemäß der Auffassung des Conseil National des Barreaux nur um Vorgaben handelt, was bei einer als „*officielle*" gekennzeichneten Korrespondenz zu beachten ist. Auffällig ist jedoch, dass die gesamte Formulierung des Art. 3.2 RIN diesen Umstand, nicht zuletzt aufgrund der Erwähnung der einen Verfahrensakt ersetzenden Korrespondenz, nicht klar zum Ausdruck bringt.

Neben dieser Kritik wird vom Schrifttum der Umstand positiv bewertet, dass seit der Verbindung mit dem *Secret Professionnel* durch das Gesetz vom 7. April 1997 auch die Gerichte die Unverwertbarkeit der zwischen den Anwälten ausgetauschten Korrespondenz beachten müssen. Dies hat zu einer Schließung des Grabens zwischen dem Standesrecht der Anwälte und dem Beweismittelrecht geführt und zugleich dem Nebeneinander der verschiedenen Regelungen der einzelnen Anwaltskammern ein Ende bereitet.[502]

5. Umfang der Confidentialité des Correspondances

Es ist mittlerweile allgemein anerkannte Überzeugung, dass die zwischen den Anwälten ausgetauschte Korrespondenz auf Grundlage des Art. 66-5 des Geset-

---

498 Art. 34 des Gesetzes Nr. 2004-130 vom 11. Februar 2004 betreffend die Reform gewisser juristischer Berufe, JO 12 février 2004, S. 2847-2857.

499 Martin, aaO, Nr. 487.

500 Martin, aaO, Nr. 487.

501 Règlement Intérieur National de la profession d'avocat, textes et commentaires, S. 44.

502 Landry, Gaz. Pal. 5 mars 1998, 290 (292 f.); Martin, JCP. 1998, I 108, 227 (228) ; Cottereau, Dr. et Patr. 2000, Nr. 87, 36 (39) ; Coulaud, Gaz. Pal. 22 janvier 1998, 136.

zes vom 31. Dezember 1971 durch das *Secret Professionnel* geschützt wird.[503] Demnach unterfällt jegliche zwischen den Anwälten ausgetauschte Korrespondenz dem Schutz durch das *Secret Professionnel*, es sei denn, sie ist von den Anwälten als „*officielle*" gekennzeichnet worden.

a) Die Confidentialité des Correspondances gegenüber Dritten, die nicht dem Secret Professionnel verpflichtet sind

Aufgrund des Art. 66-5 des Gesetzes vom 31. Dezember 1971 ist es demnach dem Anwalt verboten, Dritten die mit dem gegnerischen Anwalt ausgetauschte Korrespondenz zugängig zu machen.

(1) Mandant

Würde zu diesen Dritten auch der Mandant zählen, dann dürfte ihm sein Anwalt keine Kopie des mit dem gegnerischen Anwalt ausgetauschten Schriftverkehrs aushändigen, denn der Mandant ist genauso wenig wie jeder andere Dritte dem *Secret Professionnel* unterworfen und könnte deswegen den vertraulich zu behandelnden Schriftverkehr der Öffentlichkeit zugänglich machen. Andererseits wurde bereits oben dargestellt, dass aus dem ebenfalls in Art. 66-5 des Gesetzes vom 31. Dezember 1971 herrührenden *Secret Professionnel* kein Schweigerecht des Anwalts gegenüber seinem Mandanten folgt, weil der Mandant bezüglich der dem Anwalt anvertrauten Informationen kein Dritter ist.[504]

Es gilt demnach der Frage nachzugehen, ob ein Anwalt durch die in Art. 66-5 des Gesetzes vom 31. Dezember 1971 integrierte *Confidentialité des Correspondances* gehindert ist, seinem Mandanten die mit dem gegnerischen Anwalt ausgetauschte Korrespondenz zugänglich zu machen.

Sinn und Zweck der *Confidentialité des Correspondances* ist der Schutz des Vertrauens der Anwälte untereinander, um so eine Basis für eine vertrauensvolle Zusammenarbeit zu schaffen, die wiederum der Erarbeitung einer außergerichtlichen Streitbeilegung dienen soll.[505] Bis zur Unterstellung dieser Regelung unter den Schutz des *Secret Professionnel* nach Art. 66-5 des Gesetzes vom 31. Dezember 1971 war es zum Schutz dieser Vertrauenssphäre nach Maßgabe der Regelungen der *Confidentialité des Correspondances* anerkannt, dass ein Anwalt seinem Mandanten keine Kopien der mit dem gegnerischen Anwalt aus-

---

503 Martin, JCP. 1998, I 108, 227 (228); Damien, note zu CA Angers 20 avril 2001, Gaz. Pal. 20-22 mai 2001, 749 (750).

504 Vgl. Schweigerecht gegenüber dem Mandanten, 3. Kap. B. II.

505 van den Moortel, Gaz. Pal.4-6 mai 2003, 359 (360); Landry, Gaz. Pal. 5 mars 1998, 290 (291) ; Martin, JCP. 1994, I 3787, 402 (403).

getauschten Schriftwechsel zukommen lassen durfte, denn der nicht der *Confidentialité* verpflichtete Mandant hätte diese ungestraft verbreiten können.[506]

Aufgrund der 1997 erfolgten Änderung der Rechtslage, wonach die mit einem anderen Anwalt ausgetauschte Korrespondenz nach Maßgabe des Art. 66-5 des Gesetzes vom 31. Dezember 1971 durch das *Secret Professionnel* geschützt wird, könnte man zu dem Schluss kommen, dass seit dieser Änderung der Mandant eine Kopie der ausgetauschten Korrespondenz erhalten kann, weil das *Secret Professionnel* nicht auf die Wahrung des Vertrauens des gegnerischen Rechtsanwalts zielt.

Diese Sichtweise würde jedoch bedingen, dass man die Grundsätze der *Confidentialité des Correspondances* als vollkommen von den Grundsätzen des *Secret Professionnel* absorbiert ansieht.

Eine solche Wirkung war jedoch von der Änderung des Art. 66-5 des Gesetzes vom 31. Dezember 1971 nicht beabsichtigt worden, vielmehr sollte lediglich die Mandatsakte in ihrer Gesamtheit unter den Schutz des *Secret Professionnel* gestellt werden, um eine eventuelle Beschlagnahme zu erschweren.[507]

Diese Sichtweise wird auch durch den Umstand gestärkt, dass die Besserstellung des Mandanten gegenüber sonstigen Dritten in Bezug auf die Auskunftsmöglichkeiten des Anwalts im Hinblick auf die durch sein *Secret Professionnel* geschützten Informationen darauf beruht, dass der Mandant entweder „Urheber“ der anvertrauten Informationen oder zumindest der „Verursacher“ der durch den Anwalt selbst ermittelten Informationen ist. Abgesehen von dem Mandatsvertrag zwischen dem Anwalt und dem Mandanten, auf dessen Grundlage der Anwalt für seinen Mandanten tätig wird, besteht keine solche persönliche Verbindung zwischen der ausgetauschten Korrespondenz und dem Mandanten, die eine Besserstellung gegenüber sonstigen Dritten rechtfertigen würde.

Aus diesen Gründen bleiben die Grundzüge der Regelungen der *Confidentialité des Correspondances* erhalten, auch wenn die mit dem gegnerischen Anwalt ausgetauschte Korrespondenz seit 1997 nach Maßgabe des *Secret Professionnel* gem. Art. 66-5 des Gesetzes vom 31. Dezember 1971 geschützt wird. Dies hat zur Folge, dass ein Anwalt weiterhin durch die *Confidentialité des Correspondances* gehindert wird, seinem Mandanten Kopien der mit dem gegnerischen Anwalt ausgetauschten Korrespondenz zukommen zu lassen.[508]

Auffällig an diesem Verständnis des *Secret Professionnel* ist, dass der Mandant in Bezug auf die aus dem *Secret Professionnel* folgende anwaltliche Ver-

---

506 Martin, JCP. 1994, I 3787, 402 (404); vgl. auch Art. 5.8.9 des règlement intérieur der Barreaux de Paris von 1994, abgedruckt in „Règlement intérieur et textes applicables à la profession d'avocat“, herausgegeben vom Ordre des avocats à la Cour de Paris, 1994.

507 Vgl. 4. Kap. B. I. 2.

508 van den Moortel, Gaz. Pal. 4-6 mai 2003, 359 (360); Landry, Gaz. Pal. 5 mars 1998, 290 (294).

schwiegenheitspflicht nicht als Dritter anzusehen ist und sie ihm gegenüber nicht gilt, wohingegen es sich bei den ebenfalls durch das *Secret Professionnel* geschützten Regelungen der *Confidentialité des Correspondances* entgegengesetzt verhält. Hier ist der Mandant als Dritter anzusehen, mit der Folge, dass ihm die Korrespondenz nicht zugänglich gemacht werden soll. Dieser Umstand, der aus den verschiedenen Schutzzwecken des *Secret Professionnel* und den Regelungen der *Confidentialité des Correspondances* herrührt, zeigt, dass die zwei Regelungen derartig unterschiedlich sind, dass sie nicht in einer Norm zusammengefasst gehören. Der Umstand, dass dies dennoch geschehen ist, rührt denn auch aus der oben angesprochenen Rechtsprechung der Chambre Criminelle der Cour de Cassation her. Anhand einer möglichst umfangreichen Ausdehnung des *Secret Professionnel* wollte man alle Dokumente des Anwalts vor einer möglichen Beschlagnahme schützen.[509]

(2) Sonstige Dritte

Sollte ein Anwalt für seinen Mandanten in Verhandlungen mit einem nichtanwaltlichen Verhandlungspartner treten, so ist zu beachten, dass dieser nicht den Regelungen der *Confidentialité des Correspondances* verpflichtet ist.[510] Aus diesem Grund kann er die mit dem Rechtsanwalt ausgetauschte Korrespondenz vor Gericht als Beweismittel verwenden. Selbst wenn sich der Anwalt gegen die Verwendung verwahrt, indem er versucht zu beweisen, dass die Korrespondenz vertraulich sein sollte, so ist, nachdem die Frage der Zulässigkeit der Korrespondenz als Beweismittel geklärt wurde, ihr Inhalt unabhängig vom Ausgang der Beratungen dem Gericht bekannt.

Um schon die Diskussion um die Zulassung als Beweismittel zu umgehen, wird daher dem Anwalt angeraten, sich vorher nach Art. 18.4 RIN mit dem Verhandlungspartner über die Frage der Vertraulichkeit der Korrespondenz zu einigen und dann gegebenenfalls die ausgetauschte Korrespondenz mit dem Vermerk „*confidentielle*“ zu versehen.[511] Dies führt nicht zu einem Schutz durch das *Secret Professionnel.* Aus diesem Grund ist das Gericht nicht gehalten, diese Vereinbarung dahingehend zu verstehen, dass die als „*confidentielle*“ gekennzeichnete Korrespondenz als Beweismittel auszuschließen ist. Diese Entscheidung bleibt vielmehr dem Gericht überlassen.[512]

---

509 Vgl. die Hintergründe zum aktuellen Text des Art. 66-5 des Gesetzes vom 31. Dezember 1971, 4. Kap. B. I. 2.

510 J. et St. Woog/Sari/Goudineau, aaO, Nr. 3.3.6.5, 349; Coulaud, Gaz. Pal. 20/21 novembre 1998, 24.

511 Coulaud, Gaz. Pal. 20/21 novembre 1998, 24; J. et St. Woog/Sari/Goudineau, aaO, Nr. 3.3.6.4., S. 348.

512 J.et St. Woog/Sari/Goudineau, aaO, Nr. 3.3.6.4., S. 348.

b) Die Confidentialité des Correspondances gegenüber Dritten, die auch dem Secret Professionnel verpflichtet sind

Korrespondiert ein Anwalt im Rahmen seiner Mandatsbearbeitung mit einem Dritten, der ebenfalls dem *Secret Professionnel* verpflichtet ist, wie zum Beispiel ein Wirtschaftsprüfer,[513] so sind sowohl der Anwalt wie auch sein Gegenüber aufgrund des *Secret Professionnel* gehalten, Stillschweigen über den Inhalt der Korrespondenz zu wahren, da sie diese Informationen im Rahmen ihrer beruflichen Tätigkeit erfahren haben. Zugleich ist der Korrespondenzpartner des Anwalts aber nicht an die Regelungen der *Confidentialité des Correspondances* gebunden, weswegen er von den mit dem Anwalt ausgetauschten Briefen vor Gericht als Beweismittel Gebrauch machen kann. Offenbart er dadurch Informationen, die durch das *Secret Professionnel* geschützt sind, so kann er wegen Bruchs des *Secret Professionnel* bestraft werden. Dies schließt jedoch noch nicht grundsätzlich die Beweismitteleigenschaft der vorgelegten Korrespondenz aus.[514]

Um gar nicht erst zur Erörterung der Frage zu kommen, ob der Inhalt der Korrespondenz zu einem Bruch des *Secret Professionnel* und damit zu einer möglichen Unverwertbarkeit als Beweismittel führt, wird auch in diesem Fall dem Anwalt angeraten, sich gem. Art. 18.4 RIN vorher mit seinem Korrespondenzpartner über die Frage der Vertraulichkeit zu einigen und die Korrespondenz gegebenenfalls mit dem Vermerk „*confidentielle*" zu versehen.[515] Dies führt jedoch, wie oben bereits dargestellt, nicht zwingend zur Unzulässigkeit der Korrespondenz als Beweismittel.

c) Die *Confidentialité des Correspondances* gegenüber ausländischen Anwälten

Ausländische Anwälte sind ebenfalls nicht gehalten, die Regelungen der *Confidentialité des Correspondances* zu achten, wenn diese nicht in ihren nationalen Gesetzen vorgesehen ist.

---

513 Wirtschaftsprüfer (*experts-comptables*) sind nach Art. 21 Abs. 1 der Ordonnance vom 19. September 1945 dem *Secret Professionnel* verpflichtet; ordonnance Nr. 45-2138 du 19 septembre 1945, JO 21 et rect. 30 septembre et 31 décembre 1945.

514 Vgl. 3. Kap. B. 1. a), b).

515 Coulaud, Gaz. Pal. 20/21 novembre 1998, 24; Monéger/Demeester, aaO, Nr. 7.56 und J. et St. Woog/Sari/Goudineau, aaO, Nr. 3.3.6.4., S. 348, die außerdem darauf hinweisen, dass sich auch einige andere Berufsgruppen in diese Richtung orientieren, vgl. Einigung vom 17. September 1998 zwischen der Barreau von Paris und der compagnie nationale des conseil en proprieté industrielle, der die Vertraulichkeit der zwischen beiden Berufsgruppen ausgetauschten Korrespondenz regelt, Bulletin du Bâtonnier (Paris) 1998, Nr. 31, S. 196.

(1) Aus der Europäischen Union stammende Anwälte

Für die aus der Europäischen Union stammenden Anwälte verweist Art. 3.3 RIN auf die durch die Eingliederung in Art. 21 RIN anwendbaren Berufsregeln des Conseil des Barreaux Européens.

Für die Korrespondenz mit Anwälten, die aus Ländern der Europäischen Union stammen, ist im Code de Déontolgie des Barreaux Européens in Art. 5.3 eine Regelung enthalten. Dieses Regelwerk wurde vom Conseil Consultatif des Barreaux de la Communauté Européenne erarbeitet und am 28. Oktober 1988 verabschiedet. Die mittlerweile zum Conseil des Barreaux de la Communauté Européenne umbenannte Organisation[516] hat diesen Text dann noch mehrmals verändert, wodurch er seine heutige Form erhalten hat.[517]

Der CCBE ist kein Organ der Europäischen Gemeinschaft, sondern lediglich eine private Vereinigung mit Sitz in Brüssel, wohin die Anwaltsorganisation eines jeden Mitgliedsstaates eine Delegation entsendet.[518] In Ermangelung der Organeigenschaft, verfügt der CCBE auch über keine Rechtssetzungskraft. Er übt dennoch als Interessenvertretung der europäischen Anwälte einen gewissen Einfluss auf die Kommission in Brüssel aus.[519] Aufgrund der mangelnden Rechtsetzungskraft sind die CCBE-Berufsregeln für die Anwälte der Mitgliedstaaten nicht verpflichtend, es sei denn, sie sind in ein nationales Regelungswerk integriert.[520]

Wie oben bereist angedeutet, erklärt Art. 21 RIN die CCBE-Berufsregeln für die französischen Anwälte für ihre rechtsberatende und verteidigende Tätigkeit außerhalb Frankreichs und für ihre Beziehungen mit anderen Anwälten der Europäischen Union, die in- oder außerhalb der Europäischen Union stattfinden, für anwendbar. Art. 21 RIN weist ausdrücklich darauf hin, dass im Falle des Austausches von Korrespondenz mit einem Anwalt aus einem anderen Staat der Europäischen Union nur die CCBE-Berufsregeln anwendbar sind. Die in Art. 21.5.3 RIN enthaltene CCBE-Berufsregel des Art. 5.3 befasst sich mit der zwischen den Anwälten verschiedener Staaten der Europäischen Union ausgetauschten Korrespondenz. Wünscht einer der beteiligten Anwälte, dass die Korrespondenz einen vertraulichen Charakter hat, muss er diesen Willen beim Abschicken der Mitteilung klar zum Ausdruck bringen. Sollte der Empfänger der Mitteilung damit nicht einverstanden sein, so muss er sie an den Absender zurückschicken, ohne ihren Inhalt zur Kenntnis genommen zu haben.

---

516 Im Folgenden dennoch nach seinem ursprünglichen Namen mit CCBE abgekürzt.

517 Gamsjäger, L'Observateur de Bruxelles 2002, Nr. 46, 28.

518 Martin, aaO, Nr. 518 ; Monéger/Demeester, aaO, Nr. 8.48.

519 Martin, aaO, Nr. 518.

520 Monéger/Demeester, aaO, Nr. 8.48; Veroone, Gaz. Pal. 23 juin 1998, 728 (730, Fn. 15).

Die CCBE-Berufsregeln enthalten demnach eine Regelung, die im absoluten Gegensatz zu den Regelungen des RIN und des Art. 66-5 des Gesetzes vom 31. Dezember 1971 steht, wonach automatisch jede Korrespondenz zwischen zwei Anwälten als vertraulich und dem *Secret Professionnel* unterfallend angesehen wird. Ein Mittelweg, der sowohl die französische Regelung der *Confidentialité des Correspondances* wie auch die europäische Regelung des ausdrücklichen Wunsches nach einer solchen Vertraulichkeit beachtet, lässt sich aufgrund der Gegensätzlichkeit der Regelungen nicht finden.[521] Sollte daher ein französischer Anwalt mit einem anderen europäischen Anwalt in Kontakt treten, in dessen nationales Berufsrecht ebenfalls die CCBE-Berufsregeln aufgenommen worden sind, so wird ihm angeraten, sich entsprechend Art. 21.5.3 RIN mit dem anderen Anwalt über die Frage der Vertraulichkeit zu einigen.[522]

(2) Nicht aus der Europäischen Union stammende Anwälte

Jeder andere, nicht aus der Europäischen Union stammende Anwalt, dessen nationale Regelungswerke keine Regelungen hinsichtlich der *Confidentialité des Correspondances* aufweisen, ist ebenfalls nicht gehalten, die zwischen ihm und einem französischen Anwalt ausgetauschte Korrespondenz vertraulich zu behandeln. Aber auch die gegensätzliche Regelung der CCBE-Berufsregeln findet keine Anwendung, da sie auf den Austausch zwischen Anwälten, die der Europäischen Union entstammen, begrenzt ist. Aufgrund dieser im Hinblick auf die *Confidentialité des Correspondances* unbestimmten Ausgangslage wird in Art. 3.4 RIN geraten, sich vor Beginn des Austausches von Schriftstücken mit einem ausländischen Anwalt über die Vertraulichkeit der Korrespondenz zu verständigen.[523]

(3) Zwischenergebnis

Da sowohl bei einem Austausch von Korrespondenz mit einem nicht aus der Europäischen Union stammenden Anwalt als auch bei einem Austausch mit einem aus der Europäischen Union stammenden Anwalt den französischen Anwälten geraten wird, sich vorher über die Frage der Vertraulichkeit zu einigen, lässt sich zusammenfassend sagen, dass die Verweisung auf die CCBE-Berufsregeln zu keiner weitergehenden Klärung der Rechtslage führt.[524]

---

521 Monéger/Demeester, aaO, Nr. 7.56; Martin, JCP.1998, 227 (229).

522 Martin, JCP. 1998, I 108, 227 (229); ders., aaO, Nr. 492; Damien/Ader, aaO, Nr. 72.22; Monéger/Demeester, aaO, Nr. 7.56.

523 Coulaud, Gaz. Pal. 22 janvier 1998, 136; Martin, JCP. 1998, I 108 227 (228).

524 Martin, JCP. 1998, I 108, 227 (229).

III. Secret Professionnel und Conflit d'Intérêts

Wie schon im Rahmen der Darstellung des Verhältnisses zwischen Verschwiegenheitspflicht und dem Verbot der Vertretung widerstreitender Interessen im deutschen Recht soll nachfolgend auch das Verhältnis des *Secret Professionnel* zu den Regelungen des *Conflit d'Intérêts* in den Grundzügen dargestellt werden, um festzustellen, ob die Regelungen des *Conflit d'Intérêts* den Schutz des *Secret Professionnel* stärken.

1. Grundzüge des Conflit d'Intérêts

Die Behandlung des Interessenkonflikts des Anwalts ist im französischen Recht in Art. 155 des Dekrets vom 27. November 1991[525], in Art. 7 des Dekrets vom 12. Juli 2005[526] und in Art. 4.1 und 4.2 RIN geregelt. Art. 155 des Dekrets vom 27. November 1991 weist nahezu identische Formulierungen mit Art. 7 des Dekrets vom 12. Juli 2005 und Art. 4.1 RIN auf, nur in Absatz vier führen die letztgenannten Artikel genauer aus, was unter der Ausübung des Anwaltsberufes in einer Gruppe zu verstehen ist.

Grundsätzlich ist dem französischen Anwalt gem. Art. 155 Abs. 1 des Dekrets vom 27. November 1991, Art. 7 Abs. 1 des Dekrets vom 12. Juli 2005 und Art. 4.1 Abs. 1 RIN die Vertretung widerstreitender Interessen sei es als Berater, Vertreter oder als Verteidiger verboten. Auch wenn nur das Risiko eines solchen Interessenkonflikts vorhanden ist, darf er nicht anwaltlich tätig werden. Der Interessenkonflikt muss sich nicht auf dieselbe Rechtssache beziehen, so dass ein Anwalt auch aufgrund von Wissen aus einem anderen Mandat in einen Interessenkonflikt nach § 155 Abs. 1 des Dekrets vom 27. November 1991, Art. 7 Abs. 1 des Dekrets vom 12. Juli 2005 und Art. 4.1 Abs. 1 RIN geraten kann, das nicht aus derselben Rechtssache herrührt, aber genug Verbindung zu ihr aufweist, um einen Konflikt der vertretenen Interessen auszulösen.[527]

Ferner wird dem Anwalt in Art. 155 Abs. 3 des Dekrets vom 27. November 1991, Art. 7 Abs. 3 des Dekrets vom 12. Juli 2005 und in Art. 4.1 Abs. 3 RIN verboten, ein neues Mandat anzunehmen, wenn die Bearbeitung dieses Mandats dadurch in ungerechtfertigter Weise begünstigt werden würde, dass er Wissen aus zuvor bearbeiteten Mandaten verwenden würde.

---

525 Dekret n ° 91-1197 vom 27. November 1991 betreffend die Organisation des Anwaltsberufes, JO 28 novembre 1991, S. 15502 ff.

526 Dekret Nr. 2005-790 vom 12. Juli 2005 betreffend die Regelung des Berufsrechts der Anwälte , JO 16 juillet 2005, S. 11688 ff.

527 Damien/Ader, aaO, Nr. 37.11; ebenso Cass 1ère civ. 30 juin 1981, D. 1982, jur. 165, dieses Urteil bezieht sich jedoch auf den im Urteilstext abgedruckten Art. 84 des Dekrets vom 9. Juni 1972, wie die Ausführungen von Damien/Ader zeigen, hat sich aber seitdem diesbezüglich keine Änderung des Verständnisses ergeben.

Sofern sich Anwälte in einer Gemeinschaft zur Berufsausübung zusammenschließen, erstrecken sich die zuvor aufgezählten Regelungen gem. Art. 155 Abs. 4 des Dekrets vom 27. November 1991 auf die ganze Berufsausübungsgemeinschaft. Hiermit sind nicht die Anwälte gemeint, die in einer Bürogemeinschaft (*societé de moyens, cabinets groupés*) ihrer anwaltlichen Tätigkeit nachgehen, weil diese Gemeinschaft nur der gemeinsamen Nutzung der Arbeitsmittel, nicht jedoch der gemeinsamen Berufsausübung dient. Aus diesem Grund präzisieren Art. 7 Abs. 4 S. 2 des Dekrets vom 12. Juli 2005 und Art. 4.1 Abs. 4 S. 2 RIN, dass die oben genannten Regelungen hinsichtlich eines Interessenkonflikts auch für Bürogemeinschaften gelten, sofern die Wahrung des *Secret Professionnel* durch die engen räumlichen und personellen Verflechtungen bedroht ist.

2. Möglichkeit der Einwilligung durch die Parteien

Sollte lediglich das Risiko eines Interessenkonflikts bestehen, so ist es dem Anwalt nach Zustimmung der Parteien gem. Art. 155 Abs. 1 und 2 des Dekrets vom 27. November 1991, Art. 7 Abs. 1 und 2 des Dekrets vom 12. Juli 2005 und Art. 4.1 Abs. 1 und 2 RIN möglich, die widerstreitenden Interessen zu vertreten. Verwirklicht sich der in diesem Risiko angelegte Interessenkonflikt, so kann der Anwalt aufgrund des Einverständnisses der Parteien fortfahren, sich mit dem Mandat zu beschäftigen.[528] Sollte dies dazu führen, dass der Anwalt gezwungen wird, im Rahmen der Mandatsvertretung sein *Secret Professionnel* zu brechen, so ist fraglich, wie der Anwalt sich verhalten soll.[529] Da die Wahrung des *Secret Professionnel* im öffentlichen Interesse liegt, kann ein Anwalt von dieser Verpflichtung nicht durch seinen Mandanten entbunden werden.[530] Auch die Einverständniserklärung des Mandanten in die Vertretung der Gegenseite trotz eines sich nun realisierten Interessenkonflikts kann den Anwalt nicht von seiner Pflicht zur Wahrung des *Secret Professionnel* entbinden. Demnach muss der Anwalt das Mandat niederlegen. Um einen derart erzwungenen Bruch des *Secret Professionnel* und sonstige Schädigungen des Ansehens der anwaltlichen Tätigkeit zu umgehen, die beispielsweise aus der Gefährdung seiner Unabhängigkeit bei der Vertretung trotz eines bestehenden Interessenkonflikts erwachsen können, sollte ein Anwalt sich bemühen, die Vertretung widerstreitender Interessen zu vermeiden, auch wenn das Einverständnis der Parteien vorliegt.[531]

---

528 Damien/Ader, aaO, Nr. 37.51.

529 Diese Frage wirft auch Taisne, La déontologie de l'avocat, S. 98, auf, leider kommt er jedoch zu keinem Ergebnis.

530 S.o. 3. Kap. B. III.

531 Damien/Ader, aaO, Nr. 37.52; etwas unklarer Cahen, Dr. et Patr., février 1994, 84 (86).

Aufgrund dieser Empfehlungen und der Auswirkungen auf das *Secret Professionnel* wirkt die Möglichkeit des Einverständnisses des Mandanten in die Vertretung trotz des Risikos eines Interessenkonflikts wie ein Fremdkörper im Berufsrecht der Anwälte. Dieser Umstand rührt daher, das die Möglichkeit des Einverständnisses des Mandanten in die Vertretung trotz des Risikos eines Interessenkonflikts seinen Ursprung im Berufsrecht der *Conseils Juridiques* hat. Im Zuge des Erlasses des Gesetzes vom 31. Dezember 1990 wurden die *Avocats* und die *Conseils Juridiques* in einer neuen Anwaltschaft vereinigt.[532] Bei der Regelung des *Conflit d'Intérêts* ergaben sich aufgrund der bislang unterschiedlichen Tätigkeitsbereiche der Anwälte und der Rechtsberater Probleme. Das für das prozessuale Handeln vor Gericht geschaffene, klare Verbot der Vertretung widerstreitender Interessen passt nicht ohne Einschränkung für die beratende Tätigkeit eines Rechtsberaters.[533] Besonders deutlich wird dies am Beispiel der Ausarbeitung eines Arbeitsvertrages aufgrund eines gemeinsamen Auftrags des zukünftigen Arbeitgebers und Arbeitnehmers. Eine solche Vertragsgestaltung ist durch die widerstreitenden Interessen von Arbeitgeber und Arbeitnehmer gekennzeichnet. Um den ehemaligen *Conseils Juridiques* auch nach ihrer Vereinigung mit den *Avocats* weiterhin die Ausarbeitung von Verträgen im Auftrag beider Parteien zu ermöglichen, wurde die Möglichkeit des Einverständnisses des Mandanten in die Vertretung trotz des Risikos eines Interessenkonflikts geschaffen.[534] Diese Möglichkeit führt aber nicht zu einer Überwindung der Regelungen, die dem Schutz des *Secret Professionnel* dienen.[535] Dies zeigt sich nicht zuletzt daran, dass die Parteien nicht mehr in eine Vertretung einwilligen können, wenn sich das Risiko eines Interessenkonflikts bereits vor dem Einverständnis der Parteien realisiert hat.[536]

Der Ursprung dieser Regelung führt nicht dazu, dass das Einverständnis des Mandanten nur in Bezug auf die früher einem *Conseil Juridique* vorbehaltenen

---

532 Gesetz Nr. 90-1259 vom 31. Dezember 1990 betreffend die Reform bestimmter juristischer Berufe, JO 5 janvier 1991, S. 219 ff.

533 Taisne, La déontologie de l'avocat, S. 98.

534 Taisne, La déontologie de l'avocat, S. 98 f.

535 Vgl. hierzu Art. 7.3 Abs. 3 RIN, wonach ein im Auftrag beider Parteien tätig gewordener Anwalt den von ihm redigierten Vertrag im Falle einer Anfechtung vor Gericht nicht gegen eine der beiden Parteien verteidigen darf. Wäre ihm dies erlaubt, bestünde die Gefahr, dass er zur Erklärung des Vertragsinhaltes die von der einen Partei vertraulich erhaltenen Informationen gegen die andere Partei verwendet, und damit das Secret Professionnel bricht. Anders verhält es sich, wenn ein Dritter den Vertrag anficht, denn dann darf der Anwalt den Vertragsinhalt verteidigen, und selbst wenn er vertrauliche Informationen der einen oder der anderen Partei offenbart, ist diese Offenbarung von der Ausübung seines Mandats durch beide Parteien gedeckt, weil beide Parteien ein Interesse an der Gültigkeit des Vertrages haben.

536 Damien/Ader, aaO, Nr. 37.51.

Aufgaben, wie die angesprochene Vertragsgestaltung im Auftrag beider Parteien, möglich ist. Vielmehr können die Parteien ihre Einwilligung in jede Art von anwaltlicher Tätigkeit geben, bei der das Risiko eines Interessenkonflikts besteht, sofern das anwaltliche Handeln nicht zu einem Bruch des *Secret Professionnel* führt. Diese Möglichkeit ist insbesondere dann von Interesse, wenn aufgrund der Erstreckung der Regelungen des *Conflit d'Intérêts* die ganze Berufsausübungsgemeinschaft, wozu in diesem Zusammenhang auch die Bürogemeinschaft zählt, erfasst wird. Ergibt sich bei einem neuen Mandat demnach die Lage, dass die Gegenseite bereits von dem Pariser Büro einer französischen Sozietät vertreten wurde, und daher das Risiko eines Interessenkonflikts besteht, so ist das Büro dieser Sozietät in Lyon an der Vertretung des neuen Mandats gehindert, es sei denn, die Parteien willigen in die Vertretung ein. Dies werden die Parteien nur dann tun, wenn sie aufgrund der örtlichen Trennung und der organisatorischen Maßnahmen davon überzeugt sind, dass unter den mit der Rechtssache befassten Anwälten kein Austausch sensibler Informationen stattfindet.

3. Regelungen des Conflit d'Intérêts und das Secret Professionnel

In Art. 155 Abs. 2 des Dekrets vom 27. November 1991, Art. 7 Abs. 2 des Dekrets vom 12. Juli 2005 und in Art. 4.1 Abs. 2 RIN wird ein Bezug zum *Secret Professionnel* hergestellt, indem dort ausdrücklich darauf hingewiesen wird, dass ein Anwalt von einer Mandatsbearbeitung Abstand nehmen muss, wenn hierdurch die Gefahr der Verletzung des *Secret Professionnel* droht oder ein Interessenkonflikt erwachsen kann oder er seine anwaltliche Unabhängigkeit bedroht sieht. Wie im ersten Absatz bereits angesprochen, kann ihn das Einverständnis des Mandanten von der Pflicht zur Aufgabe der Mandate entheben. Dies gilt jedoch nur bis zu dem Punkt, an dem ihn die Fortführung seiner anwaltlichen Tätigkeit zu einer Verletzung des *Secret Professionnel* führt. An dieser Stelle muss er das Mandat niederlegen, weil auch das Einverständnis des betroffenen Mandanten ihn nicht von seiner Verpflichtung zur Wahrung des *Secret Professionnel* entbinden kann.

Im dritten Absatz von Art. 155 des Dekrets vom 27. November 1991 und von Art. 4.1 RIN wird dem Anwalt verboten, das Mandat eines neuen Mandanten anzunehmen, wenn er hierdurch riskieren würde, vertrauliche Informationen eines vorherigen Mandanten zu offenbaren oder seine Kenntnis des vorherigen Mandats die Bearbeitung des neuen Mandats auf ungerechtfertigte Weise begünstigen würde.

Die Möglichkeit des Einverständnisses der betroffenen Parteien in die Vertretung trotz der Gefahr eines Interessenkonflikts führt dazu, dass die Mandanten von Anwälten, die in Berufsausübungsgemeinschaften zusammengeschlossen sind, vor ihrem Einverständnis wissen wollen, wie weit die Mandatsinformationen in der Gemeinschaft verbreitet worden sind. Aufgrund der Beauftragung einer Berufsausübungsgemeinschaft sind die in ihr organisierten Anwälte nicht verpflichtet, gegenüber ihren Kollegen das *Secret Professionnel* zu wahren, so dass grundsätzlich alle an der Berufsausübungsgemeinschaft beteiligten Anwälte über Mandatsinformationen verfügen können.[537] Es fällt den Mandanten demnach leichter, in die Vertretung trotz der Gefahr eines Interessenkonflikts einzuwilligen, wenn die Mandatsinformationen nur einem begrenzten Teil der Berufsausübungsgemeinschaft bekannt sind, wie zum Beispiel nur dem Büro in Lyon oder nur dem das Mandat betreuenden Team. Hierdurch wäre sichergestellt, dass der nun die Gegenseite vertretende Anwalt trotz seiner ehemaligen Zugehörigkeit zu der Berufsausübungsgemeinschaft über keine Informationen bezüglich des zuvor von der Gemeinschaft vertretenen Mandats verfügt. Um diese Begrenzung des Informationstransfers zu erreichen, werden in den größeren Berufsausübungsgemeinschaften elektronische und organisatorische Abschottungsmaßnahmen durchgeführt.[538] Dies führt wiederum zu einer Stärkung der Wahrung des *Secret Professionnel*, denn wenn der Informationsfluss in einer Berufsausübungsgemeinschaft konzentriert wird, sinkt zugleich der Kreis derer, die das *Secret Professionnel* verletzen können.

4. Ergebnis

Das Vertretungsverbot im Falle widerstreitender Interessen aus Art. 155 des Dekrets vom 27. November 1991, Art. 7 des Dekrets vom 12. Juli 2005 und aus Art. 4.1 RIN dient indirekt dem Schutz des *Secret Professionnel*, weil der Anwalt durch das Vertretungsverbot gehindert wird, in eine Lage zu kommen, in der ihm ein Bruch des *Secret Professionnel* bei der Bearbeitung seines neuen Mandats dienlich sein könnte. Sollte er dennoch durch das Einverständnis der Mandanten gehalten sein, trotz des Risikos der Verletzung des *Secret Professionnel* weiter seiner anwaltlichen Tätigkeit nachzugehen, so muss er sich spätestens dann für befangen erklären, wenn er durch die Tätigkeit gezwungen wird, das *Secret Professionnel* zu brechen. Die Erstreckung der Regelungen bezüglich des Interessenkonflikts auf die Berufsausübungsgemeinschaften führt ebenfalls indirekt zu einer Stärkung des *Secret Professionnel*. Die Mandanten einer Berufsausübungsgemeinschaft werden nur dann ihr Einverständnis in die Vertretung trotz der Gefahr eines Interessenkonflikts geben, wenn nachgewiesen werden kann, dass der Informationstransfer in der Berufsausübungsgemeinschaft konzentriert ist. Die hierfür erforderlichen Abschottungsmaßnahmen führen dazu, dass der Kreis der Personen, die das *Secret Professionnel* in einer Be-

---

537 S.o. 4. Kap. B. I. 6.

538 Cahen, Dr. et Patr., février 1994, 84 (86).

rufsausübungsgemeinschaft brechen können, verkleinert wird, so dass indirekt der Schutz des *Secret Professionnel* erhöht wird.

Auch das bloße Ausnutzen der bei einer Mandatsbearbeitung erlangten Informationen im Rahmen der Beschäftigung mit einem nachfolgenden Mandat wird durch die Regelungen des Vertretungsverbots erfasst. Dies ist wichtig, weil das *Secret Professionnel* nur das Offenbaren dieser Informationen unter Strafe stellt und das Vertretungsverbot bei widerstreitenden Interessen nur dann greift, wenn der Mandant, von dem die Informationen herrühren, als Partei beteiligt ist.

IV. Zwischenergebnis

Durch das *Secret Professionnel* werden alle vertraulichen Informationen geschützt, die der Anwalt im Zusammenhang mit der Ausübung seiner beruflichen Tätigkeit erfahren hat. Aufgrund des Erfordernisses eines vertraulichen Charakters dieser geschützten Information fallen von vorneherein allgemein bekannte Tatsachen nicht unter diese, durch das *Secret Professionnel* schützenswerten Informationen. Werden die dem Anwalt anvertrauten Informationen aber erst mit der Zeit einem breiteren Publikum bekannt oder beinhalten diese Informationen nur noch zusätzliche Details, so vermag selbst diese nahezu allgemein vorhandene Bekanntheit der Information nicht, den Anwalt von seiner Verpflichtung zum *Secret Professionnel* zu entbinden.

Des Weiteren unterfällt nach Art. 66-5 des Gesetzes vom 31. Dezember 1971 auch die zwischen den Anwälten ausgetauschte Korrespondenz dem *Secret Professionnel*, es sei denn sie ist von den Anwälten mit dem Vermerk *„officielle“* versehen worden.

In diese für den Anwalt bestehende Verpflichtung zur Wahrung des *Secret Professionnel*, von der er auch nicht durch den Tod des Mandanten entbunden wird, werden auch seine anwaltlichen und nichtanwaltlichen Mitarbeiter sowie die Personen einbezogen, mit denen er nicht ständig zusammenarbeitet. Dies erfolgt auf strafrechtlicher Seite durch das Konstrukt des *„secret partagé“* und auf berufsrechtlicher Seite durch Art. 2.3 und 18.4 RIN und die Convention Collective Nationale des Cabinets d'Avocats bzw. die Convention Collective Nationale du Personnel des Cabinets d'Avocats. Ebenfalls in Art. 2.3 RIN wird festgehalten, dass die Verpflichtung zur Wahrung des *Secret Professionnel* eine Pflicht ist, die sich auf jegliche Form der Assoziierung von Anwälten erstreckt. Speziell mit der Tätigkeit eines Anwalts in einem *Réseau Pluridisciplinaire* befasst sich Art. 16 RIN. Hier erinnert Art. 16.2 RIN daran, dass auch in einem *Réseau Pluridisciplinaire* die Grundsätze der anwaltlichen Tätigkeit zu achten sind, wozu auch das *Secret Professionnel* zählt. Wo dies aufgrund der Form der Zusammenarbeit nicht möglich ist, muss sich der Anwalt aus einem solchen réseau zurückziehen.

Auch durch die Regelungen bezüglich des *Conflit d'Intérêts* führen indirekt zu einer Stärkung des Schutzes des *Secret Professionnel.* Zum einen, weil sie die Vertretung widerstreitender Interessen verbieten und dadurch den Anwalt nicht in die Lage kommen lassen, das *Secret Professionnel* im Zuge einer solchen Vertretung zu verletzen, zum anderen, indem durch die Erstreckung des Verbots auf Berufsausübungsgemeinschaften diese Zusammenschlüsse eine Unterbindung des Informationstransfers innerhalb ihrer Gemeinschaft vornehmen.

C. Vergleichendes Zwischenergebnis

Sowohl im deutschen wie auch im französischen Recht schützt das anwaltliche Berufsgeheimnis die dem Anwalt im Zusammenhang mit seiner beruflichen Tätigkeit bekannt gewordenen Informationen. Doch schon beim ersten Lesen des Art. 66-5 des Gesetzes vom 31. Dezember 1971 fällt ein Bereich auf, in dem das *Secret Professionnel* umfassender ist als die anwaltliche Verschwiegenheitspflicht des deutschen Rechts. Nur im französischen Recht wird auch die zwischen den Anwälten ausgetauschte Korrespondenz vom anwaltlichen Berufsgeheimnis erfasst. Diese Einbeziehung ist für die strafrechtlich geregelte Seite des *Secret Professionnel* relativ neu, denn bis 1997 bestand diese Verpflichtung zur Achtung der Regelungen der *Confidentialité des Correspondances* nur in einer berufsrechtlichen Norm des Règlement Intérieur der einzelnen Anwaltskammern. Diese Besonderheit des französischen Rechts führt bei Zusammenarbeit von französischen Anwälten mit Kollegen aus anderen Staaten, deren Rechtsordnungen keinen solchen Schutz der ausgetauschten Korrespondenz kennen, zu Problemen.

Um dieses Problem zu lösen, wurde auf französischer Seite vom berufsrechtlichen Normengeber Art. 21.5.3 RIN geschaffen, der die CCBE-Berufsregeln für die französischen Anwälte verbindlich macht und die Korrespondenz mit Anwälten anderer Staaten der Europäischen Union grundsätzlich als nicht vertraulich erklärt, es sei denn sie sind mit einem Vermerk „*confidentiel*" oder „*without prejudice*" versehen. Um zu der gegenseitigen Anerkennung einer solchen Absprache zu gelangen, muss sich der französische Anwalt mit seinem Korrespondenzpartner vorher über die Frage der Vertraulichkeit einigen. Genau diese Vorgehensweise wird aber auch bei dem Austausch von Korrespondenz mit jedem anderen Anwalt außerhalb der Europäischen Union angeraten, so dass der Verweis auf die CCBE-Berufsregeln zu keiner weitergehenden Klärung auf französischer Seite in der Frage der Regelungen der *Confidentialité des Correspondances* beim grenzüberschreitendem Austausch von Korrespondenz innerhalb der Europäischen Gemeinschaft führt.

Im deutschen Recht wurden die CCBE-Berufsregeln durch § 29 Abs. 1 BerO integriert. Soweit ein deutscher Anwalt grenzüberschreitend im Sinne von Nr. 1.5 der Berufsregeln der Rechtsanwälte der Europäischen Union tätig wird, gelten die CCBE-Berufsregeln. Allerdings verweist § 29 Abs. 1 BerO auch auf den Vorrang von europäischem Gemeinschaftsrecht oder deutschem Verfassungs-, Gesetzes- oder Verordnungsrecht. Art. 5.3 der CCBE-Berufsregeln, der sich mit der zwischen Anwälten verschiedener Staaten der Europäischen Union ausgetauschten Korrespondenz beschäftigt, wird in § 29 Abs. 1 BerO ausdrücklich für in Deutschland nicht anwendbar erklärt. Würde ein deutscher Anwalt den Wunsch nach Vertraulichkeit eines französischen Anwalts akzeptieren, weil dieser den Umschlag mit dem Vermerk „*confidentiel*" versehen hat, so würde er damit auch die Verpflichtung eingehen, den Inhalt der Korrespondenz auch gegenüber seinem eigenen Mandanten vertraulich zu behandeln. Diese Verpflichtung widerspricht aber § 666 BGB als höherrangigem Recht, wonach der Beauftragte verpflichtet ist, den Auskunfts- und Rechenschaftsbegehren des Auftraggebers nachzukommen.[539]

Aus diesem Grund führt der Verweis auf die CCBE-Berufsregeln auch auf deutscher Seite zu keiner eindeutigen Klärung, wie mit den Regeln der *Confidentialité des Correspondances* bei grenzüberschreitender Korrespondenz zwischen einem deutschen und einem französischen Anwalt verfahren werden soll.

Die Regelungen bezüglich des Verbots der Vertretung widerstreitender Interessen führen sowohl im deutschen wie auch im französischen Recht indirekt zu einer Stärkung des anwaltlichen Berufsgeheimnisses, weil der betroffene Anwalt aufgrund des Vertretungsverbots gar nicht in die Lage kommt, das Berufsgeheimnis zu verletzen. Ähnlich wirken sich die in größeren Berufsausübungsgemeinschaften unternommenen organisatorischen Abschottungsmaßnahmen, wie zum Beispiel „*Chinese Walls*", aus. Durch die Unterbrechung des Informationstransfers in einer Berufsausübungsgesellschaft wird der Kreis der Personen verkleinert, die gegen das anwaltliche Berufsgeheimnis verstoßen könnten. Durch Art. 155 Abs. 3 des Dekrets vom 27. November 1991, Art. 7 Abs. 3 des Dekrets vom 12. Juli 2005 und Art. 4.1 Abs. 3 RIN wird im französischen Recht auch die Annahme eines neuen Mandats verboten, wenn ein Anwalt zu dessen Bearbeitung Wissen verwenden könnte, das aus einem zuvor bearbeiteten Mandat stammt. Wie im französischen Recht, so verstößt dieser Fall auch im deutschen Recht nicht gegen das anwaltliche Berufsgeheimnis, weil keine sensible Information offenbart wird. Sofern es sich nicht um dieselbe Rechtssache handelt, wird dieser Fall im deutschen Recht auch nicht vom Verbot der Vertretung widerstreitender Interessen erfasst.

539 Kilian in Henssler/Streck, aaO, S. 992, Rn. 186.

Da dieser Fall jedoch auf einer Vereinigung von sensiblem Wissen in einer Person und den daraus resultierenden Interessenkonflikten basiert, ist es sinnvoll, ihn auch im deutschen Recht vergleichbar der Regelung des französischen Rechts im Rahmen der Vertretungsverbote aufgrund widerstreitender Interessen zu regeln.

5. Kapitel - Einwilligung in die Offenbarung und Entbindung von der Verschwiegenheitspflicht

A. Rechtslage in Deutschland

I. Einwilligung in die Offenbarung

Die Entbindung von der Schweigepflicht erfolgt durch Einwilligung in die Offenbarung, wodurch die Rechtswidrigkeit der Offenbarung ausgeschlossen wird.[540] Um wirksam in die Offenbarung einzuwilligen, muss der Einwilligende wissen, auf was für eine Tatsache sich seine Einwilligung bezieht und zu welchen Maßnahmen er durch seine Einwilligung sein Einverständnis gibt.[541]

1. Einwilligungsbefugnis

Die Einwilligung in die Offenbarung kann jedoch nur durch den betroffenen Inhaber des verletzten Rechtsguts wirksam erteilt werden.[542] Die Frage, wer im Falle der Offenbarung eines Geheimnisses der Verletzte ist, führt zu der Frage nach dem durch § 203 StGB geschützten Rechtsgut. Diese Frage nimmt in der Diskussion im Schrifttum traditionell einen breiten Raum ein.[543]

Grundsätzlich stimmen die Vertreter der verschiedenen Ansichten dahingehend überein, dass § 203 StGB die Verfügungsbefugnis des Einzelnen über die Offenbarung seiner persönlichen Lebensverhältnisse schützt. Aufgrund dieser Zielsetzung dient § 203 StGB dem Individualrechtsgüterschutz.[544]

Strittig ist, ob neben[545] oder sogar vor[546] dem Schutz dieses Individualinteresses die Norm auch der Wahrung eines Allgemeininteresses an der Funktions-

---

540 LK-Schünemann, § 203 StGB, Rn. 93; NK-Kargl, § 203 StGB, Rn. 50; Göppinger, NJW 1958, 241; a.A. Schönke/Schröder-Lenckner, § 203 StGB, Rn. 22; MK-Cierniak, § 203 StGB, Rn. 53 m.w.N., die bei der Zustimmung in die Offenbarung einen Wegfall der Rechtsgutsverletzung und damit ein tatbestandsausschließendes Einverständnis annehmen wollen. Dadurch, dass die Anhänger dieser Auffassung aber überwiegend die gleichen Anforderungen stellen, kommen sie aber doch wieder zu demselben Ergebnis, vgl. LK-Schünemann, § 203 StGB, Rn. 93.

541 Göppinger, NJW 1958, 241.

542 Tröndle/Fischer, vor § 32 StGB, Rn. 10; Schönke/Schröder-Lenckner, Vorbem §§ 32 ff. StGB, Rn. 35a.

543 Die Rspr. vertritt, mit unterschiedlichen Schwerpunkten, eine vermittelnde Position, vgl. BGHZ 115, 123 (125) einerseits und OLG Köln NStZ 83, 412 (413) andererseits.

544 SK-Hoyer, § 203 StGB, Rn. 1; NK-Kargl, § 203 StGB, Rn. 4; Schönke/Schröder-Lenckner, § 203 StGB, Rn. 3; LK-Schünemann, § 203 StGB, Rn. 14 ff.; Ostendorf, JR 81, 443 (445 ff.); Schünemann, ZStW 90, 11 (55); Gallas, ZStW 75, 16 (22).

545 Gallas, ZStW 75, 16 (22 f.); Tröndle/Fischer, § 203 StGB, Rn. 1b; Lackner/Kühl, § 203, Rn. 1; MK-Cierniak, § 203, Rn. 5; Michalowski, ZStW 109 (1997), 519 (522).

tüchtigkeit bestimmter Berufsgruppen dienen soll, die bei ihrer Tätigkeit auf eine spezifische Vertrauensbeziehung angewiesen sind oder ob dieses Allgemeininteresse nur mittelbar geschützt wird.

Für die Vertreter der Ansichten, die nur oder zumindest auch das Individualinteresse als das durch § 203 StGB geschützte Rechtsgut ansehen, ist der Mandant, dessen Geheimnis offenbart wurde, der Inhaber des verletzten Rechtsguts und somit einwilligungsbefugt. Aber auch die Vertreter der Ansicht, die durch § 203 StGB hauptsächlich das Allgemeininteresse geschützt sehen, gelangen zur Antragsbefugnis des Mandanten, indem sie den Mandanten als Sachwalter des Vertrauensschutzes ansehen.[547] Danach ist die Vertrauensbeziehung nur nach Maßgabe des Mandantenwillens schutzbedürftig.[548]

Demzufolge ist derjenige, dessen Geheimnis dem Rechtsanwalt anvertraut wurde, befugt, in die Offenbarung des Geheimnisses einzuwilligen.

2. Einwilligungsfähigkeit

Der zur Einwilligung Befugte muss auch zur Einwilligung fähig sein, weswegen er die Bedeutung und Tragweite seiner Entscheidung erkennen können muss.

Bei Geheimnissen, die zum persönlichen Lebens- und Geheimbereich gehören, sind Geschäfts- oder Schuldfähigkeit nicht erforderlich, weswegen auch Minderjährige wirksam einwilligen können.[549] Bei Betriebs- oder Geschäftsgeheimnissen hingegen setzt die Einwilligungsfähigkeit die Geschäftsfähigkeit des Erklärenden voraus.[550]

Ansonsten gelten die allgemeinen Regeln für die rechtfertigende Einwilligung, wonach die Einwilligung vor der Tat nach außen erkennbar geworden sein muss und nicht widerrufen worden sein darf.[551] Fehlvorstellungen, Täuschungen und Drohungen machen die Einwilligung unwirksam.[552]

---

546 Schönke/Schröder-Lenckner, § 203 StGB, Rn. 3; Schlund, JR 77, 265 (269); Schmidt, NJW 1962, 1745 (1747).

547 Schönke/Schröder-Lenckner, § 203 StGB, Rn. 22.

548 Nach Jung, GS Constantinesco, S. 360, beinhaltet dieser „Kunstgriff" die Widerlegung der Ansicht, die vorrangig das Allgemeininteresse als geschützt betrachtet, weil durch die Antragsbefugnis die Vorherrschaft des persönlichen Geheimnisschutzes anerkannt wird.

549 BVerfGE 59, 360 (387f.); BGHSt 4, 88 (90); Tröndle/Fischer, § 203 StGB, Rn. 32; Jung, GS Constantinesco, S. 366; NK-Kargl, § 203 StGB,Rn. 52.

550 BGHZ 16, 172 (175); MK-Cierniak, § 203 StGB, Rn. 57; LK-Schünemann, § 203 StGB, Rn. 95; Schönke/Schröder-Lenckner, § 203 StGB, Rn. 24, Vorbem. §§ 32 ff. StGB, Rn. 39 f.

551 Schönke/Schröder-Lenckner, § 203 StGB, Rn. 24, Vorbem. §§ 32 ff. StGB, Rn. 44; MK-Kargl, § 203 StGB, Rn. 57; NK-Cierniak, § 203 StGB, Rn. 59.

552 Schönke/Schröder-Lenckner, § 203 StGB, Rn. 24, Vorbem. §§ 32 ff. StGB, Rn. 45 ff; LK-Schünemann, § 203 StGB, Rn. 103.

3. Einwilligung nach dem Tod des Mandanten

Nach § 203 Abs. 4 StGB gilt der Geheimnisschutz auch nach dem Tod des Mandanten weiter. Diese Regelung trägt dem Gedanken Rechnung, dass die persönlichen Geheimnisse als Nachwirkungen des Persönlichkeitsrechts auch nach dem Tod geschützt sind.[553] Aus diesem Grund ist die Verfügungsbefugnis höchstpersönlicher Natur und geht nicht auf die Erben über, sondern erlischt mit dem Tod des Betroffenen.[554] Anders verhält es sich mit vermögenswerten Geheimnissen, wie Betriebs- bzw. Geschäftsgeheimnissen, denn sie gehen im Erbfall als Bestandteil des Vermögens gem. § 1922 BGB auf die Erben über, so dass die Erben hierüber die Einwilligung in die Offenbarung geben können.[555]

4. Konkludente Einwilligung

Die Einwilligung ist grundsätzlich formlos möglich, so dass sie auch konkludent erfolgen kann.[556]

a) Mandatsbearbeitung in einer Sozietät und Bürogemeinschaft

Wie oben bereits kurz angesprochen, erklärt sich der Mandant im Falle der Beauftragung einer Sozietät konkludent damit einverstanden, dass die assoziierten Anwälte sich untereinander in Bezug auf die Mandatsgeheimnisse austauschen.[557]

Eine solche konkludente Einwilligung kommt insbesondere dann in Betracht, wenn ein von Arbeitsteilung geprägter Informationsverbund vorliegt.[558] Allerdings ist bei der Annahme einer konkludenten Einwilligung Zurückhaltung geboten, da ansonsten die Bedeutung des Rechts auf informationelle Selbstbestimmung nicht angemessen berücksichtigt werden kann. Denn bei einer zu eiligen Annahme eines konkludenten Einverständnisses besteht die Gefahr, dass das Einholen der Zustimmung des Geheimnisträgers durch den Schweigepflichtigen in eine Obliegenheit des Geheimnisträgers zur Zustimmung umgewandelt wird, um den Eindruck einer konkludenten Einwilligung zu vermeiden.[559]

---

553 BGHZ 15, 249 (259); 50, 133 (136); BVerfGE 30, 173.

554 OLG Hamburg NJW 1962, 689 (691); LG Koblenz AnwBl 83, 328 (329); OLG München AnwBl 75, 159 (161); LK-Schünemann, § 203 StGB, Rn. 54; NK-Kargl, § 203 StGB, Rn. 10; Schönke/Schröder-Lenckner, § 203 StGB, Rn. 25.

555 OLG Hamburg NJW 1962, 689 (691); BayObLG NJW 1987, 1492; LK-Schünemann, § 203 StGB, Rn. 54; Schönke/Schröder-Lenckner, § 203 StGB, Rn. 25; NK-Kargl, § 203 StGB, Rn. 10.

556 NK-Kargl, § 203, Rn. 58; MK-Cierniak, § 203, Rn. 60; LK-Schünemann, § 203, Rn. 106.

557 Vgl. 4. Kap. A. I. 4. c.

558 NK-Kargl, § 203 StGB, Rn. 58; SK-Hoyer, § 203 StGB, Rn. 77.

559 BGH NJW 1992, 2955 (2957); BGH NJW 1992, 737 (739); MK-Cierniak, § 203 StGB, Rn. 61; NK-Kargl, § 203 StGB, Rn. 58.

Aus diesem Grund wird man bei dem von Arbeitsteilung geprägten Informationsverbund fordern müssen, dass es sich um eine betriebstypische Gegebenheit handelt, die der Geheimnisträger erkennen kann.[560]

Wenn der Mandant eine Sozietät mit der Betreuung seines Mandats beauftragt, will er auch die Vorteile nutzen, die ihm die Sozietät bietet. Ein Vorteil einer Sozietät ist, dass hier häufiger als in Einzelkanzleien spezialisierte Rechtsanwälte zu finden sind. Unter diesem Gesichtspunkt ist der Mandant damit einverstanden, dass seine Geheimnisse mehreren in einer Sozietät tätigen Anwälten offenbart werden, falls dies im Rahmen einer bestmöglichen Mandatsbearbeitung notwendig sein sollte.[561]

Bei einer Bürogemeinschaft hingegen besteht die Notwendigkeit eines solchen Informationsaustausches nicht, weil die Rechtsanwälte nicht arbeitsteilig zusammenarbeiten. Da auch der Mandant aufgrund der Organisationsform als Bürogemeinschaft von einer selbständigen Arbeit eines jeden Mitglieds ausgeht, kann nicht von einem konkludenten Einverständnis in die Geheimnisoffenbarung ausgegangen werden.[562]

b) Verkauf einer Kanzlei

Der Verkauf einer Rechtsanwaltskanzlei beinhaltet auch den Verkauf und die Übergabe der Akten und Dateien, die über die einzelnen Mandate angelegt wurden. Hierdurch wird dem erwerbenden Rechtsanwalt Einblick in Dateien und Akten offenbart, deren Inhalt der anwaltlichen Schweigepflicht unterfallen, weswegen es hierzu der Einwilligung des Mandanten bedarf.

Die konkludente Einwilligung des Mandanten in die Weitergabe dieser Akten und Dateien wird im Hinblick auf das Recht auf informationelle Selbstbestimmung bei einem Kanzleiverkauf abgelehnt.[563]

Angesichts der großen Bedeutung die das aus Art. 2 Abs. 1 i.V.m. Art. 1 Abs. 1 GG hergeleitete Recht auf informationelle Selbstbestimmung hat, wird verlangt, dass der Schweigepflichtige die ausdrückliche Einwilligung des Mandanten zur Weitergabe der Dateien einholt.[564] Erfolgt eine solche ausdrückliche Einwilligung nicht, so ist eine Vertragsbestimmung, die den Veräußerer

---

560 NK-Kargl, § 203 StGB, Rn. 58.

561 BGH NJW 1994, 257 (258); Michalski/Römermann, NJW 1996, 3233 (3236).

562 Michalski/Römermann, NJW 1996, 3233 (3239); NK-Kargl, § 203 StGB, Rn. 58; LK-Schünemann, § 203 StGB, Rn. 109.

563 BGHZ 116, 268 (273 ff.) unter ausdrücklicher Aufgabe der vorherigen Rechtssprechung in BGH NJW 1974, 602; vgl. auch BGH NJW 1995, 2026; NK-Kargl, § 203 StGB, Rn. 59, SK-Hoyer, § 203 StGB, Rn. 78.

564 BGH AnwBl 95, 551 (552); Taupitz, MDR 92, 421 (422); Schlund, JR 92, 203 (204); Roßnagel, NJW 1989, 2303 (2304); MK-Cierniak, § 203 StGB, Rn. 67; LK-Schünemann, § 203 StGB, Rn. 110.

verpflichtet, die Mandantendateien und -akten auch ohne Einwilligung der betroffenen Mandanten zu übergeben, wegen Verletzung der anwaltlichen Schweigepflicht und des informationellen Selbstbestimmungsrechts der Mandanten gem. § 134 BGB nichtig.[565]

c) Abtretung anwaltlicher Honorarforderungen

Auch wenn eine anwaltliche Honorarforderung an einen Dritten abgetreten wird, ist hiermit eine Verletzung der anwaltlichen Schweigepflicht verbunden. Die mit der Abtretung zusammenhängende, umfassende Aufklärungspflicht nach § 402 BGB führt in der Regel zu einer Verletzung der Schweigepflicht und des Rechts des Mandanten auf informationelle Selbstbestimmung, weswegen die Abtretung gem. § 134 BGB nichtig ist.[566] Aus diesem Grund ist die Abtretung einer anwaltlichen Honorarforderung ohne ausdrückliche Einwilligung des Mandanten nichtig.[567]

Mit der gleichen Begründung wird die Abtretung einer ärztlichen Honorarforderung an eine gewerbliche Verrechnungsstelle ohne ausdrückliche Zustimmung des Patienten für unzulässig gehalten.[568]

Grundsätzlich müsste dies auch für eine Abtretung einer Honorarforderung unter Rechtsanwälten gelten. Es wird jedoch unterschiedlich beurteilt, ob sich die Anforderungen an die stillschweigende Einwilligung durch die Einführung des § 49 Abs. 4 BRAO, der die Abtretung von Forderungen unter Rechtsanwälten erleichtern soll, verändert haben.

Während § 49 Abs. 4 S. 1 BRAO die Verschwiegenheitspflicht auf den Anwalt erstreckt, der die Forderung erwirbt, ist die Abtretung von Gebührenforderungen an einen berufsfremden Dritten nach § 49 Abs. 4 S. 2 BRAO nur aufgrund einer ausdrücklichen, schriftlichen Einwilligung des Mandanten möglich.

Hieraus wird überwiegend gefolgert, dass es zumindest bei der Abtretung von Forderungen an einen Rechtsanwalt keiner Einwilligung des Mandanten mehr bedarf, weder stillschweigend noch ausdrücklich.[569] Für andere ist dieser Schluss von der Einbeziehung in die Verschwiegenheitspflicht auf den Verzicht

565 BGHZ 116, 268 (273); BGH AnwBl 95, 551 (552).

566 BGH NJW 1993, 1638 (1639); selbst wenn Abtretungsempfänger Rechtsanwalt ist, vgl. BGH NJW 1993, 1912; BGH NJW 1993, 2795.

567 OLG Köln NJW 1992, 2772 (2773); BGH NJW 1993, 1638 (1639); BGH NJW 1995, 551.

568 BGHZ 115, 123 (128); OLG Karlsruhe NJW 1998, 831 (831 f.).

569 Vgl. MK-Cierniak, § 203 StGB, Rn. 60; Schönke/Schröder-Lencker, § 203 StGB, Rn. 29; Dittman in Henssler/Prütting, § 49b BRAO, Rn. 37; Feuerich/Weyland, § 49b BRAO, Rn. 48; im Ergebnis auch LK-Schünemann, § 203 StGB, Rn. 111;

der Einwilligung nicht zwingend. Auch bei Abtretung einer Forderung an einen Rechtsanwalt fordern sie eine Einwilligung des Mandanten.[570]

Bis zu einer höchstrichterlichen Klärung dieser Frage sollte in beiden Fällen, gerade im Hinblick auf den Stellenwert des Rechts auf informationelle Selbstbestimmung, eine Einwilligung des Mandanten zu einer Forderungsabtretung an einen Rechtsanwalt eingeholt werden.

5. Mutmaßliche Einwilligung

Auch eine mutmaßliche Einwilligung vermag, die Offenbarung eines Geheimnisses durch einen Schweigepflichtigen zu rechtfertigen. Voraussetzung hierfür ist, dass ein erkennbarer Wille zur Geheimnisoffenbarung fehlt. Da dies hauptsächlich dann der Fall ist, wenn der Betroffene nicht mehr rechtzeitig befragt werden kann,[571] ist der Anwendungsbereich der mutmaßlichen Einwilligung sehr begrenzt.[572]

Im Falle des Verkaufs einer Kanzlei oder der Abtretung anwaltlicher Forderungen sind die Mandanten erreichbar, auch wenn eine solche Befragung mit hohen Kosten verbunden ist, so dass hierbei nicht auf eine mutmaßliche Einwilligung abgestellt werden kann. Bei Verstorbenen hingegen ist die Möglichkeit einer solchen wirklichen Einwilligung nicht mehr gegeben, weswegen die mutmaßliche Einwilligung eines Verstorbenen grundsätzlich ausgeschlossen ist.[573]

II. Entbindung von der Verschwiegenheitspflicht

Im Rahmen der Verschwiegenheitspflicht ist der Mandant „Herr des Geheimnisses" und daher zur Entbindung von der Verschwiegenheitspflicht befugt. Die Voraussetzungen hierfür sind dieselben wie für die Einwilligung in die Offenbarung bei der strafrechtlichen Schweigepflicht. Auch im Rahmen der berufsrechtlichen Entbindung von der Verschwiegenheitspflicht muss der Mandant die für die Entbindung erforderliche Urteils- und Einsichtsfähigkeit besitzen und genau wissen, auf welches Wissen des Anwalts sich die Entbindung bezie-

---

570 Berger, NJW 1995, 1406 (1407); Prechtel, NJW 1997, 1813 (1815f.); SK-Hoyer, § 203 StGB, Rn. 78; NK-Kargl, § 203 StGB, Rn. 60; Henssler/Kilian, MDR 2001, 1274 (1275); schon vor Einführung des § 49b IV BRAO für Abtretung ohne Einwilligung des Mandanten: Kleine-Cosack, § 43a BRAO, Rn. 32 ff.

571 BGHZ 115, 123 (126); MK-Cierniak, § 203 StGB, Rn. 83, Schönke/Schröder-Lenckner, § 203 StGB, Rn. 27.

572 Schönke/Schröder-Lenckner, § 203 StGB, Rn. 27; LK-Schünemann, § 203 StGB, Rn. 130; NK-Kargl, § 203 StGB, Rn. 61.

573 NK-Kargl, § 203 StGB, Rn. 64; LK-Schünemann, § 203 StGB, Rn. 56; SK-Hoyer, § 203 StGB, Rn. 79.

hen soll.[574] In Bezug auf die Bedeutung des Todes des Mandanten für die Entbindung von der Verschwiegenheitspflicht und die Möglichkeit einer konkludenten bzw. mutmaßlichen Entbindung von der Verschwiegenheitspflicht kann ebenfalls auf die Ausführungen zur Einwilligung in die Offenbarung im Rahmen der strafrechtlichen Schweigepflicht verwiesen werden.

III. Ergebnis

Obwohl die Schweige- bzw. Verschwiegenheitspflicht neben dem Schutz der Vertrauenssphäre zwischen Rechtsanwalt und Mandant auch der Aufrechterhaltung einer funktionsfähigen Rechtspflege dient, obliegt es dem Mandanten als Geheimnisherrn, den Rechtsanwalt von dieser Pflicht zu entbinden. Diese Befugnis resultiert aus dem Recht des Mandanten auf informationelle Selbstbestimmung, wonach er entscheidet, welche Tatsachen seines persönlichen Lebens- und Geheimbereiches er der Öffentlichkeit zugänglich macht. Aus diesem Grund reicht die Befugnis des Rechtsanwalts, Geheimnisse bzw. Tatsachen zu offenbaren, nur soweit, wie die Einwilligung erteilt ist bzw. die Entbindung reicht.[575]

B. Rechtslage in Frankreich

I. Möglichkeit des Mandanten, den Anwalt von der Verpflichtung des *Secret Professionnel* zu entbinden

Entscheidet sich ein französischer Anwalt, nicht auszusagen, weil er seine Aussage als nachteilig für den Mandanten erachtet oder weil seine Aussage zwingend durch das *Secret Professionnel* geschützte Informationen enthalten würden, so kann ihn auch eine Erlaubnis seines Mandanten nicht von der Verpflichtung zur Verschwiegenheit entbinden.[576]

Im Hinblick auf die oben dargestellte Unmöglichkeit für den Rechtsanwalt, seinem Mandanten ein Schweigerecht entgegenzusetzen, mag dieses Resultat verwundern.[577] Zwar ist der Mandant „Urheber" der durch das *Secret Professionnel* geschützten Informationen, doch diese Eigenschaft betrifft nur die Bezie-

---

574 Feuerich/Weyland, § 43a BRAO, Rn. 24; Eylmann in Henssler/Prütting, § 43a BRAO, Rn. 60.

575 Ackermann, FS 100 DJT, Bd. 1, 479 (501); MK-Cierniak, § 203 StGB, Rn. 63; LK-Schünemann, § 203 StGB, Rn. 109; Eylmann in Henssler/Prütting, § 43a BRAO, Rn. 47; Kleine-Cosack, § 43a BRAO, Rn. 26.

576 Cass. crim. 25 octobre 1995, Bull. Crim. 1995, Nr. 323; Couturon, Gaz. Pal. 18 avril 1992, doctr. 295; Damien, 16 mars 1982, 136 (137); Hamelien/Damien, aaO, S. 312.

577 S.o. 3. Kap. B. I. 3.

hung zwischen dem Mandanten und dem Anwalt. Wäre diese privatrechtliche Beziehung ausschlaggebend, dann könnte der Mandant den Anwalt von seiner Verpflichtung zur Wahrung des *Secret Professionnel* entbinden. Wie eingangs aufgezeigt wird das *Secret Professionnel* aber vorwiegend im *Ordre Public* begründet.[578] Aus diesem Grund kann der Wille des Mandanten, der lediglich im Rahmen des zwischen dem Anwalt und dem Mandanten geschlossenen Mandatsvertrages privatrechtliche Wirkung entfaltet, nicht den Anwalt von einer Verpflichtung entbinden, deren Einhaltung im Allgemeininteresse liegt und deren Verletzung strafrechtlich sanktioniert ist.[579] Der speziellen Rolle des Mandanten als Urheber der geschützten Information und dem Mandanteninteresse an der Wahrung des *Secret Professionnel* wird durch den Umstand Rechnung getragen, dass der Mandant das Recht hat, von seinem Anwalt alle erforderlichen Auskünfte im Hinblick auf die durch das *Secret Professionnel* geschützten Informationen zu erhalten. Insoweit nimmt der Mandant im Hinblick auf den Zugang zu den durch das *Secret Professionnel* geschützten Informationen zwar eine Sonderstellung ein, die ihn, wie bereits oben dargestellt, aber nicht dazu ermächtigt, den Anwalt von seiner im *Ordre Public* begründeten Wahrung des *Secret Professionnel* zu entbinden.[580] Wäre eine Entbindung von der Schweigepflicht durch den Mandanten möglich, so könnte er den Anwalt zu einer Aussage vor Gericht zwingen. Damit wäre dem Anwalt dann auch die Entscheidung darüber abgenommen, ob er aussagt oder nicht. Wie oben dargestellt, ist die Entscheidung hinsichtlich einer möglichen Aussage vor Gericht einzig und allein dem Gewissen des Rechtsanwalts überlassen, solange er keine für seinen Mandanten nachteiligen Informationen offenbart und er durch seine Aussage nicht das *Secret Professionnel* verletzt.[581]

II. Mandatsbearbeitung in einer Sozietät

Bei einer Mandatsbearbeitung in einer Berufsausübungsgemeinschaft kann es vorkommen, und dies entspricht auch dem Grund für einen solchen Zusammenschluss von Anwälten, dass die assoziierten Anwälte gemeinsam ein Mandat bearbeiten. Da es wie oben bereits dargestellt, dem Mandanten unmöglich ist, in die Offenbarung einer vom *Secret Professionnel* geschützten Information durch den Anwalt einzuwilligen, kann er auch nicht konkludent in eine solche Offen-

578 S.o. 2. Kap. B. II. 1.

579 Peltier, Jur. Class. Code Pénal, fasc. 30, Nr. 23; Martin, aaO, Nr. 463; Le Grand de Belleroche, LPA 25 mars 2005, Nr. 60, 3.

580 Vgl. Cass. crim.29 mai 1989, Gaz. Pal. 15/16 novembre 1989, 884, note Damien; Cass. crim. 25 octobre 1995, Bull. Crim. 1995, Nr. 323; auch die Erben können den Anwalt nicht vom Secret Professionnel entbinden, CA Paris 8 novembre 1971, Gaz. Pal. 1972,1, 6.

581 S.o. 3. Kap. B. I. 1.

barung einwilligen. Wie aber oben ebenfalls bereits dargestellt, gibt es das Konstrukt des „*secret partagé*", das es dem Anwalt ermöglicht, einen Kollegen zur Mandatsbearbeitung mit in den Schutzbereich des *Secret Professionnel* einzubeziehen.[582]

C. Vergleichendes Zwischenergebnis

Die Unmöglichkeit für den französischen Mandanten, seinen Anwalt vom *Secret Professionnel* zu entbinden, und damit auch die Unmöglichkeit in eine Offenbarung von Informationen durch den Anwalt einzuwilligen, die durch das *Secret Professionnel* geschützt sind, ist auf das bereits oben angesprochene unterschiedliche Verständnis der Rolle des Mandanten im deutschen und im französischen Recht zurückzuführen.[583] Selbst für die Vertreter der Ansicht, die hauptsächlich das Allgemeininteresse an der Wahrung der anwaltlichen Schweigepflicht als das von § 203 StGB geschützte Interesse ansehen, ist der Mandant der Sachwalter dieses Vertrauensschutzes. Demnach ist im deutschen Recht die Rolle des Mandanten als „Herr des Geheimnisses" ausschlaggebend, wohingegen im französischen Recht der Wille des Mandanten aufgrund des Allgemeininteresses an der Wahrung des *Secret Professionnel* vor dem der Allgemeinheit zurücktritt.

Aus diesem Grund wird im französischen Recht bei der Mandatsbearbeitung in einer Berufsausübungsgemeinschaft nicht von einer konkludenten Einwilligung des Mandanten in die Einbeziehung der anderen Rechtsanwälte ausgegangen, sondern es wird das *Secret Professionnel* im Rahmen des „*secret partagé*" auf die an der Mandatsbearbeitung beteiligten Rechtsanwälte erweitert. So gelang man auf zweierlei Weise, auf deutscher Seite durch die Einwilligung in die Offenbarung und auf französischer Seite durch die Erweiterung des dem *Secret Professionnel* verpflichteten Personenkreises, zu demselben Ergebnis, nämlich der Einbeziehung mehrerer Anwälte in das anwaltliche Berufsgeheimnis, wenn diese gemeinsam an einem Mandat arbeiten.

---

582 S.o. 4. Kap. B. I. 6. a).

583 S.o. 3. Kap. C.

6. Kapitel - Offenbarung ohne Einwilligung bzw. Entbindung

A. Rechtslage in Deutschland

I. Offenbarung ohne Einwilligung

In gewissen, engen Grenzen darf der Rechtsanwalt die ihm anvertrauten oder auf sonstige Weise bekannt gewordenen Geheimnisse auch ohne Einwilligung des Mandanten offenbaren.

1. Rechtfertigender Notstand

Die Rechtswidrigkeit einer solchen Offenbarung kann aufgrund rechtfertigenden Notstandes gem. § 34 StGB entfallen, um Individualinteressen des Geheimnisträgers, des Schweigepflichtigen oder eines Dritten oder öffentliche Interessen zu schützen. Hierbei muss das geschützte Interesse das beeinträchtigte Interesse wesentlich überwiegen.[584] Zu den oben genannten, geschützten Interessen gibt es einige typische Fallgruppen, die nachfolgend kurz dargestellt werden sollen.

a) Ungerechtfertigte Verurteilung

Umstritten ist, ob die Offenbarung eines Rechtsanwalts durch § 34 StGB gerechtfertigt ist, wenn er durch seine Offenbarung eine ungerechtfertigte Verurteilung verhindern kann.

Die Möglichkeit einer ungerechtfertigten Verurteilung kann zum einen einem Mandanten bei falscher Selbstbezichtigung drohen, aber auch einem unschuldigen Dritten, wenn er fälschlicherweise belastet wurde. Die Abwägung zwischen dem unberechtigten Eingriff in die Freiheit eines Unschuldigen und dem Geheimnisschutz ist stark umstritten. Im Falle der drohenden Verurteilung eines unschuldigen Dritten misst die knapp überwiegende Ansicht dem unberechtigten Eingriff in die Freiheit oder das Vermögen des Dritten einen höheren

---

584 Es ist streitig, ob die dogmatische Grundlage hierfür im rechtfertigenden Notstand gem. § 34 StGB zu suchen ist, so NK-Kargl, § 203 StGB, Rn. 66 ff., MK-Cierniak, § 203 StGB, Rn. 84, Schünemann, ZStW 90, 11 (61), Otto, wistra 99, 201 (204), oder in der Wahrnehmung berechtigter Interessen in analoger Anwendung des § 193 StGB, so Rogall, NStZ 83, 1 (6), Schäfer, wistra 93, 281 (285), vermittelnd Tröndle/Fischer, § 203 StGB, Rn. 45. Auf diesen Streit wird hier nicht näher eingegangen, da in der Sache Einigkeit besteht, weswegen auch die Ergebnisse der Abwägungen zu denselben Ergebnissen kommen.

Wert zu als dem Geheimnisschutz.[585] Die Gegenansicht verweist darauf, dass die Schweigepflicht sich gerade in solchen Fällen bewähren muss, um die Vertrauensbeziehung zwischen Anwalt und Mandant zu wahren, und daher nicht ohne weiteres hinter dem Schutz des unschuldigen Dritten zurücktreten kann.[586] Ihrer Ansicht nach hat der Gesetzgeber seine Wertung anhand von § 139 Abs. 3 S. 2 StGB deutlich gemacht, wonach die Schweigepflicht von Rechtsanwälten nur in den dort genannten Fällen zurücktritt.[587] Hierzu zählt jedoch nicht das Verhindern eines Fehlurteils. Ähnlich verschieden sind die Ansichten im Falle einer falschen Selbstbezichtigung.[588]

Die hier aufgezeigten Extrempositionen und ihre Begründungen machen deutlich, dass es für die Vielzahl von Konfliktfällen keine generelle Lösung geben kann. Vielmehr muss der Rechtsanwalt selbst sorgfältig von Fall zu Fall zwischen seiner Schweigepflicht und der damit verbundenen Beistands- und Treuepflicht zu seinem Mandanten und einer ordnungsgemäßen Rechtspflege, deren Bestandteil er als Organ der Rechtspflege ist, abwägen.[589]

b) Honorarklagen und Strafverfahren

Geht ein Rechtsanwalt gerichtlich gegen einen Mandanten vor, so muss er im Rahmen seines zur Begründung des Anspruchs notwendigen Tatsachenvortrages auch Fakten offenbaren, die der anwaltlichen Schweigepflicht unterfallen. Im Rahmen der gerichtlichen Geltendmachung einer Honorarforderung ist ihm dies erlaubt, weil hier das Vermögensinteresse des Rechtsanwalts gegenüber dem Geheimhaltungsinteresse des Mandanten überwiegt, zumal die Gefahr für das Vermögen des Schweigepflichtigen von dem Geheimnisbetroffenen ausgeht und der Schweigepflichtige ansonsten völlig rechtlos wäre.[590]

---

585 Flor, JR 53, 368 (370); Haffke, GA 73, 65 (68); Henssler, NJW 1994, 1817 (1823); Michalowski, ZStW 107, 519 (536); MK-Cierniak, § 203 StGB, Rn. 87; Schönke/Schröder-Lenckner, § 203 StGB, Rn. 31.

586 Kalsbach, AnwBl 55, 41 (44); Ackermann, FS 100 Jahre DJT, Bd. 1, 479 (494); Dahs, Hdb. des Straverteidigers, Rn. 48; für eine umfangreiche Folgenabwägung: Beulke, Der Verteidiger im Strafverfahren, S. 121.

587 Vgl. LK-Schünemann, § 203 StGB, Rn. 142.

588 Für eine Offenbarungsbefugnis: NK-Kargl, § 203 StGB, Rn. 67; MK-Cierniak, § 203 StGB, Rn. 85; wenn eine gravierende Freiheitsstrafe droht: LK-Schünemann, § 203 StGB, Rn. 143; a. A. Dahs, Hdb. des Strafverteidigers, Rn. 48.

589 Vgl. Kalsbach, AnwBl. 55, 41 (45); Ackermann, FS 100 Jahre DJT, Bd. 1, 479 (495); Michalowski, ZStW 109, 519 (536).

590 BGHSt 1, 366 (368); BGHZ 115, 123 (129); 122, 115 (120); BGH NJW 1993, 2371 (2372); Schönke/Schröder-Lenckner, § 203 StGB, Rn. 33; NK-Kargl, § 203 StGB, Rn. 68; MK-Cierniak, § 203 StGB, Rn. 86; SK-Hoyer, § 203 StGB, Rn. 83; Henssler, NJW 1994, 1817 (1822).

Gleiches gilt für die gerichtliche Abwehr einer auf berufliches Fehlverhalten gestützten Regressklage[591] und für die Abwehr der Gefahr einer ungerechtfertigten strafrechtlichen Verfolgung.[592]

2. Gesetzliche Offenbarungsbefugnisse

Neben dem rechtfertigenden Notstand gem. § 34 StGB rechtfertigen auch gesetzliche Offenbarungspflichten die Darlegung anvertrauter Geheimnisse durch den Rechtsanwalt ohne Zustimmung des Mandanten.

a) Nichtanzeige geplanter Straftaten

Um das Vertrauensverhältnis zwischen Rechtsanwalt und Mandant wirkungsvoll zu schützen, ist ein Rechtsanwalt nur bei der Kenntnis von besonders schweren Deliktsvorhaben zur Anzeige verpflichtet.

Hierbei handelt es sich um die bereits oben angesprochene Anzeigepflicht aus § 138 Abs. 1 StGB im Umfang der Einschränkung aus § 139 Abs. 3 S. 2 StGB.[593]

b) Der Rechtsanwalt als Drittschuldner

Werden Ansprüche des Mandanten gegen den Rechtsanwalt von einem Dritten gepfändet, so ist der Rechtsanwalt dem Dritten nach § 840 ZPO zur Auskunft über die Forderung verpflichtet.[594] Demnach geht auch hier die Auskunftspflicht der Schweigepflicht vor. Allerdings muss sich die Auskunft des Rechtsanwalts auf das gesetzliche Minimum beschränken, weswegen er nur erklären darf, ob und inwieweit er die Forderung als berechtigt anerkennt und inwieweit er zur Zahlung bereit ist.[595]

c) Eidesstattliche Versicherung

Eine vergleichbare Situation, in der die anwaltliche Schweigepflicht ebenfalls hinter einer Auskunftspflicht zurücktritt, liegt bei der eidesstattlichen Versicherung eines Rechtsanwalts nach § 807 Abs. 1 ZPO vor.[596] Im Rahmen der hierbei nötigen Aufstellung des Vermögensverzeichnisses muss der Rechts-

---

591 LG München I DStR 82, 179; MK-Cierniak, § 203 StGB, Rn. 86; NK-Jung, § 203 StGB, Rn. 68.

592 BGHSt 1, 366 (368); Michalowski, ZStW 107, 519 (536); Jung, GS Constantinesco, S. 367; Schönke/Schröder-Lenckner, § 203 StGB, Rn. 33; MK-Cierniak, § 203 StGB, Rn. 86; Haffke, GA 73, 65 (68); Henssler, NJW 1994, 1817 (1822 f.).

593 S.o. 3. Kap. A. I. 3.

594 Zöller/Stöber, § 840, Rn. 4; Eylmann in Henssler/Prütting, § 43a BRAO, Rn. 76.

595 Wirges, JurBüro 97, 295 (296 f.).

596 BGH MDR 91, 783; KG JR 85, 161 (162); OLG Köln MDR 93, 1007; Baumbach/Lauterbach-Hartmann, § 807 ZPO, Rn. 30.

anwalt seine Honorarforderungen unter namentlicher Angabe der Mandanten aufführen.

d) Anzeigepflicht aufgrund Geldwäschegesetz

Das Gesetz über das Aufspüren von Gewinnen aus schweren Straftaten[597] führt ebenfalls zu einer Einschränkung der Schweigepflicht, indem es den Rechtsanwälten in § 11 Abs. 1 GWG beim Verdacht auf Geldwäsche eine Anzeigepflicht auferlegt. Dies gilt jedoch nur dann, wenn Rechtsanwälte ihre Mandanten beim Kauf oder Verkauf von Immobilien oder Gewerbebetrieben, der Verwaltung von Geld, Wertpapieren oder sonstigen Vermögenswerten, der Eröffnung oder Verwaltung von Bank-, Spar- oder Wertpapierkonten und der Beschaffung der zur Gründung, Betrieb oder Verwaltung von Treuhandgesellschaften, Gesellschaften oder ähnlichen Strukturen behilflich sind oder im Namen und auf Rechnung ihrer Mandanten Finanz- oder Immobilientransaktionen durchführen. Ferner muss die Geschäftsbeziehung zwischen dem Rechtsanwalt und dem Mandanten auf Dauer angelegt sein,[598] wobei aufgrund des Wortlautes des § 3 Abs. 1 S. 1 a-e GWG auch bei einem einzelnen Mandat bereits von einer auf Dauer angelegten Geschäftsbeziehung zu sprechen sein wird.[599]

Von dieser Anzeigepflicht besteht gem. § 11 Abs. 3 S. 1 GWG eine Ausnahme, wenn der Rechtsanwalt die den Verdacht begründenden Informationen bei der gerichtlichen Vertretung oder Rechtsberatung des Mandanten erhalten hat. Diese Ausnahme gilt gem. § 11 Abs. 3 S. 2 GWG jedoch nicht, wenn der Rechtsanwalt weiß, dass der Mandant seine Dienste zum Zweck der Geldwäsche in Anspruch nimmt.

II. Offenbarung ohne Entbindung

Im Rahmen der berufsrechtlichen Verschwiegenheitspflicht aus § 43a Abs. 4 BRAO i.V.m. § 2 BerO ist es dem Rechtsanwalt ebenfalls erlaubt, die ihm anvertrauten oder auf sonstige Weise bekannt gewordenen Tatsachen ohne Einwilligung des Mandanten zu offenbaren. Diese Ausnahmen sind in § 2 Abs. 3 BerO geregelt, wonach die Verschwiegenheitspflicht nicht gilt, „soweit diese Berufsordnung oder andere Rechtsvorschriften Ausnahmen zulassen oder die Durchsetzung oder Abwehr von Ansprüchen aus dem Mandatsverhältnis oder die Verteidigung des Rechtsanwalts in eigener Sache die Offenbarung fordern“.

Die oben im Rahmen der Offenbarung ohne Einwilligung dargestellten typischen Fallgruppen des rechtfertigenden Notstandes gem. § 34 StGB, die Gefahr der ungerechtfertigten Verurteilung, die Honorarklagen, die Abwehr von Scha-

597 Abgekürzt Geldwäschegesetz, GWG.

598 Dies ergibt sich aus § 3 I GWG, der auf die Regelungen in § 2 I-III GWG Bezug nimmt.

599 Große-Wilde, MDR 2002, 1288 (1289); Wittig, AnwBl 2004, 193 (194).

densersatzansprüchen und die Verteidigung in eigener Sache werden in § 2 Abs. 3, 2. Halbs. BerO angesprochen. Bereits im 1. Halbsatz des § 2 Abs. 3 BerO wird Bezug genommen auf die ebenfalls oben angesprochenen, gesetzlichen Offenbarungspflichten, die Anzeigepflichten aus § 138 StGB und § 11 Abs. 1 GWG und die Auskunftspflichten gem. §§ 840, 807 ZPO.

Die Aufzählung des § 2 Abs. 3 BerO birgt demnach keinen sachlichen Unterschied zu den in der Rechtsprechung entwickelten Fallgruppen, sondern umschreibt diese nur genauer.[600]

III. Ergebnis

Die Möglichkeit der Offenbarung ohne Einwilligung bzw. ohne Entbindung von der Verschwiegenheitspflicht durch den rechtfertigenden Notstand und die gesetzlichen Offenbarungspflichten ist bedingt durch den Umstand, dass der durch die Schweige- bzw. Verschwiegenheitspflicht bewirkte Schutz der Vertrauensbeziehung zwischen Anwalt und Mandant nicht nur den Individualinteressen des Anwalts oder des Mandanten dienen soll, sondern auch einen Gemeinwohlbezug aufweist. Im Gegensatz zu den gesetzlichen Offenbarungspflichten kann jedoch der rechtfertigende Notstand nach § 34 StGB nur einen Rechtfertigungsgrund für den Bruch der Schweige- bzw. Verschwiegenheitspflicht darstellen, er kann jedoch nie eine Offenbarungspflicht begründen.[601] Die Abwägung darüber, ob er geschütztes Mandantenwissen zugunsten eines anderen, eindeutig überwiegenden Interesses offenbart, obliegt einzig und allein dem Rechtsanwalt.

B. Rechtslage in Frankreich

Da das französische Recht keine Entbindung vom *Secret Professionnel* und dadurch auch keine Einwilligung in die Offenbarung von Informationen kennt, die durch das *Secret Professionnel* geschützt werden, beschränkt sich die Darstellung in diesem Teil auf die gesetzlichen Offenbarungsbefugnisse.

I. Anzeigemöglichkeit nach Art. 226-14 Code Pénal

Einleitend stellt Art. 226-14 Code Pénal fest, dass die Vorschrift des Art. 226-13 Code Pénal, der den Bruch des *Secret Professionnel* unter Strafe stellt, nicht anwendbar ist, wenn ein Gesetz die Offenbarung der durch das *Secret Professionnel* geschützten Information anordnet oder erlaubt.

---

600 Hartung/Holl-Hartung, § 2 BerO, Rn. 38.

601 Lenckner, NJW 1965, 321 (327); LK-Schünemann, § 203 StGB, Rn. 144; MK-Cierniak, § 203 StGB, Rn. 84.

Art. 226-14 Code Pénal selbst nennt einen Fall, in dem es einem Berufsgeheimnisträger erlaubt ist, trotz seiner Verpflichtung zur Wahrung des *Secret Professionnel*, Anzeige zu erstatten. Wie bereits oben dargestellt, hat der Anwalt, wie jeder andere Berufsgeheimnisträger gem. Art. 226-14 Code Pénal die Möglichkeit, Personen anzuzeigen, wenn sie bestimmte Straftaten gegenüber Personen begangen haben, die aufgrund ihres Alters oder ihrer physischen oder psychischen Konstitution besonders schützenswert sind.[602]

II. Anzeigemöglichkeit nach Art. 434-1 und 434-3 Code Pénal

Einen weiteren Fall, in dem ein Gesetz dem Anwalt gestattet, Anzeige zu erstatten, ohne sich hierdurch des Bruches des *Secret Professionnel* strafbar zu machen, stellen die Bestimmungen der Art. 434-1 und 434-3 Code Pénal dar. Wie oben bereits ausführlich dargestellt,[603] überlassen es diese Vorschriften dem Anwalt, ob er der jedermann treffenden Pflicht zur Anzeige geplanter Straftaten nachkommt oder der Wahrung des *Secret Professionnel* den Vorrang gibt.

III. Anzeigepflicht aufgrund Verdachts der Geldwäsche

Entgegen den zwei zuvor genannten Fällen, in denen der Anwalt wählen kann, ob er Anzeige erstattet oder nicht, stellt die Anzeigepflicht aufgrund des Verdachts der Geldwäsche einen Fall dar, in dem ein Gesetz eine Anzeigepflicht für den Anwalt anordnet.

1. Verbot der Geldwäsche durch Art. 324-1 und 324-2 Code Pénal

Das Delikt der Geldwäsche in Art. 324-1 Code Pénal bestraft mit fünf Jahren Gefängnisstrafe und einer Geldstrafe in Höhe von 375.000 € jegliche Art der Verschleierung der Herkunft von Gütern oder Einkünften aus Verbrechen oder Vergehen, aus denen der Straftäter einen direkten oder indirekten Gewinn bezieht. Ebenfalls unter das Delikt der Geldwäsche fallen die Unterstützung bei dem Vorhaben der Anlage, der Verheimlichung oder der Umwandlung eines Guts, das direkt oder indirekt aus einem Verbrechen oder Vergehen herrührt.

Als schwerer Fall der Geldwäsche wird die gewohnheitsmäßige Begehung der Geldwäsche angesehen, welche mit zehn Jahren Gefängnisstrafe und einer Geldstrafe in Höhe von 750 000 € bestraft wird. Hierunter fallen auch die Geldwäsche, die unter Ausnutzung der Möglichkeiten stattfindet, die ein Beruf bietet oder die Geldwäsche, die in einem bandenmäßig organisierten Rahmen stattfindet.

---

602 S.o. 3. Kap. B. I. 2. a) (1).
603 S.o. 3. Kap. B. I. 2.

2. Anzeigepflicht aufgrund Verdachts der Geldwäsche gem. Art. 562-2-1 Code Monétaire et Financier

Durch das Gesetz vom 11. Februar 2004, [604] das auf die EU-Richtline 2001/97/CE des europäischen Parlaments und des europäischen Rates zurückzuführen ist,[605] wurde in Art. 562-2-1 Code Monétaire et Financier eine Anzeigepflicht beim Verdacht auf Geldwäsche eingeführt, von der auch die Anwälte betroffen sind.

Diese Pflicht besteht, wie im deutschen Recht, wenn der Anwalt seinen Mandanten beim Kauf oder Verkauf von Immobilien oder Gewerbebetrieben, der Verwaltung von Geld, Wertpapieren oder sonstigen Vermögenswerten, der Eröffnung oder Verwaltung von Bank-, Spar- oder Wertpapierkonten und der Beschaffung der zur Gründung, Betrieb oder Verwaltung von Treuhandgesellschaften, Gesellschaften oder ähnlichen Strukturen behilflich ist oder im Namen und auf Rechnung seines Mandanten Finanz- oder Immobilientransaktionen durchführt.

Zum Schutz des *Secret Professionnel* besteht von der Anzeigepflicht eine Ausnahme, wenn der Anwalt die den Verdacht begründenden Informationen im Zusammenhang mit einem gerichtsförmigen Verfahren seines Mandanten erfährt, unabhängig davon, ob ihm die Informationen vor, während oder nach dem Verfahren bekannt geworden sind. Diese Ausnahme von der Anzeigepflicht besteht auch im Rahmen einer Beratung mit dem Ziel, das gerichtsförmige Verfahren zu vermeiden.

Aber auch wenn die den Verdacht begründenden Informationen dem Anwalt im Rahmen einer bloß beratenden Tätigkeit bekannt geworden sind, gilt die Ausnahme von der Anzeigepflicht zum Schutz des *Secret Professionnel.* Diese Ausnahmen von der Anzeigepflicht haben im Rahmen der beratenden Tätigkeit nur dann Bestand, wenn die Unterredung nicht auf die Ermöglichung der Geldwäsche abzielt oder der Anwalt nicht trotz besseren Wissens um die Verwertung der so gewonnenen Kenntnisse durch den Mandanten mit der Besprechung fortfährt.

Einen weiteren Mechanismus zum Schutz des *Secret Professionnel* stellt die Anzeige selbst dar. Diese erfolgt nicht gegenüber der eigentlich zuständigen Stelle, der *Traitement du Renseignement et Action contre les Circuits Financiers Clandestins,*[606] sondern gegenüber dem *Bâtonnier.* Dieser prüft noch ein-

---

604 Art. 70 Abs. 2 des Gesetzes vom 11. Februar 2004 betreffend die Reform gewisser juristischer Berufe, JO 12 février 2004, S. 2847-2857.

605 Richtlinie 2001/97/EG des Europäischen Parlaments und des Rates vom 28.12.2001 zur Änderung der Richtlinie 91/308/EWG zur Verhinderung der Nutzung des Finanzsystems zum Zwecke der Geldwäsche, ABl. EG 2001 L 344/76.

606 Im Folgenden abgekürzt TRACFIN, Grundlage der TRACFIN vgl. Art. 562-4 Code monétaire et financier.

mal die Stichhaltigkeit des Verdachts und leitet die Information dann an die TRACFIN weiter. Sollte er den Verdacht jedoch nicht für begründet erachten, so steht es ihm frei, die TRACFIN nicht zu informieren. In diesem Fall informiert der *Bâtonnier* den Anwalt über seine Entscheidung und die dahinterstehenden Beweggründe, den Verdacht nicht weiterzuleiten, damit der Anwalt weiterhin einen ungestörten Umgang mit seinem Mandanten pflegen kann.

Der *Bâtonnier* hat jedoch die Fälle, in denen er den Geldwäscheverdacht nicht als erhärtet angesehen hat, in anonymisierter Weise an den Präsidenten des Conseil National des Barreaux weiterzuleiten. Dieser muss wiederum dem Justizminister Bericht über die nicht angezeigten Verdachtsfälle erstatten. Hierdurch soll die Situation besser erfasst werden, und die so gesammelten Daten sollen als Grundlage für eine eventuelle Verbesserung des Gesetzestextes dienen.[607]

Um trotz der Verpflichtung zur Verdachtsanzeige die Vertrauensbeziehung zwischen Anwalt und Mandant zu bewahren, steht es dem Anwalt frei, seinem Mandanten über seine Anzeige gegenüber dem *Bâtonnier* zu berichten.[608] Die EU-Richtlinie überlässt es den Mitgliedstaaten, ob sie im Rahmen der Umsetzung der EU-Richtlinie den Anwälten ihres Staates die Möglichkeit geben wollten, die Mandanten über die erfolgte Verdachtsanzeige zu informieren oder nicht. Frankreich ist der einzige Staat, der sich im Rahmen dieser Wahlmöglichkeit dafür entschieden hat, seinen Anwälten die Möglichkeit einzuräumen, ihre Mandanten über die Verdachtsanzeige zu informieren.[609]

Sollte ein Anwalt sich entschließen, trotz eines Verdachts der Geldwäsche, der sich später bestätigt, nicht Anzeige zu erstatten, so wird er Komplize desjenigen, der die Geldwäsche aktiv betreibt. Dies hat zum einen disziplinarrechtliche Konsequenzen für den Rechtsanwalt, zugleich macht er sich aber auch eines schweren Falles der Geldwäsche nach Art. 324-2 Code Pénal strafbar, da er die Geldwäsche unterstützende Handlung im Rahmen seines Berufes erbringt.

3. Kritik an der Verpflichtung zur Verdachtsanzeige und System der CARPA

Die Verpflichtung der Rechtsanwälte im Falle des Verdachts der Geldwäsche, Anzeige zu erstatten, hat heftige Kritik von Seiten der französischen Anwaltschaft hervorgerufen.[610]

---

607 Juncu, LPA 14 juin 2005, Nr. 117, 4 (14).

608 S. Ausnahme in Art. 574-1 Code monétaire et financier.

609 Sordet, Dr. et Patr. 2004, Nr. 124, 6 (8); Juncu, LPA 2005, Nr. 117, 4 (14); Bénichou, Gaz. Pal. 18/19 janvier 2005, 250 (251).

610 Dufour, LPA 24 octobre 2000, Nr. 212, 3; Le Borgne in Colloque ACE, Gaz. Pal. 23/24 janvier 2004, 28 (30); Stasi, Gaz. Pal. 19/20 mars 2004, 816 f.

Lange Zeit hatte man versucht, die Verpflichtung der Anwälte zur Verdachtsanzeige im Kampf gegen die Geldwäsche durch eine Ausweitung des Systems der CARPA zu umgehen. Ursprünglich wurde das System der CARPA gegründet, um die Kassenführung der Anwälte zu kontrollieren, und erst kürzlich wurde die Notwendigkeit erkannt, zugleich darüber zu wachen, dass die Bewegungen der Gelder nicht zum Zwecke der Geldwäsche stattfinden.[611] Jeder Anwalt muss die Gelder, die er von seinem Mandanten oder auf dessen Rechnung empfängt, auf sein Konto bei der CARPA einzahlen, weswegen für jeden Mandanten ein Unterkonto angelegt wird.[612]

Auf diese Weise werden von der CARPA sämtliche Geldbewegungen eines Anwalts verfolgt, denn der Anwalt kann ohne vorherige Kontrolle durch die CARPA kein Geld von den Konten bei der Kasse abheben, und selbst für die Abhebung der Anwaltskosten braucht er das schriftliche Einverständnis seines Mandanten.[613] Sollte ein Anwalt die Guthaben eines Unterkontos auf ein anderes Konto übertragen oder mit dem Guthaben nicht ordnungsgemäß verfahren, drohen ihm schwere disziplinarrechtliche Strafen, die bis zum Ausschluss aus der Anwaltskammer reichen können.[614] Schon die Tatsache, den Versuch zu unternehmen, dem Kontrollmechanismus der CARPA entgehen zu wollen, begründet den Verdacht der Beihilfe zur Geldwäsche. Die CARPA selbst hat vertragliche Beziehungen mit einer Bank, welche wiederum gehalten ist, bei dem Verdacht auf Geldwäsche Anzeige zu erstatten.[615]

Die Arbeit der CARPA wird auf zwei Wegen kontrolliert. Zum einen verfasst ein ernannter Rechnungsprüfer jedes Jahr einen Bericht über die Einhaltung der Verpflichtungen der Anwälte gegenüber der CARPA. Dieser Bericht wird von ihm an den *Bâtonnier* und den Generalstaatsanwalt an Cour de Cassation weitergeleitet.[616] Zum anderen wird der Bericht auch noch an eine externe Kontrollkommission geschickt, die über die Befugnisse verfügt, bei dem Verdacht auf Unregelmäßigkeiten weitere Aufklärungs- und Schutzmaßnahmen anzuordnen.[617]

611 Blanchard in Beignier/Blanchard/Villacèque, Nr. 242; Bénichou/Teitgen, Gaz. Pal. 21/22 avril 2000, 724; Juncu, LPA 14 juin 2005, Nr. 117, 4 (12); Tournois in Colloque ACE, Gaz. Pal. 23/24 janvier 2004, 18 (19); Interview mit F. Teitgen, Dr. et Patr. 2000, Nr. 81, 14; Interview mit M. Beaussier, Dr. et Patr. 2001, Nr. 98, 6.

612 Vgl. Art. 240 und 240-1 des Dekrets vom 27. November 1991.

613 Vgl. Art. 241 décret du 27 novembre 1991.

614 Juncu, LPA 14 juin 2005, Nr. 117, 4 (12); Bénichou/Teitgen, Gaz. Pal. 21/22 avril 2000, 724 (725); Cass. 1ère civ. 4 mai, Gaz. Pal 1982, pan. jur. 291.

615 Bénichou/Teitgen, Gaz. Pal. 21/22 avril 2000, 724 (725).

616 Vgl. Art. 241-2 des Dekrets vom 27. November 1991.

617 Vgl. Art. 241-3 bis 241-6 ces Dekrets vom 27. November 1991.

Diese umfassende Kontrolle der den Anwälten im Rahmen ihrer beruflichen Tätigkeit zufließenden Geldmittel durch die CARPA wurde von vielen Anwälten als ausreichend im Kampf gegen die Geldwäsche angesehen, zumal dieses System den Vorteil hat, in der Selbstverantwortung der Anwaltskammern geführt zu werden und ohne eine Verdachtsanzeige auszukommen, die aufgrund des *Secret Professionnel* und der hierdurch geschützten Beziehung zwischen Anwalt und Mandant dem Charakter der beruflichen Tätigkeit des Anwalts widerstrebt.[618]

Aufgrund dieser Vorteile strebten die französischen Anwälte eine Einführung des Systems der CARPA in den anderen europäischen Staaten an, um so einer Anzeigepflicht beim Verdacht auf Geldwäsche zu entgehen.[619] Da aber der Beruf des Anwalts in jedem Land anders ausgestaltet ist und die Umsetzung einer Direktive in jedem Land auf dieselbe Art und Weise erfolgen muss, wurde dieser Vorschlag nicht aufgegriffen.[620]

Mittlerweile hat sich die französische Anwaltschaft im Rahmen der Unterstützung gegen die Geldwäsche mit der Anzeigepflicht abgefunden. Dennoch wird die Abwägung des hinter der Anzeigepflicht stehenden Interesses an der Bekämpfung des organisierten Verbrechens und des Allgemeininteresses an der Wahrung des *Secret Professionnel* kritisch gesehen, weswegen die Anwaltschaft wachsam ist, dass hierdurch kein Präzedenzfall für eine weitere Zurückdrängung des *Secret Professionnel* geschaffen wird.[621]

IV. Verteidigung in eigener Sache

Aufgrund des oben bereits an verschiedenen Stellen dargestellten, nahezu absoluten Verständnisses des *Secret Professionnel* war es lange Zeit strittig, ob ein Anwalt zum Zweck seiner eigenen Verteidigung Informationen offenbaren darf, die dem *Secret Professionnel* unterfallen.[622] Den Ärzten wurde bereits früher als den Anwälten die Möglichkeit zuerkannt, sich notfalls auch mit einer Aussage, die zum Bruch des *Secret Professionnel* führt, gerichtlich gegen eine,

618 Bénichou/Teitgen, Gaz. Pal. 21/22 avril 2000, 724 (725); Krebs in Colloque ACE, Gaz. Pal. 23/24 janvier 2004, 24 (25 f.); Tournois in Colloque ACE, Gaz. Pal. 23/24 janvier 2004, 18 (19 f.); de Marsac in Colloque ACE, Gaz. Pal. 23/24 janvier 2004, 33 (35 f.); Cahen, Gaz. Pal. 13-15 février 2000, 246 (249 f.); Repiquet, Gaz. Pal. 8 juillet 2003, 2060 (2063); Interview mit M.-Chr. Wiesenhofer, Dr. et Patr. 2004, Nr. 124, S. 10.

619 Bénichou/Teitgen, Gaz. Pal. 21/22 avril 2000, 724 (725).

620 Juncu, LPA 14 juin 2005, Nr. 117, 1 (11).

621 Repiquet, Gaz. Pal. 27 avril 2004, 2; de Marsac in Colloque ACE, Gaz. Pal. 23/24 janvier 2004, 33 (35); Juncu, LPA 14 juin 2005, Nr. 117, 1 (14); mit großer Besorgnis: Bénichou, Gaz. Pal. 18/19 février 2005, 250 (251).

622 Damien, note zu Cass. crim. 29 mai 1989, Gaz. Pal. 16 novembre 1989, 884.

gegen sie selbst gerichtete Anschuldigung zur Wehr zu setzten.[623] Dieselbe Möglichkeit wurde den Anwälten in einem Urteil der Chambre Criminelle der Cour de Cassation vom 29. Mai 1989 eröffnet, indem einem Anwalt zur eigenen Verteidigung erlaubt wurde, zu Beweiszwecken die mit seinem Mandanten ausgetauschte Korrespondenz einzubringen.[624] Hierbei muss sich der Anwalt jedoch auf die Teile beschränken, die zwingend zu seiner Verteidigung notwendig sind.[625]

Durch Art. 4 des Dekrets vom 12. Juli 2005,[626] der wortgleich mit Absatz drei des Art. 2.1 RIN ist, wurde diese Ausnahme von der strikten Wahrung des *Secret Professionnel* auch gesetzlich abgesichert:

„Sous réserve des strictes exigences de sa propre défense devant toute juridiction et des cas de déclaration ou de révélation prévues ou autorisées par la loi, l'avocat ne commet, en toute matière, aucune divulgation contrevenant au Secret Professionnel."

Durch diesen Artikel wird sichergestellt, dass ein Anwalt nicht nur in einem Strafprozess, sondern vor jeglicher Art von Gericht zu seiner eigenen Verteidigung Informationen offenbaren darf, die ansonsten vor einer Weitergabe durch das *Secret Professionnel* geschützt werden.[627]

V. Zwischenergebnis

In Art. 226-14 Code Pénal und Art. 434-1 und 434-3 Code Pénal wird dem Anwalt die Möglichkeit gegeben, trotz seiner Verpflichtung zur Wahrung des *Secret Professionnel* Anzeige in den aufgezählten Fällen zu erstatten. Beim Verdacht der Geldwäsche hingegen besteht für den Anwalt nach Art. 562-2-1 Code monétaire et financier die Pflicht, Anzeige zu erstatten. In beiden Fällen beinhaltet die Ausnahme von der Verpflichtung zur Wahrung des *Secret Professionnel* jedoch nur die Möglichkeit der Anzeige. Im Rahmen der Verteidigung in eigener Sache, die dem Anwalt nach Art. 4 des Dekrets vom 12. Juli 2005 und nach Art. 2.1 RIN erlaubt ist, darf der Anwalt hingegen selbst entscheiden, wie viel und welche Informationen er preisgibt.

623 CA Lyon 17 janvier 1980, Gaz. Pal 4 août 1981, jurispr. 491; vgl. im Zusammenhang hiermit auch Cass. crim. 20 décembre 1967, D. 1969, jurispr. 309, note Lepointe.

624 Cass. crim. 29 mai 1989, Gaz. Pal. 16 novembre 1989, 884.

625 Cass. crim. 16 mai 2000, Bull. crim. 2000, Nr. 192.

626 Dekret Nr. 2005-790 vom 12. Juli 2005 betreffend die Regelung des Berufsrechts der Anwälte, JO 16 juillet 2005, S. 11688.

627 Martin, aaO, Nr. 458.

C. Vergleichendes Zwischenergebnis

Würde in jedem Fall streng an der Wahrung des anwaltlichen Berufsgeheimnisses festgehalten werden, würden sowohl in Frankreich wie auch in Deutschland andere wichtige Gemeinschaftsinteressen gefährdet werden. Aus diesem Grund kennen beide Rechtsordnungen eine Reihe von gesetzlichen Offenbarungsbefugnissen. Manche dieser Vorschriften verpflichten den Anwalt zu bestimmten Offenbarungen, andere wiederum geben ihm hierzu nur die Möglichkeit, ohne jedoch einen verpflichtenden Charakter zu haben. Diese Offenbarungsbefugnisse haben ihre Motive im Interesse der staatlichen Strafverfolgung bzw. in den Gründen der allgemeinen Sicherheit.

Am ähnlichsten sind sich hierbei die Vorschriften zur Anzeige beim Verdacht auf Geldwäsche in beiden Ländern, was nicht weiter verwunderlich ist, da beide auf eine gemeinsame EU-Richtlinie zurückzuführen sind. Im französischen Recht existiert jedoch für die Anwälte die Möglichkeit, ihre Mandanten im Falle einer Anzeige über diesen Vorgang zu informieren. Diese Möglichkeit sieht das deutsche Recht nicht vor. In beiden Ländern wurde an der Einführung der Anzeigepflicht für Anwälte beim Verdacht auf Geldwäsche teils heftige Kritik geäußert. Zwar wird sowohl in Deutschland wie auch in Frankreich die Notwendigkeit anerkannt, die organisierte Kriminalität zu bekämpfen, doch sieht die Anwaltschaft beider Länder die Gefahr, dass diese Anzeigepflicht erst den Beginn einer schleichenden Aushöhlung des anwaltlichen Berufsgeheimnisses darstellt.

Im Falle der Verteidigung in eigener Sache oder beim gerichtlichen Vorgehen gegen einen Mandanten, zum Beispiel wegen offener Honorarforderungen, überwiegen im deutschen Recht im Rahmen des rechtfertigenden Notstandes das Vermögensinteresse des Rechtsanwalts gegenüber dem Geheimhaltungsinteresse des Mandanten. Zwar ist auch im französischen Recht anerkannt, dass der Mandant sein Interesse an der Wahrung des *Secret Professionnel* nicht mehr geltend machen kann, wenn er seinen Anwalt angezeigt hat oder er das Honorar schuldig geblieben ist. Allerdings war man sich lange Zeit nicht sicher, ob das Allgemeininteresse an der Wahrung des *Secret Professionnel* hinter den Bedürfnissen des Anwalts zurücktreten sollte. Da aber in den genannten Fälle auch das Interesse des Staates an der Strafverfolgung betroffen ist, ist es mittlerweile anerkannt und in Art. 4 des Dekrets vom 12. Juli 2005 und im zweiten Absatz des Art. 2.1 RIN normiert, dass auch im französischen Recht der Anwalt notfalls das *Secret Professionnel* brechen darf, wenn es seiner eigenen Verteidigung dient. In Deutschland hingegen ist dieser Fall nicht gesetzlich geregelt, weswegen der Bruch der anwaltlichen Schweigepflicht für die Bedürfnisse der eigenen Verteidigung des Rechtsanwalts aufgrund des rechtfertigenden Notstandes nach § 34 StGB gerechtfertigt wird.

Zusammenfassend lässt sich sagen, dass in beiden Rechtsordnungen die hinter den gesetzlichen Offenbarungsbefugnissen stehenden Interessen vergleichbar sind.

D. Vergleichende Gesamtbetrachtung

In Deutschland wie in Frankreich stellt das anwaltliche Berufsgeheimnis eine der Grundpflichten der anwaltlichen Berufsausübung dar. Dementsprechend finden sich diesbezüglich vergleichbare Regelungen in den Rechtsanwaltsordnungen beider Länder. Sowohl in Deutschland wie auch in Frankreich haben aber nicht nur die Anwälte an der Wahrung des anwaltlichen Berufsgeheimnisses ein Interesse, vielmehr besteht in beiden Rechtsordnungen auch ein Interesse der Allgemeinheit an der Wahrung der anwaltlichen Schweigepflicht bzw. an der Wahrung des *Secret Professionnel*. Dieses Interesse der Allgemeinheit resultiert aus der verfassungsrechtlichen Stellung der Anwälte in Deutschland und Frankreich.

In den Rechtsordnungen beider Länder nimmt die Anwaltschaft eine gewichtige Rolle in Bezug auf die Funktionsfähigkeit des Rechtspflegewesens ein, denn durch die anwaltliche Tätigkeit wird ein Kräfteausgleich zugunsten des Bürgers gegenüber den staatlichen Stellen erlangt. Dieser Umstand wird an der Bezeichnung des Rechtsanwalts als „Organ der Rechtspflege“ und des französischen Anwalts als „*auxiliaire de justice*“ deutlich.[628] Aufgrund dieser Bedeutung der anwaltlichen Tätigkeit für den Rechtsstaat genießt auch das anwaltliche Berufsgeheimnis als eine Grundlage dieser Tätigkeit einen besonderen Schutz, weswegen nicht nur die Interessen des Mandanten, sondern auch das Allgemeininteresse an der Wahrung dieser anwaltlichen Grundpflicht bei einem Eingriff in das anwaltliche Berufsgeheimnis abgewogen werden müssen.

Die bis zu diesem Punkt vergleichbar angelegte Ausgestaltung des anwaltlichen Verschwiegenheitsrechts und des *Secret Professionnel* unterscheidet sich jedoch wesentlich in der Frage der Rolle des Mandanten. Im deutschen Recht ist der Mandant der „Herr des Geheimnisses“, der bestimmt, wie der Anwalt mit den ihm anvertrauten Informationen umgehen soll. Vom Standpunkt der vertraglichen Verbindungen zwischen dem Anwalt und dem Mandanten ist diese bestimmende Stellung des Mandanten als Auftraggeber nachzuvollziehen. Doch auch für die Vertreter der Ansicht, die durch § 203 Abs. 1 Nr. 3 StGB hauptsächlich das Allgemeininteresse an der Wahrung der anwaltlichen Schweigepflicht aufgrund ihrer oben dargestellten Bedeutung für ein funktionierendes Rechtspflegesystem geschützt ansehen, ist der Mandant entscheidungsbefugt,

628 § 1 BRAO, Art. 3 des Gesetzes vom 31. Dezember 1971.

weil die Vertrauensbeziehung zwischen Anwalt und Mandant nur nach Maßgabe des Mandantenwillens schutzbedürftig ist. Aufgrund dieses Verständnisses von der Rolle des Mandanten ist es dem Mandanten möglich, seinen Rechtsanwalt von der Schweigepflicht zu entbinden, weswegen er dann nach § 53 Abs. 2 StPO zur Aussage vor Gericht verpflichtet ist. Aus demselben Grund kann der Mandant auch ausdrücklich oder konkludent in den Bruch der Schweigepflicht einwilligen. Demzufolge kann ein deutscher Rechtsanwalt sein Schweige- bzw. Verschwiegenheitsrecht nur nach Maßgabe des Mandantenwillens ausüben.

Demgegenüber stellt sich die Rolle des Mandanten im französischen Recht wesentlich weniger gewichtig dar. Zwar wirkt auch ihm gegenüber nicht das Schweigerecht seines Anwalts, jedoch kann er seinen Anwalt nicht von der Pflicht zur Wahrung des *Secret Professionnel* entbinden. Der private Wille des Mandanten vermag es nicht, seinen Anwalt von einer Verpflichtung zu befreien, an deren Bewahrung ein Interesse der Allgemeinheit besteht und deren Bruch strafrechtlich sanktioniert ist. Aufgrund des vorrangigen Allgemeininteresses an der Wahrung des *Secret Professionnel* ist der Anwalt im Hinblick auf eine mögliche Aussage vor Gericht einzig seinem Gewissen verpflichtet. Entscheidet er sich jedoch auszusagen, so muss er sich in seiner Aussage auf für seinen Mandanten vorteilhafte Informationen beschränken, da er ansonsten das *Secret Professionnel* bricht.

Die unterschiedliche Bewertung der Rolle des Mandanten und die darauf zurückzuführenden Regelungen in den Rechtsordnungen beider Länder stellen insbesondere vor der vergleichbaren Stellung der Rechtsanwälte in Deutschland und Frankreich eine besonders hervortretende Ausnahme des bis hierhin vergleichbar ausgestalteten anwaltlichen Berufsgeheimnisses dar.[629]

Ein weiterer wesentlicher Unterschied lässt sich in den Rechtsordnungen beider Länder im Hinblick auf die Behandlung der zwischen den Anwälten ausgetauschten Korrespondenz ausmachen. Während diese im deutschen Recht keinen besonderen Schutz erfährt, wird die ausgetauschte Korrespondenz im französischen Recht nach Maßgabe des *Secret Professionnel* geschützt. Diese *Confidentialité des Correspondances*, die bis 1997 lediglich in den Règlements Intérieurs der einzelnen Anwaltskammern normiert war, dient dem Schutz der Vorbereitung einer außergerichtlichen Einigung. Hinter diesem Interesse tritt wiederum das Informationsbedürfnis des Mandanten zurück, weswegen es dem französischen Anwalt nicht erlaubt ist, seinem Mandanten Teile der ausgetauschten Korrespondenz auch nur in Kopie zu überlassen.

Nach dem oben Gesagten stellen demnach die Maßgeblichkeit des Mandantenwillens im deutschen Recht, woraus die Möglichkeit der Entbindung von der

629 Vgl. Hellwig, L'Observateur de Bruxelles 2003, Nr. 53, 9 (12).

Schweigepflicht resultiert, und die Ausdehnung des Schutzbereiches des *Secret Professionnel* im französischen Recht auf die zwischen den Anwälten ausgetauschte Korrespondenz zwei gewichtige Unterschiede in der Ausgestaltung des anwaltlichen Berufsgeheimnisses in den Rechtsordnungen Deutschlands und Frankreichs dar. Im Hinblick auf eine mögliche Vertraulichkeit der ausgetauschten Korrespondenz helfen auch die in den Berufsordnungen beider Länder integrierten CCBE-Berufsregeln nicht weiter, zumal sich anhand dieser Regeln auch nur die berufsrechtliche Seite der Kollision klären ließe.

7. Kapitel - Probleme bei grenzüberschreitender Tätigkeit aufgrund widerstreitender Regelungen

A. Einleitung

Trotz eines sich gleichenden Verständnisses von der Rolle des Anwalts in Deutschland und in Frankreich weist die Ausgestaltung des anwaltlichen Berufsgeheimnisses in beiden Ländern Unterschiede auf. Ein Hauptunterschied in der Ausgestaltung der anwaltlichen Schweigepflicht im deutschen und französischen Recht liegt darin, dass es in Deutschland dem Mandanten möglich ist, seinen Anwalt von der Schweigepflicht zu entbinden. Diese Entbindung führt zu einer prozessualen Aussagepflicht, wohingegen es in Frankreich dem Gewissen des Anwalts überlassen bleibt, ob er zugunsten seines Mandanten aussagt oder dies unterlässt.

Ein anderer wesentlicher Unterschied in der Ausgestaltung des anwaltlichen Berufsgeheimnisses in den Rechtsordnungen Deutschlands und Frankreichs ergibt sich aus dem Umstand, dass das *Secret Professionnel* auch die zwischen den Anwälten ausgetauschte Korrespondenz schützt. Die im *Secret Professionnel* enthaltenen Regelungen der *Confidentialité des Correspondances* führen dazu, dass der Anwalt die ausgetauschte Korrespondenz gegenüber jedem Dritten, wozu auch der Mandant zählt, vertraulich zu behandeln hat. Nach deutschem Recht unterliegt diese Korrespondenz keinem besonderen Schutz, weswegen es in Deutschland kein Problem darstellt, dem Mandanten die mit dem gegnerischen Anwalt ausgetauschte Korrespondenz zugänglich zu machen.

Würde dem Mandanten durch eine dem französischen Recht vergleichbare Regelung sein Auskunftsanspruch grundsätzlich verweigert werden, so würde dies gegen § 666 BGB und § 11 BerO verstoßen. Aus den entgegengesetzten Regelungen des deutschen und des französischen Rechts können sich Probleme ergeben, sofern ein Anwalt grenzüberschreitend tätig wird.

Ist es zum Beispiel einem deutschen Anwalt möglich, sich vor einem französischen Gericht durch seinen Mandanten von seiner Schweigepflicht entbinden zu lassen, mit dem Hinweis, dass dies in Deutschland möglich sei? Hieran schließt sich die Frage an, ob eine solche Entbindung wie vor einem deutschen Gericht zu einer Aussagepflicht führt? Oder ist ein deutscher Rechtsanwalt vor einem französischen Gericht nicht berechtigt, die Aussage zu verweigern, weil dies nur den französischen *Avocats* vorbehalten ist?

Welche Regelung ist hinsichtlich der Vertraulichkeit der zwischen den Anwälten ausgetauschten Korrespondenz zu beachten, wenn ein deutscher Anwalt in Frankreich oder mit Bezug zu Frankreich tätig wird? Wie verhält es sich umgekehrt, wenn ein deutscher Anwalt bei seiner Tätigkeit in Deutschland Kontakt mit einem französischen Anwalt hat. Müssen und können in diesem Fall die Regelungen der *Confidentialité des Correspondances* beachtet werden?

Ändert sich an den für diese Fragen zu findenden Antwort etwas, wenn der grenzüberschreitend tätige Anwalt sowohl über eine deutsche wie auch eine französische Anwaltszulassung verfügt? Oder ist die Nationalität des Mandanten von Bedeutung?

Um diese Fragen umfassend beantworten zu können, bedarf es einer differenzierten Betrachtung der sich aus den verschiedenen Regelungen beider Länder ergebenden Rechtslage. Den Rahmen für diese Prüfung gibt die Ausgestaltung des anwaltlichen Berufsgeheimnisses in der deutschen und französischen Rechtsordnung vor. Da das anwaltliche Berufsgeheimnis in den Rechtsordnungen beider Länder anhand von Regelungen im Berufs-, Prozess- und Strafrecht ausgestaltet ist, müssen auch die grenzüberschreitenden Konfliktfälle aus berufsrechtlicher, prozessrechtlicher und strafrechtlicher Sicht betrachtet werden.

I. Möglichkeiten und Voraussetzungen für ein anwaltliches Tätigwerden in Frankreich

Noch bevor die einzelnen Konfliktfälle betrachtet werden, die bei einem grenzüberschreitenden Tätigwerden entstehen können, sollen zuvor die Bedingungen dargestellt werden, unter denen deutsche Rechtsanwälte in Frankreich tätig werden können.

In Bezug auf die hierauf anzuwendenden Vorschriften wird zunächst unterschieden, ob der Rechtsanwalt nur vorübergehend in Frankreich dienstleistend tätig wird oder sich in Frankreich niederlässt.

1. Vorübergehende dienstleistende Tätigkeit

Nach Art. 50 Abs. 2 des EG-Vertrages ist der Begriff der Dienstleistung grundsätzlich auf selbstständige Tätigkeiten beschränkt. Da der Begriff der Dienstleistung aber dem Gemeinschaftsrecht entstammt, kann er nicht durch zivilrechtliche oder volkswirtschaftliche Definitionen konkretisiert werden.[630] Aus diesem Grund gewinnt der Begriff der Dienstleistung durch eine negative Abgrenzung zu den vom EG-Vertrag gewährleisteten wirtschaftlichen Grundfreiheiten an Konturen.[631] Im Gegensatz zum Niederlassungsrecht ist die Dienstleistung daher von einem vorübergehenden Charakter geprägt,[632] wobei sich die

630 Calliess/Ruffert-Kluth, Art. 50 EGV, Rn. 5.

631 Calliess/Ruffert-Kluth, Art. 50 EGV, Rn. 5.

632 von der Groeben/Schwarze-Tiedje/Troberg, Art. 43 EG, Rn. 13, Art. 49, Rn. 14; Calliess/Ruffert-Kluth, Art. 50 EG, Rn. 13; Streinz-Müller-Graff, Art. 49 EGV, Rn. 27.

Dauer nach der Art der Dienstleistung richtet.[633] Bei einem Rechtsanwalt wird die beratende bzw. vertretende Tätigkeit im Ausland kaum mehr als wenige Tage betragen, wobei diese Tätigkeit ständig wiederholt werden kann.[634] In welcher Form der Anwalt seine Tätigkeit ausübt, ist egal, da jegliche Art der Erbringung einer anwaltlichen Dienstleistung durch die Dienstleistungsfreiheit erfasst wird:

1. So kann der Anwalt in einen anderen Mitgliedstaat reisen, um dort anwaltlich tätig zu werden.[635]
2. Auf der anderen Seite hat er auch die Möglichkeit, Mandanten aus anderen Mitgliedstaaten der Europäischen Union in seinem Heimatland zu beraten und zu vertreten.[636]
3. Es wird aber auch der Fall erfasst, in dem weder der Anwalt noch der Mandant die Grenze überschreiten, sondern nur das „Produkt" der Dienstleistung grenzüberschreitend erbracht wird. Dies ist zum Beispiel dann der Fall, wenn die Kommunikation zwischen Anwalt und Mandant ausschließlich per Post oder mittels anderer Fernmeldemittel erfolgt.[637]

Die nur gelegentliche anwaltliche Tätigkeit von Anwälten aus den Mitgliedstaaten der Europäischen Union und der Schweiz in Frankreich regeln die Art. 200 ff. des Dekrets vom 27. November 1991[638], die insoweit die Umsetzung der Dienstleistungsrichtlinie der Europäischen Union darstellen.[639]

Grundsätzlich wird in Art. 200 des Dekrets vom 27. November 1991 jedem der oben genannten Anwälte die Möglichkeit gegeben, in Frankreich vorübergehend dienstleistend tätig zu werden, sofern sie in ihrem Heimatstaat über eine Anwaltszulassung verfügen. In diesem Fall dürfen sie nach Art. 202, 201 des

---

633 Everling, BRAK-Mitt. 1989, 166 (173); so auch Nerlich, Internationale Kooperationsmöglichkeiten für Rechtsanwälte, S. 21 ff., der an dieser Stelle einen Abgrenzungsversuch zwischen Niederlassungs- und Dienstleistungsfreiheit für Rechtsanwälte vornimmt.

634 Henssler, in Anwaltliche Tätigkeit in Europa, 9 (21); Everling, BRAK-Mitt. 1989, 166 (173).

635 Sog. „positive" Dienstleistungsfreiheit, vgl. EuGH, Urteil v. 3. Dezember 1974, Rs. 33/74, van Binsbergen, Slg. 1974, S. 1299.

636 Sog. „negative" Dienstleistungsfreiheit, vgl. EuGH, Urteil v. 31. Januar 1984, Verb. Rs. 286/82 u. 26/83, Luisi und Carbone, Slg. 1984, S. 377

637 Sog. „Korrespondenz"-Dienstleistung, vgl. EuGH, Urteil v. 25. Juli 1991, Rs. C-76/90, Säger/Dennemeyer, Slg. 1991, S. I-4221.

638 Dekret Nr. 91-1197 vom 27. November 1991 betreffend die Organisation des Anwaltsberufes, JO 28 novembre 1991, S. 15502 ff.

639 Richtlinie 77/249/EWG des Rates zur Erleichterung der tatsächlichen Ausübung des freien Dienstleistungsverkehrs der Rechtsanwälte, ABl.EG 1977 L 78/17.

Dekrets vom 27. November 1991 unter der Berufsbezeichnung ihres Heimatlandes in Frankreich vorübergehend dienstleistend tätig werden.

Vertritt ein Rechtsanwalt in Frankreich im Rahmen seiner Dienstleistungserbringung einen Mandanten vor einem Gericht oder vor den Behörden, so soll er nach Art. 202-1 Abs. 1 des Dekrets vom 27. November 1991 seine Tätigkeit unter denselben Bedingungen wie seine französischen Kollegen ausüben. Nach Art. 202-1 Abs. 2 des Dekrets vom 27. November 1991 muss ein europäischer Rechtsanwalt neben den den Anwalt betreffenden französischen Regelungen auch die Regelungen seines Heimatstaates beachten. Dieser Grundsatz der Beachtung der Berufsrechte des Heimat- und des Aufnahmestaates wird als Prinzip des doppelten Berufsrechts bezeichnet.

Sollte die gerichtliche Vertretung des Mandanten vor einem Tribunal de Grande Instance stattfinden, vor dem Anwaltszwang herrscht, so muss der nur vorübergehend in Frankreich tätige Rechtsanwalt nach Art. 202-1 Abs. 3 des Dekrets vom 27. November 1991 für die Dauer der Tätigkeit die Adresse eines an diesem Gericht zugelassenen Anwalt als Zustellungsadresse wählen. Im Falle des Auftretens vor einer Cour d'Appel, wo ebenfalls Anwaltszwang herrscht, muss der nur vorübergehend in Frankreich tätige Anwalt im Einvernehmen mit einem *Avoué* auftreten.

Aufgrund des Wortlauts des Art. 202-1 Abs. 1 und 2 des Dekrets vom 27. November 1991 könnte der Eindruck entstehen, dass für vorübergehend in Frankreich dienstleistend tätige Anwälte die Verpflichtung zur Achtung des französischen Berufsrechts nur gilt, wenn sie ihren Mandanten vor einem Gericht oder vor den Behörden vertreten. Demnach würde ein beratend tätigwerdender europäischer Anwalt nicht verpflichtet sein, dass französische Berufsrecht zu achten. Diese Sichtweise wird durch Art. 202-2 Abs. 1 des Dekrets vom 27. November 1991 bestätigt. Hiernach bleiben die in Art. 202 des Dekrets vom 27. November 1991 genannten Anwälte bei nicht vertretender Tätigkeit in Frankreich den Berufsregeln des Staates unterworfen, in dem sie niedergelassen sind. Allerdings werden sie durch Art. 202-2 Abs. 1 des Dekrets vom 27. November 1991 verpflichtet, hierbei zugleich die wesentlichen Regelungen des französischen Berufsrechts zu wahren, wenn nicht nur eine Niederlassung in Frankreich sie erfordern und durch ihre Einhaltung die ordnungsgemäße anwaltliche Tätigkeit in Frankreich gewährleistet wird. Um letzteres sicherzustellen, wird in Art. 202-2 Abs. 2 des Dekrets vom 27. November 1991 ausdrücklich auf die Verpflichtung zur Achtung der Unvereinbarkeit der anwaltlichen Tätigkeit in Frankreich mit anderen Tätigkeiten, das *Secret Professionnel*, die Beziehungen zu Kollegen, das Verbot der Vertretung widerstreitender Interessen durch einen Anwalt und die Werbung genannt.

Demzufolge ist ein vorübergehend dienstleistend in Frankreich tätiger europäischer Anwalt grundsätzlich nicht nur im Rahmen einer vertretenden Tätigkeit zur Wahrung des *Secret Professionnel* verpflichtet sondern bei allen anwaltlichen Tätigkeiten, seien sie beratender oder vertretender Art.

a) Unterschiede bei der Verpflichtung zur Wahrung des französischen Berufsrechts nach der Art der vorübergehenden dienstleistenden Tätigkeit

Wie der zweite Satz des Abs. 2 des Art. 202-2 des Dekrets vom 27. November 1991 zeigt, sind die in Frankreich vorübergehend beratend tätigen, europäischen Anwälte nur dann verpflichtet, die Regelungen des französischen Berufsrechts und insbesondere ihre zuvor genannten, wesentlichen Regelungen zu wahren, wenn nicht nur eine Niederlassung in Frankreich dies erfordert und ihre Wahrung der ordnungsgemäßen Ausübung der anwaltlichen Tätigkeit in Frankreich, der Würde des Berufes und der Beachtung der Unvereinbarkeit der anwaltlichen Tätigkeit mit ihr wesensfremden Tätigkeiten dient.

Verhältnismäßig einfach lässt sich die Frage nach dem Erfordernis der Beachtung der französischen Berufsregeln aufgrund einer Niederlassung in Frankreich bei einer nur vorübergehenden Tätigkeit danach beantworten, ob die Ortsgebundenheit aufgrund eines Büros die Einhaltung einer Regelung, wie zum Beispiel der hinsichtlich der Größe des Kanzleischildes, erforderlich macht, oder nicht. Ungleich schwieriger gestaltet sich die Beantwortung der Frage, wann bei einer vorübergehenden beratenden Tätigkeit eines europäischen Anwalts in Frankreich die ordnungsgemäße Ausübung der anwaltlichen Tätigkeit in Frankreich die Beachtung des französischen Berufsrechts erforderlich macht.

Wie eingangs gezeigt,[640] kann eine grenzüberschreitende Dienstleistung auch dergestalt erbracht werden, dass weder der Anwalt noch der Mandant, sondern nur das „Produkt“ der Dienstleistung die Grenze überschreitet. Fraglich ist, ob auch in einem solchen Fall, in dem der europäische Anwalt niemals physisch in Frankreich anwesend ist, es die ordnungsgemäße Ausübung der anwaltlichen Tätigkeit erfordern kann, die Regelungen des französischen Berufsrechts einzuhalten. Zur Beantwortung dieser Frage ist demnach zu klären, wie stark die Verbindung zu Frankreich oder zum französischen Recht bei der anwaltlichen Tätigkeit sein muss, als dass sich hieraus das Erfordernis der Beachtung des französischen Berufsrechts ableiten lassen würde. Um dies festzustellen, bedarf es eines Anknüpfungsmomentes.

Zum einen könnte man den für die geforderte Verbindung zu Frankreich nötigen Anknüpfungspunkt geographisch bestimmen. Hierfür könnte man entweder auf die physische Anwesenheit des Anwalts in Frankreich oder den Wohnsitz des Mandanten abstellen beziehungsweise seinen ständigen Aufenthaltsort als entscheidendes Kriterium ansehen. Würde man für ein mögliches Anknüpfungsmoment zur Herstellung einer Frankreichverbindung mehr auf den Bezug zum französischen Recht abstellen, so könnte das Recht des Gegenstan-

640 S.o. 7. Kap. A. I. 1.

des der Rechtsberatung oder das Recht des Beratungsvertrages als entscheidendes Kriterium dienen. Als drittes Kriterium zur Auswahl des Anknüpfungsmomentes könnte man neben geographischen und rechtlichen Gesichtspunkten auch auf die Schutzrichtung des Berufsrechts abstellen. Hierbei müsste man bei jeder einzelnen berufsrechtlichen Vorschrift danach fragen, ob sie hauptsächlich auf den Mandantenschutz, den Schutz der Kollegen, den Schutz der Justiz oder auf einen Gegner- oder Drittschutz abzielt.

(1) Bewertung der einzelnen Anknüpfungsmomente

(a) Physische Anwesenheit des Anwalts in Frankreich

Die physische Anwesenheit des Anwalts als potentielles Anknüpfungsmoment für eine Verbindung zu Frankreich stellt auf den ersten Blick ein einfach zu bestimmendes Kriterium dar. Entweder hält sich der deutsche Rechtsanwalt zum Zwecke der Mandatsbearbeitung in Frankreich auf oder er befindet sich in Deutschland oder einem anderen Land. Hierbei stellt sich die Frage, welchen Umfang die Dauer des Aufenthalts in Frankreich aufweisen muss. Ist es erforderlich, dass der Rechtsanwalt vollumfänglich, zum größten Teil oder wenigstens teilweise die Mandatsbearbeitung in Frankreich vornimmt? Selbst wenn nicht gefordert wird, dass der Rechtsanwalt die Mandatsbearbeitung vollständig in Frankreich vornimmt, wie häufig und wie lange muss er sich in Frankreich aufhalten, damit dieser Umstand ein Anknüpfungsmoment für einen Frankreichbezug darstellt? Reicht es, wenn er sich lediglich einmal im Zusammenhang mit seiner Mandatsbearbeitung in Frankreich aufhält? Oder muss die Mandatsbearbeitung zumindest zur Hälfte in Frankreich stattfinden?

Um diese Fragen zu klären, ist der Wortlaut des Art. 202-2 Abs. 1 des Dekrets vom 27. November 1991 in Erinnerung zu rufen. Dieser fordert die Beachtung des französischen Berufsrechts von vorübergehend in Frankreich tätigen europäischen Anwälten nur dann, wenn nicht nur eine Niederlassung in Frankreich sie erforderlich macht und sie die ordnungsgemäße Ausübung der anwaltlichen Tätigkeit in Frankreich sicherstellt.

Das Erfordernis der ordnungsgemäßen Ausübung „in" Frankreich deutet darauf hin, dass die physische Anwesenheit des Anwalts in Frankreich während der Mandatsbearbeitung einen Anknüpfungspunkt für eine Verbindung zu Frankreich darstellen kann, was wiederum zu einer Pflicht zur Beachtung des französischen Berufsrechts führen kann. Im Umkehrschluss wird man die Verpflichtung eines deutschen Rechtsanwalts zur Beachtung des französischen Berufsrechts verneinen müssen, wenn er ein Mandat vollständig von Deutschland aus bearbeitet und zu diesem Zweck überhaupt nicht nach Frankreich fährt.

Zwischen diesen beiden Extremen der An- bzw. Abwesenheit in Frankreich liegt jedoch ein weites Feld, das der Auslegung zugänglich ist. Selbst wenn man im Hinblick auf den Wortlaut des Art. 202-2 Abs. 1 des Dekrets vom 27. November 1991 darauf abstellen würde, dass der Rechtsanwalt die Mandatsbearbeitung „überwiegend“ in Frankreich vornehmen müsste, wäre hierdurch keine Klarheit geschaffen. Zum einen ist nicht klar, wo die Grenze hin zu einer „überwiegend“ in Frankreich stattfindenden Mandatsbearbeitung zu ziehen ist. Wäre dies schon bei 55 Prozent der Mandatsbearbeitung in Frankreich gegeben oder muss der Anteil der Tätigkeit in Frankreich mehr als 65 Prozent betragen? Ungeachtet dieser Abgrenzungsschwierigkeiten dürfte es schwer fallen, die Tätigkeit eines in Deutschland und Frankreich agierenden Anwalts hinreichend prozentual aufzuschlüsseln, damit eine solche Abgrenzung vorgenommen werden kann. Eine wenigstens teilweise Mandatsbearbeitung in Frankreich kann demzufolge allenfalls einen Anknüpfungspunkt für eine mögliche Verbindung zu Frankreich darstellen, die dann noch durch andere Anknüpfungspunkte verstärkt werden muss.

Festzuhalten ist demnach, dass die vollständige Bearbeitung eines Mandats durch einen deutschen Rechtsanwalt in Frankreich ein hinreichend starkes Anknüpfungsmoment dafür darstellt, dass er neben dem deutschen auch das französische Berufsrecht zu beachten hat. Umgekehrt führt die ausschließliche Bearbeitung eines Mandats in Deutschland dazu, dass der Rechtsanwalt nicht verpflichtet ist, zusätzlich zum deutschen auch noch das französische Berufsrecht zu beachten. Sollte die Mandatsbearbeitung sowohl in Deutschland wie auch in Frankreich erfolgen, so deutet dieser Umstand auf einen möglichen Anknüpfungspunkt für eine hinreichend enge Verbindung zu Frankreich hin, die es rechtfertigen würde, dem deutschen Rechtsanwalt aufzuerlegen, neben dem deutschen auch das französische Berufsrecht zu beachten. Allerdings müssen zu diesem Anknüpfungspunkt noch weitere Punkte hinzutreten, die die Verbindung zu Frankreich derart verstärken, dass dem Rechtsanwalt die Achtung des französischen Berufsrechts auferlegt werden kann.

(b) Wohnsitz, bzw. Sitz oder ständiger Aufenthalt des Mandanten

Der Wohnsitz bzw. Sitz oder ständige Aufenthaltsort des Mandanten könnte auch ein mögliches Anknüpfungsmoment für eine Verbindung des Rechtsanwalts zu Frankreich sein. Der Wohnsitz des Mandanten hat allerdings keinerlei Einfluss auf den Ort der Mandatsbearbeitung, da ein in Frankreich wohnender Mandant mit seinem Anwalt in Deutschland mittels Telefon oder per E-Mail kommunizieren kann oder auch die Möglichkeit besteht, zu ihm zu reisen. Aus diesem Grund führt allein der Wohnsitz des Mandanten nicht zwangsläufig zu einem, und sei es noch so kurzem Aufenthalt in Frankreich. Daher lässt ein Sitz bzw. Aufenthaltsort des Mandanten in Frankreich nicht zwangsläufig den Schluss zu, dass das Mandat auch in Frankreich bearbeitet wird. Aus diesem Grund ergibt sich allein aus diesem Umstand keine hinreichend enge Verbindung zu Frankreich, die es rechtfertigen würde, einem deutschen Anwalt die Achtung des französischen Berufsrechts aufzuerlegen.

Auch wenn diese Verbindung zu Frankreich nicht hinreichend eng ist, um hieraus einen Anknüpfungsmoment für die Anwendbarkeit des französischen Berufsrechts abzuleiten, so ist unbestritten, dass dieser Umstand zu einer Verbindung zu Frankreich führt. Somit liegt ein mögliches Anknüpfungsmoment für eine hinreichend enge Verbindung zu Frankreich vor, zu der jedoch noch weitere Anknüpfungsmomente hinzutreten müssen, um daraus die Verpflichtung eines deutschen Anwalts zur Achtung des französischen Berufsrechts herleiten zu können.

(c) Recht des Gegenstandes der Rechtsberatung

Einen weiteren Anknüpfungspunkt für eine Verbindung zu Frankreich, die es rechtfertigen würde, einem deutschen Rechtsanwalt neben der Beachtung des deutschen auch die Beachtung des französischen Berufsrechts aufzuerlegen, könnte das Recht des Gegenstandes der Rechtsberatung darstellen.

Sollte demnach französisches Recht den Gegenstand der Rechtsberatung darstellen, so würde dies einen Anknüpfungsmoment für eine hinreichend enge Verbindung zu Frankreich darstellen, die zur Achtung des französischen Berufsrechts führen würde.

Kennzeichnend für das grenzüberschreitende Tätigwerden von Anwälten ist jedoch, dass sich der Gegenstand einer derartigen Rechtsberatung nicht klar einem Recht zuordnen lässt, sondern vielmehr Rechtsfragen verschiedener nationaler Rechte und ihre Beziehungen zueinander zum Inhalt hat.[641] Aus diesem Grund lässt allein die Tatsache, dass französisches Recht wenigstens teilweise den Gegenstand der Rechtsberatung darstellt, keinen zwingenden Rückschluss auf ein Anknüpfungsmoment für eine hinreichend enge Verbindung zu Frankreich zu.

Im Gegensatz zur zuvor genannten physischen Anwesenheit des Anwalts in Frankreich stellt die Bezugnahme auf das Recht des Gegenstandes der Rechtsberatung einen Bezug zur anwaltlichen Tätigkeit dar und ist somit nicht nur objektives Merkmal dieser Tätigkeit. Die Bezugnahme auf die anwaltliche Tätigkeit selbst rechtfertigt es, dass selbst wenn nur teilweise französisches Recht den Gegenstand der Rechtsberatung ausmacht, einem deutschen Rechtsanwalt neben der Achtung des deutschen auch die Achtung des französischen Berufsrechts aufzuerlegen. Allerdings muss zu diesem potentiellen Anknüpfungsmoment zumindest noch ein anderes Anknüpfungsmoment hinzutreten, um zu einer derart engen Verbindung zu Frankreich zu gelangen, die eine Verpflichtung zur Achtung des französischen Berufsrechts rechtfertigen würde.

---

641 Vgl. Knöfel, AnwBl 2003, 3 (11); ders., aaO, S. 471.

(d) Recht des Beratungsvertrages

Das Recht des Beratungsvertrages, welches wiederum ein objektives Merkmal darstellt, könnte ein weiteres Anknüpfungsmoment für eine hinreichend enge Verbindung zu Frankreich darstellen, wodurch einem deutschen Rechtsanwalt die Achtung des französischen Berufsrechts auferlegt werden könnte.

Sofern es sich um einen internationalen Schuldvertrag handelt, ist es den Parteien nach Art. 27 EGBGB weitgehend freigestellt, das auf ihren Vertrag anwendbare Recht zu wählen.[642] Die Anwendbarkeit von Berufsrecht und somit auch die Wahl, wessen Staates Berufsrecht Anwendung finden soll, steht nicht zur Disposition von Anwalt und Mandant.[643] Sollte aber das Recht des Beratungsvertrages einen Anknüpfungspunkt für eine Verbindung zu Frankreich darstellen, so könnten die Parteien über die ihnen überlassene Wahlmöglichkeit hinsichtlich des Rechts des Beratungsvertrages eine Wahl des anwendbaren Berufsrechts vornehmen. Aus diesem Grund kann das Recht des Beratungsvertrages kein Anknüpfungsmoment für eine Verbindung zu Frankreich darstellen, das zu einer Verpflichtung des deutschen Rechtsanwalts zur Wahrung des französischen Berufsrechts führen würde.

(e) Schutzrichtung des Berufsrechts

Einen weiteren Anknüpfungspunkt für eine hinreichend enge Verbindung zu Frankreich, die die Pflicht zur Beachtung des französischen Berufsrechts rechtfertigen würde, könnte die Schutzrichtung der einzelnen Normen des Berufsrechts darstellen. Hierbei würde danach gefragt werden, welchem Schutzweck die einzelnen Normen des französischen Berufsrechts dienen. Dienen sie dem Schutz des Mandanten oder dem Schutz der Justiz im Allgemeinen, so würde dies zu einem hinreichend engen Anknüpfungsmoment für eine Beziehung zu Frankreich führen, weil diese Interessen von grundsätzlicher Bedeutung für die anwaltliche Tätigkeit in Frankreich sind. Normen, die dem Kollegen- oder dem Gegner- bzw. Drittschutz dienen, sollen hingegen mehrheitlich einen respektvollen Umgang unter Anwälten gewährleisten,[644] so dass hierdurch nicht die Ausübung der anwaltlichen Tätigkeit in Frankreich in ihren Grundfesten betroffen ist. Aus diesem Grund kann aus Normen, hinter denen die zuvor genannten Schutzinteressen stehen, keine hinreichend enge Verbindung zu Frankreich erwachsen, die es rechtfertigen würde, einem deutschen Rechtsanwalt bei Ausübung einer beratenden Tätigkeit mit Bezug zu Frankreich zusätzlich auch die Achtung des französischen Berufsrechts aufzuerlegen.

642 Bendref, AnwBl 1998, 309 (310); Kilian, AnwBl 2003, 452 (452 f.); Reithmann/Martiny, aaO, Rn. 2089; ausführlicher hierzu weiter unten, 7. Kap. B. II. b).

643 Knöfel, AnwBl 2003, 3 (14).

644 Damien/Ader, aaO, Nr. 32.09 ff., 32.21 ff.

Um diese Abgrenzung anhand des Schutzinteresses der einzelnen berufsrechtlichen Norm vornehmen zu können, müsste zunächst das französische Berufsrecht grundsätzlich Anwendung finden. Ist dieser Umstand gegeben, kann anhand der Frage nach der Schutzrichtung der Norm bestimmt werden, ob die Norm auch in der deutsch-französischen Anwalt-Mandant-Beziehung Anwendung findet. Diese Vorgehensweise deckt sich mit dem Inhalt des Art. 202-2 Abs. 2 des Dekrets vom 27. November 1991, der die Anwendbarkeit des französischen Berufsrechts davon abhängig macht, dass sie die ordnungsgemäße Ausübung der anwaltlichen Tätigkeit in Frankreich, die Würde des Berufes und die Beachtung der Unvereinbarkeiten der anwaltlichen Tätigkeit garantieren. Demzufolge lässt Art. 202-2 Abs. 2 des Dekrets vom 27. November 1991 es zu, dass zur Einhaltung des Prinzips des doppelten Berufsrechts die Achtung einzelner Normen hinter dem zuvor genannten Erfordernis zurücktreten. Hierdurch wird aber nicht geklärt, ab wann eine anwaltliche Tätigkeit eine hinreichend enge Verbindung zu Frankreich aufweist, die es rechtfertigt, ausländische Anwälte zur Achtung des französischen Berufsrechts zu verpflichten.

(2) Ergebnis der Bewertung der einzelnen Anknüpfungsmomente

Wie die zuvor vorgenommene Bewertung gezeigt hat, stellt einzig die physische Anwesenheit des Anwalts in Frankreich während der Gesamtdauer der Mandatsbearbeitung ein hinreichend starkes Anknüpfungsmoment für eine Verbindung zu Frankreich dar, durch die allein es gerechtfertigt ist, dem deutschen Anwalt zusätzlich zu seiner Verpflichtung zur Achtung des deutschen auch die Verpflichtung zur Achtung des französischen Berufsrechts aufzuerlegen.

Zwar stellen die zeitweilige physische Anwesenheit des Anwalts in Frankreich, der Wohnsitz bzw. Sitz oder der Aufenthaltsort des Mandanten in Frankreich oder die teilweise Implikation französischen Rechts als Gegenstand der Rechtsberatung ebenfalls potentielle Anknüpfungsmomente dar, durch die auf eine hinreichend enge Verbindung zu Frankreich zu schließen sein könnte. Allerdings führen diese potentiellen Anknüpfungsmomente nie allein, sondern immer nur in Kombination von mindestens zwei der genannten Umstände zu einer hinreichend starken Verbindung zu Frankreich, die es rechtfertigt, dem deutschen Rechtsanwalt bei seiner beratenden Tätigkeit mit Bezug zu Frankreich auch die Verpflichtung zur Achtung des französischen Berufsrechts aufzuerlegen.

b) Zwischenergebnis

Demzufolge führt die Anwesenheit eines deutschen Rechtsanwalts in Frankreich während der gesamten Dauer der Mandatsbearbeitung dazu, dass er zusätzlich zum deutschen Berufsrecht auch die grundlegenden Normen des französischen Berufsrechts zu achten hat. Sofern er sich nur zeitweilig in Frankreich zum Zwecke der Mandatsbearbeitung aufhält, sein Mandant dort seinen Wohnsitz bzw. Sitz oder ständigen Aufenthaltsort hat oder französisches Recht zumindest teilweise Gegenstand der Rechtsberatung ist, so reichen diese Umstände für sich allein nicht aus, ihn zur Achtung des französischen Berufsrechts zu verpflichten. Sofern aber mindestens zwei der genannten Umstände einschlägig sind, führt eine solche Kombination zu einer hinreichend engen Verbindung zu Frankreich, die es rechtfertigt einem deutschen Rechtsanwalt zusätzlich auch die Achtung des französischen Berufsrechts aufzuerlegen.

2. Dauerhafte Tätigkeit

Die Niederlassungsrichtlinie der Europäischen Union wurde durch das Gesetz vom 11. Februar 2004[645] in die Art. 83 bis 92 des Gesetzes vom 31. Dezember 1971 integriert.[646]

a) Unter der Bezeichnung des Herkunftsstaates

Gem. Art. 83 des Gesetzes vom 31. Dezember 1971 kann jeder Anwalt eines Mitgliedsstaates der Europäischen Union dauerhaft in Frankreich unter der Berufsbezeichnung seines Heimatstaates tätig werden. Hierzu wird er in der französischen Anwaltskammer seiner Wahl auf einer gesonderten Liste nach Art. 84 Abs. 1 des Gesetzes vom 31. Dezember 1971 eingeschrieben. Nach Art. 84 Abs. 2 des Gesetzes vom 31. Dezember 1971 ist ein dergestalt in Frankreich an einer Anwaltskammer eingeschriebener Anwalt Mitglied dieser Anwaltskammer. Als Mitglied ist er zur Beachtung des französischen Berufsrechts der Anwälte verpflichtet, was an Art. 88 Abs. 2 des Gesetzes vom 31. Dezember 1971 deutlich wird, der die Möglichkeit von Disziplinarverfahren für derartig zugelassene europäische Anwälte vorsieht. Zugleich bleiben diese europäischen Anwälte auch Mitglieder in der Anwaltskammer ihrer Heimatländer und somit deren Disziplinargewalt unterworfen.[647] Dies wird an der Regelung des Art. 84 Abs. 3 des Gesetzes vom 31. Dezember 1971 deutlich, wonach ein Anwalt, der in seinem Heimatstaat vorübergehend oder endgültig seine Zulassung verliert, auch in Frankreich vorübergehend oder endgültig nicht mehr als Anwalt tätig sein darf.

---

645 Gesetz Nr. 2004-130 vom 11. Februar 2004 betreffend die Reform gewisser juristischer Berufe, JO 12 février 2004, S. 2847-2857.

646 Richtlinie 98/5/EG des Europäischen Parlaments und des Rates vom 16. Februar 1998 zur Erleichterung der ständigen Ausübung des Rechtsanwaltsberufes in einem anderen Mitgliedstaat als dem, in dem die Qualifikation erworben wurde, Abl. EG 1998 L 77/36.

647 Taisne, La déontologie de l'avocat, S. 59.

b) Volle Integration in die französische Anwaltschaft

Sofern ein europäischer Anwalt effektiv mindestens drei Jahre lang regelmäßig in Frankreich tätig geworden ist und sich während dieser Tätigkeit mit Fragen des französischen Rechts befasst hat, kann er nach Art. 89 Abs. 1 des Gesetzes vom 31. Dezember 1971 die Eingliederung in die französische Anwaltschaft unter der Bezeichnung „*avocat*" verlangen. Hierfür muss er der französischen Anwaltskammer, in deren Zuständigkeitsbereich er tätig werden möchte, nachweisen, dass er die oben genannten Voraussetzungen erfüllt. Hierdurch kann er in Frankreich unter der Bezeichnung als „*avocat*" tätig werden, ohne die Eignungsprüfung nach Art. 99 des Gesetzes vom 31. Dezember 1971 ablegen zu müssen.

Sollte ein Anwalt aus einem Mitgliedstaat der Europäischen Union zwar die erforderlichen drei Jahre in Frankreich tätig gewesen sein, sich aber dennoch weniger als drei Jahre mit Fragen des französischen Rechts befasst haben, so hat die zuständige französische Anwaltskammer gem. Art. 89 Abs. 2 des Gesetzes vom 31. Dezember 1971 zu entscheiden, ob er die Anforderungen für ein Tätigwerden als „*avocat*" erfüllt. Im Gegensatz zu Art. 89 Abs. 1 des Gesetzes vom 31. Dezember 1971 verfügt die französische Anwaltskammer daher im letztgenannten Fall über einen Ermessensspielraum bezüglich der Zulassung als „*avocat*". Im Zuge der Umsetzung der Hochschuldiplomanerkennungsrichtlinie der Europäischen Union,[648] kann die Zulassung zur französischen Anwaltschaft auch über das Ablegen der oben bereits kurz erwähnten Eignungsprüfung erreicht werden. Hierfür muss der Kandidat nach Art. 99 des Gesetzes vom 31. Dezember 1971 über ein mindestens dreijähriges Studium oder eine vergleichbare teilzeitliche Ausbildung verfügen, um die Prüfung ablegen zu dürfen. Bei erfolgreichem Abschluss der Prüfung ist der ausländischen Anwalt als „*avocat*" in die Anwaltsliste der französischen Anwaltskammer seiner Wahl einzutragen.

Ein Rechtsanwalt, der aufgrund der zuvor genannten Möglichkeiten über eine deutsch-französische Doppelzulassung verfügt, ist als Mitglied beider Anwaltskammern auch zur Beachtung der Berufsrechte beider Länder verpflichtet.

II. Ergebnis

Einem deutschen Rechtsanwalt bieten sich nach dem Gesagten drei Möglichkeiten in Frankreich anwaltlich tätig zu werden. Zum einen kann er unter der Berufsbezeichnung seines Heimatlandes gem. Art. 202 des Dekrets vom 27. November 1991 vorübergehend in Frankreich dienstleistend tätig werden. Hierfür sind keine gesonderten Formalitäten zu beachten, es sei denn, der

648 Richtlinie 89/48/EWG des Rates der Europäischen Gemeinschaften über eine allgemeine Regelung zur Anerkennung der Hochschuldiplome, die eine mindestens dreijährige Berufsausbildung abschließen, ABl. EG 1989 L 19/16.

Rechtsanwalt will seinen Mandanten vor einem Tribunal de Grande Instance oder einer Cour d'Appel vertreten. Für das Tätigwerden vor einem Tribunal de Grande Instance muss der Rechtsanwalt nach Art. 202-1 Abs. 3 des Dekrets vom 27. November 1991 die Adresse eines an diesem Gericht zugelassenen Anwalts als Zustelladresse angeben, vor einer Cour d'Appel muss er im Einvernehmen mit einem dort zugelassenen Anwalt auftreten. Zum anderen bietet sich einem deutschen Rechtsanwalt auch die Möglichkeit, gem. Art. 83 des Gesetzes vom 31. Dezember 1971 dauerhaft in Frankreich unter der Berufsbezeichnung seines Heimatlandes tätig zu werden. Hierfür muss er sich gem. Art. 84 Abs. 1 des Gesetzes vom 31. Dezember 1971 in einer speziellen Liste für ausländische Anwälte bei einer französischen Anwaltskammer seiner Wahl einschreiben lassen. Ferner besteht für einen deutschen Rechtsanwalt, der dauerhaft in Frankreich tätig werden will, auch die Möglichkeit, eine Zulassung als „*avocat*" zu erwerben. Sollte er die entsprechenden Anforderungen erfüllen, kann er nach Art. 89 Abs.1 des Gesetzes vom 31. Dezember 1971 direkt die Eingliederung in die französische Anwaltschaft verlangen. Ansonsten muss er hierfür die Eignungsprüfung des Art. 99 des Gesetzes vom 31. Dezember 1971 erfolgreich absolvieren.

B. Konfliktfälle bei grenzüberschreitender Tätigkeit aus berufsrechtlicher Sicht

Dieser Abschnitt widmet sich den Problemen, denen deutsche Rechtsanwälte aufgrund der unterschiedlichen normativen Ausgestaltung des anwaltlichen Berufsgeheimnisses in den Rechtsordnungen Deutschlands und Frankreichs begegnen, wenn sie grenzüberschreitend oder mit Bezug zu Frankreich tätig werden.

Die bereits oben angesprochenen Hauptunterschiede liegen zum einen in der Möglichkeit, den Rechtsanwalt nach deutschem Recht von der Schweigepflicht zu entbinden, und zum anderen in der Vertraulichkeit der zwischen den Anwälten ausgetauschten Korrespondenz nach französischem Recht. Im Rahmen der berufsrechtlichen Betrachtung dieser Unterschiede und der daraus resultierenden Probleme ist die Möglichkeit der Entbindung von der Schweigepflicht nicht weiter interessant, da eine Entbindung von der Schweigepflicht nur bei einer Aussage eines Anwalts vor einem Gericht in Frage kommt, und die sich hieraus ergebenden Konfliktfälle im Rahmen der prozessrechtlichen Betrachtung erörtert werden sollen.

Die Erörterung der Konfliktfälle beschränkt sich somit auf die Probleme, die sich aufgrund des widerstreitenden Berufsrechts bei einem vertraulichen Austausch von Korrespondenz zwischen einem französischen und einem deutschen Anwalt ergeben können.

I. Vertraulicher Austausch von Anwaltskorrespondenz zwischen einem deutschen und einem französischen Anwalt

Es gibt drei Konstellationen, in denen ein vertraulicher Austausch von Korrespondenz für einen deutschen Rechtsanwalt entweder vorteilhaft für seine Mandatsbearbeitung ist oder er hierzu sogar verpflichtet ist.

1. Vorübergehend dienstleistend in Frankreich tätiger Rechtsanwalt

Sofern ein deutscher Rechtsanwalt im Rahmen des französischen Umsetzungsrechts der Dienstleistungsrichtlinie der Europäischen Union vorübergehend dienstleistend in Frankreich tätig wird, ergibt sich aus den Art. 202-1 Abs. 1 und 2 und Art. 203 des Dekrets vom 27. November 1991, dass er neben der Beachtung des Berufsrechts seines Heimatlandes zur Beachtung des französischen Berufsrechts verpflichtet ist.[649]

Wird ein Rechtsanwalt während seiner vorübergehenden dienstleistenden Tätigkeit nur beratend tätig, und weißt diese Tätigkeit eine genügend enge Verbindung zu Frankreich auf,[650] die es rechtfertigt, ihm gem. Art. 202-2 Abs.2 des Dekrets vom 27. November 1991 zusätzlich zur Achtung des deutschen auch die Achtung des französischen Berufsrechts aufzuerlegen, so ist er gem. Art. 202-2 Abs. 2 des Dekrets vom 27. November 1991 zur Wahrung der grundlegenden Regelungen des französischen Berufsrechts verpflichtet, wozu auch die Wahrung des *Secret Professionnel* zählt.

Dieses Prinzip des doppelten Berufsrechts würde dazu führen, dass ein deutscher Rechtsanwalt, sobald aufgrund seiner Tätigkeit eine genügend enge Verbindung zu Frankreich vorliegt und er dadurch zur Beachtung der grundlegenden Regelungen des französischen Berufsrechts verpflichtet ist, die Regelungen des vertraulichen Austausches von Korrespondenz mit einem französischen Anwalt zu achten hätte.

Im Wissen um die Probleme, die hieraus für andere europäische Anwälte erwachsen können, enthält Art. 21.5.3 RIN eine Kollisionsregel für den Korrespondenzaustausch zwischen französischen und dienstleistend in Frankreich tätigen, europäischen Anwälten. Art. 21.5.3.1 RIN sieht vor, dass ein französischer Anwalt, der einen vertraulichen Austausch von Korrespondenz mit einem europäischen Anwalt eingehen möchte, dies vorher klar zum Ausdruck bringen soll. Sollte einem europäischen Anwalt die vertrauliche Behandlung des emp-

---

649 Vgl. 7. Kap. A. I. 1.

650 Zu den Voraussetzungen für eine solche hinreichend enge Verbindung zu Frankreich vgl. oben, 7. Kap. A. 1. a) ff.

fangenen Dokuments nicht möglich sein, so sieht Art. 21.5.3.2 RIN vor, dass er sie ungeöffnet zurücksendet.[651]

Einem vorübergehend in Frankreich dienstleistend tätigen Anwalt ist es demnach freigestellt, ob er mit seinem französischen Kollegen einen vertraulichen Austausch von Korrespondenz vereinbart.

2. Dauerhaft in Frankreich niedergelassener Rechtsanwalt

Ein dauerhaft in Frankreich unter der Berufsbezeichnung seines Heimatlandes tätiger deutscher Rechtsanwalt ist nach seiner Einschreibung bei einer französischen Anwaltskammer als dessen Mitglied gem. Art 84 Abs. 2 des Gesetzes vom 31. Dezember 1971 zur Beachtung des französischen Berufsrechts verpflichtet, da er gem. Art. 88 Abs. 2 des Gesetzes vom 31. Dezember 1971 ihrer Disziplinargewalt unterfällt. Zugleich ist er als Mitglied einer deutschen Anwaltskammer auch weiterhin zur Beachtung des deutschen Berufsrechts verpflichtet.

Einen deutschen Rechtsanwalt, der zusätzlich auch in Frankreich als *„avocat"* zugelassen ist, trifft aufgrund dieser Doppelzulassung ebenfalls die Verpflichtung, das Berufsrecht beider Länder zu achten.

Beiden Gruppen von in Frankreich niedergelassenen deutschen Rechtsanwälten ist gemein, dass sie Mitglieder einer französischen Anwaltskammer und damit den französischen Anwälten gleichgestellt sind. Sollten sie lediglich in Frankreich ohne Bezug zu Deutschland oder deutschem Recht tätig werden, liegt kein grenzüberschreitender Sachverhalt im Sinne des Art. 21.1.5 RIN vor, der zu einer Anwendbarkeit von Art. 21.5.3 RIN führen könnte. Die zusätzlich oder ausschließlich in Frankreich niedergelassenen deutschen Rechtsanwälte sind somit ohne Absprache mit ihrem französischen Kollegen verpflichtet, die ausgetauschte Korrespondenz vertraulich zu behandeln.[652]

3. Ausschließlich in Deutschland tätiger Rechtsanwalt

Die beiden erstgenannten Gruppen von Rechtsanwälten sind entweder physisch bei ihrer Tätigkeit in Frankreich präsent oder ihre Tätigkeit weist eine andere, hinreichend enge Verbindung zu Frankreich auf, weswegen auf sie das französische Umsetzungsrecht der Rechtsanwaltsdienstleistungslinie, der Niederlassungsrichtlinie oder der Hochschuldiplomanerkennungsrichtlinie Anwendung findet, das sie zur Beachtung der Berufsrechte beider Länder und damit zur Achtung der Regelungen der *Confidentialité des Correspondances* verpflichtet.

---

651 Zum Widerspruch dieser Regelung mit dem deutschen Berufsrecht, vgl. weiter unten 7. Kap. B. II.

652 Zum Widerspruch dieser Regelung mit dem deutschen Berufsrecht, vgl. weiter unten 7. Kap. B. II.

Im Gegensatz zu der zuvor beschriebenen Gruppe deutscher Rechtsanwälte stehen solche Rechtsanwälte, die ausschließlich in Deutschland tätig werden. Hiermit ist das entweder räumlich auf Deutschland beschränkte Tätigwerden oder das rechtlich auf deutsches Recht beschränkte Tätigwerden zu verstehen, so dass diese Gruppe deutscher Rechtsanwälte über keinerlei Verbindungen zu Frankreich oder zum französischen Recht verfügt.

Aber auch wenn ein deutscher Rechtsanwalt lediglich in Deutschland außerhalb des französischen Umsetzungsrechts der zuvor genannten EU-Richtlinien tätig wird, kann er mit der Möglichkeit der Beachtung der Regelungen der *Confidentialité des Correspondances* konfrontiert werden. So kann ein französischer Anwalt einen als „*confidentielle*" gekennzeichneten Brief einem deutschen Rechtsanwalt zukommen lassen.

4. Zwischenergebnis

Die in Frankreich niedergelassenen deutschen Rechtsanwälte sind aufgrund ihrer Mitgliedschaft in einer französischen Anwaltskammer verpflichtet, die Regelungen der *Confidentialité des Correspondances* zu beachten. Die nur vorübergehend in Frankreich dienstleistend tätigen Rechtsanwälte sowie die ausschließlich in Deutschland tätigen Rechtsanwälte, die Kontakt zu einem französischen Anwalt haben, sind nicht verpflichtet, einem vertraulichen Austausch von Korrespondenz zuzustimmen. Aber auch für ihre Mandatsbearbeitung kann es von Vorteil sein, sich auf einen vertraulichen Austausch der Korrespondenz einzulassen, wenn Inhalt dieser Korrespondenz Vorschläge zur außergerichtlichen Lösung des Rechtsstreits oder bereits ein konkretes Vergleichsangebot sind. Der französische Anwalt versendet diesen Brief unter dem Siegel der Vertraulichkeit, weil er nicht will, dass die in der Korrespondenz gemachten Angebote und Zugeständnisse im Falle des Scheiterns vor Gericht gegen seinen Mandanten verwendet werden. Die zwischen Anwälten auf vertraulicher Basis ausgetauschte Korrespondenz unterliegt aufgrund der *Confidentialité des Correspondances* nach französischem Recht dem Schutz des *Secret Professionnel*, was dazu führt, dass vor Gericht eingebrachte Teile der Korrespondenz einem Verwertungsverbot als Beweismittel unterfallen. Sollte sich der französische Anwalt nur dann mit der Suche der Möglichkeit einer außergerichtlichen Streitbeilegung einverstanden erklären, wenn die hierzu ausgetauschte Korrespondenz entsprechend den Regelungen der *Confidentialité des Correspondances* vertraulich behandelt wird, so kann die Vereinbarung eines vertraulichen Korrespondenzaustausches vorteilhaft für die Mandatsbearbeitung des Rechtsanwalts sein.

II. Unmöglichkeit des vertraulichen Austausches von Korrespondenz für einen deutschen Rechtsanwalt aufgrund von § 666 BGB und § 11 BerO

Das deutsche Recht, dem die Rechtsanwälte aller Fallgruppen weiterhin verpflichtet sind, ist ein dem französischen Recht vergleichbarer Schutz der Vertraulichkeit der zwischen zwei Anwälten ausgetauschten Korrespondenz unbekannt.[653] Sofern der Mandatsvertrag nach deutschem Recht als Dienstvertrag gem. § 675 BGB geschlossen wird, der eine Geschäftsbesorgung zum Inhalt hat, stehen vielmehr die aus § 666 BGB resultierende Auskunfts- und Benachrichtigungspflicht[654] gegenüber dem Mandanten einem vertraulichen Korrespondenzaustausch entgegen.[655] Selbst wenn der Mandatsvertrag nach französischem Recht geschlossen wird, was bei den in Frankreich niedergelassenen Rechtsanwälten zum überwiegenden Teil der Fall sein wird, so steht einem vertraulichen Austausch die aus § 11 BerO herrührende Auskunfts- und Benachrichtigungspflicht entgegen. In Bezug auf die Auskunfts- und Benachrichtigungspflicht sind § 666 BGB und § 11 BerO deckungsgleich, die ebenfalls aus § 666 BGB folgende Rechenschaftspflicht ist nicht in § 11 BerO enthalten.[656]

Der Pflicht zur Benachrichtigung muss der Beauftragte von sich aus nachkommen, wohingegen der Auskunfts- und Rechenschaftsanspruch erst auf Verlangen des Auftraggebers entsteht,[657] letzterer kann sogar erst nach Beendigung des Mandats erwachsen.[658] Von dieser Pflicht, die unabhängig von einer Nachfrage des Auftraggebers existiert, wird die Mitteilung aller zur ordnungsgemäßen Ausführung des Auftrages erforderlichen Nachrichten umfasst.[659] Im Rahmen der Mandatsbearbeitung durch einen Rechtsanwalt sind hierunter solche Ereignisse zu verstehen, deren Kenntnis zur Einschätzung der Erfolgsaussichten im Hinblick auf die Durchsetzung oder Verteidigung eines Rechtsstand-

653 Nach Kesphol-Willemer, EuZW 1990, 88 (89), „liegen Welten zwischen dem romanischen Verständnis von der Vertraulichkeit der Anwaltspost und der deutschen Gepflogenheit, dem Mandanten stets Kopien und aller Schreiben und Schriftsätze - eigener und gegnerischer - zuzuschicken".

654 Staudinger-Wittmann, § 666 BGB, Rn. 1; Soergel-Beuthien, § 666 BGB, Rn.1; MüKo-Seiler, § 666 BGB, Rn. 1; Palandt-Sprau, § 666 BGB, Rn. 2-4.

655 Hartung/Holl-Holl, § 29 BerO, Rn. 34.

656 Hartung/Holl-Holl, § 11 BerO, Rn.6.

657 MüKo-Seiler, § 666 BGB, Rn. 2; Staudinger-Wittmann, § 666 BGB, Rn. 2.

658 MüKo-Seiler, § 666 BGB, Rn. 11; Palandt-Sprau, § 666 BGB, Rn. 4; Staudinger-Wittmann, § 666 BGB, Rn. 8.

659 Staudinger-Wittmann, § 666 BGB, Rn. 4; Soergel-Beuthien, § 666 BGB, Rn. 6; MüKo-Seiler, § 666 BGB, Rn. 5.

punktes unverzichtbar sind, wozu in jedem Fall die Unterbreitung eines Vergleichsvorschlages zählt.[660]

Würde zwischen einem deutschen und einem französischen Anwalt auf vertraulicher Ebene Korrespondenz mit dem Ziel des Findens einer außergerichtlichen Streitbeilegung ausgetauscht werden, so dürfte der deutsche Rechtsanwalt seinem Mandanten die Korrespondenz nicht zugänglich machen.

Diese Informationen sind zur Einschätzung der Erfolgsaussichten und zum weiteren Fortgang der Mandatsbearbeitung unerlässlich, so dass der Rechtsanwalt durch ein Unterlassen der Weiterleitung an seinen Mandanten die aus § 666 BGB resultierende Benachrichtigungspflicht verletzten würde.[661] Würde ein Mandant gezielt nach der Korrespondenz mit dem französischen Kollegen fragen und der Anwalt müsste aufgrund der Vertraulichkeit der Korrespondenz schweigen, so wäre auch die ebenfalls aus § 666 BGB folgende Auskunftspflicht verletzt.[662]

Möglicherweise enthalten die CCBE-Berufsregeln, die als einheitliches Berufsrecht für die in Europa grenzüberschreitend tätigen Anwälte geschaffen wurden, eine Lösung zum Widerstreit der sich aus § 666 BGB ergebenden Auskunfts- und Benachrichtigungspflicht zu den Regelungen der *Confidentialité des Correspondances.*

1. Lösung des Konflikts durch Einheitsrecht in Gestalt der CCBE-Berufsregeln

Nach dem oben Gesagten ist es einem deutschen Rechtsanwalt aufgrund von § 666 BGB unmöglich, sich auf einen vertraulichen Austausch von Korrespondenz mit einem französischen Anwalt einzulassen. Um es bei Sachverhalten mit Auslandsbezug gar nicht erst zu einer Kollision der unterschiedlichen Berufsrechte kommen zu lassen, wurden die CCBE-Berufsregeln geschaffen.[663] Ihre Aufgabe ist es, die durch das Prinzip der doppelten Berufsregeln entstehenden Kollisionsfälle durch ein einheitliches Berufsrecht zu lösen oder zumindest abzumildern.[664]

Im deutschen Recht sind sie aufgrund einer statischen Verweisung in § 29 BerO in ihrer jeweiligen Fassung geltendes Berufsrecht, sofern ein Sachverhalt mit Auslandsbezug gem. Art. 1.5 CCBE-Berufsregeln vorliegt.[665] Die

---

660 Henssler/Prütting-Prütting, § 11 BerO, Rn. 3.

661 Henssler/Prütting-Federle/Fried, Art. 5.3. CCBE,Rn.1; Hartung/Holl-Lörcher,§ 29 BerO, Rn. 34, 83; Hartung/Holl-Lörcher, Art. 5.3. CCBE, Rn. 1.

662 Henssler/Prütting-Federle/Fried, Art. 5.3. CCBE,Rn.1; Hartung/Holl-Lörcher,§ 29 BerO, Rn. 34, 83; Hartung/Holl-Lörcher, Art. 5.3. CCBE, Rn. 1.

663 S.o. 4. Kap. II. 5. c) u. 4. Kap. C.

664 Henssler/Prütting-Federle-Fried, § 29 BerO, Rn. 4.

665 Kleine-Cosack, Art. 29 BerO, Rn. 1; Hartung/Holl-Lörcher, § 29 BerO, Rn. 60.

Tätigkeit eines Rechtsanwalts weist nach Art. 1.5 CCBE-Berufsregeln einen Auslandsbezug auf, wenn die Tätigkeit in einem anderen Mitgliedsstaat ausgeübt wird oder wenn sie gegenüber einem Anwalt aus einem anderen Mitgliedstaat der Europäischen Union erfolgt, unabhängig davon, ob der Rechtsanwalt in diesem Mitgliedstaat anwesend ist oder nicht.[666] Ausreichend für die Kennzeichnung als grenzüberschreitenden Rechtsverkehr ist es, wenn im Rahmen des beruflichen Tätigwerdens eines deutschen Rechtsanwalts der Kontakt zu einem anderen Mitgliedstaat der Europäischen Union hergestellt wird.[667]

Demzufolge erfasst § 29 Abs. 1 BerO alle oben genannten Fallkonstellationen, in denen deutsche Rechtsanwälte mit der Pflicht oder der Möglichkeit zur Beachtung der Regelungen der *Confidentialité des Correspondances* in Berührung kommen können.

Da die CCBE-Berufsregeln Verbandsrecht darstellen, das von den nationalen Anwaltskammern in die jeweiligen Berufsordnungen einbezogen wird, kann ihre Regelungsbefugnis nicht über die Satzungsautonomie der jeweiligen nationalen Anwaltskammern hinausgehen. Diese Nachrangigkeit der CCBE-Berufsregeln als Verbandsrecht gegenüber europäischem Gemeinschaftsrecht sowie dem deutschen Verfassungs-, Gesetzes- und Verordnungsrecht ordnet auch § 29 Abs. 1 S. 1 BerO ausdrücklich an. Daher können die CCBE-Berufsregeln im deutschen Recht nicht über das Gebiet der Berufsordnung hinaus Geltung beanspruchen. Da die Berufsordnung im Hinblick auf Art. 12 GG lediglich die in der Bundesrechtsanwaltsordnung bzw. im Europäischen Rechtsberatungsgesetz enthaltenen Berufspflichten konkretisieren kann, ist hierauf auch der Wirkungsbereich der CCBE-Berufsregeln beschränkt.[668] Die aus diesem Umstand resultierende Unfähigkeit, eigene Verweisungen schaffen zu können, führt zu einer geringen praktischen Bedeutung der CCBE-Berufsregeln für die Suche nach einer Kollisionsnorm, die den Anwendungsbereich der nationalen Normen des Berufsrechts bei grenzüberschreitender Anwaltstätigkeit regelt.[669]

Die Vorschrift des § 29 Abs. 1 BerO soll nicht dahingehend ausgelegt werden, dass wenn der Anwendungsbereich der CCBE-Berufsregeln eröffnet ist, ein deutscher Rechtsanwalt stets seine europäischen Kollegen auf den Vorrang des deutschen Verfassungs-, Gesetzes- und Verordnungsrechts aufmerksam machen muss. Vielmehr soll diese Hinweispflicht erst im Konfliktfall greifen, so

---

666 Hartung/Holl-Lörcher, Art. 1.5 CCBE-Berufsregeln, Rn. 1.

667 Hartung/Holl-Lörcher, Art. 1.5 CCBE-Berufsregeln, Rn. 7.

668 Henssler/Streck-Kilian, aaO, S. 989 f.; Henssler/Prütting- Federle/Fried, § 29 BerO, Rn. 6; Klein/Ott/Zerdick, aaO, S. 66 f.

669 Henssler/Streck-Kilian, aaO, S. 990; Henssler/Prütting- Federle/Fried, § 29 BerO, Rn. 6; Kleine-Cosack, § 29 BerO, Rn. 2; Knöfel, AnwBl 2003, 3 (6); Klein/Ott/Zerdick, aaO, S. 66 f.

dass ein deutscher Rechtsanwalt erst bei Vorliegen von ersten Anhaltspunkten für eine Kollision unverzüglich auf den Vorrang des höherrangigen Rechts hinzuweisen hat.[670] Der Empfang einer als vertraulich gekennzeichneten Mitteilung von einem französischen Anwalt stellt aber keinen solchen Anhaltspunkt für eine Kollision dar, vielmehr liegt der Konfliktfall bereits bei Erhalt eines solchen Schriftstückes vor. Selbst ohne Nachfrage des Mandanten ist der Anwalt aufgrund seiner sich aus § 666 BGB ergebenden Benachrichtigungspflicht gehalten, seinen Mandanten über alle wesentlichen mit dem Mandat zusammenhängenden Entwicklungen zu unterrichten. Dies umfasst, wie oben dargestellt, auch die Benachrichtigung über einen von der Gegenseite gemachten Vorschlag einer außergerichtlichen Streitbeilegung oder eines Vergleiches. Würde der deutsche Anwalt dennoch schweigen, so würde er die aus § 666 BGB resultierende Auskunfts- und Benachrichtigungspflicht verletzen. Würde er seinem Mandanten den Inhalt des Briefes zugänglich machen, so würde er die durch das Öffnen des Briefes konkludent eingegangene Verpflichtung zur vertraulichen Behandlung der Korrespondenz brechen. Demzufolge bietet § 29 Abs. 1 BerO keine Lösung, um die Kollision der sich aus § 666 BGB ergebenden Aufklärungs- und Benachrichtigungspflicht mit den Regelungen der *Confidentialité des Correspondances* zu klären.

Aber selbst der Ausweg, den Art. 21.5.3.2 RIN auf französischer Seite, der insoweit mit dem in Deutschland aufgrund von § 29 Abs. 1 S. 2 BerO unanwendbaren Art. 5.3.2 CCBE-Berufsregeln identisch ist, vorschlägt, hilft einem deutschen Rechtsanwalt nicht weiter. Danach soll ein Anwalt, der nicht in der Lage ist, die Vertraulichkeit der Korrespondenz zu wahren, die Mitteilung ungeöffnet zurückschicken. Jedoch ist selbst in dem ungelesenen Zurückschicken der Mitteilung ein Verstoß gegen die Aufklärungspflicht aus § 666 BGB zu sehen, denn der Rechtsanwalt unterlässt es mangels Kenntnisnahme, seinen Mandanten über den Inhalt der Mitteilung aufzuklären.[671]

Trotz dieses bislang ernüchternden Ergebnisses hinsichtlich der Suche nach einer Kollisionsnorm in den CCBE-Berufsregeln warnt *Knöfel* davor, sie grundsätzlich als völlig unbedeutend für die grenzüberschreitende Anwaltstätigkeit anzusehen und erläutert in diesem Zusammenhang die Möglichkeit, einzelne Bestimmungen der CCBE-Berufsregeln zur Ausfüllung und inhaltlichen Abstimmung anderweitig gefundener Rechtsanwendungsregeln heranzuziehen.[672] Als Beispiel nennt er die Bestimmung des Art. 2.6.2 CCBE-Berufsregeln, der die Regelung von anwaltlicher Werbung zum Inhalt hat, wobei er jedoch

670 Henssler/Prütting-Federle/Fried, § 29 BerO, Rn. 10; Hartung/Holl-Lörcher, § 29 BerO, Rn. 87.

671 Hartung/Holl-Lörcher, Art. 5.3. CCBE, Rn. 4, 1.

672 Knöfel, AnwBl 2003, 3 (6).

zugleich zugibt, dass es immer noch einer nicht in den CCBE-Berufsregeln enthaltenen Rechtsanwendungsnorm bedarf, anhand derer die Auslegung erfolgen kann.[673]

Im Gegensatz zu Art. 2.3 CCBE-Berufsregeln, der die Regelung des Berufsgeheimnisses zum Inhalt hat, und Art. 5.3 CCBE-Berufsregeln, der die Korrespondenz unter den Anwälten regelt, ist die Regelung des Art. 2.6.2 CCBE-Berufsregeln eine Berufsregel mit eigenem materiellem Gehalt.[674]

In Ermangelung eines eigenen materiellen Gehalts bieten die Art. 2.3 und 5.3 CCBE-Berufsregeln keine Lösungsmöglichkeit bei den Konfliktfällen,[675] die im grenzüberschreitenden Anwaltsverkehr zwischen Deutschland und Frankreich im Hinblick auf die Möglichkeit einer Entbindung von der Verschwiegenheitspflicht oder im Hinblick auf die Vertraulichkeit der zwischen Anwälten ausgetauschten Korrespondenz auftreten können. In Bezug auf Art. 5.3 CCBE-Berufsregeln kommt erschwerend hinzu, dass selbst wenn die Regelung einen materiellen Gehalt besäße, sie in § 29 Abs. 1 BerO aufgrund ihres Widerspruches zu § 666 BGB ausdrücklich für nicht anwendbar erklärt wird.

Die CCBE-Berufsregeln bieten demnach keine Lösungsmöglichkeiten für die oben angesprochenen Konfliktfälle, die bei grenzüberschreitender anwaltlicher Tätigkeit zwischen Deutschland und Frankreich entstehen können.

Dieses Ergebnis spiegelt die grundlegenden Probleme wieder, die den CCBE-Berufsregeln bei ihren Bemühungen begegnen, die bei grenzüberschreitender anwaltlicher Tätigkeit entstehenden Kollisionen der nationalen Berufsrechte abzuschwächen, wenn nicht gleich ganz aufzulösen. Dies liegt zum einen an der Stellung der CCBE-Berufsregeln in der Normenhierarchie, da sie aufgrund des Vorranges höherrangigen Rechts häufig durch entgegenstehende nationale Berufsrechtsnormen verdrängt werden. Doch selbst wenn sie anwendbar sind, vermögen es die CCBE-Berufsregeln aufgrund ihres Mangels an eigenem materiellen Gehalt nicht, die Konfliktfälle zu lösen.[676]

Um nicht bereits durch den Erhalt eines als vertraulich gekennzeichneten Dokuments in den oben aufgezeigten Konflikt zu geraten, sollte gegenüber französischen Anwälten sofort nach Mandatsübernahme eine Klärung dahingehend erfolgen, dass es einem deutschen Rechtsanwalt aufgrund des Vorranges höherrangigen Rechts in Form des § 666 BGB unmöglich ist, die Vertraulichkeit der Korrespondenz zu gewährleisten.[677]

---

673 Knöfel, AnwBl 2003, 3 (6).

674 Henssler/Prütting-Federle/Fried, § 29 BerO, Rn. 30.

675 So auch Henssler/Prütting-Federle/Fried, § 29 BerO, Rn. 30.

676 So auch Henssler/Prütting-Federle/Fried, § 29 BerO, Rn. 32.

677 Hartung/Holl-Lörcher, § 29 BerO, Rn. 90; Hartung/Holl-Lörcher, Art. 5.3. CCBE, Rn. 3; a.A. Henssler/Prütting-Federle/Fried, § 29 BerO, Rn. 10.

2. Möglichkeiten trotz § 666 BGB vertrauliche Korrespondenz auszutauschen

Durch eine solche Klärung wird nur der Konfliktfall vermieden, nicht jedoch ein vertraulicher Austausch ermöglicht. Dies kann aber zum Suchen einer Möglichkeit zur außergerichtlichen Streitbeilegung wichtig sein, weswegen nachfolgend geklärt werden soll, ob es Rechtsanwälten, die einen Mandatsvertrag nach deutschem Recht geschlossen haben, trotz der sich aus § 666 BGB ergebenden Auskunfts- und Benachrichtigungspflicht möglich ist, mit einem französischen Anwalt auf vertraulicher Basis Korrespondenz auszutauschen. Wie oben schon angedeutet, werden die in Frankreich niedergelassen tätigen Rechtsanwälte ihre Mandatsverträge zumeist nach französischem Recht abschließen, weswegen für sie § 666 BGB kein Problem darstellt. Dieses Problem trifft nur die ausschließlich in Deutschland tätigen Rechtsanwälte und die vorübergehend in oder mit Bezug zu Frankreich tätigen Rechtsanwälte. Letztere haben aufgrund ihrer Berührungspunkte mit Frankreich aber die Gelegenheit, französisches Recht für ihren Mandatsvertrag zu wählen.[678]

Sofern die aus § 666 BGB resultierenden Pflichten durch die Wahl französischen Rechts für den Mandatsvertrag umgangen werden können oder die aus § 666 BGB resultierende Auskunfts- und Benachrichtigungspflicht abbedungen werden kann, steht weiterhin die Kollision der aus § 11 BerO resultierenden Auskunfts- und Benachrichtigungspflicht der Achtung der *Confidentialité des Correspondances* durch einen deutschen Rechtsanwalt entgegen. Einer möglichen Lösung dieser Kollisionslage soll nachgegangen werden, nachdem Möglichkeiten zur Abbedingung, beziehungsweise zur Umgehung der sich aus § 666 BGB ergebenden Auskunfts- und Benachrichtigungspflicht gesucht wurden.

a) Abbedingung von § 666 BGB

Aufgrund seines dispositiven Charakters kann § 666 BGB vertraglich abbedungen werden.[679] Da ein Ausschluss der aus § 666 BGB herrührenden Pflichten durch AGB nicht selten gegen § 307 BGB verstoßen wird,[680] sollte der Ausschluss für jeden Einzelfall geregelt werden. In Anbetracht der Tatsache, dass Anwaltsverträge, insbesondere solche im internationalen Geschäft, zumeist individuell ausgehandelt werden und kaum AGB enthalten, dürfte dies keine größeren Umstände bereiten.[681]

---

678 Vgl. hierzu weiter unten, 7. Kap. B. II.2.b).

679 Palandt-Sprau, § 666 BGB, Rn. 1; Soergel-Beuthien, § 666, Rn. 14; Erman-Ehmann, § 666, Rn. 41; Staudinger-Wittmann, § 666, Rn. 12.

680 Palandt-Sprau, § 666 BGB, Rn. 1.

681 Vgl. Reithmann/Martiny, Internationales Vertragsrecht, Rn. 2090.

Im Mandatsvertrag könnte im Hinblick auf die mit einem französischen Anwalt vertraulich ausgetauschte Korrespondenz ein Verzicht auf die aus § 666 BGB resultierende Auskunfts- und Benachrichtigungspflicht aufgenommen werden. Hiervon bliebe die nach Erledigung des Mandats entstandene Rechenschaftspflicht unberührt,[682] so dass der Nachweis einer möglicherweise mangelhaften Geschäftsführung davon nicht beeinträchtigt werden würde.

Diese klar umgrenzte Verzichtsklausel könnte in jeden Vertrag aufgenommen werden, der die Bearbeitung eines Mandats zum Inhalt hat, welches Bezüge zum französischen Recht aufweist und welches den Austausch von Korrespondenz mit einem französischen Anwalt nicht von vornherein ausschließt. In einem solchen Fall würde zwar immer noch gegen die nicht abdingbare Aufklärungs- und Benachrichtigungspflicht aus § 11 BerO verstoßen werden. Sofern ein Anwalt diesen berufsrechtlichen Verstoß aber zu Gunsten seines Mandanten in Kauf nimmt, kann er sich durch eine ausdrückliche Abbedingung der aus § 666 BGB resultierenden Aufklärungs- und Benachrichtigungspflicht zumindest vor Regressforderungen des Mandanten schützen, die sich auf eine Verletzung dieser Pflichten stützen.

b) Wahl französischen Rechts für den Mandatsvertrag

Um den Informationspflichten aus § 666 BGB zu entgehen und den vertraulichen Austausch von Korrespondenz zu ermöglichen, könnten die Parteien ihren Mandatsvertrag nach französischem Recht schließen. Die einschlägigen Vorschriften der Art. 27-29 EGBGB gehen auf das Europäische Übereinkommen über das auf vertragliche Schuldverhältnisse anzuwendende Recht zurück.[683] Das Übereinkommen ist auch in Frankreich in Kraft getreten, so dass diesbezüglich einheitliche Anknüpfungsmaßstäbe gelten.[684]

(1) Grundsatz der freien Rechtswahl nach Art. 27 EGBGB

Nach Art. 27 Abs. 1 EGBGB obliegt es den Parteien, das auf ihren Vertrag anwendbare Recht frei zu wählen.[685] Um diese Wahlmöglichkeit ausnutzen zu können, müsste es sich um einen internationalen Schuldvertrag handeln. Weist der Vertrag nur zu der inländischen Rechtsordnung Bezüge auf, dann ist zwar eine Rechtswahl nicht ausgeschlossen, dem gewählten Recht kommt jedoch

682 Zum Umfang der Rechenschaftspflicht vgl. Soergel-Beuthien, § 666 BGB, Rn. 11; MüKo-Seiler, § 666 BGB, Rn. 8-12.

683 Abgekürzt EVÜ, BGBl. 1986 II 810.

684 Zur Anwendung in Frankreich Tell in Zerdick, Die juristische Zusammenarbeit zwischen Frankreich, Spanien und Deutschland, S. 39 ff.; vgl. ferner Mankowski, AnwBl. 2001, 249 (250); Henssler, JZ 1994, 178 (185).

685 Bendref, AnwBl 1998, 309 (310); Kilian, AnwBl 2003, 452 (452 f.); Reithmann/Martiny, aaO, Rn. 2089.

nach Art. 27 Abs. 3 EGBGB kein Rechtscharakter, sondern nur der Status von Vertragsklauseln zu.[686] Diese materiellrechtliche Verweisung verfügt nicht über die Kraft, die zwingenden Bestimmungen desjenigen Rechts auszuschalten, die den Sachverhalt im übrigen allein kennzeichnen.[687]

Als ausschlaggebend für eine objektive Auslandsberührung im Sinne von Art. 27 Abs. 3 EGBGB sind vorrangig die Ansässigkeit der Vertragsparteien, die Orte der vereinbarten Leistungserbringung und der Abschlussort des Vertrages zu nennen.[688] Aus dieser beispielhaften Aufzählung lässt sich als Faustregel schlussfolgern, dass ein hinreichender Auslandsbezug vorliegt, wenn ein Umstand, der im weitesten Sinne internationalschuldvertraglicher Kollisionsnormen als Anknüpfungspunkt verwendet wird, ins Ausland weist.[689] Hieraus folgt, dass sich der für die freie Rechtswahl nötige Auslandsbezug des Mandatsvertrages entweder aus der Person des Mandanten oder aus der anwaltlichen Dienstleistung selbst ergeben muss, wofür diese zumindest teilweise oder mit unmittelbaren Wirkungen im Ausland erbracht werden muss.[690]

(2) Verbrauchervertrag im Sinne von Art. 29 EGBGB

Sollte es sich bei dem Mandatsvertrag um einen Verbrauchervertrag im Sinne von Art. 29 EGBGB handeln,[691] ist die Möglichkeit der freien Rechtswahl eingeschränkt. Grundvoraussetzung ist, dass der Mandant als Verbraucher handelt und somit bei der Beauftragung des Anwalts nur private und nicht berufliche oder gewerbliche Zwecke verfolgt.[692] Des Weiteren fordert Art. 29 Abs. 2 Nr. 1 bis 3 EGBGB, dass sich der Anwalt als Anbieter der Leistung auf den Vertrags-

---

686 MüKo-Martiny, Art. 27 EGBGB, Rn. 87; Staudinger-Magnus, Art. 27 EGBGB, Rn. 115; Soergel-von Hoffmann, Art. 27 EGBGB, Rn. 85; Kegel/Schurig, aaO, S. 654 f.; Reithmann/Martiny, aaO, Rn. 105.

687 Staudinger-Magnus, Art. 27 EGBGB, Rn. 115; MüKo-Martiny, Art. 27 EGBGB, Rn. 87; Soergel-von Hoffmann, Art. 27 EGBGB, Rn. 85.

688 Soergel-von Hoffmann, Art. 27 EGBGB, Rn. 90; Staudinger-Magnus. Art. 27 EGBGB, Rn. 122; MüKo-Martiny, Art. 27 EGBGB, Rn. 95.; Mankowski, AnwBl 2001, 249 (250).

689 Soergel-von Hoffmann, Art. 27 EGBGB, Rn. 87, MüKo-Martiny, Art. 27 EGBGB, Rn. 95, verweisen für die hierfür zu fordernden „objektiven Elemente" auf die Umstände, die im Rahmen einer objektiven Anknüpfung nach Art. 28 Abs. 1-5 EGBGB bedeutsam sind; so auch Mankowski, AnwBl 2001, 248 (250).

690 Mankowski, AnwBl 2001, 248 (250).

691 Mandatsverträge können grundsätzlich in den sachlichen Anwendungsbereich von Art. 29 EGBGB fallen, vgl. BGH NJW 2003, 3486; MüKo-Martiny, Art. 29 EGBGB, Rn. 18; Soergel-von Hoffmann, Art. 28 EGBGB, Rn. 8; Berger, NJW 2001, 1530 (1533); Staudinger-Reinhart, Art. 29 EGBGB, Rn. 39.

692 Soergel-von Hoffmann, Art. 29 EGBGB, Rn. 13; MüKo-Martiny, Art. 29 EGBGB, Rn 7; Berger, NJW 2001, 1530 (1533).

abschlussmarkt im Aufenthaltsstaat des Verbrauchers begeben hat.[693] Sind diese Voraussetzungen erfüllt und ist keine Rechtswahl erfolgt, so unterfällt der Mandatsvertrag nach Art. 29 Abs. 2 EGBGB dem Recht des Staates, in dem der Verbraucher seinen gewöhnlichen Aufenthaltsort hat.[694]

Beauftragt ein französischer Gläubiger einen in Deutschland niedergelassenen Rechtsanwalt mit der Durchsetzung eines Unterhaltstitels, so findet auf den Mandatsvertrag grundsätzlich französisches Recht Anwendung.[695]

Hiervon ist nach Art. 29 Abs. 4 Nr. 2 EGBGB eine Ausnahme zu machen, wenn die vereinbarte Dienstleistung ausschließlich in einem anderen Staat als dem Aufenthaltsstaat des Verbrauchers zu erbringen ist.[696] Sollten bei dem oben genannten Beispiel nur Vollstreckungsmaßnahmen in Deutschland eingeleitet werden, so bleibt es bei der Möglichkeit der freien Rechtswahl.[697]

(3) Objektive Anknüpfung mangels Rechtswahl

Sofern es sich nicht um einen Verbrauchervertrag handelt und die Parteien keine Wahl hinsichtlich des auf den Mandatsvertrag anwendbaren Rechts getätigt haben, bemisst sich das anwendbare Recht gem. Art. 28 Abs. 2 S. 2 EGBGB nach dem an der Niederlassung der mandatierten Anwälte anwendbaren Recht, weil vermutet wird, dass hierzu die engste Verbindung besteht.[698]

Verfügt der mandatierte Anwalt sowohl über eine inländische wie auch eine ausländische Zulassung und weist das zu bearbeitende Mandat zu beiden Rechtsordnungen Bezüge auf, so hilft der Ort der Niederlassung nicht weiter. Gleich gelagert ist der Fall, wenn in einer internationalen Sozietät mehrere Anwälte von verschiedenen Niederlassungen aus ein Mandat bearbeiten.

---

693 Hierzu speziell für Mandatsverträge Mankowski, AnwBl. 2001, 249 (251); Reithmann/Martiny-Mankowski, aaO, Rn. 2094 ff.; allgemein MüKo-Martiny, Art. 29 EGBGB, Rn. 33; Soergel-von Hoffmann, Art. 29, Rn. 15; hierbei bleibt lediglich Art. 29 Abs. 2 Nr. 3 EGBGB außer Betracht, weil diese Vorschrift für Verträge über Dienstleistungen sachlich nicht greift, vgl. hierzu Reithmann/Martiny-Mankowski, aaO, Rn. 2098; v.Bar/Mankowski, aaO, § 7, Rn. 66; Sieg, aaO, S. 197.

694 Soergel-von Hoffmann, Art. 29, EGBGB, Rn. 38; Staudinger, Art. 29 EGBGB, Rn. 98; MüKo-Martiny, Art. 29 EGBGB, Rn. 62; Berger, NJW 2001, 1530 (1533); Raiser, NJW 1991, 2049 (2057); Mankowski, AnwBl. 2001, 249 (256).

695 Vgl. Berger, NJW 2001, 1530 (1533).

696 MüKo-Martiny, Art. 29 EGBGB, Rn. 27; Staudinger-Reinhart, Art. 29 EGBGB, Rn. 110; Soergel-von Hoffmann, Art.29 EGBGB, Rn. 27.

697 Vgl. Berger, NJW 2001, 1530 (1533).

698 Soergel-von Hoffmann, Art. 28 EGBGB, Rn. 235; MüKo-Martiny, Art. 28 EGBGB, Rn. 205; Staudinger-Magnus, Art. 28 EGBGB, Rn. 250; Reithmann/Martiny-Mankowski, aaO, Rn. 2099; Zuck, NJW 1987, 3033; Kilian, WM 2000, 1366 (1372); Schack, ZZP 113, 107 (108); Raiser, NJW 1991, 2049 (2057); Henssler, JZ 1994, 178 (185); Sieg, aaO, S. 191.

Lassen sich in diesen Fällen die einzelnen Teilleistungen der jeweiligen Niederlassungen klar abgrenzen, so wird an das Recht der jeweils tätigen Niederlassung angeknüpft.[699] Stellen die Teilleistungen eine untrennbare Einheit dar, so ist auf den Schwerpunkt der Leistungserbringung abzustellen, der bei der das Mandat federführend bearbeitenden Niederlassung liegt.[700]

Ist beim Tätigwerden verschiedener Niederlassungen keine klare Unterordnung der Niederlassungen zueinander erkennbar und lassen sich die Teilleistungen auch nicht voneinander trennen oder ergibt sich beim Tätigwerden von nur einem Anwalt aus der Gesamtheit der Umstände, dass die Vermutung des Art. 28 Abs. 2 EGBGB nicht gilt, so muss gem. Art. 28 Abs. 5 EGBGB in Verbindung mit Art. 28 Abs. 1 S.1 EGBGB festgestellt werden, mit welchem Staat der Vertrag die engsten Verbindungen aufweist.[701] Für die Bestimmung der in Art. 28 Abs. 1 S. 1 EGBGB geforderten engsten Verbindung gibt es keine allgemein gültigen, schematischen Abgrenzungsmuster, weswegen die hierfür notwendige Bewertung gesondert für jeden Einzelfall und unter Berücksichtigung seiner speziellen Umstände vorzunehmen ist.[702] Bei der Bestimmung des relativen Schwerpunkts der anwaltlichen Tätigkeit können zum einen

- der Ort der Mandatsakquisition,
- die Staaten, in denen der Anwalt eine Kanzlei unterhält,
- die Büros, von denen aus der Anwalt den Auftrag bearbeitet,
- die Staatsangehörigkeit des Mandanten und des Anwalts oder
- der Ort, an dem die Parteien ihre Besprechungen abhalten

als Anhaltspunkte dienen. Wendet man den Blick von dieser, mehr auf das äußere Erscheinungsbild der anwaltlichen Tätigkeit abzielenden Betrachtung hin zum Inhalt des Auftrages, so können auch

- die Rechtsordnungen, zu denen der zugrunde liegende Auftrag einen Bezug aufweist,

---

699 Reithmann/Martiny-Mankowski, aaO, Rn. 2102; MüKo-Martiny, Art. 28 EGBGB, Rn. 207; Kilian, AnwBl. 2003, 452 (453); Eisenberg, Das Internationale Privatrecht der Anwaltshaftung, S. 57.

700 KG MDR 2000, 669 (669f.); MüKo-Martiny, Art. 28 EGBGB, Rn. 207; Reithmann/Martiny-Mankowski, aaO, Rn. 2103; Staudinger-Magnus, Art. 28 EGBGB, Rn. 251; Eisenberg, , S. 55; Sieg, aaO, S. 193.

701 Soergel-von Hoffmann, Art. 28 EGBGB, Rn. 236; Reithmann/Martiny-Mankowski, a-aO, Rn. 2105; Kilian, AnwBl. 2003, 452 (453); Sieg, aaO, S, 194.

702 Reithmann/Martiny-Mankowski, aaO, Rn. 2105; Soergel-von Hoffmann, Art. 28 EGBGB, Rn. 236; Sieg, aaO, 195.

- eine möglicherweise im Mandatsvertrag enthaltene Gerichtsstands- oder Schiedsvereinbarung oder
- die für das Anwaltshonorar vereinbarte Währung[703]

als Anhaltspunkt für die Bestimmung des relativen Schwerpunktes der anwaltlichen Tätigkeit dienen.

c) Zwischenergebnis

Der Grundsatz der freien Rechtswahl überlässt es gem. Art. 27 EGBGB den Parteien, das auf den zwischen ihnen zu schließenden Mandatsvertrag anwendbare Recht auszuwählen. Somit ist auch die Wahl französischen Rechts möglich, was den Vorteil hat, die Aufklärungs- und Rechenschaftspflicht des § 666 BGB zu umgehen. Für Verbraucherverträge, die unter bestimmten Umständen geschlossen werden, gilt die Möglichkeit der freien Rechtswahl nicht, vielmehr wird für das anwendbare Recht hier gem. Art. 29 Abs. 2 EGBGB auf das Recht des Staates abgestellt, in dem der Verbraucher ansässig ist. Sollte demnach ein Mandat sowohl Bezüge zum deutschen wie auch zum französischen Recht aufweisen, so bestimmt der Ort, an dem der Mandant ansässig ist, das auf den Mandatsvertrag anzuwendende Recht. Dies bedeutet für die angestrebte Umgehung von § 666 BGB keinen Nachteil, da bei einem Mandatsvertrag nach französischem Recht die aus § 666 BGB resultierenden Probleme hinsichtlich der Auskunfts- und Benachrichtigungspflicht sich gar nicht stellen und bei einem Mandatsvertrag nach deutschem Recht § 666 BGB als dispositives Recht abbedungen werden kann.

Im Hinblick auf die Unsicherheiten, die sich gerade im Rahmen der Ermittlung des anwendbaren Rechts für komplexe, grenzüberschreitende Mandate ergeben können, ist es stets empfehlenswert, in den Mandatsvertrag eine Rechtswahlklausel einzufügen.[704] Bei der Wahl des auf den Mandatsvertrag anzuwendenden Rechts sollte bei Mandaten mit Bezug zu Frankreich darauf geachtet werden, nicht durch § 666 BGB an einem vertraulichen Austausch von Korrespondenz mit dem gegnerischen französischen Anwalt gehindert zu sein. Aus diesem Grund sollte der Mandatsvertrag entweder nach französischem Recht geschlossen werden oder für den Fall, dass er nach deutschem Recht geschlossen wird, sollte die aus § 666 BGB herrührende Aufklärungs- und Benachrichtigungspflicht abbedungen werden.

---

703 Sieg, aaO, S. 195; Reithmann/Martiny-Joch (4. Aufl.), Internationales Vertragsrecht, Rn. 835; Kropholler, aaO, S. 452.

704 Sieg, aaO, S. 199; Mankowski, AnwBl. 2001, 249 (256); Eisenberg, aaO, S. 57.

d) Einschränkung des Vertragsstatuts durch § 11 BerO

Diese weitreichende Freiheit zur Rechtswahl des auf den Mandatsvertrag anwendbaren Rechts könnte durch § 11 BerO eingeschränkt sein, wenn § 11 BerO eine zwingende Vorschrift im Sinne des Art. 34 EGBGB ist. Durch Art. 34 EGBGB wird die Anwendung zwingender inländischer Normen geregelt.[705]

(1) Zwingendes Recht im Sinne des Art. 34 EGBGB

Sollte es sich bei § 11 BerO um zwingendes Recht im Sinne des Art. 34 EGBGB handeln, wäre das allgemeine Anknüpfungssystem für Mandatsverträge außer Kraft gesetzt. Welche Normen zwingendes Recht im Sinne des Art. 34 EGBGB sind, darüber sagt Art. 34 EGBGB selbst nichts aus.

Aus der Tatsache, dass die Auskunfts- und Benachrichtigungspflicht des § 666 BGB dispositives Recht darstellt, kann nicht geschlussfolgert werden, dass es sich bei dem in Bezug auf die Auskunfts- und Benachrichtigungspflicht inhaltsgleichen § 11 BerO ebenfalls um nicht zwingendes Recht handelt. Die berufsrechtlichen Regelungen der Bundesrechtsanwaltsordnung und der anwaltlichen Berufsordnung kennzeichnen die berufsrechtliche Stellung des Rechtsanwalts und stehen grundsätzlich nicht zur Disposition von Anwalt und Mandant.[706] Allein aus diesem Umstand lässt sich jedoch nicht die Schlussfolgerung ziehen, dass es sich bei § 11 BerO um zwingendes Recht im Sinne des Art. 34 EGBGB handelt.

Zwingende Normen im Sinne des Art. 34 EGBGB sind gekennzeichnet durch öffentliche Interessen, die ihnen einen besonderen Geltungsanspruch und

---

705 Soergel-von Hoffmann, Art. 34 EGBGB, Rn. 1; MüKo-Martiny, Art. 34 EGBGB, Rn. 1; Reithmann/Martiny-Freitag, aaO, Rn. 399; Kilian, AnwBl. 2003, 452 (454).

706 So auch Willandsen, NJW 1989, 1128 (1130); Sieg, aaO, S. 189, der alle berufsrechtlichen Vorgaben als zwingendes Recht gem. Art. 34 EGBGB der Dispositionsbefugnis des Mandanten und des Rechtsanwalts entzogen sehen will. M.E. muss man hier näher differenzieren. Zwar stehen die berufsrechtlichen Pflichten des Anwalts nicht zur Disposition des Anwalts und des Mandanten, deswegen sind jedoch nicht in Gänze zwingendes Recht im Sinne des Art. 34 EGBGB, denn sie müssen auch öffentlichen, überindividuellen Interessen dienen. Es sind daher nur einzelne Normen der BRAO zu einer Sonderanknüpfung nach Art. 34 EGBGB fähig, so auch Knöfel, AnwBl. 2003, 3 (14); Reithmann/Martiny-Mankowski, aaO, Rn. 2124; speziell zu § 49b Abs. 2 BRAO, Verbot von Erfolgshonorarvereinbarung, als zwingendes Recht im Sinne des Art. 34 EGBGB: OLG Frankfurt a. M. IPRax 2002, 399; Reithmann/Martiny-Freitag, aaO, Rn. 424; Kilian, AnwBl 2003, 452 (455); MüKo-Martiny, Art. 34, Rn. 116; Soergel-von Hoffmann, Art. 34 EGBGB, Rn. 46. a.A. Bendref, AnwBl. 1998, 309 (310).

einen derart erhöhten Verbindlichkeitsgrad zukommen lassen, dass hinter ihnen sogar der Auslandsbezug und der Respekt vor dem fremden Recht zurücktritt.[707]

Des Weiteren setzt Art. 34 EGBGB in seinem Tatbestand voraus, dass die als international zwingend angesehene Norm „den Sachverhalt ... regelt". Zwar ist mit der Regelung eines „Sachverhaltes" die Regelung eines vertragsähnlichen Geschehens gemeint,[708] die hierzu benutzten Normen müssen jedoch nicht notwendigerweise dem Vertragsrecht zuzuordnen sein. Vielmehr kommen auch Normen in Betracht, die dem Privatrecht und dem öffentlichen Recht angehören.[709] Somit steht nicht schon der Charakter des § 11 BerO als einer Norm des öffentlichen Rechts der Möglichkeit entgegen, eine zwingende Bestimmung im Sinne des Art. 34 EGBGB zu sein. Ausschlaggebend für die Bewertung als zwingende Norm im Sinne des Art. 34 EGBGB ist nach allgemeiner Auffassung vielmehr der Zweck, dem § 11 BerO dient. Entscheidend ist hierbei, dass sich der Zweck der Vorschrift nicht in dem Ausgleich widerstreitender Interessen erschöpfen darf, sondern auch auf öffentliche Interessen gerichtet sein muss.[710]

(2) § 11 BerO

Die Regelung des § 11 BerO ist eine klassische Mandantenschutzvorschrift.[711] Sie sichert dem Mandanten die Weiterleitung der Informationen zu, die er benötigt, um als Herr des Geschäfts die für den Fortgang der Angelegenheit wichtigen Entscheidungen zu treffen.[712] Zugleich dienen die in § 11 BerO verankerten Informationspflichten auch dem Rechtsanwalt. Sollte der Mandant an einer für den Fortgang der Angelegenheit entscheidenden Stelle schweigen, obwohl ihm ein Fehler oder ein Missverständnis des Anwalts aufgefallen ist, so kann der Anwalt bei Nachweis der ordnungsgemäß erfüllten Informationspflicht hierauf basierende Schadensersatzforderungen abwehren.[713]

---

707 Vgl. Staudinger-Magnus, Art. 34 EGBGB Rn. 12; MüKo-Martiny, Art. 34 EGBGB, Rn. 8; Kilian, AnwBl 2003, 452 (454); Kropholler, aaO, S. 491; so auch BAG IPRax 1991, 407 (411), hierzu Magnus, IPRax 1991, 382 (385); BAG IPRax 1994, 123 (128), hierzu Aufsatz Mankowski, IPRax 1994, 88 (95)

708 Staudinger-Magnus, Art. 34 EGBGB, Rn. 46; Kilian, AnwBl 2003, 452 (454).

709 BAG IPRax 1991, 407 (411), hierzu Aufsatz Magnus, IPRax 1991, 382 (385); BAG IPRax 1994, 123 (128); MüKo-Martiny, Art. 34 EGBGB, Rn. 11; Reithmann/Martiny-Freitag, aaO, Rn. 400.

710 BGH IPRax 2003, 449 (451); MüKo-Martiny, Art. 34 EGBGB, Rn. 13; Staudinger-Magnus, Art. 34 EGBGB, Rn. 57; Reithmann/Martiny-Freitag, aaO, Rn.400; Kropholler, aaO, S. 491; Magnus, IPRax 1991, 382 (385); Mankowski, IPRax 1996, 405 (409).

711 Römermann/Hartung, aaO, § 32, Rn. 13; Hartung/Holl-Holl, § 11 BerO, Rn. 4; Büchting/Heussen-Hartung, Beck'sches Rechtsanwaltshandbuch, H2, Rn. 48.

712 Hartung/Holl-Holl, § 11 BerO, Rn. 4.

713 Hartung/Holl-Holl, § 11 BerO, Rn. 5; Henssler/Prütting-Prütting, § 11 BerO, Rn. 2; Feuerich/Weyland § 11 BerO, Rn. 2.

Damit dient § 11 BerO dem Ausgleich der am Vertragsverhältnis beteiligten Personen und somit Individualbelangen. Diese Tatsache resultiert aus dem Umstand, dass der Ursprung des § 11 BerO in § 666 BGB zu finden ist, der die aus einem Geschäftsbesorgungsvertrag resultierenden Informationspflichten zum Inhalt hat.[714] Durch die Übernahme der aus § 666 BGB herrührenden Auskunfts- und Benachrichtigungspflicht in § 11 der neuen Berufsordnung sollte die Stellung des Mandanten gestärkt werden, da die Verletzung dieser Pflicht nun auch berufsrechtlich sanktionsbewehrt ist.[715]

Neben der Durchsetzung dieser privaten Interessen dient § 11 BerO auch nicht zusätzlich der Durchsetzung öffentlicher Interessen, wie dies beispielsweise beim Verbot der Erfolgshonorarvereinbarung aus § 49b BRAO der Fall ist. Das Verbot der Erfolgshonorarvereinbarung schützt einerseits den Mandanten vor Übervorteilung durch den wissensüberlegenen Anwalt und dient damit den Privatinteressen des Mandanten. Zugleich sichert das Verbot die Unabhängigkeit des Anwalts als Organ der Rechtspflege und die Funktionsfähigkeit der Gerichte durch Vermeidung der Vertretung reiner Mandanteninteressen, woran wiederum ein öffentliches Interesse besteht.[716] Ein solches zusätzliches oder sogar hauptsächliches öffentliches Interesse besteht an der Erfüllung der Informationspflichten des Anwalts gegenüber seinem Mandanten nicht, denn weder die Funktionsfähigkeit des Gerichtssystems noch die Freiheit und Unabhängigkeit des Anwalts als Organ der Rechtspflege werden durch die Informationspflicht geschützt. Vielmehr werden die sich aus der Stellung des Mandanten als Auftraggeber und Beteiligter des juristisch zu bewertenden Sachverhalts ergebenden Informationsbedürfnisse erfüllt und zugleich kann der Rechtsanwalt möglichen Regressansprüchen durch eine umfassende Erfüllung dieser Pflicht vorbauen. Dieser durch § 11 BerO bewirkte Interessenausgleich liegt im Interesse der beteiligten Parteien, weswegen es sich mangels öffentlichem Interesse bei § 11 BerO nicht um eine international zwingende Vorschrift im Sinne des Art. 34 EGBGB handelt.

3. Zwischenergebnis zum vertraulichen Austausch von Korrespondenz zwischen einem deutschen und einem französischen Anwalt

Um den vertraulichen Austausch von Korrespondenz mit einem französischen Anwalt zu ermöglichen, kann der deutsche Rechtsanwalt entweder im Mandatsvertrag die aus § 666 BGB resultierende Auskunfts- und Benachrichtigungs-

---

714 Römermann/Hartung, aaO, § 59, Rn. 23, sprechen von Wiederholung des § 666 BGB.

715 Henssler/Prütting-Prütting, § 11 BerO, Rn. 2; Feuerich/Weyland, § 11 BerO, Rn. 1.

716 OLG Frankfurt a.M. IPRax 2002, 399 (400); Kilian, AnwBl 2003, 452 (454); Reithmann/Martiny-Mankowski, aaO, Rn. 2117; Soergel-von Hoffmann, Art. 34 EGBGB, Rn. 46; Krapfl, IPRax 2002, 380 (381); a.A. Bendref, AnwBl. 1998, 309 (310).

pflicht abbedingen oder französisches Recht für den Mandatsvertrag wählen. Um zu dieser Wahlmöglichkeit zu gelangen, muss der Sachverhalt über einen hinreichenden Auslandsbezug verfügen und es darf sich nicht um einen Verbrauchervertrag handeln, da dann gem. Art. 29 Abs. 2 EGBGB das Recht des Staates auf den Mandatsvertrag anwendbar ist, in dem der Mandant als Verbraucher seinen gewöhnlichen Aufenthalt hat. Die Ansässigkeit des Mandanten führt in den hier betrachteten Fällen entweder zu einer Anwendung von deutschem oder französischem Recht. Und auch ein Verbrauchervertrag stellt kein Hindernis für einen vertraulichen Austausch von Korrespondenz dar: Bei einem Mandatsvertrag nach französischem Recht stellt sich die Frage nach entgegenstehenden Auskunfts- und Benachrichtigungspflichten nicht, und bei einem Mandatsvertrag nach deutschem Recht können diese abbedungen werden. Der durch Wahl des französischen Rechts für den Mandatsvertrag ermöglichten Umgehung steht auch nicht § 11 BerO entgegen, da er keine international zwingende Norm im Sinne des Art. 34 EGBGB ist.

Somit steht es den in Frankreich niedergelassenen und den dort nur vorübergehend tätigen Rechtsanwälten frei, wenn die Umstände es erlauben, den Mandatsvertrag nach französischem Recht zu schließen und dadurch die dem vertraulichen Austausch entgegenstehende Auskunfts- und Benachrichtigungspflicht aus § 666 BGB zu umgehen. Wird der Mandant in seiner Eigenschaft als Verbraucher tätig, sind sie unter bestimmten Umständen sogar verpflichtet, den Mandatsvertrag nach französischem Recht abzuschließen. Aber auch die ausschließlich in Deutschland tätigen Anwälten werden durch die aus § 666 BGB resultierende Auskunfts- und Benachrichtigungspflicht nicht grundsätzlich daran gehindert, einen vertraulichen Korrespondenzaustausch vorzunehmen, weil diese Pflicht als dispositives Recht abbedungen werden kann.

III. Kollision von deutschem und französischem Berufsrecht

Nachdem der vertrauliche Austausch von Korrespondenz auf Vertragsseite nicht durch § 666 BGB behindert wird, weil er entweder abbedungen oder durch die Wahl französischen Rechts für den Mandatsvertrag umgangen werden kann, stellt sich die Frage, wie die Kollision von deutschem und französischem Berufsrecht in dieser Frage zu lösen ist. Während Art. 3.1 RIN die zwischen zwei Anwälten ausgetauschte Korrespondenz grundsätzlich vertraulich behandeln will, verhindert § 11 BerO aufgrund der aus ihm resultierenden Auskunfts- und Benachrichtigungspflicht gegenüber dem Mandanten einen solchen vertraulichen Austausch.

Die an der Erarbeitung des RIN beteiligten französischen Anwälte waren sich durchaus bewusst, dass ein solches Verlangen nach Vertraulichkeit zu Problemen beim grenzüberschreitenden Rechtsverkehr führen kann, weswegen sie in Art. 3.3 RIN für Kontakte mit Anwälten aus anderen Mitgliedsstaaten der

Europäischen Union auf die Anwendbarkeit der Art. 21 ff. RIN verweisen. Im Wissen um die Besonderheit des französischen Rechts im Hinblick auf die Vertraulichkeit der ausgetauschten Anwaltskorrespondenz weist Art. 21.5.3.1 RIN die französischen Anwälte an, ihren Willen zu einem vertraulichen Korrespondenzaustausch deutlich zum Ausdruck zu bringen. Sollte der europäische Kollege hierzu nicht in der Lage sein oder dies nicht wollen, so soll er gem. Art. 21.5.3.2 RIN das ihm zugesandte Schriftstück ungeöffnet zurückschicken. Sollte sich nachfolgend der französische Anwalt weigern, mit seinem deutschen Kollegen auf nichtvertraulicher Ebene Korrespondenz auszutauschen, könnte es wie oben bereits angesprochen, zu einem stark eingeschränkten Austausch von Korrespondenz kommen. Die eingeschränkte Korrespondenz könnte zum Ausbleiben von außergerichtlichen Streitbeilegungen und Vergleichsverhandlungen führen. Da dies ernsthafte Konsequenzen für den Mandanten haben kann, soll im Folgenden untersucht werden, wieweit der internationale Anwendungsbereich des deutschen Berufsrechts reicht und ob es Kollisionsnormen oder andere kollisionsrechtliche Anknüpfungspunkte gibt, um wie zuvor schon auf vertraglicher Seite zu einer für den Mandanten befriedigenden Lösung zu kommen. Die CCBE-Berufsregeln bieten als Einheitsrecht aufgrund der oben genannten Gründe keinerlei Lösungsansätze bei der Frage nach der Möglichkeit eines vertraulichen Korrespondenzaustausches zwischen einem deutschen und einem französischen Anwalt. Daher soll nun zunächst im deutschen Recht nach einer Kollisionsnorm gesucht werden.

IV. Normenhäufung im deutschen Recht

Das deutsche Recht enthält keine Kollisionsnorm, die bei Sachverhalten mit Auslandsbezug eindeutig die Anwendung des eigenen deutschen oder des betroffenen ausländischen Berufsrechts für verbindlich erklärt.[717]

Aber auch das Europäische Rechtsanwaltsgesetz[718], welches die die anwaltliche Tätigkeit in Europa betreffende Dienstleistungsrichtlinie[719], die Hochschuldiplomrichtlinie[720] sowie die Niederlassungsrichtlinie[721] zusammenfasst

717 Vgl. Knöfel, AnwBl 2003, 3 (4); ders. aaO, S. 445; Willandsen, NJW 1989, 1128.

718 Gesetz über die Tätigkeit europäischer Rechtsanwälte in Deutschland (EuRAG), BGBl. I 2000, S. 182.

719 Richtlinie 77/249/EWG des Rates zur Erleichterung der tatsächlichen Ausübung des freien Dienstleistungsverkehrs der Rechtsanwälte, ABl. EG 1977 L 78/17.

720 Richtlinie 89/48(EWG des Rates der Europäischen Gemeinschaften über eine allgemeine Regelung zur Anerkennung der Hochschuldiplome, die eine mindestens dreijährige Berufsausbildung abschließen, ABl. EG 1989 L 19/16.

721 Richtlinie 98/5/EG des Europäischen Parlaments und des Rates vom 16. Februar 1998 zur Erleichterung der ständigen Ausübung des Rechtsanwaltsberufes in einem anderen Mitgliedstaat als dem, in dem die Qualifikation erworben wurde, ABl. EG 1998 L 77/36.

und in deutsches Recht umsetzt, weist diesbezüglich keinerlei Aussagen auf, obwohl bereits vor der Implementierung auf die Notwendigkeit der Regelung solcher Kollisionsfälle hingewiesen wurde.[722] Da das EuRAG das deutsche Umsetzungsrecht der oben genannten Richtlinien der Europäischen Gemeinschaft darstellt, enthält es Regelungen, die den Art. 200 ff. des Dekrets vom 27. November 1991 und den Art. 83 ff. des Gesetzes vom 31. Dezember 1971 vergleichbar sind.

Das europäische Rechtsanwaltsgesetz bietet den Anwälten aus dem europäischen Ausland zum einen in den §§ 2-24 EuRAG die Möglichkeit einer dauerhaften Niederlassung und Zulassung zur Rechtsanwaltschaft in Deutschland und zum anderen die Möglichkeit nach § 25 EuRAG, nur vorübergehend dienstleistend in Deutschland tätig zu werden. Im ersten Fall unterfallen die Anwälte durch § 6 Abs. 1 EuRAG den Vorschriften des Dritten, Vierten, Sechsten, Siebenten, Neunten bis Elften und Dreizehnten Teils der Bundesrechtsanwaltsordnung, wodurch sie auch den in § 43a BRAO normierten Grundpflichten des Rechtsanwalts unterworfen werden. Trotz dieses Verweises auf die Bundesrechtsanwaltsordnung unterliegt der nach dem Europäischen Rechtsanwaltsgesetz niedergelassene Rechtsanwalt nicht nur dem deutschen Berufsrecht, sondern auch dem Recht seines Herkunftsstaates.[723]

Aber auch der nur vorübergehend in Deutschland dienstleistend tätige europäische Rechtsanwalt soll entsprechend Art. 27 Abs. 1 und 2 der EuRAG dem deutschen Rechtsanwalt in Vertretungs- und Verteidigungstätigkeiten auf dem Gebiet der Rechtspflege und vor Behörden gleichgestellt werden.[724] In Abgrenzung zur niedergelassenen Tätigkeit werden europäische Anwälte vorübergehend in Deutschland dienstleistend tätig, wenn ihre beratende bzw. vertretende Tätigkeit im Ausland nur wenige Tage beträgt, wobei diese Tätigkeit ständig wiederholt werden kann. [725] Um die zuvor angesprochene Gleichstellung dieser vorübergehend in Deutschland tätigen europäischen Anwälte mit den deutschen Rechtsanwälten zu erreichen, gelten nach § 27 Abs. 1 EuRAG vorbehaltlich der Sonderregelungen der §§ 28 bis 31 EuRAG für die vertretende anwaltliche Tätigkeit alle innerstaatlichen Vorschriften, die sich auf die Ausübung der anwaltlichen Tätigkeit beziehen, auch für den dienstleistenden europäischen Rechtsanwalt. Hierdurch ist er verpflichtet, die deutschen Regeln hinsichtlich der anwaltlichen Verschwiegenheitspflicht zu wahren.

---

722 Vgl. Henssler, ZEuP 1999, 689 (709).

723 Henssler/Prütting-Lörcher, § 6 EuRAG, Rn. 5.

724 Klein/Ott/Zerdick, Tätigkeit europäischer Rechtsanwälte in Deutschland, S. 65.

725 Henssler, in Anwaltliche Tätigkeit in Europa, 9 (21); Everling, BRAK-Mitt. 1989, 166 (173).

Sofern er keine der unter § 27 Abs. 1 EuRAG fallende Tätigkeit ausübt, sondern nur beratend tätig wird, äußert sich das Umsetzungsrecht kaum, es legt lediglich in § 27 Abs. 2 EuRAG fest, dass der Rechtsanwalt die „für den Rechtsanwalt geltenden Regeln“ einzuhalten habe.[726] Zwar wird diese Verpflichtung in Satz 2 dahingehend eingeschränkt, dass sie nur gilt, wenn nicht nur eine Niederlassung in Deutschland sie erfordert und die Wahrung dieser Regeln der ordnungsgemäßen Ausübung der anwaltlichen Tätigkeit und damit dem Ansehen und dem Vertrauen des Rechtsanwaltsberufes dienlich ist. Mit diesen allgemeinen Aussagen zum Anwendungsumfang des Berufsrechts des Aufnahmestaates werden aber die unterschiedlichen Anforderungen, die an die Niederlassung und die vorübergehende anwaltliche Tätigkeit eines europäischen Rechtsanwalts gestellt werden, lediglich bekräftigt und nicht näher erläutert.[727] Gleichwohl kann man aufgrund der gesonderten Nennung der beruflichen Pflichten aus § 43a BRAO davon ausgehen, dass auch ein nur vorübergehend dienstleistend tätiger europäischer Rechtsanwalt der Wahrung der deutschen Regeln hinsichtlich der anwaltlichen Verschwiegenheitspflicht verpflichtet ist.

Allerdings enthält damit, wie eingangs bereits aufgezeigt, auch das deutsche Umsetzungsrecht der die anwaltliche Tätigkeit betreffenden Richtlinien der Europäischen Union keinerlei Vorgaben dafür, welche Norm im Kollisionsfall bei widerstreitendem Berufsrecht anzuwenden ist.

V. Internationales Öffentliches Recht der Rechtsberatung

Die Ermangelung von Kollisionsnormen, die den internationalen Anwendungsbereich des deutschen Berufsrechts definieren, könnte auch auf den Umstand zurückzuführen sein, dass die gesetzlichen Regelungen der anwaltlichen Tätigkeit im Rahmen des Berufsrechts in Deutschland dem öffentlichen Recht zugeordnet werden. Eine vergleichbare Einordnung erfahren die die anwaltliche Tätigkeit regelnden Vorschriften im französischen Recht. Die Einordnung des Berufsrechts als öffentliches Recht könnte dazu führen, dass seine Anwendbarkeit aufgrund dieses Charakters stets auf das eigene Land begrenzt bleibt.

Bei Sachverhalten mit Auslandsbezug bemisst sich das anzuwendende öffentliche Recht nach Internationalem Öffentlichen Recht.[728] Der Begriff „Internationales Öffentliches Recht“ begegnet im Rahmen dieser Einordnung Denkzwängen und Schwierigkeiten.[729] Die Herkunft der im Internationalen Öffent-

---

726 Henssler/Streck-Kilian, aaO, S. 987 bezeichnet diese Ausdrucksweise treffend als „sybillinisch“, zustimmend auch Knöfel, AnwBl. 2003, 3 (5).

727 Mankowski, AnwBl 2001, 73 (77); Knöfel, AnwBl. 2003, 3 (5).

728 Kegel/Schurig, aaO, S. 148; v. Bar/Mankowski, aaO, § 4, Rn. 53.

729 v. Bar/Mankowski, aaO, § 4, Rn. 54; Knöfel, AnwBl 2003, 3 (6).

lichen Recht anzuwendenden Normen aus dem nationalen Recht verleitet zu der Schlussfolgerung, aufgrund der Bezeichnung als Internationales Recht an das Internationale Privatrecht zu denken.[730] Demzufolge müsste sich auch das Internationale Öffentliche Recht mit der Anwendung ausländischen Rechts im Inland beschäftigen. Dies ist jedoch allein dem Internationalen Privatrecht vorbehalten. Hier ist es möglich, Interessenkonflikte anhand eines von einem fremden Souverän gesetzten Rechts zu entscheiden.[731] Das öffentliche Recht vermag es jedoch nicht, von einer solch „neutralen" Warte über die Anwendung ausländischen öffentlichen Rechts zu entscheiden, weil das heimische öffentliche Recht zugleich die Eingriffsgrundlage für das Handeln des Staates darstellt.[732] Da der Staat somit als Partei selbst beteiligt ist, geben im Internationalen Öffentlichen Recht für die Bestimmung der Befugnisse des Staates gegenüber dem Einzelnen andere Interessen den Ausschlag als für die Gerechtigkeit zwischen den Einzelnen im Internationalen Privatrecht.[733]

Allerdings sind sowohl die Normen des Internationalen Privatrechts wie auch die Normen des Internationalen Öffentlichen Rechts Rechtsanwendungsnormen und insoweit strukturell vergleichbar.[734] Aufgrund dieser Vergleichbarkeit vermögen es die oben angesprochenen Unterschiede nicht, von einem Grundsatz der Nichtanwendung fremden öffentlichen Rechts auszugehen, was zur Folge hätte, dass allein die Zugehörigkeit der die anwaltliche Tätigkeit regelnden Normen zum öffentlichen Recht von vorneherein jegliche Rechtsanwendungsfrage ausschließen würde.[735] Vielmehr ist es Aufgabe des deutschen Internationalen Öffentlichen Rechts die internationale Reichweite der Normen des deutschen öffentlichen Rechts zu klären.[736]

Allein die Einordnung der oben beschriebenen Sachverhalte in das Internationale Öffentliche Recht führt jedoch zu keiner Lösung, weil das Internationale Öffentliche Recht im Gegensatz zum Internationalen Privatrecht nicht über ein eigenständiges System allgemeiner kollisionsrechtlicher Regelungen verfügt.[737]

---

730 v. Bar/Mankowski, aaO, § 4, Rn. 53.

731 v. Bar/Mankowski, aaO, § 4, Rn. 57; Junker, Internationales Privatrecht, Rn. 84; Kropholler, Internationales Privatrecht, S. 16.

732 Eichenhofer, Internationales Sozialrecht und Internationales Privatrecht, S. 268; v. Bar/Mankowski, aaO, § 4, Rn. 53.

733 Kegel/Schurig, aaO, S. 148; Vogel, Der räumliche Anwendungsbereich der Verwaltungsrechtsnorm, S. 237 f; vgl. auch Kegel/Seidl-Hohenveldern, FS Ferid, S. 239.

734 Schurig, Kollisionsnorm und Sachrecht, S. 155; Kegel/Schurig, aaO, S. 148.

735 Kegel/Seidl-Hohenhausen, aaO, S. 240; MüKo-Sonnenberger, IPR Einleitung, Rn. 226; Schurig, aaO, S. 142 ff.; Knöfel, AnwBl 2003, 3 (6).

736 Mankowski, AnwBl 2001, 73; v. Bar/Mankowski, § 4, Rn. 53.

737 Mankowski, AnwBl 2001, 73; Budzikiewicz, IPRax 2001, 218 (219).

Sofern die Berufseingriffsgesetze der Rechtsberatung als Anhaltspunkt für die zu findende Berufsnorm genommen werden, lassen sich die sich hierbei ergebenden Probleme auf die Tatsache zurückführen, dass zu dem Zeitpunkt des Erlasses dieser Gesetze Sachverhalte mit Auslandsbezug eine Seltenheit waren, so dass der Gesetzgeber sie nicht zu berücksichtigen hatte.[738] Auch die Berufsordnung der Rechtsanwälte entbehrt einer solchen Kollisionsnorm, die ihren internationalen Anwendungsbereich regelt.

Durch diese Haltung des Gesetzgebers ist es vornehmlich Aufgabe der Wissenschaft und der Rechtsprechung geworden, die maßgeblichen Anknüpfungspunkte durch Auslegung der betreffenden Normen nach ihrem Sinn und Zweck zu ermitteln.[739] Durch diese Anknüpfungspunkte ist dafür Sorge zu tragen, dass die „geltenden" deutschen Rechtssätze unter Berücksichtigung des Auslandssachverhalts sachgerecht angewendet werden, was sowohl zu ihrer Ausdehnung wie auch ihrer Rücknahme führen kann.[740]

VI. Einzelne Anknüpfungsmodelle

Festzuhalten bleibt, dass das deutsche Berufsrecht der Rechtsanwälte nicht über Regelungen verfügt, die seinen internationalen Anwendungsbereich definieren. Auch die im Europäischen Rechtsberatungsgesetz umgesetzten Richtlinien der Europäischen Union und die CCBE-Berufsregeln vermögen nicht, die bei grenzüberschreitender anwaltlicher Tätigkeit entstehenden Probleme zu lösen, die sich aus den Unterschieden zwischen dem deutschen und französischen Berufsrecht der Anwälte ergeben. Da auf eine solche Regelung aber nicht mit der Begründung verzichtet werden kann, dass die zu regelnde Materie zum Internationalen Öffentlichen Recht gehört, müssen andere Lösungsansätze gefunden werden.

1. Friedländers „Internationales Anwaltsrecht"

Zwar war Max Friedländer nicht der erste, der sich mit der Frage nach dem internationalen Anwendungsbereich des deutschen Berufsrechts der Rechtsanwälte auseinandergesetzt hat, jedoch taucht im Zusammenhang mit seinem 1954 erschienenen Aufsatz zum ersten Mal die Bezeichnung „Internationales Anwaltsrecht" auf.[741]

---

738 Mankowski, AnwBl 2001, 73; Knöfel, AnwBl 2003, 3 (7).

739 MüKo-Sonnenberger, Einleitung IPR, Rn. 226, 234; Mankowski, AnwBl 2001, 73; Budzikiewicz, IPRax 2001, 218 (219).

740 Knöfel, AnwBl 2003, 3 (7); Mankowski, AnwBl 2001, 73 ff.

741 Zuvor hatte sich bereits Neumeyer, GA 64 (1917), 1 ff., diesem Thema gewidmet, auf den Friedländer ausdrücklich verweist, AnwBl 1954, 1 (2, Fn. 3).

Den Anstoß zur Beschäftigung mit diesem Thema gab die gewaltige Emigrationsbewegung, die durch die nationalsozialistische Verfolgung zunächst in Deutschland und dann in nahezu ganz Europa ausgelöst wurde. Unter den aufgrund ihrer Herkunft oder ihren religiösen oder politischen Überzeugungen zur Flucht gezwungenen Personen befanden sich auch viele Anwälte, die in ihren Aufnahmeländern versuchten, wieder an ihre mittlerweile in Deutschland verbotene anwaltliche Tätigkeit anzuknüpfen.[742] Auch wenn die überwiegende Mehrheit der Anwälte dem fremden Rechtssystem, der fremden Sprache und nicht zuletzt den unterschiedlichen Ausbildungsanforderungen Tribut zollen musste und daher das Fach wechselte, gelang einigen wenigen die Wiederaufnahme der anwaltlichen Tätigkeit.[743] Nach dem Ende des Zweiten Weltkriegs wurden einige dieser Anwälte auch wieder in Deutschland tätig und bereicherten dadurch das hiesige Rechtsleben.[744] Ohne die mit der oft gewaltsamen Vertreibung verbundenen menschlichen Schicksale beschönigen zu wollen,[745] kann man in den Personen dieser in mehreren Rechtsordnungen agierenden Anwälte die Urahnen der heutigen, international ausgerichteten Anwaltschaft sehen.[746]

a) Ort der Niederlassung als Mittel- oder Ausgangspunkt

Vor diesem Hintergrund und mit dem Gefühl, dass die Welt aufgrund moderner Erfindungen immer weiter zusammenrückt, beschäftigt sich Friedländer in dem oben bereits angesprochenen Aufsatz mit den Grundsätzen des Internationalen Anwaltsrechts. Schon diese Bezeichnung deutet auf die Anlehnung Friedländers an das Internationale Privatrecht hin. Daher ist es nicht weiter verwunderlich, dass Friedländer unter diesem Begriff alle Kollisionsnormen zusammenfasst, die für die anwaltlichen Beziehungen zum Ausland gelten.[747]

Hierbei ist für ihn, wie auch schon zuvor für Neumeyer,[748] der Ort der Niederlassung für die Bestimmung des bei grenzüberschreitender Tätigkeit geltenden anwaltlichen Berufsrechts maßgebend.[749] Die Niederlassung bildet als Basis der anwaltlichen Tätigkeit die denkbar engste Verbindung zu dem Land,

742 Stiefel/Mecklenburg, Deutsche Juristen im amerikanischen Exil, S. 3.

743 Nur für die USA: Stiefel/Mecklenburg, aaO, S.6.

744 Vgl. hierzu die Lebensläufe von Ernst C. Stiefel, Festschrift für Ernst C. Stiefel, Vorwort S. III-VIII und Stiefel/Mecklenburg, aaO, S. 131 ff., und Walter Schwarz, Buschbom in NJW 1989, 1208.

745 Stiefel/Mecklenburg, aaO, S. 211 f.

746 So auch Knöfel, AnwBl 2003, 3 (7).

747 Friedländer, AnwBl 1954, 1.

748 Neumeyer, GA 64 (1917), 1 (10, 12), der jedoch mehr den verwaltungsrechtlichen Aspekt dieser Frage hervorhebt.

749 Friedländer, AnwBl 1954, 1 (2); vgl. hierzu auch Willandsen, NJW 1989, 1128 (1129) und Knöfel, AnwBl. 2003, 3 (8).

in dem dieser Ausgangspunkt gelegen ist. Aufgrund der engen Verknüpfung mit dem Land der Niederlassung folgert Friedländer die Anwendbarkeit seiner Berufsregeln auch für grenzüberschreitende Tätigkeiten des Anwalts.[750]

Das Abstellen auf den Ort der Niederlassung des agierenden Anwalts zur Klärung der Frage nach dem anwendbaren Berufsrecht birgt dort Probleme, wo es sich um Anwälte handelt, die über eine Mehrfach-Zulassung in verschiedenen Staaten verfügen. Wie eingangs geschildert, verfügten nach dem Zweiten Weltkrieg eine Reihe der zwangsweise emigrierten Rechtsanwälte über solche Mehrfach-Zulassungen. Dieser Umstand wurde als Versuch einer Wiedergutmachung durch § 213 Abs. 1 BRAO gefördert, in dem für die vor der nationalsozialistischen Verfolgung geflohenen Rechtsanwälte auf die Residenzpflicht nach § 27 BRAO verzichtet wurde.[751]

Zwar sieht Friedländer das Problem, das eine Mehrfach-Zulassung im Hinblick auf das anzuwendende Berufsrecht in sich birgt, widmet sich ihm jedoch nur in einem sehr kurzen Abschnitt am Ende. Hier verweist er zur Klärung des anwendbaren Rechts auf die Natur der dem Anwalt anvertrauten Sache. Danach ist das Recht des Staates anzuwenden, dessen Rechtskreis der zu bearbeitende Sachverhalt zugehört oder näher steht.[752]

b) Kritik an Friedländers Theorie

Friedländers Bestimmung des anwendbaren Berufsrechts über den Ort der Niederlassung und bei Mehrfach-Zulassungen über die Sachnähe des Mandats zu der einen oder anderen Rechtsordnung ist vor dem zeitlichen Hintergrund der Entstehungszeit des Aufsatzes verständlich. Zu dieser Zeit dominierten solche Mandate die anwaltliche Tätigkeit, welche die Verteidigung beziehungsweise die Vertretung des Mandanten vor Gericht zum Inhalt hatten. Bei einem solchen Mandat mag die Zuordnung zu dem einen oder anderen Rechtskreis bei einer Mehrfach-Zulassung des agierenden Anwalts noch verhältnismäßig einfach sein. Gerade im Bereich der Wirtschaftsmandate liegt aber heute ein Schwerpunkt auf der außergerichtlichen Beratung durch einen Anwalt, wie zum Beispiel bei einem Unternehmenskauf oder einer Unternehmensverschmelzung.[753] An einem solchen Mandat sind häufig eine Vielzahl von Anwälten beschäftigt, wobei jeder entsprechend seiner Spezialisierung ein ihm zugewiesenes Aufgabenfeld betreut.[754] Hierbei ist es schon schwieriger, das Tätigkeitsgebiet eines Anwalts dem einen oder anderen Rechtskreis eindeutig zuzuordnen, denn je

750 Friedländer, AnwBl 1954, 1 (2).

751 Feuerich/Weyland, § 213 BRAO, Rn. 1; Henssler/Prütting-Prütting, § 213 BRAO, Rn. 2.

752 Friedländer, AnwBl 1954, 1 (9).

753 Redeker, NJW 1987, 2610 (2612); Rabe, NJW 1989, 1113 (1114 f.); Strobel, BB 1987, 699 (707 ff.); Everling, Gutachten für 58. DJT, C 13.

754 Vgl. de Lousanoff, ZZP 115 (2002), 357 (361 f.).

nachdem, wie international die zu beratenden Unternehmen ausgerichtet sind, desto mehr Anknüpfungspunkte sind in Bezug auf die zu beachtenden Rechtsordnungen vorhanden.[755]

Führte man diesen Gedanken konsequent zuende, müsste ein in Deutschland und Frankreich zugelassener Rechtsanwalt, der von seinem Frankfurter Büro aus einen deutschen Mandanten in Fragen des französischen Gesellschaftsrechts berät, den Regelungen des französischen Berufsrechts unterfallen. Oder reicht die Verbindung zum deutschen Rechtskreis aufgrund des deutschen Mandanten und einer Beratung, die zwar das französische Gesellschaftsrecht zum Inhalt hat, aber im Hinblick auf ihre Wechselwirkung mit deutschen gesellschaftsrechtlichen Fragen erfolgt, aus, um den Rechtsanwalt dem deutschen Berufsrecht unterfallen zu lassen?

Die Unsicherheiten, welche die Anknüpfung des anzuwendenden Berufsrechts bei mehrfach zugelassenen Anwälten an der Sachnähe zu dem einen oder dem anderen Rechtskreis in sich birgt, könnte dazu verleiten, den Schwerpunkt der beratenden Tätigkeit jeweils in dem Rechtskreis zu sehen, der zu der Anwendung der „günstigeren" Berufsregeln führt. Abgesehen davon, dass diese Sichtweise erhebliche Rechtsunsicherheiten in sich birgt, kann der Anwalt mit seinem Mandanten nicht wie bei der Frage nach dem für den Mandatsvertrag anzuwendenden Recht eine Absprache hinsichtlich des anzuwendenden Berufsrechts treffen.[756] Das auf den Mandatsvertrag anzuwendende Recht ist in Bezug auf die Anwendbarkeit des deutschen Berufsrechts grundsätzlich ohne Bedeutung, da der Rechtsanwalt nicht wählen kann, welchen Landes Disziplinaraufsicht er unterfallen will, vielmehr untersteht ein deutscher Rechtsanwalt gem. § 73 BRAO grundsätzlich der Aufsicht der Rechtsanwaltskammer.[757] In wieweit diese Aufsicht auch bei einer Tätigkeit im Ausland Geltung beanspruchen kann, bleibt zu klären.

Die Bestimmung des anzuwendenden Berufsrechts nach der Sachnähe des zu betreuenden Mandats zu der einen oder anderen Rechtsordnung vermag bei traditionellen Mandaten, welche die Mandantenvertretung vor einem Gericht zum Inhalt haben, zu logischen Ergebnissen führen. Gerade bei international ausgerichteten Wirtschaftsmandaten führt Friedländers Ansatz jedoch nicht zu zufriedenstellenden Lösungen.[758]

---

755 Vgl. die Aufzählung bei de Lousanoff, ZZP 115 (2002), 357 (363 f.).

756 Sieg, Internationale Anwaltshaftung, S. 189; Knöfel, AnwBl 2003, 3 (8); Willandsen, NJW 1989, 1128 (1129).

757 Knöfel, AnwBl 2003, 3 (8); Willandsen, NJW 1989, 1128 (1129).

758 So auch Knöfel, AnwBl 2003, 3 (8).

2. Vorrang des Berufsrechts des Aufnahmestaates

Um den grenzüberschreitend tätigen Rechtsanwalt nicht gegenüber seinen ausländischen Kollegen zu benachteiligen, wird vielfach gefordert, in Kollisionsfällen auf die Berufsregeln des Aufnahmestaates abzustellen.[759]

Zur Begründung wird auf den Sinn und Zweck des Art. 4 der Rechtsanwaltsdienstleistungsrichtlinie verwiesen.[760] Wenn nach Art. 4 Abs. 1 der Rechtsanwaltsdienstleistungsrichtlinie die europäischen Anwälte ihre vertretende oder verteidigende Tätigkeit und nach Art. 4 Abs. 4 ihre sonstigen Tätigkeiten unter denselben Bedingungen wie die in dem Staat niedergelassenen Anwälte ausüben sollen und zugleich nach Art. 4 Abs. 2 bzw. nach Art. 4 Abs. 4 der Rechtsanwaltsdienstleistungsrichtlinie vollständig oder teilweise dem Prinzip der „doppelten Berufsregeln“ unterworfen sind, dann müssen dieser Ansicht nach im Kollisionsfalle die Regeln des Herkunftsstaates zurücktreten, da nur so eine Gleichbehandlung mit den in dem Aufnahmestaat niedergelassenen Anwälten möglich ist.[761]

a) Kritik an dieser Auffassung

Dieser Ansicht begegnet gleich von zwei Seiten Kritik. Zum einen gibt es keine eindeutige Kollisionsnorm in der Rechtsanwaltsdienstleistungsrichtlinie, die den Anwendungsvorrang der Regeln des Aufnahmestaates festlegt.[762] Zum anderen erweist sich auch die Berufung auf das Gleichbehandlungsgebot als brüchig, denn es ist fraglich, ob das Gemeinschaftsrecht ein Gebot enthält, den ausländischen Anwalt in jedem Fall wie den inländischen Anwalt zu behandeln.

(1) Formelle Bedenken

Zunächst regen sich von formeller Seite Bedenken. Da die Vertretungen der europäischen Anwaltschaften in ihren jeweiligen Staaten über eine autonome Satzungskompetenz verfügen, kann und soll sich der europäische Gesetzgeber inhaltlicher Vorgaben im Hinblick auf das Berufsrecht enthalten.[763] Vielmehr

---

759 Everling, Gutachten zum 56. DJT, C 30; Henssler/Streck-Kilian, aaO, S. 991; Henssler/Prütting-Schroeder/Federle, § 27 EuRAG, Rn. 3; Kleine-Cosack, Einführ. EuRAG, Rn. 37; Feuerich/Weyland, § 27 EuRAG, Rn. 2; Mauro/Weil, AnwBl 1981, 128 (130).

760 Richtlinie 77/249/EWG des Rates zur Erleichterung der tatsächlichen Ausübung des freien Dienstleistungsverkehrs der Rechtsanwälte, ABl. EG 1977 L 78/17.

761 Henssler/Prütting-Schroeder/Federle, § 27 EuRAG, Rn. 4; Everling, Gutachten zum 56. DJT, C 29; Mauro/Weil, AnwBl 1981, 128 (130); Feuerich/Weyland, § 27 EuRAG Rn. 2; Henssler/Prütting-Eylmann, Vorb. § 43, Rn. 11; Kleine-Cosack, Anh. III 1, Rn. 37; Prütting, BRAK-Mitt. 2004, 244 (249); Henssler, AnwBl 2004, 458 (463).

762 Römermann/Hartung, Anwaltliches Berufsrecht, § 61, Rn. 3; Knöfel, AnwBl 2003, 3 (9); ders. Grundfragen der internationalen Berufsausübung von Rechtsanwälten, S. 464.

763 Wurster, AnwBl 2002, 316 (318); Ahrens, ZZP 115 (2002) 281 (306 Fn. 82); Knöfel, AnwBl 2003, 3 (9); ders., aaO, S. 464.

steht es grundsätzlich jedem Mitgliedstaat frei, die Ausübung des Berufes des Anwalts für sein Hoheitsgebiet zu regeln.[764]

Dem europäischen Gesetzgeber bleibt in Bezug auf das Berufsrecht nur die Möglichkeit über das sekundäre Gemeinschaftsrecht aufgrund seiner Richtlinienkompetenz Einfluss zu nehmen.[765]

Insofern kann dem Schweigen des Gemeinschaftsrechts hinsichtlich der Geltung von nationalen Berufsrechtsnormen im europäischen Ausland keine Aussage entnommen werden, vielmehr entspricht es der geltenden Kompetenzverteilung.[766]

(2) Grundsatz der Dienstleistungsfreiheit in Art. 49, 50 EGV

Aber auch von materieller Seite begegnen der oben dargestellten Auffassung Bedenken. Die Vertreter der Ansicht stützen sich auf ein aus Art. 4 Abs. 2 und IV Rechtsanwaltsdienstleistungsrichtlinie zurückgeführtes Gleichbehandlungsgebot. Zu klären gilt, ob das Gemeinschaftsrecht ein Gleichbehandlungsgebot beinhaltet, das besagt, dass in- und ausländische Anwälte in jedem Fall gleich zu behandeln sind.

Der Wortlaut des Art. 50 Abs. 3 EGV legt den Schluss nahe, dass der Grundsatz der Dienstleistungsfreiheit in das Gebot der Inländergleichbehandlung münde und damit zu einem Diskriminierungsverbot führe.[767]

Spätestens seit der Entscheidung Säger/Dennemeyer versteht der Europäische Gerichtshof den Grundsatz der Dienstleistungsfreiheit nicht nur als Diskriminierungs-, sondern auch als Beschränkungsverbot.[768] Demnach widersprechen der Dienstleistungsfreiheit nicht nur solche Bestimmungen, die Angehörige eines Mitgliedstaates ungerechtfertigt diskriminieren, vielmehr gehören alle Beschränkungen aufgehoben, „wenn sie geeignet sind, die Tätigkeit des Dienstleistenden, der in einem anderen Mitgliedstaat ansässig ist und dort regelmäßig

---

764 So auch EuGH Urteil v. 12. Juli 1984, Rs. 107/83, NJW 1985, 1275 (1276), Klopp; EuGH Urteil v. 19.Januar 1988, Rs. 292/86, NJW 1989, 658 (659), Claude Gullung/Conseil de l'ordre des avocats du barreau de Colmar et de Saverne.

765 Fischer, Die Kollision von nationalem Berufsrecht mit der Niederlassungsfreiheit in der Europäischen Gemeinschaft, S. 40 ff.

766 Vgl. Knöfel, aaO, S. 464; ders., AnwBl 2003, 3 (9).

767 Vgl. Henssler/Prütting-Federle/Fried, Einl. EuRAG, Rn. 86.

768 EuGH Urteil vom 25. Juli 1991, Rs. C-76/90, NJW 1991, 2693 f., Säger/Dennemeyer & Co. Ltd.; wichtige Urteile auf dem Weg vom bloßen Diskriminierungsverbot zum Beschränkungsverbot: EuGH Urteil vom 3. Dezember 1974, Rs. 33/74, NJW 1975, 1095, van Binsbergen, und EuGH Urteil vom 17. Dezember 1981, Rs. 279/80, NJW 1982, 1203 (1204), Webb; vgl. auch die umfangreiche Rechtsprechungsübersicht bei Knöfel, aaO, S. 465, Fn. 2104.

ähnliche Dienstleistungen erbringt, zu unterbinden oder zu behindern."[769] Dies soll nach Auffassung des Gerichts unabhängig davon gelten, ob es sich um einen inländischen oder ausländischen Dienstleistenden handelt.[770] Als mit dem Grundsatz der Dienstleistungsfreiheit vereinbar und somit gerechtfertigt gelten nur solche Beschränkungen, „die durch zwingende Gründe des Allgemeininteresses gerechtfertigt sind und die für alle im Hoheitsgebiet des Bestimmungsstaates tätigen Personen oder Unternehmen gelten, und zwar nur insoweit, als dem Allgemeininteresse nicht bereits durch die Rechtsvorschriften Rechnung getragen wird, denen der Leistungserbringer in dem Staat unterliegt, in dem er ansässig ist."[771]

Demnach enthält Art. 49 EGV kein Gleichbehandlungsgebot von einer Gruppe von Dienstleistenden mit einer anderen Gruppe von Dienstleistenden, aus dem sich direkt die Gleichbehandlung inländischer und ausländischer Anwälte ableiten lassen könnte.[772] Vielmehr soll durch Art. 49 EGV der Abbau jeglicher, die Dienstleistungsfreiheit beeinträchtigender Beschränkungen erreicht werden, unabhängig davon, ob diese Beschränkungen In- oder Ausländer treffen.[773]

Nach dem oben Gesagten ist aus Art. 49 EGV, der das Verbot von Beschränkungen des freien Dienstleistungsverkehrs zum Inhalt hat, in Zusammenspiel mit Art. 50 Abs. 3 EGV kein allgemeines Gleichbehandlungsgebot in Bezug auf in- und ausländische Dienstleistungserbringer herauszulesen.

Dementsprechend kann ein solches allgemeines Gleichbehandlungsgebot auch nicht aus Art. 4 Abs. 2 und 4 der Rechtsanwaltsdienstleistungsrichtlinie herauszulesen sein, da diese gem. Art. 47 und 55 EGV (früher Art. 57 und 66

---

769 EuGH Urteil vom 25. Juli 1991, Rs. C-76/90, NJW 1991, 2693, Säger/Dennemeyer & Co. Ltd.

770 EuGH Urteil vom 25. Juli 1991, Rs. C-76/90, NJW 1991, 2693, Säger/Dennemeyer & Co. Ltd.

771 EuGH Urteil vom 25. Juli 1991, Rs. C-76/90, NJW 1991, 2693, Säger/Dennemeyer & Co. Ltd; anhand dieser Kriterien gelangte der EuGH in der Rechtssache Reisebüro Broede/Gerd Sandker zu dem Ergebnis, dass das Rechtsberatungsmonopol mit Art. 49 EGV vereinbar ist, da in dem Schutz des Gläubigers und der Sicherung der Funktionsfähigkeit der Rechtspflege zwingende Gründe des Allgemeininteresses zu sehen sind und die Regelung auch verhältnismäßig ist, EuGH Urteil v. 12. Dezember 1996, Rs. C-3/95, EuZW 1997, 53 (55), Reisebüro Broede/Gerd Sandker.

772 So auch Knöfel, aaO, S. 464, der diesbezüglich darauf hinweist, dass ansonsten kein Mitgliedstaat seine die Dienstleistungsfreiheit regelnden Vorschriften auf den Grundsatz der Dienstleistungsfreiheit abzustimmen bräuchte, sondern es ausreichen würde, den persönlichen Anwendungsbereich dieser Normen je nach Bedarf entweder auszudehnen oder zu verengen.

773 So auch Stern, Staatsrecht Bd. IV/I, S. 1935 f.; Hailbronner/Nachbaur, EuZW 1992, 105 (109); Prütting, Gutachten 65. DJT, G 27.

EWGV) die Aufgabe haben, auch für den Beruf des Anwalts den Grundsatz der Dienstleistungsfreiheit ohne die nach Art. 49 EGV verbotenen Beschränkungen in den einzelnen Mitgliedstaaten zu verwirklichen. Sollten dennoch inländische Anwälte aufgrund der für sie geltenden, erhöhten Regelungsdichte gegenüber ausländischen Anwälten benachteiligt sein, so ist der nationale Gesetzgeber aufgerufen, diese Diskriminierung abzuschaffen. Da es aber jedem Mitgliedstaat freisteht, die Ausübung des Anwaltsberufes für sein Hoheitsgebiet zu regeln, kann der nationale Gesetzgeber zur Abschaffung der Inländerdiskriminierung nur aufgefordert, nicht aber gemeinschaftsrechtlich verpflichtet werden.[774]

b) Zwischenergebnis

Die oben dargestellten Kritikpunkte zeigen, dass es sich bei der Ansicht, welche die Kollision verschiedener Berufsrechte durch die vorrangige Anwendung des Rechts des Aufnahmestaates regeln will, weniger um eine dogmatisch begründete, sondern vielmehr um eine aus praktischen Gründen herrührende Ansicht handelt. Dies wird nicht zuletzt an *Hensslers* Aussage deutlich, der zur Begründung der oben genannten Ansicht ausführt, dass wir uns „mit diesem kollisionsrechtlichen Ansatz ... werden **behelfen** müssen, solange die wünschenswerte Harmonisierung der Berufsrechte nicht erreicht ist.“[775]

3. Vorrang des sachnäheren Berufsrechts

Neben der soeben dargestellten Ansicht gelangt auch *Kilian* zu einem Anwendungsvorrang des Berufsrechts des Tätigkeitsstaates. Er begründet dies jedoch nicht aus dem Gemeinschaftsrecht heraus, sondern verweist zur Begründung auf die größere Sachnähe und die unmittelbare Betroffenheit des Tätigkeitsstaates.[776]

a) Kritik am Begriff der „Sachnähe“

Zwar ist diese Ansicht ersichtlich darum bemüht, ein praktikables Abgrenzungsmerkmal zur Lösung der Kollision widerstreitender Berufsrechte zu geben, nur stellt sich die Frage, wie der Begriff „Sachnähe“ zu verstehen ist.

Bei grenzüberschreitender Tätigkeit besteht immer eine Sachnähe zu der Rechtsordnung von zwei oder mehr Staaten, da es sich ansonsten lediglich um einen innerstaatlichen Sachverhalt handeln würde.[777] Einen Tätigkeitsstaat kann

---

774 Römermann/Harrtung, aaO, § 58, Rn. 9; Knöfel, AnwBl 2003, 3 (9); ders. aaO, S. 465.

775 Henssler, AnwBl 2004, 458 (463).

776 Henssler/Streck-Kilian, aaO, S. 991; ders. WM 2000, 1366 (1372).

777 Vgl. Knöfel, AnwBl 2003, 3 (11); ders., aaO, S. 471.

es bei der Erbringung einer grenzüberschreitenden Dienstleistung demzufolge nicht geben.[778]

Um dennoch anhand der Sachnähe eine Abgrenzung vornehmen zu können, müsste das Abgrenzungskriterium dahingehend präzisiert werden, dass dem Recht der Anwendungsvorrang gebührt, in dessen Staat der Anwalt hauptsächlich tätig wird und zu dem das Berufsrecht daher die größere Sachnähe aufweist.

Fraglich ist jedoch auch hier, wie man bei grenzüberschreitenden Sachverhalten, deren Charakteristik gerade das Nebeneinander der Normen verschiedener Rechtsordnungen ist, die Sachnähe bestimmen will. Stellte man diesbezüglich auf den Ort ab, an dem der Anwalt überwiegend tätig ist, könnte es zu Widersprüchen kommen, wenn er sich an diesem Ort hauptsächlich mit dem Recht eines anderen Staates beschäftigt.

Wozu würde die Tätigkeit eines Anwalts die größere Sachnähe aufweisen, wenn er von Düsseldorf aus einen deutschen Mandanten ausschließlich in Fragen des französischen Gesellschaftsrechts berät, weil er hierin aufgrund seiner Ausbildung über Expertenwissen verfügt. Auch der umgekehrte Fall ist denkbar, indem besagter Spezialist in das Pariser Büro seiner Sozietät „ausgeliehen" wird, um einen dort ansässigen Mandanten im Zuge des Kaufes eines deutschen Unternehmens über Wechselwirkungen zwischen französischem und deutschem Gesellschaftsrecht aufzuklären.

An diesen Beispielen wird deutlich, dass die Sachnähe der anwaltlichen Tätigkeit im Gegensatz zu ihrem örtlichen Schwerpunkt stehen kann, und somit daraus auch keine eindeutige, unmittelbare Betroffenheit des Staates abgeleitet werden kann in dem der Anwalt hauptsächlich arbeitet.

Selbst wenn man den örtlichen Aspekt zugunsten der Sachnähe der anwaltlichen Tätigkeit zu der einen oder anderen Rechtsordnung zurückstellen würde, erhielte man kein praktikables Abgrenzungskriterium. Dies liegt in der oben angesprochenen Charakteristik der grenzüberschreitenden Tätigkeit begründet, die von dem Nebeneinander der Anwendung verschiedener nationaler Rechte geprägt ist. Sollte die Tätigkeit eines Rechtsanwalts jeweils gleichmäßig die Anwendung von Normen zweier Rechtsordnungen bedingen, wie in dem zweiten Beispielsfall, so liefe die Bestimmung der Sachnähe auf eine reine Willkürentscheidung hinaus.

778 Hofmann, Internationales Anwaltsrecht, S. 16; diese Ansicht als „zutreffend" kennzeichnend, Knöfel, aaO, S. 471, Fn. 2142.

b) Zwischenergebnis

Mangels eindeutiger Bestimmbarkeit des Begriffes „Sachnähe“ ist dieses Kriterium nicht geeignet den Vorrang des Berufsrechts des Tätigkeitsstaates zu begründen.

4. Vorrang des restriktiveren Berufsrechts

Eine dritte, nur vereinzelt vertretene Ansicht will dem jeweils restriktiveren Berufsrecht den Anwendungsvorrang geben.[779]

Die Heranziehung des strengeren Rechts als Lösung der Kollision widerstreitender Berufsrechte ist nicht näher begründet worden, vielmehr erfolgt durch einen Vertreter dieser Ansicht eine Einschränkung dahingehend, dass das restriktivere Berufsrecht nur im Falle grenzüberschreitender gerichtlicher Tätigkeit zu beachten ist.[780] Dies würde die Lösung von berufsrechtlichen Kollisionsfällen im Bereich der zunehmenden beratenden Tätigkeit, die darauf gerichtet ist, Probleme im Vorfeld zu erkennen und das Prozessrisiko zu vermeiden,[781] ausschließen.

Der Begründungsansatz hierzu weist Ähnlichkeit mit Art. 202-1 Abs. 2 des Dekrets vom 27. November 1991 auf, wonach ein europäischer Anwalt, der vorübergehend vertretend vor Gericht in Frankreich tätig wird, das französische Berufsrecht zu beachten hat, sofern das Berufsrecht seines Herkunftsstaates nicht gegensätzlich ist. Allerdings bedeutet „gegensätzlich“ nicht zwangsläufig „strenger“. Sollte das Berufsrecht des Herkunftsstaates die weniger restriktive Regelung aufweisen, die gegensätzlich zur Regelung des französischen Berufsrechts ist, so findet sie nach dem Wortlaut des Art. 202-1 Abs. 2 des Dekrets vom 27. November 1991 Anwendung. Demnach will Art. 202-1 Abs. 2 des Dekrets vom 27. November 1991 im Kollisionsfalle nicht dem restriktivere Recht, sondern dem Recht des Herkunftsstaates den Vorrang geben.

Selbst wenn man davon absieht, dass Art. 202-1 Abs. 2 des Dekrets vom 27. November 1991 die Regelung von berufsrechtlichen Kollisionsfällen anhand des Abstellens auf das strengere Berufsrecht nicht stärkt und diese Art der Lösung von Kollisionsfällen auf Kollisionsfälle im Zusammenhang mit der vertretenden anwaltlichen Tätigkeit beschränkt ist, tun sich Widersprüche auf.

a) Kritik aufgrund der Trennung von Berufsrecht und der Rechte- und Pflichtenstellung des Mandanten

Die Ansicht, die den Vorrang des restriktiveren Berufsrechts vertritt, ist ebenfalls ersichtlich bemüht, dem durch Art. 4 Abs. 2 und Abs. 4 Rechtsanwalts-

779 Henssler, ZEuP 1999, 689 (709); Skarlatos, LIEI 1991/1 49 (56).

780 Skarlatos, LIEI 1991/1, 49 (56)

781 Schiefer, AnwBl 1987, 360 (362).

dienstleistungsrichtlinie bewirkten Prinzip der doppelten Berufsrechte im Konfliktfall mit einem möglichst praktikablen Abgrenzungskriterium zu begegnen.[782]

Allerdings trifft die durch diese Abgrenzung geschaffene maximale Belastung des Anwalts durch das jeweils strengere Berufsrecht auf einen erheblichen gesetzessystematischen Einwand. Hinter dem Ansatz, berufsrechtliche Kollisionsfälle durch Anwendung des restriktiveren Berufsrechts zu lösen, steckt ein Schutzgedanke zu Gunsten des Mandanten. Bei einem Vergleich der einzelnen nationalen berufsrechtlichen Regelungen ist er derjenige, der in der Anwalt-Mandant-Beziehung von einer restriktiveren berufsrechtlichen Regelung profitiert.[783]

Das deutsche Berufsrecht hält es nicht für nötig, dem Mandanten neben seinen vertraglichen Ansprüchen aus dem Mandatsvertrag noch Individualschutz durch das öffentliche Berufsrecht zu gewähren. Aus diesem Grund hat der Mandant im Falle des Fehlverhaltens eines Rechtsanwalts keinen Anspruch auf Einschreiten der Rechtsanwaltskammer gegen den Anwalt,[784] sondern muss sich mit der Geltendmachung seiner zivilrechtlichen Ansprüche begnügen.[785]

Wie *Knöfel* es treffend zusammenfasst, weisen anwaltliches Berufsrecht und die Rechte- und Pflichtenstellung des Mandanten auf primärer Ebene keinerlei Verknüpfungen auf.[786] Gerade diese Trennung würde man verwässern, wenn man auf der der Rechtsanwendung vorgelagerten Ebene dem Mandanten durch die Anwendung des strengeren Rechts einen umfassenderen Schutz gewährt.

b) Zwischenergebnis

Wie schon die bereits oben angesprochenen Ansichten arbeitet auch diese rein ergebnisorientiert, mit dem Ziel zu einer praktikablen Abgrenzung des anwendbaren anwaltlichen Berufsrechts zu gelangen. Aufgrund der Gesetzessystematik ist dieses Vorgehen wegen seiner nicht anerkannten kollisionsrechtlichen Vorgehensweise abzulehnen.[787]

---

782 Vgl. Henssler, ZEuP 1999, 689 (708 f.).

783 Vgl. Knöfel, AnwBl 2003, 3 (13).

784 BVerwG NJW 1993, 2066; VGH Mannheim NJW 1982, 2011; VG Freiburg NJW 1978, 967 f.; Kleine-Cosack, § 73 BRAO, Rn. 11; Feuerich/Weyland, § 73 BRAO, RN. 46; Henssler/Prütting, § 43 BRAO, Rn. 35.

785 Auf diesen Widerspruch als erster hinweisend Knöfel, aaO, S. 478 f.; ders., AnwBl 2003, 3 (13 f.).

786 Knöfel, aaO, S. 479; ders., AnwBl 2003, 3 (14).

787 So Knöfel, aao, S. 480; ders. AnwBl 2003, 3 (14), der unter Verweis auf Kegel/Schurig, aaO, S. 199, dieses als Transponierung offenkundiger Parteiinteressen in vermeintliche Staatsinteressen am Schutz dieser Parteien bezeichnet, und ablehnt.

5. Berufsbezogene Anwendung des Berufsrechts

Einen neuen Ansatz zur Lösung von berufsrechtlichen Kollisionsfällen hat *Knöfel* in seiner Arbeit zu den Grundfragen der internationalen Berufsausübung von Rechtsanwälten gefunden.[788] Im Rahmen einer Rechtsvergleichung der berufsrechtlichen Kollisionsfälle, die aufgrund der verschiedenen Berufsrechte der einzelnen US-amerikanischen Bundesstaaten entstehen können, entwickelt er einen Lösungsansatz, bei dem das Interesse des Mandanten an einer gewissenhaften Vertretung durch den von ihm gewählten Anwalt im Mittelpunkt steht.

a) Entscheidung des Supreme Court of Hawaii als Ausgangspunkt

Ausgangspunkt ist die vom Supreme Court of Hawaii erlassene Entscheidung in der Sache *Fought.*[789] Das in einem Rechtsstreit um die Vertragserfüllung im Rahmen eines staatlichen Bauprojekts verklagte Bauunternehmen Fought erreichte durch die Bemühungen seiner vor Gericht auftretenden hawaiianischen Anwälte, die durch die außergerichtliche Tätigkeit der am Firmensitz ansässigen Kanzlei Kobin unterstützt wurden, eine Beilegung der Streitigkeiten. Im Nachgang weigerte sich der Staat Hawaii jedoch, die Anwaltskosten für die außergerichtliche Tätigkeit der Kanzlei Kobin zu zahlen, da diese als in Oregon ansässige Anwälte nicht auf Hawaii hätten tätig werden dürfen.

Da in keinem US-Bundesstaat die Anwälte aus anderen Bundesstaaten aufgrund einer allgemeinen Befugnisnorm tätig werden dürfen,[790] muss für jeden Fall, der vor dem Gericht eines anderen Bundesstaates vertreten wird, eine Zulassung beantragt werden. Diese sogenannte „pro-hac-vice-Zulassung“ verhindert, dass der Anwalt dem Einwand der unerlaubten Rechtsberatung („unauthorized practice of law“) ausgesetzt ist, die in letzter Konsequenz gebührenversagend wirken kann.[791]

Die Kanzlei Kobin besaß keine pro-hac-vice-Zulassung, da sie die hawaiianischen Prozessanwälte nur durch ihr außergerichtliches Tätigwerden unterstützte. Das Gericht hatte demzufolge zu klären, ob es sich hierbei um einen Fall der unerlaubten Rechtsberatung handelte.

Zunächst machte das Gericht klar, dass grundsätzlich die Möglichkeit bestehen muss, dass Anwälte aus anderen Staaten den vor Ort tätigen Prozessanwälten zuarbeiten.[792] Eine Anwaltskanzlei, die fortgesetzt beratend für ein Unternehmen tätig wird, verfügt aufgrund dieser langjährigen Beratungstätigkeit über

---

788 Knöfel, aaO, S. 490 ff.; ders. AnwBl 2003, 3 (17 ff.).

789 Fought & Co., Inc. v. Steel Eng'g & Erection, Inc., 951 P2d 487 (Haw. 1998); der Urteilstext findet sich auch im Internet unter: www.caselaw.lp.findlaw.com/scripts/getcase.pl?court=hi&vol=19103&invol=1

790 Günter, AnwBl 1969, 181 (185); Henssler, AnwBl 2002, 557 (560).

791 Henssler, AnwBl 2002, 557 (560).

792 Fought & Co., Inc. v. Steel Eng'g & Erection, Inc., 951 P2d 487 (497) (Haw. 1998).

eine sehr genaue Kenntnis der wirtschaftlichen und gesellschafts- und steuerrechtlichen Details. Wäre es grundsätzlich verboten, dass solche Anwaltskanzleien den vor Ort tätigen Prozessanwälten ihrer Mandanten zuarbeiten, so müssten sich die Prozessanwälte erst grundlegend in die Materie einarbeiten, um auf einen vergleichbaren Wissensstand zu gelangen. Dies ist zum einen mit erhöhten Kosten für den Mandanten verbunden, auf der anderen Seite wäre der „Hausanwalt" gezwungen, seinen Mandanten bei solch grenzüberschreitenden Sachverhalten allein zu lassen. Aus diesen Gründen und unter Hinweis auf die Verpflichtung des Anwalts aus Rule 1.1. der Hawaii Rules of Professionnel Conduct,[793] die den Anwalt zu umfassender Sorgfalt bei der Vertretung des Mandanten auffordert, lehnt das Gericht zugunsten des Mandanten und zur Vermeidung der unauthorized practice of law ein Verbot der außergerichtlichen Beratung von Prozessanwälten durch Anwälte aus anderen Bundesstaaten ab.

Anschließend legt das Gericht dar, dass sich die von der Kanzlei Kobin geleistete außergerichtliche Tätigkeit in der erlaubten Unterstützung und Beratung der hawaiianischen Prozessanwälte erschöpft hat und somit kein Fall der unerlaubten Rechtsberatung vorliegt.[794]

b) *Knöfels* Übertragung ins deutsche Recht

Knöfel greift den vom Supreme Court of Hawaii in die Mitte seiner Argumentation gestellten Ansatzpunkt des Mandanteninteresses an einer umfassenden Rechtsberatung und -vertretung auf und überträgt ihn ins deutsche Recht. Hier ist der Rechtsanwalt aufgrund der Generalklausel des § 43 BRAO zu einer gewissenhaften Ausübung seines Berufes verpflichtet.[795] Diese zentrale Anforderung des anwaltlichen Berufsrechts würde der Anwalt verletzen, wenn er seinen Mandanten bei grenzüberschreitenden Sachverhalten allein ließe, um eine Kollision seines heimatlichen Berufsrechts mit dem des fremden Staates zu vermeiden.

793 Diese entspricht Rule 1.1 der ABA Model Rules: „Competence. A lawyer shall provide competent representation to a client. Competent representation requires the legal knowledge, skill, thoroughness and preparation reasonably necessary for the representation.". Aufgrund der auf Bundesebene erfolgenden berufsrechtlichen Normgebung weisen die Berufsrechte der einzelnen Bundesstaaten Unterschiede auf. Um dieser Zersplitterung entgegenzuwirken hat die American Bar Association die Model Rules of Professionnel Conduct veröffentlicht, die von den einzelnen Bundesstaaten und deren Gerichten in unterschiedlichen Umfang mit zum Teil leichten Modifizierungen adaptiert werden. Die Model Rules lassen sich auf der Homepage der American Bar Association unter www.abanet.org/cpr/mrpc/mrpc_toc.html finden.

794 Fought & Co., Inc. v. Steel Eng'g & Erection, Inc., 951 P2d 487 (497) (Haw. 1998).

795 Knöfel, AnwBl 2003, 3 (18), ders., aaO, S. 494.

Der Mandant hat aber ein Interesse daran, dass ihm „sein Anwalt“ auch bei grenzüberschreitenden Sachverhalten zur Seite steht. Zunächst existiert bereits eine gewisse Vertrauensbeziehung zwischen Anwalt und Mandant. Außerdem ist der Anwalt, gerade wenn langjährige berufliche Verbindungen zwischen dem Mandanten und dem Anwalt bestehen, mit dem zu betreuenden Sachverhalt in allen Einzelheiten vertraut. Wäre der Mandant gehalten, sich einen neuen Anwalt zu suchen, so müsste sich dieser erst in den Sachverhalt einarbeiten, was bei komplizierten Sachverhalten längere Zeit in Anspruch nehme könnte. Gerade bei komplexen Wirtschaftsmandaten würden hierdurch erhebliche Mehrkosten entstehen, die letztendlich auf den Mandanten zurückfallen würden.[796] Aus diesen Gründen beinhaltet eine gewissenhafte Mandatsbearbeitung für den Mandanten auch das Fortführen dieser Bearbeitung durch „seinen Anwalt“ in einer anderen Jurisdiktion.

Ist der Anwalt gezwungen, ein grenzüberschreitendes Mandat niederzulegen, um nicht zwischen die Fronten der anwendbaren Berufsrechte zu geraten, so liegt eine berufsrechtliche Pflichtenkollision vor. Nach *Knöfels* Ansicht unterliegt der interstaatliche oder internationale Anwendungsbereich der berufsrechtlichen Norm dem Vorbehalt, dass er sich von selbst versagt, wenn die Vertretung des Mandanten in einer fremden Rechtsordnung dem professionellen Bedürfnis nach sach- und fachgerechter Tätigkeit entspringt und im Einzelfall auch ordnungsgemäß ausgeführt wird.[797] *Knöfel* weist ausdrücklich darauf hin, dass es sich hierbei nicht darum handelt, den Schutz eines einzelnen Mandanten über die Reichweite des Berufsrechts entscheiden zu lassen, sondern vielmehr darum, zwei Pflichtenpositionen des Anwalts zugunsten der sachgerechten Vertretung des Mandanten aus § 43 BRAO in Einklang zu bringen.[798]

Aus dem Gesagten ergibt sich für *Knöfel* folgender Rechtssatz, an dem das Rechtsanwendungsrecht im Fall der Anwendung deutschen Berufsrechts auszurichten ist: „Das Recht des Tätigkeitsstaates ist nicht zum Nachteil des Rechtsanwalts auf diesen anzuwenden, wenn die Tätigkeit des Rechtsanwalts in diesem Staat erforderlich war, um eine sachgerechte Vertretung nach den Regeln desjenigen Rechts, die das Mandatsverhältnis regiert, zu gewährleisten.“[799]

c) Ergänzende Anmerkungen zur Ansicht der berufsbezogenen Anwendung des Berufsrechts

Der von *Knöfel* dargestellten und vertretenen Ansicht, die zu einer berufsbezogenen Anwendung des Berufsrechts kommen will, gebührt zunächst das Ver-

796 Knöfel, AnwBl 2003, 3 (17 f.); ders., aaO, S. 491 ff.
797 Knöfel, AnwBl 2003, 3 (18), ders., aaO, S. 494.
798 Knöfel, AnwBl 2003, 3 (18), ders., aaO, S. 494.
799 Knöfel, AnwBl 2003, 3 (19); ders., aaO, S. 495 f.

dienst, die halbherzig vorgenommene Suche nach Anknüpfungspunkten zur Lösung von berufsrechtlichen Kollisionsfällen, die bis dahin mehr von Praktikabilitätsgründen als dogmatischen Erwägungen getragen wurde, um einen neuen Ansatzpunkt bereichert zu haben. Während die zuvor genannten Ansichten als mögliche Anknüpfungspunkte die auf verschiedene Weise zu bestimmende Nähe der zu bearbeitenden Rechtssache zu der einen oder anderen Rechtsordnung als Anknüpfungspunkt wählen, oder jeweils auf das Berufsrecht des Aufnahmestaates oder auf das strengere Berufsrecht abstellen wollen, stellt *Knöfel* das Interesse des Mandanten an einer gewissenhaften Berufsausübung des Rechtsanwalts in den Mittelpunkt. Dieses Interesse des Mandanten an der dem Rechtsanwalt in § 43 BRAO vorgeschriebenen gewissenhaften Ausübung seines Berufes soll nachfolgend kurz näher dargestellt werden.

(1) § 43 BRAO als Generalklausel des anwaltlichen Berufsrechts

Nach § 43 BRAO hat der Anwalt die Pflicht, seinen Mandanten gewissenhaft zu vertreten. Neben dieser berufsrechtlichen Regelung begründet auch der Mandatsvertrag[800] eine Verpflichtung des Anwalts, sich „berufsmäßig" zu verhalten, wobei dieser zivilrechtliche Anspruch nach dem das Mandatsverhältnis bestimmenden Recht zu beurteilen ist.

Jedoch stellt in der Regel die Verletzung zivilrechtlicher Pflichten aus dem Mandatsvertrag keinen Verstoß gegen Berufsregeln dar.[801] Dies verbietet die freie und selbstverantwortliche Berufsausübung des Anwalts aus §§ 1 und 3 BRAO, denn der Nachweis einer solchen Pflichtverletzung müsste durch eine berufsrechtliche Kontrolle der sachlichen Richtigkeit und Zweckmäßigkeit der Tätigkeit eines Rechtsanwalts erfolgen.[802] Die Ahndung solcher Pflichtverletzungen durch die vom Mandanten anzurufenden Zivilgerichte ist ausreichend, da durch die Schlechterfüllung eines Mandats die Funktionsfähigkeit der Rechtspflege im Allgemeinen nicht betroffen ist.[803]

Die aus § 43 BRAO resultierende Pflicht zur gewissenhaften Mandatserfüllung ist demnach nicht identisch mit der aus dem Mandatsvertrag folgenden Pflicht zum berufsmäßigen Verhalten. Dies hat auch *Knöfel* erkannt, weswegen in seiner 2005 erschienenen Arbeit zu den Grundfragen der internationalen Berufsausübung von Rechtsanwälten im Gegensatz zu seinem bereits 2003 er-

---

800 Ahrens in Gilles, Anwaltsberuf und Richterberuf in der heutigen Gesellschaft, 19 (72); Vollkommer, NJW 1989, 3146.

801 Henssler/Prütting-Eylmann, § 43 BRAO, Rn. 15; Hartung/Holl-Hartung, § 43 BRAO, Rn. 18.

802 Feuerich/Weyland, § 43 BRAO, Rn. 15; Henssler/Prütting-Eylmann, § 43 BRAO, Rn. 15; Kleine-Cosack, § 43 BRAO, Rn. 16; Römermann/Hartung, aaO, § 15, Rn. 13; Hartung/Holl-Hartung, § 43 BRAO, Rn. 18.

803 Römermann/Hartung, § 15, Rn. 13; Henssler/Prütting-Eylmann, § 43 BRAO, Rn. 15.

schienen Aufsatz über das Anwalts-Kollisionsrecht ein Satz fehlt, der zunächst auf die aus dem Mandatsvertrag folgende Pflicht zum „berufsmäßigen" Verhalten hinweist, und dann wieder zu der aus § 43 BRAO resultierenden Pflicht zurückschwenkt.[804]

Über die Funktion von § 43 BRAO nach der Neuordnung des anwaltlichen Berufsrechts besteht keine Einigkeit. Da die Generalklausel des § 43 BRAO durch die in §§ 43 ff. BRAO und die in der Berufsordnung normierten Pflichten nach Auffassung der herrschenden Meinung hinreichend konkretisiert ist, beschränkt sich die Funktion des § 43 BRAO auf die einer „Überleitungsnorm", welche die sich aus anderen gesetzlichen Regelungen ergebenden Pflichten in das anwaltliche Berufsrecht überträgt.[805] Eine abweichende Ansicht will hingegen § 43 BRAO zusätzlich die Funktion als Auffangtatbestand bei Fehlen einer anderweitigen gesetzlichen oder satzungsförmigen Regelung zugestehen.[806]

Einigkeit besteht dahingehend, dass ein Verstoß gegen § 43 BRAO gegeben ist, wenn eine Häufung von Verstößen gegen die Pflicht auf „berufsmäßiges" Verhalten aus dem Mandatsvertrag, wie hartnäckige Bummelei oder andauernde Untätigkeit bei der Mandatsbearbeitung, vorliegt, weil diese geeignet sind, die Kompetenz und Integrität der Anwaltschaft in Frage zustellen.[807] Dementsprechend muss bei einem Verstoß gegen § 43 BRAO die Pflichtverletzung über das Maß hinaus gehen, das genügen würde, um zu einer Pflichtverletzung des Mandatsvertrages zu gelangen.

Von einer solchen Pflichtverletzung wäre nicht mehr nur der einzelne Mandant betroffen, so dass die von ihm geltend zu machenden zivilrechtlichen Schadensersatzansprüche ausreichend sind, vielmehr vermögen solche ernsthaften Pflichtverletzungen die Stellung des Rechtsanwalts als Organ der Rechtspflege zu beeinträchtigen, weil hierdurch die Funktionsfähigkeit der Rechtspflege betroffen wird.

Hieraus folgt, dass nicht aus der Generalklausel allein, sondern nur im Zusammenspiel mit der Stellung des Rechtsanwalts als Organ der Rechtspflege die

804 Vgl. Knöfel, AnwBl 2003, 3 (18), „Der Mandant kann „berufsmäßiges" Verhalten seines Anwalts einfordern, was als zivilrechtliche Pflicht nach dem Recht zu beurteilen ist, das das Mandatsverhältnis bestimmt. Diese Pflicht müsste der Anwalt vernachlässigen, wenn er seinen Mandanten (...) beim Eintritt in eine andere Jurisdiktion allein ließe, weil ihm, dem Anwalt, ansonsten unvermeidbar die Anwendung dortiger Berufsrechtsvorschriften droht." Der erste Satz fehlt in Knöfel, aaO, S. 494.

805 Henssler/Prütting-Eylmann, § 43 BRAO, Rn. 6 ff.; Feuerich/Weyland, § 43 BRAO, Rn. 6 ff; Römermann/Hartung, § 15, Rn. 16 f.

806 Kleine-Cosack, § 43 BRAO, Rn. 9 ff.; Henssler/Prütting-Dittmann, § 113 BRAO, Rn. 11.

807 Henssler/Prütting-Eylmann, § 43 BRAO, Rn. 16; Feuerich/Weyland, § 43 BRAO, Rn. 16; Hartung/Holl.Hartung, Einf BerO, Rn. 24; Hartung/Holl-Hartung, § 43 BRAO, Rn. 19; Römermann/Hartung, aaO, § 15, Rn. 14; Kleine-Cosack, § 43 BRAO, Rn. 14.

in § 43 BRAO normierte Pflicht abgleitet werden kann, dem Mandanten gewissenhaft zur Durchsetzung seiner Rechte zu verhelfen.

Die Bezeichnung des Rechtsanwalts als Organ der Rechtspflege in § 1 BRAO stellt den Bezug zur objektiv-rechtlichen bzw. institutionellen Seite der anwaltlichen Tätigkeit her.[808] Der Rechtsanwalt ist eben nicht nur Dienstleistender, sondern dient in dem durch § 3 BRAO umschriebenen Umfang auch der Rechtspflege als unabhängiger Berater und Vertreter in allen Rechtsangelegenheiten.[809] Hiermit trägt er zur Funktionsfähigkeit der Rechtspflege bei.

Von dieser Rechtspflegefunktion ist auch die Beratung der Mandanten in Sachverhalten mit Auslandsbezug umfasst.[810] Sowohl der europäische Gesetzgeber, der durch die Rechtsanwaltsdienstleistungsrichtlinie die anwaltliche Tätigkeit in anderen Staaten der Europäischen Union fördern will, wie auch der deutsche Gesetzgeber, der hierzu das EuRAG als Umsetzungsgesetz erlassen hat, wollen die grenzüberschreitende Tätigkeit der Anwälte und fördern sie durch die vorgenannten Maßnahmen. Dementsprechend ist die Beratung und Vertretung von Mandanten in grenzüberschreitenden Sachverhalten nicht verboten, vielmehr trägt sie genau wie die Beratung und Vertretung in rein innerdeutschen Sachverhalten zur Funktionsfähigkeit der Rechtspflege bei, weil dem Mandanten bei der Durchsetzung seines Rechts geholfen wird. An dieser Funktionstüchtigkeit der Rechtspflege als Grundlage unseres rechtsstaatlichen Systems besteht ein Interesse der Allgemeinheit.[811]

Aufgrund des Beitrages, welchen die Anwaltschaft hierzu leistet, erstreckt sich das Allgemeininteresse hieran auch auf die gewissenhafte und ordnungsgemäße Wahrnehmung dieser Rechtspflegefunktion durch die Anwälte.[812] Um sie zu gewährleisten, hat der Gesetzgeber für die anwaltliche Tätigkeit berufsrechtliche Regelungen geschaffen, so dass hinter dem Berufsrecht der Anwälte als ganzem, wie auch hinter jeder einzelnen Norm, das Allgemeininteresse an einer funktionsfähigen Rechtspflege steht.

Damit begegnet sich im Falle einer innerberufsrechtlichen Kollisionslage das öffentliche Interesse an einer funktionsfähigen Rechtspflege auf verschiedenen Stufen. Dies ist Konsequenz der Ausgestaltung von § 43 BRAO als Generalklausel, denn alle weiteren Berufspflichten dienen seiner Konkretisierung. Hierbei macht es keinen Unterschied, ob es sich um Normen der Bundesrechtsanwaltsordnung oder der Berufsordnung handelt, denn gem. § 59b BRAO hatte die Satzungsversammlung, welche die Berufsordnung erarbeiten sollte, die

808 S.o. 2. Kap. A. II. 2. b).
809 S.o. 2. Kap. A. II. 2. a).
810 So auch Knöfel, AnwBl 2003, 2 (18); ders., aaO, S. 495.
811 S.o. 2. Kap. A. II 2. c).
812 Vgl. Kleine-Cosack, Einl, Rn. 24 f.; Hartung/Holl-Hartung, Einf BerO, Rn. 16.

Aufgabe, die in § 59b BRAO genannten Rechte und Pflichten der Rechtsanwälte zu konkretisieren. Die Kompetenz, die sich aus § 11 BerO ergebende Auskunfts- und Benachrichtigungspflicht zu regeln, ergibt sich aus § 59b Abs. 2 Nr. 5a BRAO.[813]

Kommt es aufgrund des grenzüberschreitenden Tätigwerdens eines Rechtsanwalts zu einer Kollision zwischen einer deutschen und einer ausländischen Norm des Berufsrechts, so geht aufgrund der Bedeutung der anwaltlichen Tätigkeit für die Funktionsfähigkeit der Rechtspflege dieses generelle Interesse an einer gewissenhaften Vertretung des Mandanten der Beachtung der deutschen berufsrechtlichen Norm vor. Dieser Vorrang des Mandantenschutzes durch das Beibehalten derselben anwaltlichen Beratung auch in grenzüberschreitenden Sachverhalten erfährt dahingehend eine Einschränkung, dass durch die Tätigkeit des Rechtsanwalts keine sonstigen, höherrangigen Gesetze verletzt werden dürfen.[814] Diese Einschränkung zeigt, dass die berufsbezogene Anwendung des Berufsrechts keine Pauschallösung im Kollisionsfall mit ausländischen Berufsrechten bieten kann, sondern aufgrund der Verknüpfung dieses Rechtsgebiets mit anderen Vorschriften stets jeder Einzelfall betrachtet werden muss.[815]

(2) Anwendung auf § 11 BerO bei vertraulichem Austausch von Korrespondenz

Nach dem oben Gesagten stellt sich die berufsrechtliche Kollisionslage bei § 11 BerO wie folgt dar. Entweder hält sich der Anwalt an seine Verpflichtung aus § 11 BerO, der eine Verpflichtung zur Auskunftserteilung und Benachrichtigung des Mandanten über alle wesentlichen Vorgänge der Mandatsbearbeitung vorsieht und unterlässt es, mit dem französischen Anwalt der Gegenseite auf vertraulicher Basis Korrespondenz auszutauschen, oder er missachtet die aus § 11 BerO resultierenden Pflichten und tauscht mit dem gegnerischen Anwalt Korrespondenz auf vertraulicher Basis aus.

Die Möglichkeit des vertraulichen Austausches von Korrespondenz zwischen den Anwälten mag auf den ersten Blick nicht von entscheidender Bedeutung für die Mandatsbearbeitung sein, zumal der vertrauliche Austausch von Korrespondenz zwischen Anwälten in Deutschland nicht üblich ist. Hierbei ist zu bedenken, dass diese Art des Korrespondenzaustausches für den französischen Anwalt im Rahmen seiner Tätigkeit in Frankreich Normalität ist, und ihm an dieser Art des Korrespondenzaustausches gelegen sein kann, weil er Ver-

813 Hartung/Holl-Römermann, § 59b, Rn. 11.

814 So auch Knöfel, AnwBl 2003, 3 (18); ders., aaO,S. 494, der betont, dass die anwaltliche Tätigkeit in einer fremden Jurisdiktion auch „im Einzelfall (...) lege artis ausgeführt wird.".

815 So auch generell Römermann/Hartung, aaO, § 61, Rn. 2., ohne jedoch auf die berufsbezogene Anwendung der Berufsrechte einzugehen.

gleichsvorschläge oder andere Vorschläge zur außergerichtlichen Erledigung des Streitfalles machen möchte, ohne dass diese im Falle des Scheiterns einer Einigung in einem Prozess vor einem französischen Gericht gegen ihn verwandt werden können. Weigert sich ein deutscher Anwalt auf vertraulicher Ebene Korrespondenz mit seinem französischen Gegenüber auszutauschen, führt dies zu einem nichtvertraulichen Austausch mit dem französischen Kollegen. Im Rahmen dieses nichtvertraulichen Austausches von Korrespondenz könnte der französische Anwalt die Gefahr, dass der Inhalt der Korrespondenz im Falle des Scheiterns einer außergerichtlichen Streitbeilegung als Beweismittel in einem Prozess gegen ihn verwandt wird, als so hoch einschätzen, dass er den Austausch von Korrespondenz mit dem deutschen Anwalt in Gänze ablehnt. Diese Situation kann zu einem Ausbleiben von Vergleichsverhandlungen oder dem Ausbleiben der Suche nach anderen Möglichkeiten einer außergerichtlichen Streitbeilegung führen.

Aufgrund des Mandatsvertrages ist ein Rechtsanwalt verpflichtet, die Interessen seines Mandanten nach jeder Richtung umfassend wahrzunehmen.[816] Er muss Schädigungen vermeiden und hat, wenn mehrere Maßnahmen in Betracht kommen, diejenige zu wählen, die die sicherste und gefahrloseste darstellt,[817] und wenn mehrere Wege möglich sind, um den angestrebten Erfolg zu erreichen, hat er den Weg zu wählen, auf dem der Erfolg am sichersten erreicht werden kann.[818] Hieraus ergibt sich, dass im Einzelfall auch Vergleichsverhandlungen von der im Mandatsvertrag festgelegten Interessenwahrnehmung durch den Anwalt umfasst sein können, wenn diese gegenüber einem Prozess oder der Fortführung eines Prozesses den sichereren und gefahrloseren Weg darstellen.[819] Sollte ein deutscher Rechtsanwalt aufgrund von § 11 BerO daran gehindert werden, auf vertraulicher Ebene Korrespondenz mit seinem französischen Kollegen auszutauschen, dann wird ihm diese Möglichkeit der Mandatsbearbeitung abgeschnitten. Somit kann er in diesem Teilbereich seine Tätigkeit nicht gewissenhaft ausüben, weil er eines Mittels zur Bearbeitung des Mandats be-

816 So die ständige Rechtsprechung des BGH, vgl. nur: BGH NJW 1974, 1865 (1866); BGH WM 1986, 199 (202); BGH NJW 1988, 486 (487).

817 Ständige Rechtsprechung, vgl. BGH VersR 1960, 932 (933); BGH NJW 1974, 1865 (1866); BGH NJW 1988, 486 (487).

818 Ständige Rechtsprechung, vgl. BGH NJW 1961, 601; BGH VersR 63, 387 (388); BGH NJW 1974, 1865 (1866); BGH WM 1986, 199 (202); BGH NJW 1988, 486 (487).

819 Bruns, VersR 2002, 524 (526); Müller, JR 1969, 161 (166); Hoppmann, MDR 1994, 14 (15); Römermann/Hartung, aaO, § 11, Rn. 5, betonen, dass das streitbezogene Berufsverständnis des Anwaltsberufs der Vergangenheit angehört, und eine moderne Auffassung des Anwaltsberufes auch die Notwendigkeit von alternativen Konfliktbeilegungen betont, worunter so verschiedene Ansätze wie Schiedsverfahren, Mediation aber auch die klassische außergerichtliche Vertretung mit dem Ziel einer Einigung zusammengefasst werden.

raubt ist. Die vollumfängliche, ordnungsgemäße Mandatsbearbeitung genießt Vorrang vor der Pflicht zur Auskunftserteilung und Benachrichtigung aus § 11 BerO und muss daher hinter der Pflicht zur gewissenhaften Mandatsbearbeitung, die aus § 43 BRAO und der Rolle des Anwalts als Organ der Rechtspflege folgt, zurücktreten. Trotz des Hintenanstellens der aus § 11 BerO folgenden Anforderungen verstößt die dergestalt vorgenommene Mandatsbearbeitung nicht gegen höherrangiges Recht, wenn im Mandatsvertrag § 666 BGB abbedungen ist, oder der Mandatsvertrag nach französischem Recht geschlossen worden ist.

(3) Verstoß gegen die vereinbarte Confidentialité des Correspondances
Sollte man zu der oben dargestellten berufsbezogenen Anwendung des deutschen Berufsrechts gelangen, so stünde das deutsche Berufsrecht einer Vereinbarung zwischen einem deutschen Rechtsanwalt und einem französischen Anwalt hinsichtlich der vertraulichen Behandlung der ausgetauschten Korrespondenz nicht entgegen. Fraglich ist jedoch, ob ein Verstoß gegen die vereinbarte *Confidentialité des Correspondances* von Seiten des deutschen Rechtsanwalts mittels des französischen Berufsrechts disziplinarisch zu ahnden ist.

Ob deutsche Rechtsanwälte der Verpflichtung zur Achtung des französischen Berufsrechts unterliegen, ist zum einen danach zu bemessen, ob sie dauerhaft niedergelassen oder nur vorübergehend dienstleistend in Frankreich tätig werden. Sollte ein deutscher Rechtsanwalt dauerhaft niedergelassen in Frankreich tätig werden, sei es unter der Berufsbezeichnung seines Herkunftsstaates oder als „*avocat*", der bei einer französischen Anwaltskammer eingeschrieben ist, so unterliegt er neben seiner Verpflichtung zur Achtung des deutschen auch der Verpflichtung zur Achtung des französischen Berufsrechts.[820] Sofern ein deutscher Rechtsanwalt hingegen nur vorübergehend dienstleistend in Frankreich tätig wird, so unterliegt er nur dann der Verpflichtung zur Achtung des französischen Berufsrechts, wenn er das Mandat entweder vollumfänglich in Frankreich bearbeitet oder seine Tätigkeit durch andere Anknüpfungsmomente eine hinreichend enge Verbindung zu Frankreich aufweist, die es rechtfertigt, ihm die Verpflichtung zur Achtung des französischen Berufsrechts aufzuerlegen.[821] Ein deutscher Rechtsanwalt, der in einer der genannten Konstellationen in Frankreich oder in Deutschland tätig wird und der demzufolge neben der Verpflichtung zur Achtung des deutschen auch der Verpflichtung zur Achtung des französischen Berufsrechts unterliegt, kann bei einem Verstoß gegen die Regeln der *Confidentialité des Correspondances* nach den Bestimmungen der Art. 180 ff. des Dekrets vom 27. November 1991 disziplinarisch durch das hierfür vorgesehene Gremium des für den einzelnen Rechtsanwalt zuständigen *Bar-*

820 Vgl. weiter oben 7. Kap. A. I. 2.
821 Vgl. weiter oben 7. Kap. A. I. 1. b).

reau verfolgt werden.[822] Sofern deutsche Rechtsanwälte nicht der Verpflichtung unterliegen, neben dem deutschen auch das französische Berufsrecht zu achten, weil ihre vorübergehende dienstleistende Tätigkeit keine hinreichend enge Verbindung zu Frankreich aufweist, so können sie dennoch mit ihrem französischen Kollegen eine vertrauliche Behandlung der ausgetauschten Korrespondenz vereinbaren. Ein Bruch dieser Vereinbarung ist jedoch nicht mittels des französischen Berufsrechts disziplinarisch zu ahnden, weil die Verpflichtung der deutschen Rechtsanwälte zur Wahrung der Vertraulichkeit nicht aus ihrer Pflicht zur Achtung des französischen Berufsrechts, sondern aus der zwischen den Anwälten geschlossenen Vereinbarung resultiert.

VII. Vorschlag für eine Veränderung von § 29 BerO

Wie oben gezeigt,[823] enthält das deutsche Recht keine Kollisionsnorm für den Fall, dass es zu einer Kollision von in- und ausländischem Berufsrecht kommt. Die dargestellte Methode der berufsbezogenen Anwendung des Berufsrechts für solche Kollisionsfälle ist bislang nur ein Ansatz unter vielen, um zu einer Lösung dieser Kollisionen zu kommen, und noch keine allgemein anerkannte Rechtsanwendungsregel. Um zumindest einen konkreten Vorschlag für eine rechtsverbindliche Lösung des hier näher betrachteten Falls des vertraulichen Austausches von Korrespondenz mit einem französischen Anwalt zu machen, soll nachfolgend auf Basis der oben dargestellten, berufsbezogenen Anwendung des Berufsrechts ein Formulierungsvorschlag für § 29 BerO gemacht werden.

Anstatt in § 29 Abs. 1 S. 2 a.E. BerO ausdrücklich für Art. 5.3 CCBE-Berufsregeln auf den Vorrang des europäischen Gemeinschaftsrechts und des deutschen Verfassungs-, Gesetzes- und Verordnungsrechts hinzuweisen, sollte für die Anwendbarkeit von Art. 5.3 CCBE-Berufsregeln ein eigener Abs. 2 geschaffen werden, wodurch der jetzige zweite Absatz des § 29 BerO zu Abs. 3 würde. Einer möglichen Anwendung von Art. 5.3 CCBE-Berufsregeln steht von deutscher Seite seine Unvereinbarkeit mit § 666 BGB nicht grundsätzlich entgegen, da die aus § 666 BGB resultierenden Pflichten im Mandatsvertrag abbedungen werden können. Ein solcher Abs. 2 könnte wie folgt lauten:

(2) Sind die aus § 666 BGB resultierenden Pflichten abbedungen und ist ein vertraulicher Austausch von Korrespondenz mit einem anderen europäischen Anwalt zur gewissenhaften Bearbeitung des Mandats nach Maßgabe eines an-

822 Damien/Ader, aaO, Rn. 36.57 i.V.m. Rn. 81.111 ff; für die dauerhaft in Frankreich tätigen Rechtsanwälte vgl. Art. 203-1 des Dekrets vom 27. November 1991 und Art. 88 Abs. 2 des Gesetzes vom 31. Dezember 1971, für vorübergehend dienstleistend in Frankreich tätige Rechtsanwälte vgl. Art. 202-3 des Dekrets vom 27. November 1991.

823 S.o. 7. Kap. B. II.-IV.

deren europäischen Berufsrechts notwendig, treten die Pflichten des Rechtsanwalts aus § 11 BerO hinter dieser Notwendigkeit zurück, sofern eine sachgerechte Vertretung nach den Regeln desjenigen Rechts, das das Mandatsverhältnis regiert, gewährleistet ist.

VIII. Ergebnis

Wird ein vertraulicher Austausch von Korrespondenz zwischen einem deutschen und einem französischen Anwalt angestrebt, so stellt die aus § 666 BGB resultierende Auskunfts- und Benachrichtigungspflicht kein Hindernis dar. Aufgrund des dispositiven Charakters des § 666 BGB können diese Pflichten im Mandatsvertrag abbedungen werden. Eine andere Möglichkeit zur Umgehung der aus § 666 BGB resultierenden Pflichten ist der Abschluss des Mandatsvertrages nach französischem Recht. Nach dem Grundsatz der freien Rechtswahl aus Art. 27 EGBGB ist dies möglich, sofern es sich nicht um einen rein inländischen Sachverhalt handelt. Lediglich bei Verbraucherverträgen kann es zu einem Ausschluss der freien Rechtswahl kommen. Dies ist jedoch unerheblich, da je nach Sitz des Verbrauchers entweder französisches oder deutsches Recht auf den Mandatsvertrag anwendbar ist, und bei Abfassung nach deutschem Recht die Möglichkeit zur Abbedingung von § 666 BGB unberührt bleibt.

Ein vertraulicher Austausch von Korrespondenz verstößt jedoch auch gegen die aus § 11 BerO folgende Auskunfts- und Benachrichtigungspflicht des Anwalts. Diese Pflichten können nicht im Mandatsvertrag abbedungen werden. Der Ansatz, zur Lösung dieses berufsrechtlichen Kollisionsfalles zwischen deutschem und französischem Berufsrecht auf die berufsbezogene Anwendung des deutschen Berufsrechts abzustellen, ist nur ein Vorschlag und nicht die Auffassung der überwiegenden Mehrheit.

Würde ein deutscher Anwalt alle erforderlichen Maßnahmen ergreifen, um nicht gegen § 666 BGB zu verstoßen, so verstieße er formell gesehen in jedem Fall gegen § 11 BerO.

Es ist jedem Anwalt, der einen solchen berufsrechtlichen Verstoß in Kauf nimmt, um zum Beispiel zu Gunsten seines Mandanten vertrauliche Vergleichsverhandlungen mit seinem französischen Kollegen zu führen, zu raten, ausdrücklich § 666 BGB im Mandatsvertrag abzubedingen. So ist er zumindest vor Regressforderungen des Mandanten geschützt, die sich auf die Verletzung der Auskunfts- und Benachrichtigungspflicht aus § 666 BGB stützen.

C. Konfliktfälle bei grenzüberschreitender Tätigkeit aus prozessrechtlicher Sicht

In diesem Abschnitt sollen die Konflikte, die aufgrund der unterschiedlichen gesetzlichen Ausgestaltung des anwaltlichen Berufsgeheimnisses in Deutschland und Frankreich entstehen können, prozessrechtlich beleuchtet werden. Zur Verdeutlichung seien drei Beispielsfälle genannt:

1. Kann ein deutscher Rechtsanwalt, wenn er als Zeuge in einem Prozess in Frankreich aussagen soll, unter Hinweis auf seine Schweigepflicht seine Aussage verweigern?
2. Sollte ihm dies möglich sein, nach welchem Recht bemisst sich dann sein Schweigerecht, nach französischem oder nach deutschem Recht? Dies führt zur Frage, ob ein deutscher Rechtsanwalt auch vor einem französischen Gericht durch seinen Mandanten von seiner Schweigepflicht entbunden werden kann, um zugunsten seines Mandanten auszusagen.
3. Kann ein deutscher Rechtsanwalt die mit dem Kollegen der Gegenseite ausgetauschte Korrespondenz als Beweismittel in den Prozess einbringen?

I. Zeugnisverweigerungsrechte und die lex fori

Um den vorangegangenen Fragen nachzugehen, ist zunächst zu klären, nach welchem Recht sich das Zeugnisverweigerungsrecht vor Gericht bemisst. Zeugnisverweigerungsrechte haben allgemein gesprochen die Aufgabe, bestimmte Lebensbereiche vor einer Aufdeckung im Prozess zu schützen.[824] Das Zeugnisverweigerungsrecht des Anwalts soll die anwaltliche Verschwiegenheitspflicht auch vor Gericht gewährleisten, um so die für die anwaltliche Tätigkeit unerlässliche Vertrauensbeziehung zwischen Anwalt und Mandant zu schützen.[825]

Im Hinblick auf den hierdurch intendierten Schutz der anwaltlichen Berufsausübung könnte man auf den Gedanken verfallen, das anwaltliche Zeugnisverweigerungsrecht dem Personalstatut des Anwalts zu unterstellen.[826] Dies würde dazu führen, dass sich ein deutscher Rechtsanwalt in einem Prozess vor einem französischen Gericht auf sein, aus dem deutschen Recht folgendes, anwaltliches Schweigerecht berufen könnte.

---

824 Coester-Waltjen, Internationales Beweisrecht, Rn. 596; Geimer, Internationales Zivilprozessrecht, Rn. 2310.

825 Musielak-Huber, § 383, Rn. 1; Zöllner-Berger, § 383, Rn. 1; Meyer-Goßner, § 53, Rn. 1; Coester-Waltjen, aaO, Rn. 558.

826 So Mittermaier, ACP 13 (1830), 293 (311), allgemein auf das Personalstatut des Zeugen abstellend, auf diese Auffassung verweist auch kurz Schack, Internationales Zivilverfahrensrecht, Rn. 689.

Das anwendbare Prozessrecht, worunter auch die Frage nach einem möglichen Zeugnisverweigerungsrecht des Anwalts fällt, bestimmt sich grundsätzlich nach der lex-fori-Regel.[827] Gegen die Geltung dieser lex-fori-Regel im Internationalen Zivilprozessrecht ist von Seiten des Schrifttums zwar immer wieder Kritik geäußert worden, diese hat jedoch nicht gereicht, die allgemein anerkannte Anwendung dieser Regel zu erschüttern.[828] Allerdings gilt die Anwendung der lex-fori-Regel heute nicht mehr als Dogma und es ist anerkannt, dass es von diesem Grundsatz auch Ausnahmen gibt.[829] Dies gilt insbesondere an der Grenze zwischen Internationalem Verfahrensrecht und dem Internationalen Privatrecht, wenn zum Beispiel Verfahrensvorschriften einen materiellen Gehalt haben oder privatrechtliche Vorfragen im Verfahrensrecht zu klären sind.[830]

Im Hinblick auf die Zeugnisverweigerungsrechte bleibt es jedem einzelnen Staat überlassen, in welchem Umfang er die Vertrauensbeziehung zwischen Anwalt und Mandant durch ein Zeugnisverweigerungsrecht des Anwalts schützen will. Dies ist eine Entscheidung, die von rechtspolitischen Erwägungen getragen wird und die jeder Staat nach seinem eigenen Ermessen entscheidet.[831]

Des Weiteren haben die Zeugnisverweigerungsrechte lediglich den Schutz bestimmter Privat- oder Berufsbereiche zum Ziel und stehen daher in keinerlei Beziehung zum Gegenstand des gerichtlichen Verfahrens, weswegen es an einer

---

827 Nagel/Gottwals, aaO, § 1, Rn. 41; Geimer, aaO, Rn. 322; MüKo-Sonnenberger, Einl. IPR, Rn. 442; v. Hoffmann, § 3, Rn. 8; Kropholler, aaO, S. 580;

828 Szászy, International Civil Procedure, 203 ff., 225 ff., der dasjenige Prozessrecht anwenden will, das mit dem Verfahren, dem in Rede stehenden prozessualen Akt bzw. dem fraglichen Prozessverhältnis am engsten verbunden ist; Grunsky, ZZP 89 (1976), 241 ff., 254 f., der die lex-fori-Regel dann als maßgeblich ansehen will, wenn es der ausländischen Partei möglich und zumutbar ist, ihr prozessuales Verhalten am deutschen Prozessrecht auszurichten, andernfalls ist ihr Heimatrecht anzuwenden; Radtke, Der Grundsatz der lex fori und die Anwendbarkeit ausländischen Verfahrensrechts, 133 f., der die lex-fori-Regel für unanwendbar hält, wenn eine Verfahrensnorm nicht nur mittelbar auf das private materielle Recht Einfluss nimmt, sondern der Schutz privater Interessen im Vordergrund steht; Möllers, Internationale Zuständigkeit bei der Durchgriffshaftung, 13 ff., der die Geltung der lex-fori-Regel anerkennt, aber keine dogmatische Begründung zu erkennen vermag; Schack, Internationales Zivilprozessrecht, § 2, Rn. 44, erkennt ebenfalls keine dogmatische Begründung der lex-fori-Regel, will daher nachdem „Schwerpunkt des Rechtsverhältnisses" suchen und das IZPR der lex fori vorschalten, wie das IPR dem materiellen Recht; Geimer, aaO, Rn. 323 sieht die Anwendung der lex-fori-Regel nur als Frage der Zeckmäßigkeit an.

829 Schack, aaO, § 2, Rn. 44; Geimer, aaO, Rn. 323; Nagel/Gottwald, aaO, § 1, Rn. 48; Kropholler, aaO, S. 580.

830 MüKo-Sonnenberger, Einl. IPR, Rn. 400 ff.; Nagel/Gottwald, aaO, § 1, RN. 42 ff.; Schack, aaO, Rn. 47; Geimer, aaO, Rn. 324.

831 So auch allgemein zum Zeugnisverweigerungsrecht Nagel/Gottwald, aaO, § 9, Rn. 89.

Verknüpfung mit dem anwendbaren materiellen Recht mangelt.[832] Auch wenn mittlerweile die lex-fori-Regel im Internationalen Zivilprozessrecht nicht mehr als unveränderliches Dogma besteht, so bemessen sich Art und Umfang der Zeugnisverweigerungsrechte aufgrund der oben genannten Punkte nach der lex-fori-Regel.[833] Wie in den meisten Rechtsordnungen richtet sich auch in Frankreich das anzuwendende Prozessrecht, und damit auch Art und Umfang der Zeugnisverweigerungsrechte, nach der lex fori.[834]

1. In Frankreich anwendbares Recht für das Zeugnisverweigerungsrecht eines Anwalts

Zwar kennt das französische Prozessrecht kein eigenständiges Zeugnisverweigerungsrecht der Anwälte, jedoch können nach Art. 206 Nouveau Code de Procédure Civile Personen mit einem *„motif légitime"* die Aussage verweigern, und nach Art. 109 Code de Procédure Pénale muss die Aussage unter Beachtung der sich aus Art. 226-13 und 226-14 Code Pénal ergebenden Verpflichtungen stattfinden.[835] Da Anwälte an ein sehr striktes Verständnis des *Secret Professionnel* gebunden sind, ergibt sich aus der in Art. 109 Code de Procédure Pénale vorgeschriebenen Beachtung des *Secret Professionnel* gem. Art. 226-13 und 226-14 Code Pénal spiegelbildlich ein Zeugnisverweigerungsrecht vor Gericht. Die Beachtung der aus Art. 226-13 und 226-14 Code Pénal resultierenden Verpflichtung zur Wahrung des *Secret Professionnel* stellt das für Art. 206 Nouveau Code de Procédure Civile erforderliche legitime Motiv zur Zeugnisverweigerung der Anwälte dar.[836]

2. Geltung des französischen anwaltlichen Zeugnisverweigerungsrechts für einen deutschen Rechtsanwalt

Somit verfügen die französischen Anwälte, die *„avocats"*, über ein Zeugnisverweigerungsrecht vor Gericht. Fraglich ist, ob sich auch deutsche Rechtsanwälte auf dieses Zeugnisverweigerungsrecht berufen können.

---

832 Coester-Waltjen, aaO, Rn. 597; Geimer, aaO, Rn. 2310; Nagel/Gottwald, Internationales Zivilprozessrecht, § 9, Rn. 89.

833 Schack, aaO, Rn. 689; Coester-Waltjen, aaO, Rn. 597; Geimer, aaO, Rn. 2310; Nagel/Gottwald, aaO, § 9, Rn. 89; Schütze, Deutsches Internationales Zivilprozessrecht unter Einschluss des Europäischen Zivilprozessrechts, Rn. 225.

834 Mayer, Droit international privé, Rn. 103, 492; Audit, Droit International Privé, Rn. 14; Huet, Jur. Class. Droit international, Procédure civile, Fasc. 582-20, Nr. 123.

835 S.o. 3. Kap. B. I. 1.

836 S.o. 3. Kap. B. I. 1.

a) Wortlaut

Zwar zählt Art. 226-13 Code Pénal die „*avocats*" nicht gesondert als eine dem *Secret Professionnel* verpflichtete Berufsgruppe auf, jedoch spricht Art. 160 des Dekrets vom 27. November 1991 von der Verpflichtung der „*avocats*", das *Secret Professionnel* zu wahren. Demnach gilt auch das aus der Verpflichtung zur Wahrung des *Secret Professionnel* abgeleitete Zeugnisverweigerungsrecht nur für „*avocats*". Dem reinen Wortlaut nach können sich deutsche Rechtsanwälte vor einem französischen Gericht demnach nicht auf ein aus dem *Secret Professionnel* abgeleitetes Zeugnisverweigerungsrecht berufen.

b) Deutsches Berufsrecht bzw. Strafrecht als „motif légitime"

Da Art. 226-13 Code Pénal nur von Personen spricht, die aufgrund ihres Berufes gehalten sind, ein Geheimnis zu wahren, könnte man diese Verpflichtung für deutsche Rechtsanwälte in ihrer Verpflichtung zur Wahrung der anwaltlichen Schweigepflicht nach deutschem Recht sehen.

Demnach wäre er auch von der Pflicht zur Wahrung des *Secret Professionnel* gem. Art. 226-13 Code Pénal erfasst, weswegen er nach Art. 109 Code de Procédure Pénale das Zeugnis verweigern könnte. Zugleich hätte er aufgrund der in Art. 226-13 Code Pénal statuierten Pflicht auch ein *motif légitime* zur Zeugnisverweigerung nach Art. 206 Nouveau Code de Procédure Civile vorzuweisen. Demnach würde die deutsche Verpflichtung zur Wahrung der anwaltlichen Schweigepflicht über Art. 226-13 Code Pénal in französisches Recht „eingewickelt" werden, woraus dann das Recht zur Zeugnisverweigerung resultieren würde.

Bei dieser Betrachtung wird jedoch vergessen, dass sich das anzuwendende Prozessrecht zumeist nach der lex fori richtet, weswegen es deutschen Staatsbürgern im Ausland verwehrt ist, sich auf ein ihnen nach deutschem Recht zustehendes Zeugnisverweigerungsrecht zu berufen.[837] Selbst wenn sich deutsche Rechtsanwälte durch diesen Kunstgriff nicht direkt auf ihr deutsches Zeugnisverweigerungsrecht berufen würden, sondern ihre deutsche Verpflichtung zur Wahrung der anwaltlichen Schweigepflicht über Art. 226-13 Code Pénal „importieren" würden, würden sie sich im Endergebnis dennoch auf ein Zeugnisverweigerungsrecht berufen, dem deutsche Regelungen zugrunde liegen. Zwar ist nicht sicher, ob französische Gerichte dies auch so sehen, aber ein derartiges Einbringen würde dem oben dargestellten Interesse eines jeden Staates, den Umfang des Schutzes der Vertrauensbeziehung zwischen Anwalt und Mandant durch ein Zeugnisverweigerungsrecht des Anwalts selbst zu bestimmen, widersprechen.[838]

---

837 Nagel/Gottwald, aaO, § 9, Rn. 89; Schack, aaO, Rn. 689.

838 Vgl. Nagel/Gottwald, aaO, § 9, Rn. 89.

c) Auslegung des Begriffes „*avocat*"

Um festzustellen, ob sich auch deutsche Rechtsanwälte auf das den „*avocats*" zustehende Zeugnisverweigerungsrecht berufen können, ist eine Auslegung des Begriffes „*avocat*" vorzunehmen. Zwar kommt der Begriff „*avocat*" weder in Art. 206 Nouveau Code de Procédure Civile noch in Art. 109 Code de Procédure Pénale vor, jedoch beziehen sich diese Vorschriften zum einen durch den Verweis des Art. 206 Nouveau Code de Procédure Civile auf das zur Verweigerung der Aussage erforderliche „motif légitime" und zum anderen durch den Verweis des Art. 109 Code de Procédure Pénale auf die Beachtung der Anforderungen der Art. 226-13 und 226-14 Code Pénal auf den Begriff „*avocat*", da für diesen aufgrund der genannten Verweisungen ein Zeugnisverweigerungsrecht vor Gericht anerkannt ist.

Als „*avocat*" wird zunächst jeder bezeichnet, der bei einer französischen Anwaltskammer als Anwalt eingeschrieben und damit zur französischen Anwaltschaft zugelassen ist.[839] Wie oben dargestellt, können auch deutsche Rechtsanwälte oder Personen, die die hierfür erforderliche Ausbildung vorweisen können, zur französischen Anwaltschaft zugelassen werden.[840] Hierbei ist es nicht erforderlich, dass deutsche Rechtsanwälte ihre deutsche Zulassung aufgeben, so dass die Möglichkeit einer deutsch-französischen Doppelzulassung besteht.

Aufgrund dieser deutsch-französischen Doppelzulassung kann sich ein dergestalt zugelassener Rechtsanwalt, vor einem französischen Gericht auf sein ihm als „*avocat*" zustehendes Zeugnisverweigerungsrecht berufen.

Fraglich ist, ob auch einem dauerhaft in Frankreich unter der Berufsbezeichnung seines Heimatlandes tätigen, deutschen Rechtsanwalt diese Möglichkeit zugestanden wird. Er ist nicht auf der Anwaltsliste seiner französischen Anwaltskammer eingetragen, so dass er formell nicht als „*avocat*" gilt, sondern es erfolgt nur eine Eintragung auf einer Liste für Anwälte aus den Staaten der Europäischen Union, die dauerhaft in Frankreich unter der Bezeichnung ihres Heimatlandes tätig werden.[841] Die aus der Eintragung in die Anwaltsliste der französischen Anwaltskammer resultierende Verbindung zu den „*avocats*" könnte ein Hinweis auf eine eventuelle Gleichstellung in Bezug auf die die europäischen Anwälte treffenden Rechte und Pflichten sein.

Sollte eine solche Verbindung von Bedeutung für eine Gleichstellung sein, so ist ferner der Frage nachzugehen, welche Stellung diesbezüglich deutsche Rechtsanwälte innehaben, die nur vorübergehend dienstleistend in Frankreich

---

839 Vgl. hierzu Art. 1-1 des Gesetzes vom 31. Dezember 1971, zu den Voraussetzungen für die Eintragung: Art. 93 des Gesetzes vom 31. Dezember 1971.

840 S.o. 7. Kap. A. I.2.b).

841 Vgl. Art. 84 Abs. 3 des Gesetzes vom 31. Dezember 1971.

tätig werden. Sie sind auf keiner Liste erfasst, so dass keine vergleichbare Verbindung zu einer französischen Anwaltskammer und den in ihr organisierten „*avocats*" gegeben ist.

(1) Art. 84 Abs. 2 des Gesetzes vom 31. Dezember 1971 als Auslegungshilfe
Für die dauerhaft unter der Berufsbezeichnung ihres Heimatlandes in Frankreich tätigen Rechtsanwälte könnte Art. 84 Abs. 2 des Gesetzes vom 31. Dezember 1991 als Auslegungshilfe dienen. Danach sind die ausländischen Anwälte, die unter der Berufsbezeichnung ihres Heimatlandes in Frankreich tätig werden, Mitglied der französischen Anwaltskammer, bei der ihre Einschreibung erfolgte. Der Umstand, dass die europäischen Anwälte in einer gesonderten Anwaltsliste eingeschrieben sind, ändert nichts an der Tatsache, dass sie vollwertige Mitglieder der französischen Anwaltskammer sind, in der sie aufgenommen worden sind.[842] Damit unterfallen sie aber auch den für die „*avocats*" geltenden Rechten und Pflichten. Dies wird nicht zuletzt an Art. 88 Abs. 2 des Gesetzes vom 31. Dezember 1971 deutlich, wonach bei Verstoß gegen das französische Berufsrecht ein Disziplinarverfahren gegen die europäischen Anwälte durch die französische Anwaltskammer eingeleitet werden kann. Zu den zu wahrenden Pflichten gehört auch die in Art. 160 des Dekrets vom 27. November 1991 festgelegte Achtung des *Secret Professionnel.*

(2) Art. 202-1 und Art. 202-2 des Dekrets vom 27. November 1991 als Auslegungshilfe
Für die vorübergehend in Frankreich vor Gericht tätigen Rechtsanwälte könnte Art. 202-1 des Dekrets vom 27. November 1991 als Auslegungshilfe dienen. Nach Art. 202-1 Abs. 2 des Dekrets vom 27. November 1991 muss ein dergestalt vorübergehend in Frankreich dienstleistend tätiger Anwalt sowohl das französische Berufsrecht wie auch das Berufsrecht seines Heimatlandes beachten. Demzufolge ist auch ein nur vorübergehend vertretend oder verteidigend in Frankreich tätiger Anwalt verpflichtet, das *Secret Professionnel* zu wahren.

Diese Verpflichtung zur Beachtung der Berufsrechte des Heimat- sowie des Aufnahmestaates resultiert aus dem Umstand, dass Art. 202-1 Abs. 1 des Dekrets vom 27. November 1991 die europäischen Anwälte im Falle einer vertretenden Tätigkeit vor Gericht oder den Behörden denselben Ausübungsbedingungen unterwirft, wie sie für die französischen Anwälte gelten.

Aber auch die europäischen Anwälte, die lediglich vorübergehend beratend in Frankreich tätig werden, sind zur Beachtung der Regelungen des *Secret Professionnel* gem. Art. 202-2 Abs. 2 des Dekrets vom 27. November 1991 verpflichtet, wenn nicht nur eine Niederlassung in Frankreich dies erfordert und

842 Martin, JCP 2004, act., 373.

ihre Wahrung der ordnungsgemäßen Ausübung der anwaltlichen Tätigkeit in Frankreich, der Würde des Berufes und der Beachtung der Unvereinbarkeiten dient.[843]

(3) Zwischenergebnis

Die dauerhaft unter der Berufsbezeichnung ihres Herkunftslandes in Frankreich tätigen Anwälte sind aufgrund der Einschreibung in die Anwaltsliste für ausländische Anwälte nach Art. 84 Abs. 2 des Gesetzes vom 31. Dezember 1971 vollwertige Mitglieder der Anwaltskammer, in der sie aufgenommen worden sind. Aus diesem Grund haben sie berufsrechtlich dieselben Rechte und unterliegen denselben Pflichten wie die „*avocats*". Da sie ebenso wie ihre französischen Kollegen dem Begriff „*avocat*" unterfallen, steht ihnen auch vor Gericht ein Zeugnisverweigerungsrecht zu. Auch die nur vorübergehend vor Gericht in Frankreich tätigen Anwälte sind gem. Art. 202-1 Abs. 2 des Dekrets vom 27. November 1991 zur Achtung des *Secret Professionnel* verpflichtet. Dasselbe gilt gem. Art. 202-2 Abs. 2 des Dekrets vom 27. November 1991 auch für die ausländischen Anwälte, die vorübergehend beratend in Frankreich tätig werden, allerdings nur, sofern ihre Tätigkeit eine hinreichend enge Beziehung zu Frankreich aufweist, die es im Hinblick auf die ordnungsgemäße Ausübung der anwaltlichen Tätigkeit in Frankreich rechtfertigt, ihnen auch die Beachtung der grundlegenden Regelungen des französischen Berufsrechts aufzuerlegen. Aus diesem Grund sind die vorübergehend vertretend in Frankreich tätig werdenden und mit den zuvor genannten Einschränkungen auch die vorübergehend gerichtlich tätig werdenden europäischen Anwälte zur Achtung des *Secret Professionnel* verpflichtet, weswegen sie in Bezug auf die Verpflichtung zur Wahrung des *Secret Professionnel* mit den „*avocats*" gleichzusetzen sind. Demzufolge umfasst der Begriff des „*avocat*" in Art. 160 des Dekrets vom 27. November 1991, der die Verpflichtung der französischen Anwälte zur Wahrung des *Secret Professionnel* festlegt, auch die in Art. 201 des Dekrets vom 27. November 1991 genannten Anwälte aus den Mitgliedstaaten der europäischen Union, sofern sie dauerhaft unter der Berufsbezeichnung ihres Herkunftslandes in Frankreich arbeiten oder nur vorübergehend dienstleistend in oder mit Bezug zu Frankreich tätig werden. Aus diesem Grund können sich deutsche Rechtsanwälte, sofern sie nur vorübergehend dienstleistend in oder mit Bezug zu Frankreich tätig werden oder ihre anwaltliche Tätigkeit dauerhaft in Frankreich unter der Berufsbezeichnung ihres Heimatlandes ausüben, aufgrund ihrer Verpflichtung zur Wahrung des *Secret Professionnel* auch auf die aus dieser Verpflichtung resultierenden Zeugnisverweigerungsrechte vor Gericht gem. Art. 206 Nouveau Code de Procédure Civile und gem. Art. 109 Code de Procédure Pénale berufen.

---

843 Zu diesen Anforderungen vgl. 7. Kap. A. I. 1. a) ff.

d) Deutscher Rechtsanwalt, der nicht in Frankreich tätig wird

Ausgehend von den französischen Regelungen des Art. 226-13 Code Pénal und des Art. 160 des Dekrets vom 27. November 1991 wurden bislang lediglich die Fälle beleuchtet, in denen ein deutscher Rechtsanwalt in beziehungsweise mit Bezug zu Frankreich tätig wurde und so in den Anwendungsbereich des französischen Umsetzungsrechts der Dienstleistungs- und Niederlassungsrichtlinie der Europäischen Union fiel.

Reist ein deutscher Rechtsanwalt weder nach Frankreich, um dort tätig zu werden, noch kommt der Mandant aus Frankreich zu ihm noch überschreitet die anwaltliche Dienstleistung als Produkt die Grenzen und die beratende anwaltliche Tätigkeit weist auch ansonsten keine hinreichend enge Verbindung zu Frankreich auf, so agiert der dergestalt tätige deutsche Rechtsanwalt nicht im Rahmen des französischen Umsetzungsrechts der Dienstleistungs- und Niederlassungsrichtlinie. Ein solcher Fall könnte zum Beispiel die Beratung einer GmbH in Fragen des deutsch-französischen Gesellschaftsrechts sein, weil die Muttergesellschaft ihren Sitz in Frankreich hat.

Der in dieser Form tätige Rechtsanwalt unterfällt nicht der aus Art. 202-1 Abs. 2 und Art. 202-2 Abs. 2 des Dekrets vom 27. November 1991 folgenden Verpflichtung zur Achtung des *Secret Professionnel*, so dass ihm auch die Möglichkeit der Gleichstellung mit einem „*avocat*" in Bezug auf das sich aus dem *Secret Professionnel* ergebende Zeugnisverweigerungsrecht verwehrt bleibt. Da er aber auch über keine Doppelzulassung verfügt, kann er sich auch nicht auf das Zeugnisverweigerungsrecht des „*avocat*" berufen.

Demnach ergibt sich die Situation, dass sowohl in Deutschland wie auch in Frankreich den Anwälten vor Gericht ein Zeugnisverweigerungsrecht zusteht. Wird jedoch ein deutscher Rechtsanwalt, der beratend für einen französischen oder deutschen Mandanten in Deutschland tätig geworden ist, als Zeuge vor ein französisches Gericht geladen, so kann er sich nicht auf das Zeugnisverweigerungsrecht der französischen Anwälte berufen, wenn er nicht auch als „*avocat*" in der Anwaltsliste einer französischen Anwaltskammer geführt wird.

Sowohl im deutschen wie auch im französischen Recht existiert demnach für die Anwälte ein Zeugnisverweigerungsrecht vor Gericht. Aus diesem Grund und vor dem Hintergrund, dass es bei dem zivilprozessualen Zeugnisverweigerungsrecht des Art. 206 Nouveau Code de Procédure Civile lediglich eines „motif légitime" zur Aussageverweigerung bedarf, das den „*avocats*" stets zugestanden wird, gilt es zu klären, ob sich deutsche Rechtsanwälte vor einem französischen Gericht auf ihr deutsches oder auf das den „*avocats*" zustehende Zeugnisverweigerungsrecht berufen können.

(1) Kollisionsnorm und lex fori

Nach französischem Recht wird bislang nur den „*avocats*" das zur Zeugnisverweigerung nach Art. 206 Nouveau Code de Procédure Civile erforderliche „motif légitime" zugestanden und auch das strafprozessuale Zeugnisverweigerungsrecht des Art. 109 Code de Procédure Pénale bezieht sich aufgrund der Verweisungen auf Art. 226-13 und 226-14 Code Pénal auf die „*avocats*".

Aufgrund der beschriebenen Ausgangslage könnte man versuchen, im französischen Recht eine Kollisionsnorm zu suchen, die klärt, ob und in welchem Umfang sich ausländische Rechtsanwälte auf ein Zeugnisverweigerungsrecht vor Gericht berufen können. Eine solche Kollisionsnorm ist jedoch weder im Nouveau Code de Procédure Civile noch im Code de Procédure Pénale und auch nicht im Gesetz vom 31. Dezember 1971 oder im Dekret vom 27. November 1991 oder in einem anderen Gesetz zu finden.

Dieses Ergebnis deckt sich mit der oben dargestellten Geltung der lex-fori-Regel im Internationalen Zivilprozessrecht, wonach das jeweils am Gerichtsort geltende Recht das Verfahrensrecht bestimmt. Das Bedürfnis nach einer Kollisionsnorm besteht nur dann, wenn zwei oder mehr Rechte anwendbar sind und zu klären ist, welcher Rechtsordnung die zur Lösung des Falles notwendigen Regelungen zu entnehmen sind.[844] Nach der lex-fori-Regel ist nur ein Recht anwendbar, so dass es keiner Kollisionsregel bedarf. Vielmehr enthält die lex-fori-Regel eine versteckte einseitige, ungeschriebene Kollisionsnorm, die nur das eigene, inländische Verfahrensrecht zur Anwendung kommen lässt.[845]

Auch das Institut der Anpassung kann im vorliegenden Fall keine Hilfe bieten. Aufgabe der Anpassung ist es, die Disharmonien aufzulösen, die dadurch entstanden sind, dass das Kollisionsrecht zur Lösung eines Falles nicht aufeinander abgestimmte Sachnormen berufen hat.[846] Somit ist auch für die Anpassung Voraussetzung, dass zunächst aufgrund einer Kollisionsnorm zwei Rechte anwendbar sind.[847] In Ermangelung der Anwendbarkeit des deutschen und des französischen Rechts kann dem Problem daher nicht mittels Anpassung begegnet werden.

Die oben aufgeworfene Frage, ob ein deutscher Rechtsanwalt vor einem französischen Gericht über ein Recht zur Zeugnisverweigerung verfügt, kann nach dem Gesagten nicht anhand einer Kollisionsnorm geklärt werden.

---

844 Kegel/Schurig, aaO, S. 53; Kropholler, aaO, S. 102; v. Hoffmann, aaO, § 4, Rn. 1.

845 Jaeckel, Die Reichweite der lex fori im internationalen Zivilprozessrecht, S. 147 f.; Pagenstecher, ZZP 64 (1950-51) 249 (250 f.).

846 MüKo-Sonnenberger, Einl. IPR, Rn. 593; Kropholler,aaO, S. 232; Soergel-Kegel, Vor. Art. 3, Rn. 154; v. Bar/Mankowski, § 7, Rn. 250, 251.

847 Hug, Die Substitution im Internationalen Privatrecht, S. 30; Looschelders, Die Anpassung im Internationalen Privatrecht, S. 6.

(2) Substitution

Ist bei einem Sachverhalt mit Auslandsbezug aber bereits geklärt, dass nur ein Recht anwendbar ist, und gilt es bei dessen Anwendung zu berücksichtigen, dass ein Beteiligter Ausländer ist, geschieht dies in Form der Substitution.[848] Hierbei wird geklärt, inwieweit fremde Rechtserscheinungen im Tatbestand von Rechtsnormen als gleichwertig betrachtet werden können.[849] Es geht demzufolge um die Auslegung der betreffenden Sachnormen.[850] Diese Vorgehensweise ist im französischen Recht ebenfalls als „*substitution*“ bekannt.[851]

Zu untersuchen ist, inwieweit auch ein deutscher Rechtsanwalt von dem Schutz der Zeugnisverweigerungsrechte aus Art. 206 Nouveau Code de Procédure Civile und Art. 109 Code de Procédure Pénale erfasst wird.

Hierfür ist zunächst festzustellen, ob der in Frage stehende Normteil generell durch ausländische Merkmale ersetzt werden kann. Erst im Anschluss soll geklärt werden, in wieweit eine Ersetzung des Begriffs „*avocat*“ durch den des „Rechtsanwalts“ möglich ist.

(a) Generelle Ersetzbarkeit des Normteils

Hätte der Gesetzgeber bei Erlass der in Frage stehenden Norm die Intention gehabt, ihre Anwendung auf Inlandssachverhalte zu beschränken, würde dies grundsätzlich gegen die Ersetzbarkeit eines Begriffes in dieser Norm durch ausländische Merkmale sprechen.[852]

Der Wortlaut der Norm kann hierfür im Regelfall wenig Hilfe bieten, da er zumeist auf rein inländische Sachverhalte zugeschnitten worden ist. Folglich

---

848 MüKo-Sonnenberger, Einl. IPR, Rn. 614; Kropholler, aaO, S. 229; Hug, aaO, S. 110 ff.; Lewald, Règles générales des conflits de lois, S. 133 ff.; Ferid, Internationales Privatrecht, Rn. 2-26 ff., der jedoch nicht den Begriff „Substitution“ gebraucht, jedoch genau dieses Problem und seine Lösungswege beschreibt; Soergel-Kegel, Vor. Art. 3, Rn. 164, bezeichnet diese Fallgruppe als „Auslandssachverhalt“ und verweist darauf, dass die Grenze zwischen der Anwendbarkeit eines oder mehrerer Rechte nicht immer leicht zu ziehen ist; van Veenrooy, Internationalprivatrechtliche Substitution, S. 40 ff., bemüht sich um eine Abgrenzung zwischen der „Lehre vom Auslandssachverhalt“ und der „Substitution“, kommt aber zu dem Ergebnis, dass „Substitution“ auch die Überschrift zum Auslandssachverhalt sein kann.

849 Eichenhofer, FS Jahr, S. 449; Nagel/Gottwald, § 1, RN. 49; v. Bar/Mankowski, aaO, § 7, Rn. 239; Kropholler, aaO, S. 229; MüKo-Sonnenberger, Einl. IPR, Rn. 614; Lewald, aaO, S. 134.

850 MüKo-Sonnenberger, Einl. IPR, Rn. 614; Soergel-Kegel, vor. Art. 3, Rn. 164; Lewald, aaO, S. 134 f.; Hug, aaO,S. 110 ff; Wengler, RabelsZ 8 (1934), 148 (151).

851 Audit, aaO, Rn. 312; Mayer, aaO, Rn.152 ff., und Batiffol/Lagarde. Droit International Privé, Rn. 294, bezeichnen diese Vorgehensweise nicht als "substitution", sondern beschreiben lediglich die notwendige Auslegung der Normen.

852 Hug, aaO, S. 110; Schröder, Die Anpassung von Kollisions- und Sachnormen, S. 100.

muss ein solcher Ausschluss der Ersetzbarkeit entweder ausdrücklich vermerkt sein oder sich aus dem Sinn und Zweck der Norm ergeben.[853]

Weder der Wortlaut noch der Sinn und Zweck der anwaltlichen Zeugnisverweigerungsrechte des Art. 206 Nouveau Code de Procédure Civile und des Art. 109 Code de Procédure Pénale noch der des Art. 160 des Dekrets vom 27. November 1991, der die „*avocats*" zur Wahrung des *Secret Professionnel* verpflichtet, beinhalten ein Verbot der Anwendung in Bezug auf ausländische Anwälte. Zum Zeitpunkt ihrer Abfassung hatte der Gesetzgeber aber nur die französische Anwaltschaft im Blick, weswegen jegliche Aussage zu ausländischen Anwälten fehlt. Gerade die französische Umsetzung der Dienstleistungs-, Niederlassungs- und Hochschuldiplomanerkennungsrichtlinie der Europäischen Union im Bereich der Anwälte zeigt anhand des Art. 202-1 Abs. 2 und des Art. 202-3 des Dekrets vom 27. November 1991, dass auch in Frankreich tätige Anwälte aus anderen Staaten der Europäischen Union, das *Secret Professionnel* achten müssen. Spiegelbildlich hierzu stehen ihnen dann aber auch die anwaltlichen Zeugnisverweigerungsrechte vor einem französischen Gericht zu. Ausgehend von den anwaltlichen Zeugnisverweigerungsrechten in Art. 206 Nouveau Code de Procédure Civile und Art. 109 Code de Procédure Pénale und von dem die Achtung des *Secret Professionnel* für die Anwälte festlegenden Art. 160 des Dekrets vom 27. November 1991 lässt sich kein grundsätzlicher Ausschluss für die Berufung nicht-französischer Anwälte auf diese Zeugnisverweigerungsrechte finden.

(b) Rahmenbegriff der anwendbaren Norm

Da keine grundsätzlichen Einwände gegen die Berufung eines deutschen Rechtsanwalts auf das Zeugnisverweigerungsrecht der „*avocats*" bestehen, gilt es nun, den zulässigen Rahmen einer solchen Berufung abzustecken. Es gilt zu klären, inwieweit die Berufung eines „*avocat*" auf die anwaltlichen Zeugnisverweigerungsrechte des französischen Rechts durch die Berufung eines deutschen Rechtsanwalts auf diese Rechte ersetzt werden kann. Hierfür muss der rechtliche Begriff der in Frage stehenden Norm dahingehend ausgefüllt werden, dass geklärt wird, welche ausländischen Inhalte hierin enthalten sein können.[854]

Die Zeugnisverweigerungsrechte aus Art. 206 Nouveau Code de Procédure Civile und Art. 109 Code de Procédure Pénale ziehen einen weiten Berechtigungskreis, indem sie entweder direkt auf die der Wahrung des *Secret Professionnel* verpflichteten Berufsgruppen abstellen oder von einem „*motif légitime*" sprechen, dessen Anforderungen durch die Zugehörigkeit zu diesen Berufsgruppen erfüllt werden. Doch nicht für alle Berufgruppen, die der Wahrung des

853 Ferid, aaO, Rn. 2-27.

854 Wengler, RabelsZ 8 (1934), 148 (152 f.); Hug, aaO, S. 113; Audit, aaO, Rn. 313.

Secret Professionnel verpflichtet sind, folgt aus dieser Verpflichtung auch das Recht zur Zeugnisverweigerung vor Gericht. Dies gilt nur für ausgesuchte Berufsgruppen, die über ein „absolutes“ *Secret Professionnel* verfügen und dies auch dem Gericht entgegenhalten dürfen.[855] Hierzu gehören die *„avocats“*, deren Verpflichtung zur Wahrung des *Secret Professionnel* ausdrücklich in Art. 160 des Dekrets vom 27. November 1991 festgelegt wird. Für die Klärung der Frage, ob sich auch ein deutscher Rechtsanwalt auf das Zeugnisverweigerungsrecht der *„avocats“* berufen kann, ist der Rahmen des Zusammenspiels zwischen Verpflichtung zur Wahrung des *Secret Professionnel* und dem daraus resultierenden Zeugnisverweigerungsrecht dahingehend zu betrachten, ob hierin ausländische Elemente enthalten sein können.

Die Anwälte in Frankreich sind verpflichtet, das *Secret Professionnel* zu achten, weil nur so die für die anwaltliche Tätigkeit notwendige Vertrauensbeziehung zwischen Anwalt und Mandant hergestellt werden kann.[856] Am Schutz dieser Vertrauensbeziehung hat nicht nur der Mandant ein Interesse, vielmehr besteht auch ein Interesse der Allgemeinheit an diesem Schutz, da der Anwalt durch seine Tätigkeit zur Funktionstüchtigkeit des Rechtssystems beiträgt.[857] Hinter dieses Interesse der Allgemeinheit an der Wahrung des *Secret Professionnel* durch die Anwälte muss auch das Interesse an der Wahrheitsermittlung vor Gericht zurücktreten, weswegen sich die Anwälte auf ein Zeugnisverweigerungsrecht berufen können. Demzufolge wird über den Schutz der individuellen Rechtsberatung und -vertretung zugleich ein Grundpfeiler des Rechtssystems und damit ein elementarer Aspekt des Rechtsstaates geschützt.

Kennzeichnend für diesen Schutz ist, dass die Rechtsberatung bzw. -vertretung von einer hierfür entsprechend qualifizierten Person durchgeführt werden muss. Sowohl in Deutschland wie auch in Frankreich wird die anwaltliche Rechtsberatung bzw. -vertretung durch Juristen organisiert, so dass eine Vergleichbarkeit des *„avocat“* mit dem deutschen Rechtsanwalt gegeben ist. Dieses Ergebnis wird auch durch die Aufzählung der Titel in Art. 201 des Dekrets vom 27. November 1991 gestützt, unter denen sich europäische Anwälte in Frankreich niederlassen oder auch nur vorübergehend tätig werden können, denn hierin ist auch der deutsche Rechtsanwalt enthalten.

Folglich ist es einem deutschen Rechtsanwalt möglich, vergleichbar einem *„avocat“* rechtsberatend oder rechtsverteidigend tätig zu werden. Somit trägt auch der deutsche Rechtsanwalt durch seine Tätigkeit zur Funktionstüchtigkeit des Rechtssystems bei. Hieran hat die Allgemeinheit aufgrund der oben geschil-

---

855 Zum „absoluten“ Verständnis des Secret Professionnel, s.o. 2. Kap. B. I. 7.

856 S.o. 2. Kap. B. II. 1.

857 S.o. 2. Kap. B. II. 1.

derten Bedeutung eines funktionstüchtigen Rechtssystems für einen Rechtsstaat ein hohes Interesse.

(c) Ausfüllung des Rahmens durch ausländische Rechtshandlung

Nachdem für die anwendbare Norm ein Rahmenbegriff abgesteckt wurde, ist nun zu klären, inwieweit der Rahmen durch eine ausländische Rechtshandlung gefüllt werden kann.[858]

Wie oben dargestellt, ist es grundsätzlich möglich, die Tätigkeit eines „*avocat*" und eines Rechtsanwaltes zu vergleichen, da beide über eine entsprechende Qualifikation verfügen. Daher ist nun zu klären, ob die Übereinstimmung soweit reicht, dass auch der deutsche Rechtsanwalt sich auf das dem „*avocat*" zustehende Zeugnisverweigerungsrecht berufen kann.

Die anwaltliche Tätigkeit leistet, wie bereits mehrfach angesprochen, einen unersetzbaren Beitrag zur Funktionstüchtigkeit der Rechtspflege in einem Rechtsstaat. Aus diesem Grund genießt das *Secret Professionnel* als Grundpfeiler der anwaltlichen Tätigkeit einen umfassenden Schutz, der auch in dem dem „*avocat*" zustehenden Zeugnisverweigerungsrecht deutlich wird.

An diesem Umstand ändert sich nichts, wenn ein deutscher Rechtsanwalt in Deutschland für einen deutschen oder einen in Deutschland lebenden, französischen Mandanten tätig wird, denn auch hierdurch leistet er einen Beitrag zum Funktionieren des Rechtssystems.

Um diese im Interesse der Allgemeinheit liegende Tätigkeit zu schützen, muss auch einem deutschen Rechtsanwalt vor einem französischen Gericht ein Zeugnisverweigerungsrecht zugestanden werden.

Hiergegen könnte sprechen, dass sich der anwaltliche Beitrag zum Funktionieren des Rechtssystems zum Beispiel in dem zuvor geschilderten Fall auf das deutsche Rechtssystem beschränkt und infolgedessen dieser Beitrag für das französische Rechtssystem ohne Bedeutung bleibt. Wäre dies jedoch der Fall, dann wäre der Rechtsanwalt nicht vor Gericht als Zeuge geladen worden, so dass zumindest eine indirekte Verbindung zum französischen Recht bestehen muss und infolgedessen durch die anwaltliche Tätigkeit auch ein Beitrag zur Funktionsfähigkeit des französischen Rechtspflegesystems erbracht wird.

e) Zwischenergebnis

Nach dem oben Gesagten sind die Tätigkeiten eines „*avocat*" und die eines Rechtsanwalts vergleichbar. Doch hierin erschöpft sich nicht die Ähnlichkeit. Auch ein deutscher Rechtsanwalt vermag aufgrund seiner beratenden Tätigkeit einen Beitrag zur Funktionsfähigkeit der französischen Rechtspflege zu leisten. An dem Erhalt dieses Eckpfeilers des Rechtsstaats hat die Allgemeinheit ein ho-

---

858 Hug, aaO, S. 115 ff.; MüKo-Sonnenberger, Einl. IPR, Rn. 617 f.; Audit, aaO, Rn. 313.

hes Interesse, weswegen sie als Grundlage der anwaltlichen Tätigkeit die Wahrung des *Secret Professionnel* auch über ein Zeugnisverweigerungsrecht vor Gericht schützt. Leistet ein deutscher Anwalt einen Beitrag zur Funktionsfähigkeit der Rechtspflege, dann muss er sich auch auf das Zeugnisverweigerungsrecht der „*avocats*“ berufen dürfen.

II. Einbringen von vertraulich ausgetauschter Korrespondenz in einem Verfahren vor einem deutschen Gericht

Die im Rahmen der berufsrechtlichen Betrachtung gemachten Ausführungen hinsichtlich der Konflikte, die bei grenzüberschreitendem Rechtsverkehr entstehen können, haben gezeigt, dass es einem deutschen Anwalt möglich ist, mit seinem französischen Kollegen einen vertraulichen Austausch von Korrespondenz vorzunehmen, ohne gegen höherrangiges Recht zu verstoßen, indem die aus § 666 BGB resultierenden Pflichten abbedungen werden oder der Mandatsvertrag nach französischem Recht geschlossen wird. Übrig bliebe eine berufsrechtliche Kollision, für die ein Lösungsvorschlag aufgezeigt wurde, der jedoch nicht geltendem Recht entspricht. Nach geltender Rechtslage würde ein deutscher Rechtsanwalt bislang gegen § 11 BerO verstoßen.

Dieser Verstoß soll im Rahmen der prozessrechtlichen Betrachtung außer Acht bleiben, vielmehr soll angenommen werden, dass ein vertraulicher Austausch von Korrespondenz zwischen einem deutschen und einem französischen Anwalt möglich ist, ohne gegen deutsches Berufsrecht zu verstoßen. In diesem Fall stellt sich die Frage, ob ein deutscher Anwalt in seinen an das Gericht gerichteten Schriftsätzen den Inhalt der vertraulich ausgetauschten Korrespondenz benutzen darf und ob er die diese Korrespondenz vor einem deutschen und beziehungsweise oder vor einem französischen Gericht als Beweismittel einbringen darf.

Nur vor oder während eines Zivilprozesses kommt es für einen deutschen Rechtsanwalt in Betracht, mit seinem französischen Kollegen auf vertraulicher Basis Korrespondenz auszutauschen, um so zu einer außergerichtlichen Einigung zu gelangen. Daher soll hier die Geeignetheit dieser Korrespondenz als Beweismittel nur unter zivilprozessualen Gesichtspunkten betrachtet werden.

Die zwischen den Anwälten ausgetauschte Korrespondenz kann verschiedenen Inhalts sein. Sofern es sich nicht um Vorschläge zu einer außergerichtlichen Streitbeilegung handelt, wird das Interesse von Seiten des Adressaten an ihrer Bekanntmachung dem Gericht gegenüber oder an ihrer Einbringung als Beweismittel jedoch geringer sein, als wenn anhand der ausgetauschten Korrespondenz bewiesen werden kann, dass die Gegenseite ihr bereits unterbreitete Vergleichsangebote abgelehnt hat, dass sie selbst Vergleichsangebote gemacht hat oder sich sonst zu einer prozessrelevanten Tatsache geäußert hat. Solche

Informationen können dem Gericht als Anhaltspunkt für das zu sprechende Urteil dienen.

1. Vertraulich ausgetauschte Korrespondenz als Beweismittel vor einem deutschen Gericht

Um die Haltung der Gegenseite in Bezug auf eine in Frage stehende Tatsache zu beweisen, könnte es sinnvoll sein, die vertraulich ausgetauschte Korrespondenz ganz oder teilweise als Beweis in das Verfahren einzubringen. Wie bereits zuvor angesprochen, existiert im deutschen Zivilprozessrecht keine dem französischen Recht vergleichbare Regelung, wonach eine als „vertraulich" gekennzeichnete Korrespondenz nicht vor Gericht als Beweismittel verwandt werden darf. In Ermangelung einer solchen Sonderregelung und aufgrund der Tatsache, dass sich das anzuwendende Prozessrecht nach dem lex-fori-Grundsatz bemisst[859] und diesbezüglich auch nichts anderes für den Beweis durch Urkunden gilt,[860] unterliegt das Einbringen der ausgetauschten Korrespondenz den allgemeinen Regelungen für den Beweis durch Urkunden in der Zivilprozessordnung.

a) Vertrauliche Korrespondenz als Beweismittel im Zivilprozess gem. § 416 ZPO

Das Einbringen von Privaturkunden als Beweismittel bemisst sich nach § 416 ZPO. Der im Zivilprozessrecht verwendete Urkundenbegriff erfasst nur durch Schriftzeichen verkörperte Gedankenerklärungen.[861] Eine Privaturkunde liegt im Gegensatz zu einer öffentlichen Urkunde vor, wenn die in ihr enthaltenen Gedankenäußerungen nicht von einer öffentlichen Behörde oder einer mit öffentlichem Glauben versehenen Person innerhalb ihrer Amtsbefugnis oder des ihr zugewiesenen Geschäftskreises in vorgeschriebener Form aufgenommen worden sind.[862] Hinzu kommt, dass die Privaturkunde von ihrem Aussteller unter dem Schluss des Textes unterschrieben worden sein muss.[863]

Die zwischen den Anwälten ausgetauschte schriftliche Korrespondenz enthält schriftlich niedergelegte Gedankenäußerungen und ist vom jeweiligen Ab-

---

859 S.o. 7. Kap. C. I.

860 Riezler, Internationales Zivilprozeßrecht und prozessuales Fremdenrecht, S. 477; Geiger, aaO, Rn. 2326; Nagel/Gottwald, aaO, § 9,Rn. 31.

861 BGHZ 65, 300 (301); Baumbach/Lauterbach-Hartmann, Übers § 415 ZPO, Rn. 5; Musielak-Huber, § 415 ZPO, Rn. 4; MüKo-Schreiber, § 415 ZPO, Rn. 4.

862 OLG Hamburg MDR 1999, 375; Baumbach/Lauterbach-Hartmann, § 416 ZPO, Rn. 3; MüKo-Schreiber, § 416 ZPO, Rn. 2; Zöller-Geimer, § 416 ZPO, Rn. 1.

863 BGH MDR 1991, 335 (336); Baumbach/Lauterbach-Hartmann, § 416 ZPO, Rn. 4; MüKo-Schreiber, § 416 ZPO, Rn. 3; Zöller/Geimer, § 416 ZPO, Rn. 1.

sender auch unterschrieben worden, so dass es sich bei ihr um eine Privaturkunde im Sinne des § 416 ZPO handelt.

Formell bewiesen wird durch eine Privaturkunde nur die Abgabe der in der Urkunde enthaltenen Erklärung.[864] Ob die in Privaturkunden enthaltenen Angaben zutreffen, unterliegt der freien richterlichen Beweiswürdigung gem. § 286 ZPO.[865]

Der als Beweismittel einzubringende Teil der zwischen den Anwälten ausgetauschten Korrespondenz beweist somit nur, dass der Autor des Schriftstückes die in ihr enthaltene Erklärung, zum Beispiel bezüglich eines Vergleichsvorschlages, gemacht hat. Inwieweit sich der Urheber des Schriftstückes an seine darin enthaltene Erklärung gehalten hätte, bleibt der Einschätzung des Gerichts überlassen.

b) Vereinbarung des vertraulichen Austausches von Korrespondenz

Damit es nicht zu einem solchen Einbringen von Teilen der vertraulich ausgetauschten Korrespondenz als Beweismittel kommt oder zumindest dem Antrag hinsichtlich eines solchen Einbringens widersprochen werden kann, müssen die beteiligten Anwälte zunächst den vertraulichen Austausch der Korrespondenz verabredet haben. Inhalt dieser Vereinbarung ist es, dass beide Anwälte sich dazu verpflichten, die ausgetauschte Korrespondenz gegenüber Dritten vertraulich zu behandeln.

Sollte diese Vereinbarung auch eine Verabredung dahingehend enthalten, die ausgetauschte Korrespondenz nicht als Beweismittel in einem möglichen Prozess einzubringen, so würde es sich um einen Prozessvertrag in Form eines Beweismittelvertrages handeln. Um zu klären, ob die ausgetauschte Korrespondenz anhand eines Prozessvertrages als Beweismittel ausgeschlossen werden kann, sollen nachfolgend zunächst die Grundlagen eines solchen Prozessvertrages aufgezeigt werden und soll danach geklärt werden, wann ein solcher Prozessvertrag vorliegt.

---

864 Zöller/Geimer, § 416 ZPO, Rn. 5; Baumbach/Lauterbach-Hartmann, § 416 ZPO, Rn. 7; Musielak-Huber, § 416 ZPO, Rn. 3.

865 BGH MDR 1993, 1119; OLG Hamburg MDR 1999, 375; MüKo-Schreiber, § 416 ZPO, Rn. 8.

(1) Zulässigkeit und Grundlagen von Prozessverträgen

In der ZPO selbst sind nur wenige Prozessverträge geregelt.[866] In Ermangelung von Regelungen in der ZPO und aufgrund des Umstandes, dass große Teile des Prozessrechts zwingendes Recht sind, verfügen die Parteien darüber hinaus über keine allgemeine Vertragsfreiheit.[867] Im Rahmen ihrer beschränkten Dispositionsfreiheit können die Parteien jedoch über die gesetzlichen Regelungen hinaus auch Verträge über die Verpflichtung oder zur Unterlassung von Prozesshandlungen abschließen, soweit die Rechtsfolgen in ihrem Belieben stehen.[868] Hierzu zählt auch eine Vereinbarung, sich in einem Beweismittelvertrag auf bestimmte Beweismittel zu beschränken.[869] Somit ist es möglich, dass ein deutscher und ein französischer Anwalt vereinbaren, die vertraulich ausgetauschte Korrespondenz nicht als Beweismittel in einem Prozess vor einem deutschen Gericht einzubringen.

(a) Rechtsnatur

Die Rechtsnatur dieser Prozessverträge ist umstritten. Nach einer Ansicht sind alle Prozessverträge, auch die gesetzlich geregelten, materiell-rechtlicher Art.[870] Hiernach handelt es sich um Vereinbarungen über prozessuale Beziehungen, deren Zustandekommen sich nach bürgerlichem Recht richtet, deren Zulässigkeit und Wirkung aber nach dem Prozessrecht zu beurteilen sind. Die Gegenansicht ist der Auffassung, dass Prozessverträge grundsätzlich dem Prozessrecht unterstehen, da die Wirkungen letztlich immer im prozessualen Bereich liegen.[871] Vertreter einer vermittelnden Auffassung sind der Ansicht, dass sich die Rechtsnatur nach dem Inhalt der Prozessvereinbarung bemisst.[872] Sofern die intendierte Hauptwirkung im prozessualen Bereich liege, müsse auch die Vereinbarung prozessrechtlichen Charakter haben. Eine weitere Auffassung nimmt eine andere Art der Unterscheidung vor: Sofern die prozessualen Wirkungen unmittelbar eintreten, ist die Vereinbarung prozessualer Natur. Werden durch

---

866 Den Prorogationsvertrag in § 38 ZPO, den Schiedsvertrag in § 1029 ZPO, Vereinbarungen über das Schiedsverfahren in §§ 1034 ff., 1042 Abs. 2 ZPO, die vertragliche Unterwerfung unter die sofortige Zwangsvollstreckung in § 794 Abs. 1 Nr. 5 ZPO, sowie die Vereinbarung über die Art der Sicherheitsleistung in § 108 ZPO und über die Abkürzung von Fristen in § 224 ZPO.

867 Vgl. Stein/Jonas-Leipold, vor § 128 ZPO, Rn. 300.

868 BGHZ 20, 22 (24 ff.); 38, 254 (258); 60, 85 (87 ff.); BGH WM 73, 144; BGH NJW 1986, 198; Schellhammer, aaO, Rn.1281; Rosenberg/Schwab/Gottwald, aaO, § 66, Rn. 5.

869 RGZ 96, 57 (59); BGH WM 1973, 144; Wagner, aaO, S. 683 ff.

870 BGHZ 49, 384 (387); Thomas/Putzo, Einl III, 1.c).

871 Stein/Jonas-Leipold, vor 128 ZPO, Rn. 306.

872 Konzen, Rechtsverhältnisse zwischen Prozeßparteien, S. 54; Heckel, Prozessrecht und Materielles Recht, S. 30-33; Rosenberg/Schwab/Gottwald, § 66, Rn. 1.

sie die Parteien nur zu einem bestimmten Handeln verpflichtet, besteht hingegen ein materiell-rechtlicher Vertrag.[873]

All diesen Ansichten ist gemein, dass sie direkt oder indirekt die Regeln des bürgerlichen Rechts auf die Prozessverträge anwenden,[874] weswegen die verschiedenen Ansichten bei Problemen zu denselben Ergebnissen kommen.[875]

(b) Form

Prozessvereinbarungen sind vom Grundsatz her formlos wirksam. Etwas anderes gilt nur, wenn sie Teil eines formbedürftigen Rechtsgeschäfts, wie zum Beispiel eines Grundstückkaufvertrages, sind, denn dann erstreckt sich das materiell-rechtliche Formerfordernis auch auf die Prozessvereinbarungen.[876] Ein solches formbedürftiges Rechtsgeschäft liegt beim Abschluss eines Beweismittelvertrages, der die Nichteinbringung der vertraulich ausgetauschten Anwaltskorrespondenz zum Inhalt hat, nicht vor, weswegen die diesbezügliche vertragliche Abrede formlos gültig ist.

Prozessual entfaltet eine Prozessvereinbarung ihre Wirksamkeit erst, wenn sich eine Partei im Prozess auf sie beruft. In diesem Fall wird auf ihre Prozesseinrede hin die vertragswidrige Prozesshandlung des Gegners unzulässig.[877]

(c) Wirkung eines Prozessvertrages

Zwar ist eine Klage auf Erfüllung des geschlossenen Prozessvertrages grundsätzlich zulässig,[878] aufgrund der Tatsache, dass das angestrebte Ergebnis durch Geltendmachung der Einrede im bereits anhängigen Prozess auf einfachere Weise erreicht werden kann, wird jedoch das Rechtsschutzbedürfnis für eine eigene Klage zu verneinen sein.[879] Hiervon unbenommen besteht für die die Einrede erhebende Partei die Möglichkeit, aufgrund der Vertragsverletzung Schadensersatzansprüche geltend zu machen.[880] Je nachdem, welcher Ansicht

---

873 Habscheid, NJW 1965, 2369 (2370); Baumgärtel, Wesen und Begriff der Prozeßhandlung einer Partei im Zivilprozeß, S. 272 f.

874 Vgl. Stein/Jonas-Leipold, vor § 128 ZPO, Rn. 306; Rosenberg/Schwab/Gottwald, § 66, Rn. 1; Wagner, aaO, S. 278 ff.

875 Vgl. Teubner/Künzel, MDR 1988, 720 (723), so auch Baumgärtel, aaO, S. 273.

876 Wagner, aaO, S. 287 ff., 291.

877 BGHZ 20, 198 (205) ; BGH NJW 1984, 805; BGH NJW 1986, 198; Schellhammer, aaO, Rn. 1283; Rosenberg/Schwab/Gottwald, § 66, Rn. 6; Wagner, aaO, S. 685; Thomas/Putzo, § 285, Rn. 5.

878 Schlosser, Einverständliches Parteihandeln im Zivilprozeß, S. 62; Wagner, aaO, S. 264; abl. Konzen, aaO, S. 199 ff., 202; Schiedermair, Vereinbarungen im Zivilprozeß, S. 179.

879 Vgl. Stein/Jonas-Leipold, vor § 128 ZPO, Rn. 315; Zöller-Greger, vor § 128 ZPO, Rn. 33; Wagner, aaO, S. 266.

880 Stein/Jonas-Leipold, vor § 128 ZPO, Rn. 316; Zöller-Greger, vor § 128 ZPO, Rn. 33; Wagner, aaO, S. 254 f.

zur Rechtsnatur des Prozessvertrages man folgt, geschieht dies in direkter oder analoger Anwendung der Vorschriften des BGB.

Nach herrschender Meinung wirkt ein Beweismittelvertrag nur zwischen den Vertragsparteien und vermag daher das Gericht nicht zu binden, so dass es weiterhin Beweise von Amts wegen erheben kann.[881] Das Gericht hat demnach selbst bei Bestehen eines wirksamen Prozessvertrages zwischen den Parteien, der die Nichteinbringung der vertraulich ausgetauschten Korrespondenz vor Gericht regelt, das Recht, eben diese Korrespondenz von Amts wegen als Beweis heranzuziehen.

(2) Vorliegen einer Prozessvertrages in Form eines Beweismittelvertrages

Voraussetzung zum Erheben der aus einem Beweismittelvertrag resultierenden Einrede ist, dass ein Prozessvertrag zwischen den beiden Parteien geschlossen wurde, der die Verpflichtung zur Nichteinbringung der vertraulich ausgetauschten Anwaltskorrespondenz vor einem deutschen Gericht zum Inhalt hat. Da ein Prozessvertrag in Form eines Beweismittelvertrages keinen besonderen Formerfordernissen unterliegt, kann er im Rahmen der Einigung über den vertraulichen Austausch der Korrespondenz geschlossen werden. Wie bei jeder anderen Abgabe von Willenserklärungen kann die Erklärung bezüglich des Abschlusses dieses Prozessvertrages ausdrücklich oder konkludent erfolgen.

(a) Ausdrückliche Vereinbarung

Eindeutig belegbar ist eine solche Vereinbarung, wenn ein deutscher Anwalt seinem französischen Kollegen schriftlich versichert hat, dass er die zwischen ihnen ausgetauschte Korrespondenz nicht als Beweismittel im Rahmen eines Prozesses einbringen wird. Ein vergleichbar eindeutiger Sachverhalt liegt vor, wenn ein deutscher Anwalt seinem französischen Kollegen gegenüber erklärt, dass das deutsche Recht einen dem französischen Recht vergleichbaren Schutz der Anwaltskorrespondenz nicht kennt und daher die Möglichkeit besteht, die Korrespondenz als Beweismittel in einen Prozess einzubringen. In diesem Fall würde sich die vertrauliche Behandlung der ausgetauschten Korrespondenz darauf beschränken, dass sie nur in einem Prozess vor einem französischen Gericht nicht als Beweismittel eingebracht werden kann.

(b) Konkludente Vereinbarung

Sollten solche ausdrücklichen Vereinbarungen zwischen den miteinander korrespondierenden Anwälten nicht existieren, ist fraglich, ob im Falle der Verabredung der vertraulichen Behandlung der ausgetauschten Korrespondenz ein

881 MüKo-Prütting, § 286 ZPO, Rn. 152; Stein/Jonas-Leipold, vor § 128 ZPO; Rn. 305; a.A. Schlosser, aaO, S. 24 f.; Wagner, aaO, S. 688 ff.

deutscher Anwalt seinem französischen Kollegen konkludent mitversichert, dass er die Korrespondenz nicht vor Gericht als Beweismittel einbringen wird. Wie die oben gemachten Ausführungen zur Rechtsnatur des Prozessvertrages gezeigt haben, ist die Rechtsnatur der Prozessverträge nicht eindeutig geklärt. Die verschiedenen Ansichten wenden die Regelungen des Bürgerlichen Gesetzbuches jedoch entweder direkt oder indirekt an, so dass sich die Auslegung einer konkludenten Vereinbarung eines solchen Prozessvertrages nach den §§ 133, 157 BGB bemisst.[882]

Durch die Verpflichtung, die ausgetauschte Korrespondenz nicht als Beweismittel in einem Prozess vor einem deutschen Gericht zu verwenden, würde der deutsche Anwalt seine Beweismöglichkeiten einschränken. Aufgrund der Tatsache, dass es sich um eine starke Einengung der Beweismöglichkeiten handelt, könnte man eine ausdrückliche Einigung der beteiligten Rechtsanwälte erwarten. Dieser Umstand würde dagegen sprechen, dass mit der Einigung über den vertraulichen Austausch der Korrespondenz ein deutscher Anwalt auch konkludent darin einwilligt, die ausgetauschte Korrespondenz nicht in einen Prozess vor einem deutschen Gericht als Beweismittel einzubringen.

Andererseits ist der durch die Unzulässigkeit als Beweismittel bewirkte Schutz der zwischen den Anwälten ausgetauschten Korrespondenz ein Rechtsinstitut des französischen Rechts. Dies könnte dafür sprechen, dass ein deutscher Anwalt, der mit seinem französischen Kollegen eine Vereinbarung über den vertraulichen Austausch der Korrespondenz trifft, der Besonderheit des französischen Rechts Rechnung tragen will und sich daher auch konkludent zu einer Nichteinbringung der Korrespondenz als Beweismittel verpflichten will. Unter diesem Gesichtspunkt wäre es sein Ziel, mit Rücksicht auf seinen französischen Kollegen und um die Basis für Verhandlungen zu einer außergerichtlichen Einigung zu schaffen, durch die getroffene Vereinbarung der Korrespondenz den Schutz zukommen zu lassen, den sie auch bei einem Austausch zwischen zwei französischen Anwälten hätte.

Auch ein französischer Anwalt könnte die Erklärung hinsichtlich des Einverständnisses in den vertraulichen Austausch von Korrespondenz dahingehend verstehen, dass um zu einer Angleichung an den Schutz der ausgetauschten Korrespondenz in Frankreich zu gelangen, der deutsche Anwalt sich verpflichtet, die ausgetauschte Korrespondenz nicht als Beweismittel einzubringen. Dieses Verständnis des französischen Anwalts von der Einverständniserklärung des deutschen Anwalts in den vertraulichen Austausch wird zusätzlich durch den Umstand genährt, dass der französische Anwalt stets die Regelungen seines Heimatrechts im Hinterkopf hat und dies seine Auffassung beeinflusst.

---

882 MüKo-Lüke, Einleitung, Rn. 286; Rosenberg/Schwab/Gottwald, § 66, Rn. 17.

Diesem Verständnis vom Empfängerhorizont des französischen Anwalts, der von einer solchen automatischen Angleichung des Empfängerhorizontes ausgeht, ist das eigene französische Verständnis von der Vertraulichkeit der Korrespondenz entgegenzuhalten. Wie Art. 21 RIN, der für den Austausch von Korrespondenz mit Anwälten aus anderen europäischen Staaten auf Art. 21.5.3 RIN verweist,[883] zeigt, ist man sich in Frankreich bewusst, dass ein dem französischen Recht vergleichbarer Schutz der Anwaltskorrespondenz nicht in jeder anderen Rechtsordnung gegeben ist. Aus diesem Grund rät Art. 21.5.3.1 RIN den Anwälten, ihren Willen, Korrespondenz nur auf vertraulicher Ebene miteinander austauschen zu wollen, klar und unmissverständlich zum Ausdruck zu bringen. Vor dem Hintergrund dieses Wissens um die Singularität der französischen Regelung in Bezug auf die Vertraulichkeit der ausgetauschten Korrespondenz ergeben sich Bedenken, den Empfängerhorizont des französischen Anwalts dahingehend zu verstehen, dass wenn ein deutscher Anwalt sich mit dem vertraulichen Austausch von Korrespondenz einverstanden erklärt, er sich auch verpflichtet, die ausgetauschte Korrespondenz nicht in einen Prozess vor einem deutschen Gericht als Beweismittel einzubringen. Denn wenn Art. 21.3.5.1 RIN fordert, sich klar und unmissverständlich über die Art des Austausches zu einigen, gehört hierzu auch eine Einigung über die unmittelbar damit zusammenhängende Frage nach der Verwertbarkeit als Beweismittel in einem Prozess vor einem nicht-französischen Gericht.

(c) Zwischenergebnis

Wie die vorangegangenen Ausführungen zeigen, fällt es schwer, den Erklärungsgehalt zu bestimmen, die der Einverständniserklärung eines deutschen Anwalts zur vertraulichen Behandlung der ausgetauschten Korrespondenz im Hinblick auf ein mögliches Einbringen der Dokumente als Beweismittel vor einem deutschen Gericht innewohnt. Aufgrund der Bedeutung einer solchen Erklärung für die Möglichkeiten der Beweisführung wird man hierzu jedoch eine ausdrückliche Einigung fordern müssen. Aus der Sicht des französischen Anwalts ist man geneigt zu denken, dass er der Erklärung den Inhalt zumisst, der zu einem vergleichbaren Schutz der ausgetauschten Korrespondenz in Frankreich führt, und der deutsche Anwalt sich unter diesem Gesichtpunkt bereit erklärt, die ausgetauschte Korrespondenz nicht als Beweismittel einzubringen. Der aus der Inkorporation der CCBE-Berufsregeln in das RIN resultierende Art. 21.5.3 RIN zeigt hingegen, dass man sich von französischer Seite des Sonderstatus im Hinblick auf die vertrauliche Behandlung der ausgetauschten Anwaltskorrespondenz bewusst ist. Vor diesem Hintergrund kann ein französischer Anwalt der Einverständniserklärung eines deutschen Anwalts nicht auto-

883 Art. 21.5.3 RIN ist identisch mit Art. 5.3 der CCBE-Berufsregeln.

matisch eine Verzichtserklärung in Bezug auf das Einbringen der ausgetauschten Korrespondenz als Beweismittel entnehmen. Hierzu bedarf es vielmehr einer ausdrücklichen Einigung.

Auf der anderen Seite kann die hier vorgenommene Auslegung der Einverständniserklärung in die vertrauliche Behandlung der ausgetauschten Korrespondenz nur die Grundzüge des Verständnisses aufweisen. Daneben ist es immer nötig, die Umstände des Einzelfalles miteinzubeziehen. So kann zum Beispiel die Tatsache, dass die Anwälte bereits zuvor in einem anderen Fall miteinander korrespondiert haben und sich damals auf einen Ausschluss der ausgetauschten Korrespondenz als Beweismittel in einem Verfahren vor einem deutschen Gericht geeinigt haben, zu einer anderen Bewertung des Erklärungsinhaltes führen.

Festzuhalten bleibt demnach, dass ein Prozessvertrag in Form eines Beweismittelvertrages nur dann zweifelsfrei vorliegt, wenn ausdrücklich das Nichteinbringen der ausgetauschten Korrespondenz als Beweismittel vereinbart wurde.

Aufgrund der aufgezeigten Unsicherheiten ist es den Parteien in jedem Fall anzuraten, sich über diesen Punkt ausdrücklich zu einigen und dies schriftlich festzuhalten.

c) Ablehnung des Beweisantrages

Sollte ein Anwalt trotz des Bestehens einer prozessvertraglichen Vereinbarung, der die ausgetauschte Korrespondenz als Beweismittel ausschließt, Teile der ausgetauschten Korrespondenz als Beweismittel in den Prozess einbringen wollen, könnte das Gericht ihm dies gem. § 242 BGB versagen, wenn der Beweismittelantrag als Prozesshandlung gegen Treu und Glauben verstößt. Dies hätte zur Folge, dass das Gericht ihr keine Folge gibt.[884] Zwar ist das Prozessrechtsverhältnis zwischen Kläger und Beklagtem kein Schuldverhältnis im Sinne der §§ 241, 242 BGB, jedoch verbindet die Klage beide so eng, dass das Gebot von Treu und Glauben auch im Prozess gilt.[885] Der Geltung dieses Grundsatzes steht auch nicht der Umstand entgegen, dass die Parteien miteinander streiten. Hiervon sollen sie nicht abgehalten werden, vielmehr soll durch die Geltung dieses Prinzips der Rechtsmissbrauch beim Miteinanderstreiten vermieden werden.[886]

884 BGHZ 20, 198 (206 f.); BGHZ 40, 197 (203); BGHZ 44, 367 (372).

885 RGZ 102, 217 (222); RGZ 161, 350 (359); NJW 1978, 426; BGH NJW 1991, 1176 (1177); BGH NJW 1994, 1351 (1352); Schilken, Zivilprozessrecht, Rn. 147; Musielak, Grundkurs ZPO, Rn. 100; Lüke, ZZP 108 (1995), 427 (449).

886 Schellhammer, aaO, Rn. 1271.

Aus diesem Grund arbeitet das Prozessrecht mit denselben Fallgruppen wie das Schuldrecht: Selbstwiderspruch, Rechtsmissbrauch, Arglist und Verwirkung.[887]

Das Einbringen von auf vertraulicher Basis ausgetauschter Anwaltskorrespondenz als Beweismittel könnte dem Gebot von Treu und Glauben in Gestalt des Verbotes widersprüchlichen Verhaltens (*venire contra factum proprium*) zuwiderlaufen. Der die Korrespondenz einbringende Anwalt könnte gegen den Grundsatz des *„venire contra factum proprium*" verstoßen, wenn er dem gegnerischen Anwalt im Rahmen der Einverständniserklärung in den vertraulichen Austausch der Korrespondenz mitversichert hat, dass er die ausgetauschte Korrespondenz nicht als Beweismittel in einen Prozess vor einem deutschen Gericht einbringen wird.

(1) Verbot des „venire contra factum proprium"

Die grundsätzliche Anwendbarkeit des Gebots von Treu und Glauben auf das Prozessrechtsverhältnis zwischen den Parteien ist unbestritten, fraglich ist nur, in welchem Rahmen dem Verbot des widersprüchlichen Verhaltens im Prozessrecht Bedeutung zukommen kann.

Aufgrund des im Zivilprozess geltenden Grundsatzes von der Einheit der mündlichen Verhandlung können die Parteien bis zum Schluss der letzten mündlichen Verhandlung sämtliche Angriffs- und Verteidigungsmittel, Beweismittel und Beweiseinreden vorbringen, und sich durch ihre Benutzung auch „gegensätzlich" zu ihren vorangegangenen Prozesshandlungen verhalten.[888] Diese Flexibilität im prozessualen Handeln ist notwendig, um jederzeit angemessen auf das Verhalten des Gegners reagieren zu können. Aus diesem Grund muss es den Parteien grundsätzlich erlaubt sein, sich „gegensätzlich" zu verhalten, ohne zugleich gegen den Grundsatz von Treu und Glauben zu verstoßen.[889] Diese Freiheit findet ihre Grenze dort, wo eine Prozesshandlung bindende Wirkung entwickelt. Steht das nachfolgende Handeln im Widerspruch zu der Prozesshandlung, die bereits bindende Wirkung entfaltet hat, so ist die nachfolgende Handlung nicht aufgrund eines Verstoßes gegen Treu und Glauben, sondern unter dem Gesichtspunkt der prozessualen Überholung unzulässig.[890]

---

887 Schellhammer, aaO, Rn. 1272-1275; Zeiss/Schreiber, Zivilprozessrecht, Rn. 197-200; Schilken, aaO, Rn. 149-152; Baumgärtel, ZZP 86 (1973), 353 (355).

888 Jauernig, Zivilprozessrecht, S.117; Schilken, aaO, Rn. 367; Schellhammer, aaO, Rn. 444; Rosenberg/Schwab/Gottwald, Ziviprozessrecht, § 79, Rn. 45 ff; Baumgärtel, ZZP 69 (1956), 89 (120 ff.); ders., ZZP 86 (1973), 353 (363).

889 Baumgärtel, ZZP 69 (1956), 89 (120); ders., ZZP 86 (1973), 353 (363).

890 Baumgärtel, ZZP 69 (1956), 89 (121); ders. ZZP 86 (1973), 353 (363).

(2) Prozessvertragliche Vereinbarung

Bevor die Prozesshandlung des Einbringens der vertraulich ausgetauschten Korrespondenz dahingehend untersucht werden kann, ob sie noch in den erlaubten Bereich des widersprüchlichen Verhaltens fällt, soll zunächst noch auf einen weiteren Aspekt der Fallgruppe des *venire contra factum proprium* verwiesen werden.

Sollte das prozessuale Verhalten im Widerspruch zu vorher getroffenen vertraglichen Vereinbarungen stehen, die ein bestimmtes prozessuales Verhalten zum Inhalt haben, basiert die hiergegen zu erhebende Einrede nicht auf der aus dem Gebot von Treu und Glauben resultierenden Einrede der prozessualen Arglist. Vielmehr handelt es sich bei der zu erhebenden Einrede um die Geltendmachung der prozessvertraglichen Absprache, denn dort, wo eine vertragliche Bindung zu einem prozessualen Verhalten vorliegt, ist zuerst hierauf abzustellen und das widersprüchliche Verhalten nicht nach Maßgabe des „*venire contra factum proprium*" abzulehnen.[891] Hierzu bestünde grundsätzlich immer die Möglichkeit, da jedes vertragswidrige Verhalten im Widerspruch zu den zuvor übernommenen vertraglichen Verpflichtungen steht. Wie im bürgerlichen Recht ist es jedoch überflüssig, bei einer gültigen vertraglichen Vereinbarung jedes vertragswidrige Verhalten als einen Verstoß gegen Treu und Glauben in Form des „*venire contra factum proprium*" zu qualifizieren.[892]

(3) Ergebnis zur Ablehnung des Beweisantrages

Die Ablehnung der Beweisanträge kann nicht durch die Einrede der prozessualen Arglist, die aus der Anwendbarkeit des Gebots von Treu und Glauben zwischen den einzelnen Prozessparteien resultiert, erreicht werden, denn sofern eine Absprache hinsichtlich der Nichteinbringung der ausgetauschten Korrespondenz als Beweismittel existiert, kann die Ablehnung des Beweisantrages durch das Berufen auf die prozessvertragliche Vereinbarung erreicht werden. Sollte eine solche Einigung bestehen, so kann gegen einen Beweisantrag, der dieser Verpflichtung widerspricht, die Einrede der Geltendmachung des Prozessvertrages erhoben werden. Dies führt zu einer Ablehnung des Beweismittelantrages

---

891 Rosenberg/Schwab/Gottwald, aaO,§ 65, Rn. 51; Schellhammer, aaO, Rn. 1283; Zeiss, Die arglistige Prozesspartei, S. 104 f.; Teubner/Künzel, MDR 1988, 720 (724); vgl. auch BGHZ 28, 45 (52).

892 Vgl. Zeiss, aaO, S. 105; Wagner, Prozeßverträge, S. 239 ff; a.A. Stein/Jonas-Leipold, vor § 128 ZPO, Rn. 315, der den Vertragsbruch als Verstoß gegen Treu und Glauben qualifiziert, und so zu einer Unzulässigkeit der Prozesshandlung kommt; dieses Ausweichen auf die Generalklausel könnte sich aus dem Umstand erklären, dass es immer noch Unbehagen bereitet, an eine privatrechtliche Verpflichtung prozessuale Folgen zu knüpfen, so auch Teubner/Künzel, MDR 1988, 720 (724) und Zeiss, aaO, S. 105.

durch das Gericht mit der Folge, dass das Gericht das Beweismittel nicht in seine Überlegungen zur Urteilsfindung einstellen wird.[893]

Aufgrund der vertraglichen Vereinbarung hinsichtlich des Einbringens der ausgetauschten Korrespondenz als Beweismittel bedarf es demzufolge nicht der Arglisteinrede.

d) Ablehnung des Beweisantrages, den vertraulich korrespondierenden Anwalt als Zeuge zu vernehmen

Im Wissen um die Unmöglichkeit, die ausgetauschte Korrespondenz aufgrund der vereinbarten Vertraulichkeit als Beweismittel in den Prozess einbringen zu dürfen, könnte ein Anwalt auf die Idee kommen, das Mandat niederzulegen und sich aufgrund eines Antrages des nachfolgend beauftragten Anwalts nach Entbindung von seiner noch bestehenden Schweigepflicht, als Zeuge über den Inhalt der ausgetauschten Korrespondenz vernehmen zu lassen.

Dies würde zu einer Umgehung des geschlossenen Beweismittelvertrages führen. Inhalt dieser Vereinbarung ist, dass die ausgetauschte Korrespondenz nicht als Beweismittel vor Gericht eingebracht werden kann. Dies erfasst zunächst die Korrespondenz in der ihr eigenen Form, sei es zum Beispiel als Schriftstück oder als E-Mail. Kern der Vereinbarung ist es nicht, die Vorlage der Schriftstücke zu unterbinden, sondern der Sinn und Zweck der Vereinbarung besteht darin, ihren Inhalt gegenüber jedermann, auch gegenüber dem Gericht und dem Mandanten, vertraulich zu behandeln. Aus diesem Grund kann die Gegenseite auch im Fall des Antrages auf Vernehmung des ursprünglich beauftragten Anwalts gegen diese Vernehmung die auf der Geltung des Beweismittelvertrages basierende Einrede erheben, was zu einer Unzulässigkeit des Antrages auf Vernehmung des Anwalts führt.

2. Einbringen in einen an das Gericht gerichteten Schriftsatz

Als weitere Möglichkeit trotz des Bestehens eines Beweismittelvertrages dem Gericht den Inhalt der ausgetauschten Korrespondenz zugänglich zu machen, könnte ein Anwalt den Inhalt dieser Korrespondenz wenigstens teilweise in seine an das Gericht gerichteten Schriftsätze einfließen lassen. Durch das Verwenden der vertraulich ausgetauschten Informationen könnte der Anwalt zum Beispiel dem Gericht mitteilen, dass die Gegenseite bereits zu einem Vergleich in einer bestimmten Höhe bereit war oder bestimmte, streitige Tatsachen anerkannt hat.

---

893 Zeiss/Schreiber, aaO, Rn. 211; Rosenberg/Schwab/Gottwald, aaO, § 66, Rn. 6; Schellhammer, aaO, Rn. 1283.

a) Einrede gegen die Verwendung der vertraulichen Korrespondenz in dem Schriftsatz

Im Wissen um die Ablehnung eines Beweisantrages, die ausgetauschte Korrespondenz als Beweismittel zuzulassen, könnte ein Anwalt zumindest Teile der vertraulich ausgetauschten Korrespondenz als Behauptungen in seine an das Gericht gerichteten Schriftsätze, zum Beispiel im Rahmen eines vorbereitenden Schriftsatzes gem. § 129 ZPO, einstellen.

Gegen diese Verwendung der vertraulich ausgetauschten Korrespondenz in einem an das Gericht gerichteten Schriftsatz könnte die Gegenseite eine aus der prozessvertraglichen Vereinbarung abgeleitete Einrede erheben, weil vertraglich vereinbart wurde, dass die vertraulich ausgetauschte Korrespondenz als Beweismittel ausgeschlossen sein soll. Kündigt der das Schreiben verfassende Anwalt jedoch nicht den Beweis einer Behauptung mittels der ausgetauschten Korrespondenz an, sondern lässt er nur Teile der vertraulichen Korrespondenz als Behauptungen in seinen Schriftsatz einfließen, so kann die Gegenseite keine Einrede erheben, die auf der Vereinbarung der Nichteinbringung der ausgetauschten Korrespondenz als Beweismittel beruht, weil dies nicht Inhalt des Schriftsatzes ist.

Stattdessen könnte die Gegenseite gegen die Benutzung der vertraulich ausgetauschten Korrespondenz in dem an das Gericht gerichteten Schriftsatz eine Einrede erheben, die auf der Geltendmachung der Vereinbarung des vertraulichen Austausches basiert. Durch eine solche Einrede, die auf die Geltendmachung der Vereinbarung der Vertraulichkeit abstellen würde, will die die Einrede erhebende Partei erreichen, dass das Gericht die Teile des Schriftsatzes nicht zur Kenntnis nimmt, die aus der vertraulich ausgetauschten Korrespondenz herrühren. Hierdurch würde die die Einrede erhebende Partei dem Gericht vorschreiben, welche Teile des Schriftsatzes das Gericht in seine Beweiswürdigung nach § 286 ZPO einstellen darf. Grundlage der Beweiswürdigung nach § 286 ZPO ist nicht nur das Ergebnis einer etwaigen Beweisführung, sondern der gesamte Inhalt der Verhandlungen, einschließlich der Schriftsätze.[894] Eine prozessvertragliche Vereinbarung, die dem Gericht vorschreibt, wie es bestimmte Beweise würdigen soll, ist unzulässig und nichtig, weil sie nicht mit dem Grundsatz der freien Beweiswürdigung des § 286 ZPO vereinbar ist.[895] Die Vereinbarung des vertraulichen Austausches ist als privatrechtliche Vereinbarung zwischen den beiden Parteien gültig. Sollte sie darüber hinaus den An-

894 Zöller/Greger, § 286 ZPO, Rn. 14; Stein/Jonas-Leipold, § 286 ZPO, Rn. 10; ausführlich hierzu Brehm, Die Bindung des Richters an den Parteivortrag und Grenzen freier Verhandlungswürdigung, S. 132, 1ff.

895 Schellhammer, aaO, Rn. 557; Stein/Jonas-Leipold, § 286 ZPO, Rn. 236; MüKo-Prütting, § 286 ZPO, Rn. 160.

spruch haben, auch gegenüber dem Gericht Wirkung zu entfalten, indem durch eine auf der Vereinbarung basierenden Einrede das Gericht gehindert werden soll, die aus der vertrauliche Korrespondenz resultierenden Informationen und Behauptungen des Schriftsatzes in seine Beweiswürdigung einzustellen, so würde dem Gericht die Art und der Umfang der Würdigung dieser Schriftsätze vorgeschrieben werden. Eine solche Vereinbarung widerspricht dem Grundsatz der freien Beweiswürdigung durch das Gericht gem. § 286 ZPO, weswegen sie nichtig ist. Da aus einer nichtigen Vereinbarung keine Einrede erhoben werden kann, kann die Gegenseite dem Gericht nicht verwehren, den oder die Schriftsätze in vollem Umfang in seine Beweiswürdigung einzustellen.

b) Verwertungsverbot aufgrund der vereinbarten Vertraulichkeit

Die zuvor angesprochene Nichtigkeit der zwischen den Anwälten getroffenen Vereinbarung der vertraulichen Behandlung der ausgetauschten Korrespondenz bezieht sich nur auf ihren Anspruch, das Gericht in seiner freien Beweiswürdigung beschränken zu wollen. Zwischen den Anwälten besteht die Vereinbarung als privatrechtliche Verpflichtung fort.

Aufgrund des Verstoßes gegen die mit der Gegenseite vereinbarte vertrauliche Behandlung der ausgetauschten Korrespondenz könnte das Gericht gehalten sein, diese Informationen nicht in seine freie Beweiswürdigung nach § 286 ZPO einzustellen. Gem. § 286 ZPO obliegt es dem Gericht, unter Berücksichtigung des gesamten Inhalts der Verhandlungen und des Ergebnisses einer etwaigen Beweisaufnahme nach freier Überzeugung zu entscheiden, ob eine tatsächliche Behauptung für wahr oder nicht wahr zu erachten ist. Die so umschriebene Beweiswürdigung bezieht sich auf den gesamten Inhalt der Verhandlung, weswegen auch der Inhalt der Schriftsätze grundsätzlich verwertbar und mit in die Überlegungen des Gerichts einzustellen ist.[896]

Im Rahmen der freien Beweiswürdigung dürfen solche Beweismittel keine Berücksichtigung finden, die einem Verwertungsverbot unterfallen. Im Falle des Verwendens der Informationen, die dem Anwalt von der Gegenseite im Rahmen des vertraulichen anwaltlichen Korrespondenzaustausches mitgeteilt wurden, könnte ein solches Verwertungsverbot aus der Verletzung der vereinbarten Vertraulichkeit herrühren.

Die ZPO enthält kein generelles Verwertungsverbot, und es existieren auch nur sehr wenige Vorschriften in der ZPO, die zur Klärung der Frage nach der Unverwertbarkeit von rechtswidrig erlangten Beweismitteln beitragen könn-

---

896 Zöller/Greger, § 286 ZPO, Rn. 14; Musielak-Foerste, § 286 ZPO, Rn. 2; Thomas/Putzo-Reichold, § 286 ZPO, Rn. 6; MüKo-Prütting, § 286 ZPO, Rn. 7.

ten.[897] Die Rechtsprechung gelangt zu einem Verwertungsverbot, wenn das Beweismittel unter Verstoß gegen das allgemeine Persönlichkeitsrecht erlangt worden ist und dieses Recht nach einer Interessen- und Güterabwägung im Einzelfall vorrangig ist.[898] Hält das Gericht demnach ein Beweisangebot für unzulässig, darf es keinen Beweis erheben. Erhebt es dennoch Beweis, so ist dieser unverwertbar und darf nicht in die freie Beweiswürdigung gem. § 286 ZPO einfließen. In der Literatur lassen sich drei Hauptmeinungen ausmachen. Eine Ansicht stimmt der Rechtsprechung zu und hält darüber hinaus jedes rechtswidrig erlangte Beweismittel für unzulässig, bzw. nicht verwertbar.[899] Dieser Extremposition widerspricht die Gegenauffassung, wonach die rechtswidrige Erlangung eines Beweismittels ohne Einfluss ist, solange dadurch nicht in den Intimbereich desjenigen eingegriffen wird, der belauscht wird, beziehungsweise von dem das Beweismittel unrechtmäßig entwendet wurde.[900] Eine zwischen diesen beiden weit auseinander reichenden Positionen vermittelnde Ansicht will in den Fällen, in denen ein Beweismittel nur durch eine „einfache" Rechtsverletzung erlangt worden ist, eine Interessenabwägung vornehmen. Zur Begründung wird darauf verwiesen, dass das Gebot der Wahrheitsermittlung im Zivilprozess und die Rechtsverletzung des einfachen Rechts einander auf derselben Stufe des einfachen Rechts gegenüber stehen.[901] Demnach sind nur solche Beweismittel unzulässig beziehungsweise unverwertbar, die unter Verletzung eines verfassungsrechtlich geschützten Grundrechts, insbesondere des Persönlichkeitsrechts, erlangt worden sind.

Bevor die genannten Auffassungen in ihren Auswirkungen auf die Verwertbarkeit der in den Schriftsätzen enthaltenen vertraulichen Informationen betrachtet werden können, gilt es zunächst der Frage nachzugehen, wann ein Beweismittel als unrechtmäßig erlangt gilt und ob dies für die ausgetauschte Korrespondenz zutrifft. Als unrechtmäßig erlangt gelten solche Beweismittel, die unter Verletzung des materiellen Rechts erlangt worden sind.[902] Die Korrespondenz wurde unter den Anwälten einverständlich ausgetauscht, so dass hierin

897 BGH NJW 1991, 1180; Schneider, Beweis und Beweiswürdigung, Rn. 163; Habscheid, ZZP 96, 306 (322); Zeiss, ZZP 89, 377 (378); Schellhammer, Zivilprozess, S. 241.

898 BVerfGE 34, 239 (244 ff.); BGHZ 27, 284 (289 f.); BGH NJW 1982, 277 (277 f.); BAG MDR 1983, 787 (788); BGH NJW 1991, 1180; BGH NJW 1994, 2289 (2292 f.).

899 LAG Berlin ZZP 96 (1983), 113; LG Frankfurt NJW 1982, 1056; Keller, JR 1950, 270 (271); Baumgärtel, ZZP 69 (1983), 89 (103 f.); Pleyer, ZZP 96 (1983), 321 (335).

900 Zeiss, ZZP 89, 377 (398); Werner, NJW 1988, 993 (1002); Roth, JR 1950, 715; Wieczorek, § 282, Rn. C I a 1.

901 Thomas/Putzo-Reichold, § 286 ZPO, Rn. 7; Musielak-Foerste, § 286 ZPO, Rn. 6, 7; MüKo-Prütting, § 284 ZPO, Rn. 66; ausführliche Darstellung bei Störmer, JuS 1994, 334 (335 ff.).

902 LAG Berlin ZZP 96 (1983), 113; Werner, NJW 1988, 993 (996).

weder ein Diebstahl im Sinne des § 242 StGB noch eine Erpressung gem. § 253 StGB oder eine sonstige Straftat und auch kein Verstoß gegen das allgemeine Persönlichkeitsrecht und sonstige Grundrechte gesehen werden kann. Demnach wurde die Korrespondenz nicht unter Verstoß gegen materielles Recht erlangt, so dass auch eine Verwendung der hieraus resultierenden Informationen in an das Gericht gerichteten Schriftsätzen nicht gegen geltendes deutsches Recht verstößt.

c) Zwischenergebnis

In Ermangelung eines Verwertungsverbotes dürfen die Schriftsätze, die Informationen aus der vertraulich zwischen den Anwälten ausgetauschten Korrespondenz beinhalten, gem. § 286 ZPO in die freie Beweiswürdigung des Gerichts eingestellt werden. Allerdings ist hierbei zu berücksichtigen, dass das Gericht in diesem Rahmen den gesamten Inhalt der Verhandlung mit in seine Überlegungen einbezieht, wozu auch das gesamte prozessuale Verhalten der Parteien samt dem persönlichen Eindruck zählt.[903]

Bis zu ihrem Beweis sind die Informationen, die in den an das Gericht gerichteten Schriftsätzen enthalten sind und das außergerichtliche Verhalten der Gegenseite betreffen, nur Behauptungen und bedürfen eines Beweises. Sollte dieser nicht erfolgen, könnte bei dem Gericht durch den begangenen Bruch der vereinbarten Vertraulichkeit ein negativer Eindruck vom Prozessverhalten der die vertraulichen Informationen verwendenden Partei entstehen, wodurch es wenigstens teilweise in seiner Entscheidungsfindung beeinflusst werden könnte.

Sollte ein französischer Anwalt um die Möglichkeit wissen, dem Gericht mittels Schriftsätzen Teile der vertraulich ausgetauschten Korrespondenz zu offenbaren, könnte er deswegen Bedenken haben, überhaupt einen vertraulichen Austausch mit dem deutschen Rechtsanwalt zu vereinbaren. Wie oben gezeigt, haben die Parteien keine Handhabe, das Gericht in seiner freien Beweiswürdigung zu beschränken. Aus der Verletzung der zwischen ihnen geschlossenen Vereinbarung über den vertraulichen Austausch der Korrespondenz können aber Schadensersatzansprüche hergeleitet werden. Um die Bedenken seines französischen Kollegen hinsichtlich der Achtung der vereinbarten Vertraulichkeit in den Schriftsätzen zu zerstreuen, könnte der deutsche Anwalt vorschlagen, in die Vereinbarung eine Regelung aufzunehmen, in der sich die Parteien im Falle eines derartigen Bruches der Verschwiegenheit zur Zahlung einer Geldstrafe verpflichten. Eine solche Klausel könnte die Hemmschwelle erhöhen, gegen die vereinbarte Vertraulichkeit zu verstoßen, unmöglich macht sie es jedoch nicht.

---

903 Musielak-Foerste, § 286 ZPO, Rn. 2; Thomas/Putzo-Reichold, § 286 ZPO, Rn. 6; MüKo-Prütting, § 286 ZPO, Rn. 7.

3. Zwischenergebnis

Die deutsche Rechtsordnung kennt keinen Schutz der auf vertraulicher Ebene ausgetauschten Anwaltskorrespondenz, weswegen die zwischen Anwälten ausgetauschte Korrespondenz grundsätzlich als Beweismittel verwendet werden kann. Sollte ein deutscher Anwalt mit seinem französischen Kollegen einen vertraulichen Austausch der Korrespondenz vereinbart haben, kann es unzulässig sein, die ausgetauschte Korrespondenz als Beweismittel einzubringen. Dies hängt davon ab, ob zwischen den Anwälten eine Absprache in Form eines Beweismittelvertrages über das Nichteinbringen der ausgetauschten Korrespondenz als Beweismittel geschlossen wurde. Aufgrund der Bedeutung, die einer solchen Beschränkung der Beweismittel innewohnt, sollte man bei der Annahme einer konkludenten Vereinbarung eines solchen Beweismittelvertrages zurückhaltend sein. Wurde ein solcher Beweismittelvertrag abgeschlossen, so haben sich die Vertragsparteien darüber geeinigt, die ausgetauschte Korrespondenz vertraulich zu behandeln, weswegen sie nicht als Beweismittel vor Gericht eingebracht werden kann. Der Kern dieser Vereinbarung bezieht sich aber nicht auf das Nichteinbringen der Korrespondenz in der ihr eigenen Verkörperungsform, sondern auf das Nichteinbringen der in ihr enthaltenen Informationen. Aus diesem Grund kann die Gegenseite nicht nur den Beweismittelantrag bezüglich der Schriftstücke, sondern auch den Antrag auf Vernehmung eines ursprünglich beauftragten Anwalts mit der auf der Geltung des Beweismittelvertrages basierenden Einrede ablehnen.

Aufgrund der Unsicherheiten, die sich bei einer konkludenten Einigung hinsichtlich des Abschlusses eines Beweismittelvertrages ergeben und der weitreichenden Konsequenzen eines solchen Vertrages ist es deutschen Anwälten anzuraten, sich ausdrücklich mit ihren französischen Kollegen über die Handhabung dieser Fragestellung zu einigen und dies schriftlich festzuhalten.

Sollte ein Anwalt in seinen an das Gericht gerichteten Schriftsätzen teilweise Informationen und Behauptungen einfließen lassen, die aus der vertraulich ausgetauschten Korrespondenz herrühren, so stellt dies einen Bruch der Vereinbarung dar. Hierdurch wird das Gericht jedoch nicht daran gehindert, diese Schriftsätze mit in seine freie Beweiswürdigung einfließen zu lassen. Um eine zusätzliche Hürde gegen das Begehen eines derartigen Verstoßes gegen die vereinbarte Vertraulichkeit zu schaffen, können sich die Anwälte im Falle eines Verstoßes zur Zahlung einer Geldstrafe verpflichten.

Die Vereinbarung einer solchen Geldstrafe könnte helfen, bei dem französischen Anwalt eventuell vorhandene Bedenken gegen die Wirksamkeit einer Vereinbarung über den vertraulichen Austausch von Korrespondenz zu zerstreuen, weswegen diese Klausel bei Bedarf Bestandteil der schriftlichen Vereinbarung über den vertraulichen Korrespondenzaustausch sein sollte.

III. Vertraulich ausgetauschte Korrespondenz als Beweismittel vor einem französischen Gericht

Der Schutz der zwischen den Anwälten ausgetauschten Korrespondenz, die *Confidentialité des Correspondances*, wird seit der Änderung des Art. 66-5 des Gesetzes vom 31. Dezember 1971 vom Schutzbereich des *Secret Professionnel* erfasst.[904] Das Einbringen der vertraulich ausgetauschten Korrespondenz als Beweismittel würde demzufolge einen Bruch des *Secret Professionnel* bedeuten.

Wie bereits oben im Rahmen der Verwertbarkeit der Aussage eines Anwalts, die unter Verletzung des *Secret Professionnel* zustande gekommen ist, dargestellt wurde, sind durch betrügerische oder andere strafbare Handlungen erlangte Beweismittel nicht zugelassen.[905] Derartig erlangte Beweismittel widersprechen dem in Art. 9 Nouveau Code de Procédure Civile niedergelegten *principe de la licéité de la preuve*, wonach jede Partei gehalten ist, ihre Behauptung gemäß dem Gesetz zu beweisen.[906]

Trotz dieses Grundsatzes ist die Frage der rechtswidrigen Beweiserlangung ein in Frankreich viel diskutiertes Problem, welches im Zusammenhang mit dem *Secret Professionnel* im Hinblick auf den vertraulichen Charakter des Schriftstückes eine Fülle von Einzelbetrachtungen mit sich bringt.[907] Im Zusammenhang mit der zwischen Anwälten vertraulich ausgetauschten Korrespondenz besteht jedoch kein Zweifel an der Vertraulichkeit der Korrespondenz, da diese vom Gesetz vorgeschrieben ist und sich die korrespondierenden Anwälte auf diese Art des Austausches eingelassen haben.[908] Die Einbringung der ausgetauschten Korrespondenz würde den vertraulichen Charakter der Korrespondenz beseitigen und zu einem Bruch des *Secret Professionnel* führen. Aus diesem Grund ist der Beweis anhand von vertraulich ausgetauschter Anwaltskorrespondenz unzulässig.[909] Auch wenn ein Anwalt das Mandat niedergelegt hat, kann er nicht vor Gericht über den Inhalt der vertraulichen Korrespondenz

---

904 Art. 4 des Gesetzes Nr. 97-308 vom 7. April 1997, JO du 8 avril 1997, S. 5323; s.o. 4. Kap. B. II.

905 S.o. 3. Kap. B. I. 1. a).

906 Guinchard, Droit et pratique de la procédure civile, Nr. 111.21, 111.23; Vincent/Guinchard, Procédure civile, Nr. 606; Ghestin/Goubeaux, Traité de droit civile, introduction générale, Rn. 640; Nagel, Die Grundzüge der Beweisrechts im europäischen Zivilprozeß, S. 129.

907 Vgl. Schilling, Die „principes directeurs" des französischen Zivilprozesses, S. 203, Fn. 176 Fn.; der Schwerpunkt der Diskussion betrifft allerdings das *secret médical* der Ärzte, weswegen hierauf nicht näher eingegangen wird, hierzu Solus/Perrot, Droit Judiciare Privé, t. 3, Rn. 629 und Ghestin/Goubeaux, aaO, Rn. 656, Fn. 157.

908 So auch Solus/Perrot, aaO, Rn. 629.

909 Solus/Perret, aaO, Rn. 629; Ghestin/Goubeaux, aaO, Rn. 640; Nagel, aaO, S. 129.

aussagen, weil er auch nach Mandatsende der Wahrung des *Secret Professionnel* verpflichtet bleibt und auch der Mandant ihn nicht von dieser Verpflichtung befreien kann.

IV. Bedeutung des gefundenen Ergebnisses für die Beispielsfälle

Nach dem oben Gesagten bemisst sich das in einem Staat anwendbare Prozessrecht nach der lex fori.

Die dauerhaft in Frankreich unter der Berufsbezeichnung ihres Heimatlandes tätigen Rechtsanwälte sind gem. Art. 84 Abs. 2 des Gesetzes vom 31. Dezember 1971 Mitglieder der französischen Anwaltskammer, bei der sie eingeschrieben sind. Als ein solches Mitglied haben sie auch die Regelungen des *Secret Professionnel* zu achten. Nur vorübergehend in Frankreich dienstleistend tätige Anwälte sind nach Art. 202-1 Abs. 2 und Art. 203 des Dekrets vom 27. November 1991 verpflichtet, wie ihre französischen Kollegen das *Secret Professionnel* zu achten. Durch die genannten Regelungen wird erreicht, dass in Frankreich tätige, deutsche Rechtsanwälte den gleichen Arbeitsbedingungen hinsichtlich des *Secret Professionnel* unterliegen wie ihre französischen Kollegen, weswegen sich auch in oder mit Bezug zu Frankreich tätige, deutsche Rechtsanwälte auf das den „*avocats*" zustehende Zeugnisverweigerungsrecht vor einem französischen Gericht berufen können.

Hieraus ergibt sich für den ersten Beispielsfall, dass ein deutscher Rechtsanwalt unter Hinweis auf die Verpflichtung zur Wahrung des *Secret Professionnel* die Aussage vor einem französischen Gericht verweigern kann. Aber auch einem deutschen Rechtsanwalt, der nicht im Rahmen der Dienstleistungs- und Niederlassungsfreiheit in oder mit Bezug zu Frankreich tätig wird, sondern lediglich in Deutschland deutsche und in Deutschland ansässige französische Mandanten berät, kann sich aufgrund der Vergleichbarkeit der Tätigkeit eines „*avocat*" und eines Rechtsanwalts und deren Bedeutung für eine funktionsfähige Rechtspflege auf das den „*avocats*" zustehende anwaltliche Zeugnisverweigerungsrecht berufen.

Die Lösung des zweiten Beispielsfalles knüpft an das oben gefundene Ergebnis an. Da sich das anwendbare Prozessrecht nach der lex fori richtet und sich der deutsche Rechtsanwalt nicht auf sein Zeugnisverweigerungsrecht nach deutschem Recht berufen kann, sondern sich sein Zeugnisverweigerungsrecht aus Gründen der Gleichbehandlung mit den inländischen „*avocats*" ergibt, bemisst sich die anwaltliche Schweigepflicht und das hieraus resultierende Zeugnisverweigerungsrecht nach französischem Recht. Das *Secret Professionnel* kennt keine Dispositionsbefugnis des Mandanten als „Herrn des Geheimnisses" über die anwaltliche Schweigepflicht, weswegen ein deutscher Rechtsanwalt nicht von seinem Mandanten vor einem französischen Gericht von seiner Schweigepflicht entbunden werden kann.

Auch die Lösung des dritten Beispielsfalles nimmt ihren Ausgangspunkt im Grundsatz der lex fori. Das deutsche Recht kennt keinen der *Confidentialité des Correspondances* vergleichbaren Schutz der zwischen den Anwälten ausgetauschten Korrespondenz. Dies hat zur Konsequenz, dass das deutsche Prozessrecht auch kein hierauf aufbauendes Verwertungsverbot kennt, wenn diese Korrespondenz ein Beweismittel in ein Verfahren vor einem deutschen Gericht darstellen soll.

Allerdings steht der Gegenseite beim Einbringen der Korrespondenz als Beweismittel eine prozessuale Einrede zu, wenn die Vereinbarung des vertraulichen Austausches auch eine Einigung über die Nichtverwendung der ausgetauschten Korrespondenz als Beweismittel enthält. Grundsätzlich kann ein solcher Prozessvertrag in Form eines Beweismittelvertrages auch durch eine konkludente Erklärung geschlossen werden, jedoch sollte man bei Annahme einer konkludenten Einigung aufgrund der Bedeutung eines solchen Beweismittelverzichts zurückhaltend sein. Um Unklarheiten zu vermeiden, sollten sich die Parteien ausdrücklich über diese Fragestellung einigen und das Ergebnis schriftlich festhalten. Bei Vorliegen eines Prozessvertrages in Form eines Beweismittelvertrages führt das Erheben der auf die Geltendmachung dieses Vertrages gerichteten Einrede zur Unzulässigkeit des Beweisantrages mit der Folge, dass das Gericht es nicht in seine Erwägungen einstellen darf.

Fehlt eine solche Regelung oder hat sich der französische Anwalt mit der Möglichkeit der Einbringung der ausgetauschten Korrespondenz als Beweismittel einverstanden erklärt, können sowohl der deutsche wie auch der französische Anwalt die vertraulich ausgetauschte Korrespondenz als Beweismittel in einem Verfahren vor einem deutschen Gericht einbringen, weil hier nach der lex fori das deutsche Prozessrecht anwendbar ist. Die eingebrachte Korrespondenz wird das Gericht im Rahmen der freien Beweiswürdigung nach § 286 ZPO würdigen.

In einem Verfahren vor einem französischen Gericht bleibt dem deutschen Anwalt diese Möglichkeit der Beweiserbringung hingegen verwehrt, weil hier nach dem Grundsatz der lex fori das französische Prozessrecht gilt. Nach dem in Art. 9 Nouveau Code de Procédure Civile festgelegten *principe de la licéité de la preuve* dürfen keine Beweismittel eingebracht werden, die durch betrügerische oder andere strafbare Handlungen erlangt wurden. Das Einbringen der vertraulich ausgetauschten Korrespondenz würde jedoch zwangsläufig den Bruch des *Secret Professionnel* bedeuten und somit eine Straftat darstellen. Aus diesem Grund ist die Einbringung der ausgetauschten Anwaltskorrespondenz als Beweismittel in einem Verfahren vor einem französischen Gericht unzulässig.

D. Konfliktfälle bei grenzüberschreitender Tätigkeit aus strafrechtlicher Sicht

Thema dieses Abschnitts ist die strafrechtliche Betrachtung der zuvor herausgearbeiteten Konfliktfälle. Da das französische Recht hinsichtlich der Entbindung von der anwaltlichen Schweigepflicht und hinsichtlich der vertraulichen Behandlung der ausgetauschten Korrespondenz strenger als das deutsche Recht ist, ergibt sich die Konstellation, dass ein nach deutschem Recht erlaubtes Verhalten einen Verstoß gegen französisches Recht bedeuten kann. In diesem Zusammenhang stellt sich die Frage, wie es von französischer Seite strafrechtlich zu beurteilen ist, wenn ein französischer Anwalt die ausgetauschte Korrespondenz in einen Prozess vor einem deutschen Gericht als Beweismittel einbringt?

Die Klärung dieser Frage könnte auch für deutsche Anwälte interessant sein, wenn sie durch eine Handlung in Deutschland das französische *Secret Professionnel* brechen würden und das Opfer die französische Staatsangehörigkeit besitzt. Ein solcher Bruch des *Secret Professionnel* könnte sich zum Beispiel aus einer Aussage vor einem deutschen Gericht nach Entbindung von der anwaltlichen Schweigepflicht ergeben oder aus dem Umstand resultieren, dass ein deutscher Anwalt die mit seinem französischen Kollegen ausgetauschte Korrespondenz als Beweismittel in einen Prozess vor einem deutschen Gericht eingebracht hat.

Die Möglichkeit der Entbindung von der anwaltlichen Schweigepflicht und der nichtvorhandene Schutz der ausgetauschten Anwaltskorrespondenz führen dazu, dass die deutschen Regelungen hinsichtlich der anwaltlichen Schweigepflicht weniger umfassend sind als die des *Secret Professionnel.* Aufgrund dieser Tatsache kommt ein deutscher Anwalt im Gegensatz zu seinem französischen Kollegen nicht in die Lage, dass ein in dem Aufnahmeland erlaubtes Verhalten im Heimatland strafrechtlich sanktioniert wird.

Aus diesem Grund sollen nachfolgend die Grundsätze der Geltung des französischen Strafrechts im Ausland kurz dargestellt und anschließend ihre Bedeutung für die oben aufgeworfenen Fragen geklärt werden.

I. Geltung des französischen Strafrechts bei im Ausland begangenen Straftaten

Grundsätzlich besagt Art. 113-2 Code Pénal, dass das französische Strafrecht auf in Frankreich begangene Straftaten Anwendung findet. Aufgrund dieser Anknüpfung des Anwendungsbereiches an die Territorialität scheint das französische Strafrecht auf den ersten Blick keine Intention zu haben, auch im Ausland begangene Straftaten zu erfassen, da hierdurch die öffentliche Ordnung in

Frankreich nicht beeinträchtigt wird.[910] Dies ändert sich jedoch, wenn eine Tat im Ausland durch einen französischen Staatangehörigen begangen wird, weil dieser bei seiner Rückkehr nach Frankreich auch dort den öffentlichen Frieden durch ähnliche Handlungen stören könnte, oder wenn das Opfer einer im Ausland begangenen Straftat die französische Staatsangehörigkeit besitzt, weil diesem Opfer eventuell geholfen werden muss.[911] Aus diesen Gründen erklärt Art. 113-6 Abs. 1 Code Pénal das französische Strafrecht auch für im Ausland durch französische Staatsangehörige begangene Verbrechen (*crimes*) anwendbar. Dasselbe gilt gem. Art. 113-6 Abs. 2 Code Pénal für durch französische Staatangehörige im Ausland begangene Vergehen (*délits*), allerdings nur, wenn die Tat auch in dem Staat, in dem sie begangen wurde, mit Strafe bedroht ist.

Ferner ist nach Art. 113-7 Code Pénal das französische Strafrecht anwendbar, wenn ein französischer Staatsangehöriger im Ausland Opfer eines Verbrechens oder eines mit einer Haftstrafe bedrohten Vergehens geworden ist.

II. Bruch des *Secret Professionnel* im Ausland durch einen Täter, der französischer Staatsbürger ist

Der in Art. 226-13 Code Pénal unter Strafe gestellte Bruch des *Secret Professionnel* stellt ein Vergehen dar. Demnach würde das französische Strafrecht nach Art. 113-6 Code Pénal nur dann Anwendung auf einen im Ausland durch einen französischen Staatsangehörigen gegenüber einem Nichtfranzosen begangenen Bruch des *Secret Professionnel* finden, wenn die Tat auch am Ort der Begehung unter Strafe gestellt ist

Auch das deutsche Strafrecht sanktioniert in § 203 Abs. 1 Nr. 3 StGB den Bruch der anwaltlichen Verschwiegenheitspflicht. Eine Aussage, die nach der Entbindung von der Schweigepflicht durch den Mandanten erfolgt, oder das Einbringen der zwischen den Anwälten ausgetauschten Korrespondenz als Beweismittel in einem Verfahren vor einem deutschen Gericht erfüllen nicht den Tatbestand des § 203 Abs. 1 Nr. 3 StGB. Der hierdurch begangene Bruch des *Secret Professionnel* stellt demnach keinen Verstoß gegen die anwaltliche Schweigepflicht gem. § 203 Abs. 1 Nr. 3 StGB dar. Somit ist der Bruch des *Secret Professionnel* in Gestalt der Aussage nach Entbindung von der Schweigepflicht und in Gestalt des Einbringens der ausgetauschten Anwaltskorrespondenz als Beweismittel nach deutschem Recht nicht mit Strafe bedroht. Demzufolge ist das französische Strafrecht nicht anwendbar, wenn ein französischer Anwalt in einer der zwei genannten Handlungsvarianten in Deutschland gegen das in Art. 226-13 Code Pénal normierte *Secret Professionnel* verstößt.

---

910 Stefani/Levasseur/Bouloc, aaO, Nr. 164; Paulin, Droit Pénal Général, Nr. 65.

911 Stefani/Levasseur/Bouloc, aaO, Nr. 164.

III. Bruch des *Secret Professionnel* im Ausland, wobei das Opfer französischer Staatsangehöriger ist

Sollte bei einem Verstoß gegen das *Secret Professionnel* das Opfer ein französischer Staatsangehöriger sein, so ist das französische Strafrecht gem. Art. 113-7 Code Pénal bei jedem Verbrechen, aber auch bei jedem mit einer Haftstrafe bedrohten Vergehen anwendbar. Hiermit sind alle Vergehen gemeint, die mit einer Haftstrafe bedroht sind, so dass hierunter sowohl Vergehen fallen, die mit einer Haft- oder einer Geldstrafe bedroht sind sowie Vergehen, die mit einer Haft- oder einer Geldstrafe bedroht sind, weswegen nahezu alle Vergehen in den Anwendungsbereich von Art. 113-7 Code Pénal fallen.[912] Der Bruch des *Secret Professionnel* wird gem. § 226-13 Code Pénal mit einem Jahr Haftstrafe und 15 000 € Geldstrafe bestraft. Aufgrund dieser Strafen lässt sich der Bruch des *Secret Professionnel* gem. Art. 131-3 Code Pénal als Vergehen einordnen.

Sollte ein deutscher oder ein französischer Anwalt in Deutschland gegen die Pflicht zur Wahrung des *Secret Professionnel* verstoßen und das Opfer dieses Verstoßes ist ein französischer Staatsangehöriger, so ist gem. Art. 113-7 Code Pénal das französische Strafrecht anwendbar. Allerdings können diese im Ausland begangenen Verbrechen und Vergehen gem. Art. 113-8 Code Pénal nur auf Antrag der Staatsanwaltschaft verfolgt werden. Diesem Antrag der Staatsanwaltschaft muss eine Anzeige des Opfers oder seiner Berechtigten oder eine amtliche Anzeige der Behörden des Staates vorausgehen, in dem die Handlung begangen wurde. Aufgrund des deutsch-französischen Zusatzabkommens vom 24. Oktober 1974 zum Europäischen Abkommen über die gegenseitige gerichtliche Hilfe vom 20. April 1959[913] ist es für die zur Verfolgung notwendige Anzeige des Opfers sogar ausreichend, wenn diese Anzeige nur in Deutschland erhoben wird, solange die deutschen Behörden sie an die französischen Gerichtsbehörden weiterleiten.[914] Da aber sowohl die Aussage eines Anwalts nach Entbindung von der Schweigepflicht wie auch das Einbringen der ausgetauschten Anwaltskorrespondenz als Beweismittel vor Gericht in Deutschland nicht mit Strafe bedroht sind, kann das Opfer nicht in Deutschland Anzeige erstatten. Vielmehr muss es sich hierfür an die zuständigen französischen Gerichtsbehörden wenden.

Der Umstand, dass durch den Verzicht der doppelten Strafbarkeitsandrohung ein nach inländischem Recht erlaubtes Verhalten durch die Anwendbarkeit des französischen Strafgesetzes unter Strafe gestellt wird, nur weil das Op-

---

912 Servidio-Delabre, Jur. Clas.Code Pénal, Art-113-1 à 113-12, fasc. 20, Nr. 18.

913 ratifiziert durch das Gesetz Nr. 80-565 vom 21. Juli 1980 die Ratifizierung des deutsch-französischen Zusatzabkommens zur europäischen Übereinkunft über die Rechtshilfe in Strafsachen vom 20. April 1959 betreffend, JO 22 juillet 1980, S. 1851.

914 Cass. crim. D. 1999, inf.rap., 37.

fer französischer Staatsangehöriger ist, wird im französischen Schrifttum zu Recht kritisiert.[915] Hätte sich diese Regelung auf Verbrechen beschränkt, so hätte dies mit dem Schutz von französischen Staatsangehörigen im Ausland gerechtfertigt werden können. Das Ausdehnen auf mit einer Haftstrafe bedrohte Vergehen ist jedoch zu weitreichend und wird nur schwierig durchzusetzen sein.[916]

1. Bruch des *Secret Professionnel* durch einen Verstoß gegen die Confidentialité des Correspondances

Sollte ein deutscher oder ein französischer Anwalt in Deutschland gegen die Pflicht zu Wahrung des *Secret Professionnel* verstoßen, indem sie entgegen den Regelungen der *Confidentialité des Correspondances* die ausgetauschte Korrespondenz als Beweismittel vor Gericht einbringen oder von ihr in einem an das Gericht gerichteten Schriftsatz Gebrauch machen, so findet nach Art. 113-7 Code Pénal das französische Strafrecht auf dieses Vergehen Anwendung, wenn das Opfer französischer Staatsbürger ist.

Dieser Umstand könnte dazu führen, dass ein deutscher Anwalt, dessen Tätigkeit keinerlei Bezug zum französischen Recht aufweist, und der sich der Existenz der Regelungen der *Confidentialité des Correspondances* nicht bewusst ist, in Frankreich strafrechtlich verfolgt werden kann, wenn er durch eine der oben genannten Handlungsvarianten gegen das *Secret Professionnel* verstößt und das Opfer französischer Staatsbürger ist.

Diese Konsequenz mutet ausufernd an, weswegen nachfolgend untersucht werden soll, ob Fälle wie das zuvor genannte Beispiel tatsächlich einen Verstoß gegen die Verpflichtung zur Wahrung des *Secret Professionnel* darstellen und infolgedessen das französische Strafrecht hierauf Anwendung findet.

a) Bestehen der Möglichkeit eines Verstoßes gegen die *Confidentialité des Correspondances* in Deutschland

Damit das französische Strafrecht nach Art. 113-7 Code Pénal auf einen in Deutschland begangenen Verstoß gegen die Verpflichtung zur Wahrung des *Secret Professionnel* in Form der Verletzung der *Confidentialité des Correspondances* anwendbar ist, muss zunächst ein solcher Verstoß vorliegen.

Nach französischem Recht sind die französischen Anwälte aufgrund von Art. 160 des Dekrets vom 27. November 1991 verpflichtet, das in Art. 226-13, 226-14 Code Pénal normierte *Secret Professionnel* zu achten. Verstoßen sie im

---

915 Huet/Koering-Joulin, Droit pénal international, Nr. 119.

916 So der Justizminister Pierre Arpaillange im Rahmen der Diskussion des den Art. 113-7 enthaltenen Gesetzentwurfes in der Assemblée Nationale, JOAN 12 octobre 1989, S. 3381.

Ausland gegen die Verpflichtung zur Wahrung des *Secret Professionnel*, so findet auf dieses Vergehen gem. Art. 113-6 Abs. 2 Code Pénal das französische Strafrecht Anwendung, wenn die Tat auch nach den Gesetzen des Staates, in dem die Tat begangen wurde, mit Strafe bedroht ist. Das Einbringen von zwischen Anwälten auf vertraulicher Ebene ausgetauschter Korrespondenz als Beweismittel oder die Benutzung dieser Korrespondenz in an das Gericht gerichteten Schriftsätzen wird in Deutschland nicht strafrechtlich sanktioniert. Sollte das Opfer eines solchen Verstoßes jedoch französischer Staatsbürger sein, so ist das Erfordernis der doppelten Strafbarkeitsandrohung nach Art. 113-7 Code Pénal nicht erforderlich, so dass das französische Strafrecht sowohl auf französische Staatsangehörige als Täter wie auch auf ausländische Täter Anwendung findet. Sofern Täter und Opfer französische Staatsangehörige sein, so kann das Gericht sich aufgrund des bislang nicht geklärten Verhältnisses der Art. 113-6 und 113-7 Code Pénal zueinander aussuchen, ob es das französische Strafrecht für anwendbar erachtet.[917]

Ungeachtet der Unklarheit, die für französische Staatsangehörige aus dem bislang nicht geklärten Zusammenspiel der Art. 113-6 und 113-7 Code Pénal resultiert, sind französische Anwälte im In- wie im Ausland der Wahrung des *Secret Professionnel* verpflichtet, weil ihnen dies als „*avocats*" durch Art. 160 des Dekrets vom 27. November 1991 vorgeschrieben wird und sich aus den Art. 113-6 und 113-7 Code Pénal auch die Möglichkeit der Anwendbarkeit des französischen Strafrechts für im Ausland begangene Verstöße ergibt. Damit sich deutsche Rechtsanwälte aufgrund eines Verstoßes gegen die Pflicht zur Wahrung des *Secret Professionnel* nach französischen Strafrecht strafbar machen können, ist zunächst zu klären, ob sie diesbezüglich taugliche Täter sein können. Nach dem Wortlaut des Art. 160 des Dekrets vom 27. November 1991 sind nur „*avocats*" zur Wahrung des *Secret Professionnel* gem. Art. 226-13 und 226-14 Code Pénal verpflichtet.

(1) Deutsche Rechtsanwälte, die über eine Doppelzulassung verfügen

Deutsche Rechtsanwälte, die sowohl über eine Zulassung in Deutschland wie auch in Frankreich verfügen, sind nicht nur Rechtsanwälte, sondern aufgrund ihrer Zugehörigkeit zu einer französischen Anwaltskammer auch „*avocats*". Als „*avocats*" sind diese deutschen Rechtsanwälte wie ihre französischen Kollegen gem. Art. 160 des Dekrets vom 27. November 1991 zur Wahrung des *Secret Professionnel* verpflichtet. Auf diese Verpflichtung wurde bereits weiter oben indirekt im Rahmen der Frage nach der Geltung des anwaltlichen Zeugnisverweigerungsrechts des französischen Rechts für einen deutschen Rechtsanwalt

917 Kritisch Servidio-Delabre, Jur. Clas. Code Pénal, Art. 113-1 à 113-12, fasc. 20, Nr. 45.

hingewiesen.[918] Dort wurde festgestellt, dass die deutschen Rechtsanwälte, die zusätzlich zu ihrer deutschen Zulassung auch über eine französische Anwaltszulassung verfügen, aufgrund ihrer Verpflichtung als „*avocats*“ zur Wahrung des *Secret Professionnel* gem. Art. 226-13 und 226-14 Code Pénal auch das Recht zur Zeugnisverweigerung gem. Art. 206 Nouveau Code de Procédure Civile und Art. 109 Code de Procédure Pénale haben.

(2) Auslegung des Begriffes „*avocat*“ anhand der Art. 202-1, 202-2 des Dekrets vom 27. November 1991 und anhand der Art. 84, 88 des Gesetzes vom 31. Dezember 1971

Zur Beantwortung der Frage, ob auch deutsche Anwälte im Rahmen eines Verfahrens vor einem deutschen Gericht zur Wahrung des *Secret Professionnel* gem. Art. 226-13 und 226-14 Code Pénal verpflichtet sein können, ist eine Auslegung des Begriffes „*avocat*“ vorzunehmen, weil im Hinblick auf das *Secret Professionnel* der Anwälte Art. 160 des Dekrets von 1991 nur „*avocats*“ zu seiner Wahrung verpflichtet.

Im Rahmen der Frage nach der Geltung des anwaltlichen Zeugnisverweigerungsrechts des französischen Rechts für einen deutschen Anwalt wurde bereits darauf hingewiesen, dass der Wortlaut des Begriffes „*avocat*“ in Art. 160 des Dekrets vom 27. November 1991 einen deutschen Rechtsanwalt nur dann umfasst und zur Achtung des *Secret Professionnel* gem. Art. 226-13 und 226-14 Code Pénal verpflichtet, wenn er über eine Doppelzulassung verfügt und auch unter der Bezeichnung „*avocat*“ tätig werden darf.[919] In demselben Zusammenhang wurde eine Auslegung des Begriffes „*avocat*“ anhand der Art. 202-1 und 202-2 des Dekrets vom 27. November 1991 für vorübergehend in Frankreich dienstleistend tätige Anwälte aus der Europäischen Gemeinschaft und anhand der Art. 84 Abs. 2 und 88 des Gesetzes vom 31. Dezember 1971 für dauerhaft unter der Berufsbezeichnung ihres Heimatlandes in Frankreich tätige Anwälte aus der Europäischen Gemeinschaft vorgenommen. Sofern die Tätigkeit der vorübergehend in Frankreich beratend tätigen Anwälte eine hinreichend enge Verbindung zu Frankreich aufweist, sind sie, wie ihre vorübergehend vertretend in Frankreich tätigen Kollegen und wie die dauerhaft in Frankreich unter der Berufsbezeichnung ihres Heimatlandes tätigen Anwälte verpflichtet, das *Secret Professionnel* zu wahren, und werden daher vom Begriff des „*avocat*“ in Art. 160 des Dekrets vom 27. November 1991 erfasst.[920]

Da diese Verpflichtung zur Wahrung des *Secret Professionnel* für die in Frankreich tätigen Rechtsanwälte nicht direkt aus ihrer Zugehörigkeit zur französi-

918 S.o. 7. Kap. C. I. 2. a).
919 S.o. 7. Kap. C. I. 2. a).
920 S.o. 7. Kap. C. I. 2. c) (3).

schen Anwaltschaft als „*avocat*" herrührt, sondern sie über Art. 202-1, 202-2 des Dekrets vom 27. November 1991 nur in Bezug auf die Ausübungsbedingungen der anwaltlichen Tätigkeit ihren französischen Kollegen gleichgestellt werden, ist ihre Verpflichtung zur Wahrung des *Secret Professionnel* auf ihre Tätigkeit in Frankreich beschränkt. Aus diesem Grund trägt eine Auslegung des Begriffes „*avocat*" anhand der oben genannten Normen nicht zur Klärung der Frage bei, ob und wann deutsche Rechtsanwälte in einem Verfahren vor einem deutschen Gericht der Wahrung des *Secret Professionnel* verpflichtet sind.

(3) Auslegung des Begriffes „*avocat*" anhand von Anhaltspunkten, die sich aus der anwaltlichen Tätigkeit in Deutschland ergeben

Um zu klären, ob sich ein deutscher Rechtsanwalt aufgrund seiner Tätigkeit in Deutschland eines Verstoßes gegen das *Secret Professionnel* strafbar machen kann, muss eine Auslegung des Begriffes „*avocat*" dahingehend erfolgen, ob auch in Deutschland tätige, deutsche Rechtsanwälte unter diesen Begriff fallen können, wenn sie über einen Bezug zum französischen Recht beziehungsweise zu Frankreich verfügen. Ansatzpunkte für solche Verbindungen zum französischen Recht beziehungsweise zu Frankreich können der Ort der Niederlassung des Anwalts, der Umstand, dass das Mandat Bezüge zum französischen Recht aufweist, die Tätigkeit in einer Sozietät, die auch über ein Büro in Frankreich verfügt, oder der Ort, an dem das Mandat bearbeitet wird, sein.

(a) Ort der Niederlassung des Anwalts

Sollte der Ort der Niederlassung des Anwalts in Frankreich liegen, könnte dieser Umstand eine genügend enge Verbindung zum französischen Recht darstellen, so dass der Begriff „*avocat*" auch einen dergestalt niedergelassenen Anwalt bei seiner Tätigkeit in Deutschland umfassen könnte. Festzuhalten ist hierbei, dass dieser Rechtsanwalt nicht zusätzlich über eine Zulassung in Frankreich verfügen darf, da er ansonsten direkt über Art. 160 des Dekrets vom 27. November 1991 als „*avocat*" der Verpflichtung zur Wahrung des *Secret Professionnel* gem. Art. 226-13 und 226-14 Code Pénal unterworfen ist.

Die Tatsache, dass ein dauerhaft in Frankreich unter der Berufsbezeichnung seines Heimatlandes tätiger europäischer Anwalt gem. Art. 84 Abs. 2 des Gesetzes vom 31. Dezember 1971 Mitglied der französischen Anwaltskammer ist, bei der seine Einschreibung erfolgte, könnte dazu führen, dass diese Anwälte auch bei einer Tätigkeit außerhalb Frankreichs als „*avocats*" gelten, mit der Folge, dass sie auch hier das *Secret Professionnel* zu wahren haben. Demnach würde ein deutscher Rechtsanwalt, der in Frankreich unter der Berufsbezeichnung seines Heimatlandes niedergelassen tätig wird, bei einem Tätigwerden in Deutschland zur Wahrung des *Secret Professionnel* verpflichtet sein.

Eine solche pauschale Gleichsetzung eines unter der Berufsbezeichnung seines Heimatlandes dauerhaft in Frankreich tätig werdenden europäischen Anwalts mit einem „*avocat*", die auf der bei beiden vorhandenen Mitgliedschaft in einer französischen Anwaltskammer gründet, berücksichtigt nicht genügend die unterschiedliche berufsrechtliche Behandlungsweise dieser beiden Arten des Tätigwerdens europäischer Anwälte in Frankreich. Bei einem unter der Berufsbezeichnung seines Heimatlandes tätigen Anwalt wird im Rahmen der Anwendung der berufsrechtlichen Regelungen des französischen Rechts auf den Umstand Rücksicht genommen, dass er auch der Anwaltschaft seines Heimatlandes angehört. Bevor zum Beispiel ein Disziplinarverfahren gegen einen dergestalt in Frankreich tätigen Anwalt eingeleitet wird, informiert der Bâtonnier der Anwaltskammer, bei der er eingeschrieben ist, nach Art. 88 des Gesetzes vom 31. Dezember 1971 die Anwaltskammer des Heimatlandes über das bevorstehende Verfahren und gibt ihr Gelegenheit, sich hierzu zu äußern. Ist ein europäischer Anwalt als „*avocat*" bei einer französischen Anwaltskammer eingeschrieben, wird er wie seine französischen Kollegen behandelt, so dass auf die Zugehörigkeit zu der Anwaltschaft seines Heimatlandes keine Rücksicht genommen wird. Auch wenn sowohl die unter der Berufsbezeichnung ihres Heimatlandes dauerhaft in Frankreich tätigen europäischen Anwälte, wie auch die „*avocats*" Mitglieder einer französischen Anwaltskammer sind, werden sie demnach dennoch in Bezug auf ihre Herkunft unterschiedlich behandelt. Es besteht demzufolge ein Unterschied, ob ein in Frankreich niedergelassener europäischer Anwalt gleich einem „*avocat*" behandelt wird oder ob er selbst ein „*avocat*" ist. Die Tatsache, dass dauerhaft in Frankreich unter der Berufsbezeichnung ihres Heimatlandes tätige Rechtsanwälte eine besondere Stellung innehaben, weil die zusätzliche Zugehörigkeit zu der Anwaltschaft ihres Heimatlandes berücksichtigt wird, rechtfertigt es, sie bei ihrer Tätigkeit im Heimatland nicht als „*avocats*", sondern als Rechtsanwälte anzusehen.

Auch wenn bei einer Tätigkeit im Heimatland die Zugehörigkeit eines in Frankreich unter der Berufsbezeichnung seines Heimatlandes tätigen Rechtsanwalts zu der Anwaltschaft seines Heimatlandes seinen Status in Frankreich überwiegt und er demzufolge in seinem Heimatland als Rechtsanwalt anzusehen ist, könnte hiervon eine Ausnahme zu machen sein, wenn der zu betreuende Mandant französischer Staatsangehöriger ist oder seinen Wohnsitz in Frankreich hat oder sich das Mandat überwiegend mit Fragen des französischen Rechts befasst. Diese Tatsachen könnten Indizien dafür sein, dass die Verbindung zum französischen Recht so stark ist, dass es trotz der zuvor dargestellten Rücksichtnahme auf die zusätzliche Zugehörigkeit eines dergestalt in Frankreich tätigen Anwalts zu einer Anwaltkammer seines Heimatlandes gerechtfertigt ist, ihn auch in Bezug auf eine Tätigkeit in seinem Heimatland als „*avocat*" anzusehen. Diese Indizien müssten demnach zwingend zu einer Verbundenheit mit dem französischen Recht führen, um die Eigenschaft als Rechtsanwalt auch bei einer Tätigkeit in Deutschland hinter seiner „*avocat*"-gleichen Stellung in Frankreich zurücktreten zu lassen. Kritisch betrachtet müssen die Indizien nicht zwingend zu einer mehrheitlichen Befassung mit französischem Recht führen. So kann ein französischer Staatsbürger die Dienste des in Frankreich niedergelassenen deutschen Rechtsanwalts in Anspruch nehmen, um sich von seiner in Deutschland lebenden deutschen Frau scheiden zu lassen. Ein deutscher Rechtsanwalt, der Mitglied einer deutsch-französischen oder einer internationalen Sozietät ist, kann sich in der französischen Niederlassung einer solchen Sozietät auch nur mit Fragen des deutschen Rechts befassen, wenn er zum Beispiel in das französische Büro gerufen wurde, um dort als Experte in Fragen des deutschen Gesellschaftsrechts beratend für deutsch-französische Unternehmen tätig zu werden.[921] In diesen zwei beispielhaft genannten Fällen wäre es trotz der Niederlassung in Frankreich fraglich, ob eine genügend enge Verbindung zum französischen Recht besteht, die es rechtfertigt, den betroffenen Anwalt dem Begriff des „*avocat*" auch im Hinblick auf eine Tätigkeit in seinem Heimatland unterfallen zu lassen. Die angeführten Indizien erweisen sich demnach als zu unsichere Abgrenzungsmerkmale, um anhand ihres Vorliegens pauschal auf eine genügend enge Verbindung zum französischen Recht schließen zu können, die es rechtfertigt, den in Frankreich dauerhaft unter der Berufsbezeichnung seines Heimatlandes tätigen europäischen Anwalt auch in Bezug auf eine Tätigkeit in seinem Heimatland als „*avocat*" anzusehen.

(b) Tätigkeit in einer Sozietät, die über ein Büro in Frankreich verfügt

Sollte ein deutscher Rechtsanwalt Mitglied einer internationalen oder deutsch-französischen Sozietät sein, die auch über ein Büro in Frankreich verfügt, könnte dieser Umstand als ausreichend dafür anzusehen sein, diesen Anwalt in Bezug auf seine berufliche Tätigkeit in Deutschland dem Begriff „*avocat*" unterfallen zu lassen, weil durch dieses Büro eine Verbundenheit mit Frankreich gegeben ist.

Zunächst sind Büros in verschiedenen Staaten kennzeichnend für eine internationale Sozietät. Dasselbe gilt in Bezug auf Büros in Deutschland und Frankreich für eine deutsch-französische Sozietät. Das Vorhandensein von Büros in verschiedenen Staaten zeigt, dass die Sozietät in diesen Staaten anwaltlich tätig wird. Hieraus können sich bei grenzüberschreitenden Mandaten Synergieeffekte ergeben, wenn die Mandatsbearbeitung Spezialwissen erfordert, weil in einer solchen Sozietät zum Beispiel auf kurzem Weg auf einen „sozietätseigenen"

921 Dasselbe Argument wurde bereits weiter oben, 7. Kap. B. VI. 3. a), benutzt, um zu zeigen, dass sich das anwendbare Berufsrecht nicht anhand des „sachnäheren" Berufsrechts, wobei auf den Ort der Tätigkeit abgestellt werden sollte, bestimmen lässt.

Experten für französisches Urheberrecht zurückgegriffen werden kann.[922] Eine derartige Verbindung zu den Rechtsordnungen der Staaten, in denen die Sozietät Büros besitzt, ist demnach ein Aspekt einer solchen internationalen oder deutsch-französischen Sozietät. Über das Profil der Sozietät, dessen Mitglied ein Anwalt ist, lassen sich jedoch keine Rückschlüsse auf seine eigene Verbundenheit mit dem Recht des Staates oder der Staaten ableiten, in denen die Sozietät über Büros verfügt. Eine derartige Verbindung würde spätestens bei einer international ausgerichteten Sozietät an Grenzen stoßen, denn selbst wenn die Sozietät in China über ein Büro verfügt, wird nur ein geringer Teil der nicht in Peking ansässigen Mitglieder dieser Sozietät über Kenntnisse und damit über Verbindungen zum chinesischen Recht verfügen. Selbst wenn man bei einer nur auf Europa oder nur auf Deutschland und Frankreich ausgerichteten Sozietät in einen enger umgrenzten Rechtsraum zurückkommt, der aufgrund der fortschreitenden Harmonisierung durch das Recht der Europäischen Union über immer weniger zwischenstaatliche Rechtsbarrieren verfügt, so ändert dies nichts an der Aussagekraft des Sozietätsprofils für die Tätigkeit des einzelnen Anwalts. Für seine Tätigkeit gibt die Sozietät den erforderlichen Rahmen vor, über eine eventuell bestehende Verbindung zu der Rechtsordnung eines anderen Staates entscheidet jedoch allein die Tätigkeit des Anwalts oder seine eventuell vorhandene Mehrfachzulassung.

Der Umstand, dass die Sozietät über ein Büro in Frankreich verfügt, rechtfertigt es demnach nicht, den in Deutschland tätigen Anwalt dem Begriff des „*avocat*" unterfallen zu lassen.

(c) Ort, an dem das Mandat bearbeitet wird

Sollte ein deutscher Rechtsanwalt ein Mandat hauptsächlich von einem Büro in Frankreich aus bearbeitet haben, so könnte hierin eine genügend enge Verbindung zum französischen Recht beziehungsweise zu Frankreich zu sehen sein, die es rechtfertigt, diesen Anwalt in Bezug auf seine Tätigkeit in Deutschland dem Begriff des „*avocat*" unterfallen zu lassen.

Nachdem, wie zuvor gezeigt, das alleinige Vorhandensein eines Büros in Frankreich im Rahmen einer Sozietät keine hinreichend enge Verbindung zum französischen Recht schafft, die es rechtfertigen würde, den in Deutschland tätigen Anwalt einer solchen Sozietät dem Begriff des „*avocat*" unterfallen zu lassen, könnte dieser Umstand dadurch geändert werden, dass das Mandat in dem Büro in Frankreich bearbeitet worden ist.

Zuvor bleibt jedoch festzuhalten, dass die Auslegung des Begriffes „*avocat*" anhand des Bearbeitungsortes des Mandats nur für die Konstellationen gilt, in

922 Vgl. Mankowski, AnwBl 2001, 249.

denen ein vorübergehend in Frankreich dienstleistend tätiger Rechtsanwalt die Mandatsbearbeitung in Frankreich vornimmt. Die Konstellation, in der dauerhaft in Frankreich tätige Rechtsanwälte, die ihre anwaltliche Tätigkeit entweder unter der Berufsbezeichnung ihres Heimatlandes oder direkt als „*avocat*" ausüben, ein Mandat in Frankreich bearbeiten, wird von der weiter oben angesprochenen Auslegung des Begriffes „*avocat*" anhand des Ortes der Niederlassung des Anwalts erfasst.[923]

Damit der Ort der Mandatsbearbeitung ein wirkungsvolles Auslegungsmittel für den Begriff „*avocat*" darstellen kann, muss die Mandatsbearbeitung in Frankreich zu einer Verbindung mit dem französischen Recht führen. Hierzu müsste der Ort der Mandatsbearbeitung einen Rückschluss auf die hauptsächliche oder zumindest überwiegende Beschäftigung mit dem Recht des Staates zulassen, in dem die Bearbeitung stattfindet.

Wie bereits weiter oben hinsichtlich der Frage nach dem im Kollisionsfall zweier Berufsrechte vorrangigen Berufsrecht festgestellt wurde, lässt der Ort der Mandatsbearbeitung keinen sicheren Rückschluss auf das hierbei angewandte Recht zu.[924] Kennzeichnend für die grenzüberschreitende Dienstleistungserbringung eines Rechtsanwalts in Frankreich ist die Anwendung von Normen beider Rechtsordnungen. Dieses Nebeneinander von deutschen und französischen Regelungen würde nicht berücksichtigt werden, wenn man pauschal von Frankreich als dem Ort der Mandatsbearbeitung auf eine hauptsächliche oder überwiegende Beschäftigung mit Normen des französischen Rechts schließen würde. Der Grad der Anwendung von Normen aus der einen und der anderen Rechtsordnung ist von Mandat zu Mandat unterschiedlich. Eine pauschale Bestimmung des angewandten Rechts über den Ort der Mandatsbearbeitung wäre demnach eine reine Willkürentscheidung.

Aufgrund dieser Unsicherheiten bei einem Rückschluss von Frankreich als Ort der Mandatsbearbeitung auf eine Verbindung zum französischen Recht beziehungsweise zu Frankreich rechtfertigt die Mandatsbearbeitung in Frankreich es nicht, einen dienstleistend in Frankreich tätigen Anwalt in Bezug auf seine Tätigkeit in Deutschland dem Begriff „*avocat*" unterfallen zu lassen.

(4) Ergebnis zur Auslegung des Begriffes „*avocat*"

Weder der Umstand, dass ein deutscher Anwalt seinen Beruf in einer Sozietät ausübt, die über ein Büro in Frankreich verfügt, noch die Tatsache, dass er als vorübergehend dienstleistend tätiger Anwalt ein Mandat in Frankreich bearbeitet, lassen einen Rückschluss auf eine derartig enge Verbindung zum französischen Recht beziehungsweise zu Frankreich zu, die es rechtfertigen würde, den

923 S.o. 7. Kap. D. II. 2. b) (c) (i).

924 S.o. 7. Kap. B. VI. 3. a).

Begriff des „*avocat*" dahingehend auszulegen, dass die oben genannten Anwälte bei ihrer Tätigkeit in Deutschland als „*avocats*" anzusehen sind. Selbst wenn ein deutscher Anwalt dauerhaft in Frankreich unter der Berufsbezeichnung seines Heimatlandes tätig wird, ist diese Verbindung zum französischen Recht nicht stark genug, um ihn bei seiner Tätigkeit in Deutschland dem Begriff des „*avocat*" unterfallen zu lassen. Bei einer Tätigkeit in Deutschland wiegt seine Zugehörigkeit zu einer deutschen Anwaltskammer schwerer, so dass er in Deutschland nur als „Rechtsanwalt" tätig wird. Selbst wenn der zu betreuende Mandant französischer Staatsangehöriger ist oder seinen Wohnsitz in Frankreich hat oder sich das Mandat überwiegend mit Fragen des französischen Rechts befasst, ändert dies nichts an der Tatsache, dass ein in Frankreich unter der Berufsbezeichnung seines Heimatlandes tätiger, deutsche Anwalt bei seiner Tätigkeit in Deutschland nicht dem Begriff des „*avocat*" unterfällt.

Einzig Rechtsanwälte, die über eine Doppelzulassung verfügen, unterfallen auch in Bezug auf ihre Tätigkeit in Deutschland dem Begriff des „*avocat*".

b) Bestehen einer Verpflichtung zur Wahrung der *Confidentialité des Correspondances* in Deutschland

Nach dem bisher Gesagten ist demnach nur ein deutscher Rechtsanwalt, der sowohl in Deutschland wie auch in Frankreich über eine Zulassung verfügt, als „*avocat*" zur Wahrung des *Secret Professionnel* auch bei seinem Handeln in Deutschland verpflichtet. In Bezug auf die *Confidentialité des Correspondances* bedeutet dies, dass ein derartig doppelt zugelassener Anwalt die mit dem Anwalt der Gegenseite ausgetauschte Korrespondenz nicht als Beweismittel in den Prozess einbringen und sie auch nicht in einem, an das Gericht gerichteten Schriftsatz verwenden darf. Fraglich ist hierbei, ob er zur Beachtung der *Confidentialité des Correspondances* nur gegenüber anderen „*avocats*" oder auch gegenüber anderen Rechtsanwälten verpflichtet ist. Wäre ein doppelt in Deutschland und Frankreich zugelassener Anwalt bei seiner Tätigkeit in Deutschland auch gegenüber deutschen Rechtsanwälten zur Achtung der *Confidentialité des Correspondances* verpflichtet, würde er dadurch Beschränkungen in der Verwertung der ausgetauschten Korrespondenz unterliegen, die sein deutscher Kollege nicht zu beachten hätte.

Nach Art. 66-5 des Gesetzes vom 31. Dezember 1971, der den Umfang des von den Anwälten zu wahrenden *Secret Professionnel* umschreibt,[925] wird die zwischen „... *l'avocat et ses confrères* ..." ausgetauschte Korrespondenz vom Schutz des *Secret Professionnel* erfasst. Das Zusammenspiel der Begriffe „*avocat*" und „*confrère*" weist darauf hin, dass ein „*avocat*" nur gegenüber einem anderen „*avocat*" zur Achtung der *Confidentialité des Correspondances* ver-

---

925 S.o. 2. Kap. B. I. 3.

pflichtet ist. Wie zuvor geklärt, unterfallen diesem Begriff in Bezug auf ihre Tätigkeit in Deutschland nur solche Rechtsanwälte, die zusätzlich in Frankreich als „*avocat*" zugelassen sind. Demzufolge hat ein in Deutschland tätiger Rechtsanwalt, der über eine Doppelzulassung in Deutschland und Frankreich verfügt, die *Confidentialité des Correspondances* nur gegenüber „*avocats*" zu wahren. Dies können ebenfalls nur Rechtsanwälte sein, die über eine deutsch-französische Doppelzulassung verfügen, oder auch „*avocats*", die entweder dauerhaft unter der Bezeichnung ihres Heimatlandes in Deutschland tätig werden oder nur vorübergehend eine Dienstleistung in Deutschland erbringen.

Diese Beschränkung der Achtung der *Confidentialité des Correspondances* bei einer Tätigkeit in Deutschland erscheint auch im Hinblick auf das französische Recht sachgerecht. Aufgrund der bereits oben angesprochenen Formulierung des Art. 66-5 des Gesetzes vom 31. Dezember 1971 müssen französische „*avocats*" die Vertraulichkeit der ausgetauschten Korrespondenz nur bei einem Austausch mit einem anderen „*avocat*" wahren. Selbst wenn sie Korrespondenz mit einem Angehörigen einer anderen Berufsgruppe austauschen, der ebenfalls der Wahrung des *Secret Professionnel* verpflichtet ist, sind die Regelungen der *Confidentialité des Correspondances* nicht auf diesen Austausch anzuwenden.[926] Auch ausländische Anwälte sind nicht zur Beachtung der Regelungen der *Confidentialité des Correspondances* verpflichtet, wenn sie nicht in Frankreich tätig werden.[927] Aus diesem Grund weist Art. 21.5.3.1 RIN die französischen Anwälte darauf hin, die Frage nach der Vertraulichkeit der ausgetauschten Korrespondenz vor Beginn eines Korrespondenzaustausches mit einem ausländischen Anwalt zu klären. Würde man in Deutschland auch die Korrespondenz von „*avocats*" mit deutschen Rechtsanwälten den Regelungen der *Confidentialité des Correspondances* unterfallen lassen, wäre die ausgetauschte Korrespondenz in Deutschland umfassender geschützt als in Frankreich. Der Schutz eines französischen Staatsbürgers vor Straftaten im Ausland, der durch Art. 113-7 Code Pénal erreicht werden soll,[928] kann aber nur denselben Umfang haben wie in Frankreich.

Aus diesem Grund ist ein in Deutschland und Frankreich zugelassener Rechtsanwalt bei seiner Tätigkeit in Deutschland zur Achtung der *Confidentialité des Correspondances* nur gegenüber anderen „*avocats*" verpflichtet. Dies können ebenfalls Rechtsanwälte sein, die über eine deutsch-französische Doppelzulassung verfügen, oder „*avocats*", die vorübergehend oder dauerhaft unter der Berufsbezeichnung ihres Heimatlandes in Deutschland tätig werden.

---

926 S.o. 4. Kap. B. II. 5. b).
927 S.o. 4. Kap. B. II. 5. c).
928 Huet/Koering-Joulin, aaO, Nr. 137 B.

c) Zwischenergebnis

Der Wortlaut des Art. 113-7 Code Pénal ist für im Ausland begangene Verstöße gegen das *Secret Professionnel* des Anwalts, deren Opfer französische Staatsangehörige sind, im Zusammenspiel mit Art. 160 des Dekrets vom 27. November 1991 dahingehend auszulegen, dass nur solche Rechtsanwälte taugliche Täter sein können, die zusätzlich zu ihrer deutschen Anwaltszulassung bei einer französischen Anwaltskammer als „*avocat*“ eingeschrieben sind. Diese Rechtsanwälte sind bei ihrer Tätigkeit in Deutschland gehalten, die Regelungen der *Confidentialité des Correspondances* zu wahren. Dies gilt jedoch nur, wenn der Austausch mit einem anderen „*avocat*“ erfolgt. Hierbei kann es sich um einen Rechtsanwalt handeln, der über eine deutsch-französische Doppelzulassung verfügt, oder um „*avocats*“, die entweder dauerhaft oder vorübergehend unter der Berufsbezeichnung ihres Heimatlandes in Deutschland tätig werden.

Ein deutscher Rechtsanwalt, der auch in Frankreich als „*avocat*“ zugelassen ist, macht sich daher nach französischem Recht gem. Art. 226-13 i.V.m. Art. 113-7 Code Pénal strafbar, wenn er entgegen den Regelungen der *Confidentialité des Correspondances* die mit dem gegnerischen Anwalt ausgetauschte Korrespondenz als Beweismittel vor Gericht einbringt oder von ihr in an das Gericht gerichteten Schriftsätzen Gebrauch macht. Dies gilt jedoch nur, wenn das Opfer französischer Staatsangehöriger ist.

2. Bruch des *Secret Professionnel* durch eine Aussage vor einem deutschen Gericht

Neben einem Verstoß gegen die *Confidentialité des Correspondances* kann ein deutscher Rechtsanwalt das *Secret Professionnel* in Deutschland auch durch eine Aussage vor Gericht brechen. Zwar kann ein deutscher Rechtsanwalt vor einem deutschen Gericht die Aussage verweigern, wenn er sich auf seine anwaltliche Schweigepflicht bezieht, dies gilt jedoch nicht, wenn sein Mandant ihn von der Schweigepflicht entbunden hat. Die Entbindung von der Schweigepflicht führt gem. § 53 Abs. 2 StPO und gem. § 385 Abs. 2 ZPO zu einer Aussagepflicht des entbundenen Rechtsanwalts vor Gericht.

Durch eine derartige Aussage könnte ein deutscher Rechtsanwalt, der aufgrund seiner Doppelzulassung in Frankreich auch bei einer Tätigkeit in Deutschland verpflichtet ist, das *Secret Professionnel* zu wahren, gegen diese Pflicht verstoßen. Sollte das Opfer dieses Bruchs des *Secret Professionnel* ein französischer Staatsbürger sein, könnte die Tat trotz ihrer Begehung in Deutschland nach Art. 113-7 Code Pénal strafrechtlich in Frankreich verfolgbar sein.

Bei dieser Art von Verstoß gegen das *Secret Professionnel* ergibt sich die Besonderheit, dass das Opfer dieses Vergehens seinen Anwalt zuvor von der anwaltlichen Schweigepflicht entbunden haben muss, damit es zu einer Aussage vor Gericht kommen kann. Es erscheint auf den ersten Blick unwahrscheinlich, dass ein Mandant zunächst seinen Rechtsanwalt von der Schweigepflicht entbindet, um ihn dann in Frankreich wegen Bruchs des *Secret Professionnel* anzuzeigen. In Betracht kommt eine solche Vorgehensweise dann, wenn der Mandant nach einem für ihn ungünstigen Ende des Verfahrens unzufrieden mit der Arbeit seines Anwalts ist und nach einer Möglichkeit der „Bestrafung" sucht. Hinzu kommt, dass französischen Mandanten die Möglichkeit der Entbindung von der anwaltlichen Schweigepflicht unbekannt ist und sie aus diesem Grund ein derartiges Vorgehen für einen Fehler in der Verfahrensgestaltung halten können.

Im Gegensatz zu dem oben beschriebenen Bruch des *Secret Professionnel* durch einen Verstoß gegen die Vertraulichkeit der ausgetauschten Korrespondenz steht es dem betroffenen Rechtsanwalt bei einer Aussage vor Gericht nach Entbindung von der Schweigepflicht nicht frei, gegen die Pflicht zur Wahrung des *Secret Professionnel* zu verstoßen, vielmehr ist er hierzu durch die in § 53 Abs. 2 StPO und § 385 Abs. 2 ZPO enthaltene Aussagepflicht verpflichtet. Dies würde zu der eigenartigen Konstellation führen, dass ein Rechtsanwalt, der über eine deutsch-französische Doppelzulassung verfügt, durch ein in Deutschland gesetzlich gefordertes Verhalten gegen ein französisches Strafgesetz in Form des Art. 226-13 Code Pénal verstoßen würde. Sofern das Opfer dieses Vergehens die französische Staatsangehörigkeit besitzt, könnte der Rechtsanwalt hierfür nach Art. 113-7 Code Pénal in Frankreich strafrechtlich verfolgt werden.

Allerdings erklärt Art. 226-14 Abs. 1 Code Pénal Art. 226-13 Code Pénal in den Fällen für nicht anwendbar, in denen das Gesetz die Offenbarung vorschreibt oder zulässt. Da § 53 Abs. 2 StPO und § 385 Abs. 2 ZPO vorschreiben, dass der von der Schweigepflicht entbundene Rechtsanwalt aussagen muss, liegt nach Art. 226-14 Code Pénal eine gesetzliche Pflicht zur Offenbarung vor, die dazu führt, dass eine derartige Aussage keinen Verstoß gegen das *Secret Professionnel* darstellt. Gegen diese Auslegung des Art. 223-14 Code Pénal könnte eingewandt werden, dass sich die in ihm genannten gesetzlichen Offenbarungsbefugnisse nur auf gesetzliche Regelungen des französischen Rechts beziehen. Würde man die gesetzlichen Offenbarungsbefugnisse eines in Deutschland und Frankreich zugelassenen Rechtsanwalts im Hinblick auf seine Eigenschaft als „*avocat*" bei seiner Tätigkeit in Deutschland nur auf französische Offenbarungsbefugnisse beschränken, würde dem französischen Staatsbürger im Ausland ein wesentlich weitreichenderer Schutz durch das *Secret Professionnel* zugestanden werden als in Frankreich. Denn in Frankreich würde ein „*avocat*" nicht gegen die Pflicht zur Wahrung des *Secret Professionnel* verstoßen, wenn eine Offenbarung gesetzlich vorgeschrieben ist. Ziel der Anwendung des französischen Strafrechts auf im Ausland begangene Taten nach Art. 113-7 Code Pénal kann es aber nur sein, dem französischen Opfer durch die Anwendung der französischen Gesetze denselben Schutz wie in Frankreich zu bieten. Aus diesem Grund sind bei der Bewertung eines im Ausland begangenen Bruchs des *Secret Professionnel* auch § 53 Abs. 2 StPO und § 385 Abs. 2 ZPO als gesetzliche Vorschriften im Sinne des Art. 226-14 Code Pénal anzusehen.

Mit der zuvor dargstellten Fragestellung hat sich bislang weder die französische Rechtssprechung noch die französische Literatur auseinandergesetzt. Aus diesem Grund kann nicht garantiert werden, dass französische Gerichte den zuvor gemachten Ausführungen folgen und Aussagepflichten anderer Rechtsordnungen als gesetzliche Vorschriften im Sinne des Art. 226-14 Code Pénal ansehen werden.

Aus den zuvor gemachten Ausführungen ergibt sich, dass sich ein Rechtsanwalt, der über eine deutsch-französische Doppelzulassung verfügt, nicht nach Art. 226-13 Code Pénal strafbar macht, wenn er nach Entbindung von der Schweigepflicht vor einem deutschen Gericht aussagt, weil Art. 226-13 Code Pénal aufgrund von Art. 226-14 Abs. 1 Code Pénal nicht anwendbar ist, da eine gesetzliche Pflicht zur Offenbarung in Gestalt der §§ 53 Abs. 2 StPO und 385 Abs. 2 ZPO vorliegt. In Ermangelung eines Bruchs des *Secret Professionnel* liegt keine Straftat vor, so dass der doppelt zugelassene Rechtsanwalt nicht gem. Art. 113-7 Code Pénal in Frankreich strafrechtlich verfolgt werden kann, wenn das Opfer ein französischer Staatsangehöriger ist.

IV. Bedeutung des gefundenen Ergebnisses für die Konfliktfälle

Aufgrund der zuvor aufgezeigten Möglichkeit für deutsche Rechtsanwälte, die über eine deutsch-französische Doppelzulassung verfügen, in Frankreich strafrechtlich wegen eines in Deutschland begangenen Bruchs des *Secret Professionnel* verfolgt zu werden, wenn das Opfer französischer Staatsangehöriger ist, sollten diese Anwälte das *Secret Professionnel* auch bei ihrer Tätigkeit in Deutschland beachten, wenn auf der Gegenseite ebenfalls ein „*avocat*" agiert, dessen Mandant französischer Staatsbürger ist.

Obwohl der genannte Anwalt in Deutschland tätig wird, ist ihm in diesen Konstellationen anzuraten, die mit dem anderen „*avocat*" ausgetauschte Korrespondenz vertraulich zu behandeln und nicht als Beweismittel oder in an das Gericht gerichteten Schriftsätze zu verwenden, es sei denn, das Dokument ist ausdrücklich als „*officielle*" gekennzeichnet.

Um nicht dem Mandanten gegenüber zur Herausgabe der vertraulich ausgetauschten Korrespondenz verpflichtet zu sein und dadurch die Regelungen der *Confidentialité des Correspondances* zu verletzen, sollte der betreffende Anwalt in diesen Konstellationen die aus § 666 BGB resultierende Auskunfts- und Benachrichtigungspflicht im Mandatsvertrag abbedingen oder, sofern die Möglichkeit hierzu besteht, den Mandatsvertrag nach französischem Recht schließen.

Sollte ein Rechtsanwalt, der zusätzlich zu seiner deutschen Zulassung auch in Frankreich als „*avocat*“ zugelassen ist, vor einem deutschen Gericht nach Entbindung von seiner Schweigepflicht durch den Mandanten aussagen, so verstößt er hierdurch nicht gegen die Pflicht zur Wahrung des *Secret Professionnel*, weil diese Offenbarung gesetzlich vorgeschrieben ist.

E. Gesamtergebnis

Die berufsrechtliche, prozessrechtliche und strafrechtliche Betrachtung der Fälle, in denen es aufgrund der unterschiedlichen gesetzlichen Ausgestaltung des anwaltlichen Berufsgeheimnisses in Deutschland und Frankreich zu Problemen bei einem grenzüberschreitenden Sachverhalt kommen kann, hat zu den nachfolgenden Ergebnissen geführt. Ihnen allen liegt der Umstand zu Grunde, dass sich sowohl in Deutschland wie auch in Frankreich das anzuwendende Prozessrecht nach der lex-fori-Regel bemisst.

Ausgehend von der lex-fori-Regel kann ein deutscher Rechtsanwalt in einem Verfahren vor einem französischen Gericht nicht durch seinen Mandanten von seiner deutschen Schweigepflicht entbunden werden, wie es nach deutschem Verfahrensrecht möglich wäre.

Aus der alleinigen Anwendbarkeit des französischen Prozessrechts resultiert auch die Tatsache, dass deutsche Rechtsanwälte ihre Aussage vor einem französischen Gericht nur unter Berufung auf ihre Pflicht zur Wahrung des *Secret Professionnel* verweigern können. Dies ist sowohl den Rechtsanwälten möglich, deren Tätigkeit dem französischen Umsetzungsrecht der Dienstleistungs- und Niederlassungsrichtlinie der Europäischen Gemeinschaft unterfällt, als auch den deutschen Rechtsanwälten, die lediglich in Deutschland ohne direkten Bezug zu Frankreich tätig werden.

Dem deutschen Prozessrecht wiederum sind die Regelungen der *Confidentialité des Correspondances* unbekannt, die zu einer strikt vertraulichen Behandlung der zwischen zwei französischen Anwälten ausgetauschten Korrespondenz führen. Vielmehr widersprechen die aus § 666 BGB und § 11 BerO resultierende Auskunfts- und Benachrichtigungspflicht gegenüber dem Mandanten einer solchen vertraulichen Behandlung der ausgetauschten Anwaltskorrespondenz. Aus diesem Grund darf in einem Verfahren vor einem deutschen Gericht die zwischen den Anwälten ausgetauschte Korrespondenz auch als Beweismittel eingebracht werden und von ihr in an das Gericht gerichteten Schriftsätzen Gebrauch gemacht werden.

Sollte ein deutscher Rechtsanwalt unter Verweis auf die zuvor genannten Vorschriften einen vertraulichen Austausch von Korrespondenz mit dem französischen Anwalt der Gegenseite ablehnen, bleibt nur die Möglichkeit des nichtvertraulichen Austausches von Anwaltskorrespondenz. Diese Art des Korrespondenzaustausches könnte wiederum der französische Anwalt ablehnen, weil er die Gefahr der Benutzung der Korrespondenz als Beweismittel als zu hoch einschätzt, um einen solchen nichtvertraulichen Austausch zu wagen. Das hieraus resultierende Ausbleiben eines Korrespondenzaustausches zwischen den Anwälten könnte aber dazu führen, dass Möglichkeiten einer außergerichtlichen Streitbeilegung ungenutzt bleiben. Damit ein deutscher Rechtsanwalt seinem Mandanten die Möglichkeit einer außergerichtlichen Streitbeilegung auch bei Verhandlungen mit einem französischen Anwalt auf der Gegenseite offen halten kann, muss er für den hierzu notwendigen vertraulichen Austausch von Korrespondenz gewisse Vorkehrungen treffen. Zum einen muss er entweder die aus § 666 BGB resultierende Auskunfts- und Benachrichtigungspflicht hinsichtlich der mit dem französischen Anwalt ausgetauschten Korrespondenz abbedingen oder den Mandatsvertrag nach französischem Recht schließen. Zum anderen muss er mit dem gegnerischen Anwalt einen Prozessvertrag in Form eines Beweismittelvertrages schließen, der eine Absprache hinsichtlich der Verpflichtung zur Nichteinbringung der ausgetauschten Korrespondenz als Beweismittel zum Inhalt hat. Sollte eine der beiden Vertragsparteien entgegen der getroffenen Vereinbarung die ausgetauschte Korrespondenz als Beweismittel in einen Prozess einbringen wollen, steht der Gegenseite die Einrede der Geltendmachung des Beweismittelvertrages zu, was zur Folge hat, dass der Beweismittelantrag abgelehnt wird. Sofern versucht werden sollte, mittels einer Mandatsniederlegung den Beweismittelvertrag zu umgehen, um zu erreichen, dass der das Mandat niederlegende Anwallt von seinem Nachfolger als Zeuge bezüglich der Korrespondenz vernommen werden kann, so kann die Gegenseite auch hiergegen die Einrede der Geltendmachung des geschlossenen Beweismittelvertrages erheben.

Diese Art der Zusicherung des vertraulichen Austausches widerspricht dennoch § 11 BerO, der als Norm des Berufsrechts nicht zur Disposition des Anwalts und des Mandanten steht. Daher kann die aus § 11 BerO resultierende Aufklärungs- und Benachrichtigungspflicht nicht wie bei § 666 BGB geschehen, abbedungen werden. Gem. § 43 BRAO ist der Anwalt seinem Mandanten zu einer gewissenhaften Vertretung des Mandats verpflichtet, wovon auch bei Fällen mit Auslandsbezug keine Ausnahme zu machen ist. Sollte der Anwalt dieser Pflicht zur gewissenhaften Mandatsvertretung in Fällen mit Auslandsbezug nicht nachkommen können, weil eine Kollision zwischen dem deutschen und dem ausländischen Berufsrecht vorliegt, und er das Mandat zur Vermeidung der Kollision niederlegen, so wird in der vorliegenden Arbeit die Auffassung vertreten, dass das deutsche Berufsrecht berufsbezogen angewandt werden muss. Die Pflicht, seinen Mandanten gewissenhaft zu vertreten, umfasst auch die Verpflichtung, nach einer außergerichtlichen Lösung des Streites zu suchen, wenn dies gegenüber einem Prozess den sichereren und gefahrloseren Weg darstellt. Die Suche nach einer außergerichtlichen Streitbeilegung wird einem deutschen Anwalt durch die Erfordernisse des § 11 BerO unmöglich gemacht, wenn für die Streitbeilegung der vertrauliche Austausch von Korrespondenz mit einem französischen Anwalt erforderlich ist. Die hier vertretene berufsbezogene Anwendung des Berufsrechts will die aus § 11 BerO resultierende Auskunfts- und Benachrichtigungspflicht hinter der aus § 43 BRAO resultierenden Pflicht zur gewissenhaften Mandatsbearbeitung zurücktreten lassen, wenn die ordnungsgemäße Bearbeitung eines Mandats mit Auslandsbezug den Anwalt ansonsten zu einer Verletzung von § 11 BerO zwingen würde. Aus diesem Grund wird vorgeschlagen, § 29 BerO wie folgt durch einen neuen Absatz 2 zu ergänzen, der es für Anwälte aus verschiedenen Staaten der Europäischen Union auch berufsrechtlich möglich macht, auf vertraulicher Basis Korrespondenz auszutauschen:

(2) *Sind die aus § 666 BGB resultierenden Pflichten abbedungen und ist ein vertraulicher Austausch von Korrespondenz mit einem anderen europäischen Anwalt zur gewissenhaften Bearbeitung des Mandats nach Maßgabe eines anderen europäischen Berufsrechts notwendig, treten die Pflichten des Rechtsanwalts aus § 11 BerO hinter dieser Notwendigkeit zurück, sofern eine sachgerechte Vertretung nach den Regeln desjenigen Rechts, das das Mandatsverhältnis regiert, gewährleistet ist.*

Die in der vorliegenden Arbeit vorgestellte berufsbezogene Anwendung des Berufsrechts bei berufsrechtlichen Kollisionslagen, die aus der Bearbeitung von Sachverhalten mit Auslandsbezug resultieren, stellt aber nur eine hier vorgeschlagene Lösungsmöglichkeit dar. Nach geltendem Recht verstößt ein deutscher Anwalt gegen § 11 BerO, wenn er mit seinem französischen Kollegen vertraulich Korrespondenz austauscht.

Sollte zwischen einem deutschen Rechtsanwalt und einem französischen „*avocat*" ein Beweismittelvertrag geschlossen worden sein, so ist es beiden Parteien unmöglich, die ausgetauschte Korrespondenz als Beweismittel einzubringen. Dieser Vertrag bietet jedoch keine Handhabe gegen das Benutzen von Auszügen aus der Korrespondenz in an das Gericht gerichteten Schriftsätzen. Zwar verstößt dies gegen die vereinbarte Vertraulichkeit, weswegen die den Vertrag brechende Partei verklagt werden kann. Jedoch führt dieser Bruch der vereinbarten Vertraulichkeit nicht zu einem Verwertungsverbot, weswegen das Gericht die Schriftstücke mit den enthaltenen Auszügen aus der vertraulichen Korrespondenz in seine freie Beweiswürdigung gem. § 286 ZPO einstellen kann. Sollte ein französischer Anwalt durch diese Möglichkeit, dem Gericht Auszüge der vertraulichen Korrespondenz trotz der vereinbarten Vertraulichkeit zukommen zu lassen, auf einen vertraulichen Austausch und damit möglicherweise auf das Suchen einer außergerichtlichen Einigungsmöglichkeit verzichten, so kann der deutsche Rechtsanwalt seinem französischen Kollegen anbieten, diesen Verstoß mit einer Vertragsstrafe zu belegen. Die diesbezügliche Regelung ließe sich in die schriftliche Vereinbarung über den vertraulichen Austausch einfügen und würde bei entsprechender Höhe eine Hemmschwelle darstellen, dem Gericht in Schriftsätzen Teile der Korrespondenz zugänglich zu machen.

Sollte ein deutscher Rechtsanwalt die Gefahr einer Schadensersatzklage in Kauf nehmen, weil er sich von der Weiterleitung bestimmter Informationen aus der vertraulich ausgetauschten Korrespondenz an das Gericht Vorteile im Verfahren verspricht, so sollte er diesbezüglich vorsichtig sein, wenn er zusätzlich zu seiner deutschen Zulassung auch über eine französische Anwaltszulassung verfügt. Nach Art. 113-7 Code Pénal findet auf einen im Ausland begangenen Bruch des *Secret Professionnel* das französische Strafrecht Anwendung, wenn das Opfer französischer Staatsbürger ist. Da ein doppelt zugelassener Rechtsanwalt auch „*avocat*" ist, ist er gegenüber einem anderen „*avocat*" auch bei einer Tätigkeit in Deutschland zur Beachtung der *Confidentialité des Correspondances* verpflichtet, die vom Schutz des *Secret Professionnel* erfasst wird. Sollte er durch einen an das Gericht gerichteten Schriftsatz gegen die Regelungen der *Confidentialité des Correspondances* verstoßen haben, weil der Schriftsatz Teile der vertraulich ausgetauschten Korrespondenz enthält, so kann er für diesen Bruch des *Secret Professionnel* strafrechtlich in Frankreich verfolgt werden, wenn das Opfer französischer Staatsbürger ist. Aufgrund dieser Möglichkeit einer strafrechtlichen Verfolgung in Frankreich für einen in Deutschland begangenen Verstoß gegen das *Secret Professionnel*, sollte ein in Deutschland und Frankreich zugelassener Rechtsanwalt sorgfältig auf die vertrauliche Behandlung der mit einem anderen „*avocat*" in Deutschland ausgetauschten Korrespondenz achten, wenn der Mandant des gegnerischen Anwalts französischer Staatsangehöriger ist.
Bezüglich des auf der Gegenseite tätigen „*avocat*" ist festzuhalten, dass es sich um einen deutschen Rechtsanwalt handeln kann, der ebenfalls über eine deutsch-französische Doppelzulassung verfügt, oder um einen französischen Anwalt, der unter der Berufsbezeichnung seines Heimatlandes in Deutschland tätig ist.

Literaturverzeichnis

I. Alphabetisches Autorenverzeichnis

Ackermann, Heinrich: "Zur Verschwiegenheitspflicht des Rechtsanwaltes in Strafsachen" in Hundert Jahre Deutsches Rechtsleben, Festschrift zum hundertjährigen Bestehen des Deutschen Juristentages 1860-1960, Karlsruhe 1960, S. 479-509

ders.: „Die Verteidigung des schuldigen Angeklagten“ in Neue Juristische Wochenschrift 1954, S. 1385-1388

Ader, Henri: „Des règles et usages et de la déontologie“ in Gazette du Palais 17/18 septembre 2004, libre propos, S. 5

Ahrens, Hans-Jürgen: „Die Stellung des Rechtsanwalts – Berufspflichten und prozessuale Fairness“ in Peter Gilles (Hrsg.), Anwaltsberuf und Richterberuf in der heutigen Gesellschaft, Baden-Baden 1991, S. 19-80

Alaphilippe, François / Miguet, Jaques: „Déclarations des Tiers" in Juris-Classeur Procédure Civile, fasc. 640, Paris 2000

Alsberg, Max / Nüse, Karl-Heinz / Meyer, Karlheinz: Der Beweisantrag im Strafprozeß, 5. Auflage, Köln 1983

Arzt, Gunther / Weber, Ulrich: Strafrecht Besonderer Teil, Bielefeld 2000

Audit, Bernard: Droit International Privé, 2. Auflage, Paris 1997

Badinter, Robert (Hrsg.): Projet de nouveau Code Pénal, Commission de révision du Code Pénal, Paris 1988

von Bar, Christian / Mankowski, Peter: Internationales Privatrecht, Band I – Allgemeine Lehren, 2. Auflage, München 2003

Bär, Klaus: Die Schweigepflicht des Rechtsanwalts im Rahmen der Verteidigung eines von mehreren Beschuldigten aus straf- und standesrechtlicher Sicht, Dissertation Göttingen 1988

Bartsch, Ursula: Ärztliche Schweigepflicht und Zeugnisverweigerungsrecht im Strafprozeß, Dissertation München 1972

Battifol, Henri / Lagarde, Paul: Traité de Droit International Privé, Tome 1, 8. Auflage, Paris 1993

Bauknecht, Gesine / Lüdicke, Lieselotte: Das französische Strafgesetzbuch (dt. Übersetzung des frz. Code Pénal), Freiburg 1999

Baumbach, Adolf / Lauterbach, Wolfgang / Albers, Jan / Hartmann, Peter: Kommentar zur Zivilprozessordnung, 62. Auflage, München 2004 (zit.: Baumbach/Lauterbach-Bearbeiter, §, Rn.)

Baumgärtel, Gottfried: „Treu und Glauben, gute Sitten und Schikaneverbot im Erkenntnisverfahren“ in Zeitschrift für Zivilprozeß, Band 69 (1956), S. 89-131

ders.: „Treu und Glauben im Zivilprozeß“ in Zeitschrift für Zivilprozeß, Band 86 (1973), S. 353-372

ders.: Wesen und Begriff der Prozeßhandlung einer Partei im Zivilprozeß, Habilitationsschrift Erlangen 1957, Berlin 1957

Beaussier, Michel: „Le secret professionnel en danger” Interview mit Michel Veaussier, in Droit et Patrimoine 2001, n° 98, S. 6-8

Beignier, Bernard / Blanchard, Bernard / Villacèque, Jean: Droit et déontologie de la profession d'avocat, Paris 2002 (zit.: Autor in Droit et déontologie d'avocat, n°)

Le Grand de Belleroche, Diane: „L'avocat français et le solicitor anglais: le secret professionnel dans une dimension européenne“ in Les Petites Affiches 25 mars 2005, n° 60, S. 3-8

Bell, David A.: Lawyers & Citizens, The Making of a Political Elite in Old Regime France, New York/Oxford 1994

de Belval, Bertrand: „L'indépendance de l'avocat après le décret du 12 juillet 2005” in Gazette du Palais 2/3 octobre 2005, S. 2-5

Bendref, Bernd: „Erfolgshonorar und internationale Mandate“ in Anwaltsblatt 1998, S. 309-312

Bénichou, Michel: Intervention in “Forum: quel secret pour les acteurs judiciaires” in Gazette du Palais 18/19 février 2005, S. 250-252

Bénichou, Michel / Teitgen, Francis: „Le rôle des ordres dans la lutte contre le blanchiment et la sauvegarde du secret professionnel” in Gazette du Palais 21/22 avril 2000, S. 724-726

Berger, Christian: „Zur Neuregelung anwaltlicher Gebührenforderungen in § 49b IV BRAO“ in Neue Juristische Wochenschrift 1995, S. 1406-1408

ders.: „Rechtliche Rahmenbedingungen anwaltlicher Dienstleistungen über das Internet“ in Neue Juristische Wochenschrift 2001, S. 1530-1536

Bern, Michael: Verfassungs- und verfahrensrechtliche Probleme anwaltlicher Vertretung im Zivilprozeß, Bonn 1992

Beulke, Werner: Der Verteidiger im Strafverfahren, Habilitationsschrift Göttingen 1979, Frankfurt 1980

Blanchard, Bernard: „Avocat” in Receuil Dalloz 2006, S. 266-273

Bleckmann, Albert: Staatsrecht II – Die Grundrechte, 4. Auflage, Köln 1997

Blei, Hermann: Strafrecht II, Besonderer Teil, 12. Auflage, München 1983

Bleich, E.: Verhandlungen des im Jahre 1848 zusammenberufenen vereinigten ständischen Ausschusses, III. Band, Berlin 1848, Reprint Frankfurt am Main 1991

Bockelmann, Paul: Verkehrsstrafrechtliche Aufsätze und Vorträge, Hamburg 1967

Boecker, Bernhard: „Datenschutz – Anwaltsrechte – Berufspflichten“ in Anwaltsblatt 1996, S. 520-521

Bohne, Gotthold / Sax, Walter: „Der strafrechtliche Schutz des Berufsgeheimnisses im Deutschen Recht“ in Deutsche Landesreferate zum III. Internationalen Kongreß für Rechtsvergleichung in London 1950, S. 931-951,Berlin/Tübingen 1950

Borgmann, Brigitte / Jungk, Antje / Grams, Holger: Anwaltshaftung, 4. Auflage, München 2005

Le Borgne, Jean-Yves: „La déclaration de soupçon, une délation culturellement contre nature" Colloque ACE – L'avocat conseil d'entreprise et le blanchiment- in Gazette du Palais 23/24 janvier 2004, S. 28-30

Bottge, Wilfried: „Wahrheitspflicht des Verteidigers“ in Zeitschrift für die gesamte Strafrechtswissenschaft 96. Bd. (1984), S. 726-760

Brangsch, Heinz: „Die Freiheit des Anwalts - Gedanken zur Entscheidung des Bundesverfassungsgerichts vom 8.3.1983 -“ in Festschrift für Walter Oppenhoff, München 1995, S. 25-46

Braunschweig, Jean-Michel: „Avocats: la défense des principes essentiels" in Gazette du Palais 5/6 octobre 2005, S. 2-5

Brehm, Wolfgang: Bindung des Richters an den Parteivortrag und Grenzen freier Verhandlungswürdigung, Habilitationsschrift Tübingen 1982, Tübingen 1982

Bruns, Jan: „Die vertragliche Haftung des Rechtsanwalts gegenüber dem Mandanten nach neuer Rechtslage“ in Versicherungsrecht 2001, S. 524-530

Büchting, Hans-Ulrich / Heussen, Benno: Beck'sches Rechtsanwaltshandbuch 2001/2002, 7. Auflage, München 2001 (zit.: Büchting/Heussen-Bearbeiter, aaO, §, Rn.)

Budzikiewicz, Christine: „Die Anwendbarkeit des Rechtsberatungsgesetzes im Fall grenzüberschreitender Tätigkeit“ in Praxis des Internationalen Privat- und Verfahrensrechts 2001, S. 218-225

Buschbom, Helmut: Nachruf für Walter Schwarz in Neue Juristische Wochenschrift 1989, S. 1208-1209

Cahen, Bernard: „Le secret professionnel et la lutte contre la corruption“ in Gazette du Palais 13-15 février 2000, S. 246-251

ders.: "L'avocat face aux conflits d'intérêts“ in Droit et Patrimoine, février 1994, S. 84-86

Calliess, Christian / Ruffert, Matthias (Hrsg.): Kommentar des Vertrages über die Europäische Union und zur Gründung der Europäischen Gemeinschaft, Neuwied, 2. Auflage (zit.: Calliess/Ruffert-Bearbeiter, Art., Rn.)

Carotenuto, Sylvie: "Le statut constitutionnel de l'avocat" in Les Petites Affiches, 23 juin 2003, n° 124, S. 5-8

Coester-Waltjen, Dagmar: Internationales Beweisrecht, Habilitationsschrift 1981/1982 München, Ebelsbach 1983,

Conseil National des Barreaux (Hrsg.): Décision à caractère normatif n° 1999 – 001 instituant le Règlement Intérieur Harmonisé (RIH) des Barreaux de France, Paris 1999

Conseil National des Barreaux (Hrsg.): Règlement Intérieur National de la profession d'avocat, Texte et commentaires, Paris 2005

Conte, Philippe: Droit pénal spécial, 2. Auflage, Paris 2005

Conte, Philippe / Maistre du Chambon, Patrick: Procédure pénale, 4. Auflage, Paris 2002

Cottereau, Vincent: „Le secret professionnel de l'avocat : de l'absolutisme à la relativité" in Droit et Patrimoine 2000, n° 87, S. 36-41

Coulaud, Gabriel-Pierre: "Protection par le secret professionnel des correspondances entre avocats" in Gazette du Palais 22 janvier 1998, doctrine, S. 136-138

ders.: „Correspondance confidentielle échangée entre un avocat et des professionnels n'ayant pas la qualité d'avocat" in Gazette du Palais 20/21 novembre 1998, S. 24-25

Couturon, Jean: "Le secret professionnel ne trouve-t-il à s'exercer qu'en matière de procédure judiciaire?" in Gazette du Palais 18 avril 1992, doctrine, S. 295-297

Cresson, Ernest: Usages et Règles de la Profession d'Avocat, Tome Premier et Second, Paris 1888

Dahs, Hans: Handbuch des Strafverteidigers, 7. Auflage, Köln 2005

Dallinger, Wilhelm: „Gerichtsverfassung und Strafrecht" in Juristenzeitung 1953, S. 432-442

Damien, André: Le secret nécessaire, Paris 1989

ders.: "Le secret professionnel" in Gazette du Palais 16 mars 1982, S. 136-140

ders.: note zu CA Angers 20 avril 2001 in Gazette du Palais 20-22 mai 2001, S. 749-750

Damien, André / Ader, Henri: Règles de la profession d'avocat, 10. Auflage, Paris 2004

Decheix, Pierre: "Un droit de l'homme mis à mal: le secret professionnel" in Recueil Dalloz 1983, chronique, S. 133-138

Deckenbrock, Christian: „Interessenkonflikte bei Wirtschaftsprüfern und Rechtsanwälten unter dem besonderen Aspekt der beruflichen Verschwiegenheitspflicht" in Betriebs-Berater 2002, S. 2453-2461

Delmas-Marty, Mireille: „A propos du secret professionnel“ in Recueil Dalloz 1982, chronique, S. 267-272

Deschl, Hans: Das Berufsgeheimnis im Strafrecht, Emsdetten 1938, Dissertation München 1937

Desportes, Frédéric / Le Gunehec, Francis: Droit pénal général, 11. Auflage, Paris 2004

Dufour, Olivia: „Lutte anti-blanchiment : polémique autour du secret professionnel" in Les Petites Affiches 24 octobre 2000, n° 212, S. 3

Duvergier, Jean-Baptiste: Collection complet des lois, ordonnances, règlements, avis du conseil d'état, tome 1, 1788-1790, 2. Auflage Paris 1834, tome 2, 1790-1791, 2. Auflage, Paris 1834, tome 14, 1803-1804, 2. Auflage, Paris 1836, tome 17, 1810-1811, 2. Auflage, Paris 1836, tome 30, 1830, 2. Auflage, Paris 1836, tome 97, Paris 1897

Echappé, Olivier: "Le secret professionnel de l'ecclésiastique", Interview mit Olivier Echappé in Recueil Dalloz 2001, S. 2606-2607

Eichenhofer, Eberhard: Internationales Sozialrecht und Internationales Privatrecht, Habilitationsschrift Saarbrücken 1986/1987, Baden-Baden 1987

ders.:„Zwei Aufgaben des Internationalen Privatrechts“ in Festschrift für Günther Jahr zum siebzigsten Geburtstag, Tübingen 1993, S.435-453

Eisenberg, Claudius: Das Internationale Privatrecht der Anwaltshaftung, Dissertation Münster 1998, Konstanz 1998,

Erman, Harm Peter Westermann (Hrsg.): Kommentar zum Bürgerlichen Gesetzbuch, 11. Auflage, Münster 2004 (zit.: Erman-Bearbeiter, §, Rn.)

Everling, Ulrich: „Entwicklung im anwaltlichen Berufsrecht unter dem Blickwinkel des Rechts der EG“ in Mitteilungen der Bundesrechtsanwaltskammer 1989, S. 166-174.

Fabre, Jules: Histoire du barreau de Paris 1810-1870, Paris 1895

Favoreu, Louis / Philip, Loïc: Les grandes décisions du Conseil constitutionnel, 13. Auflage, Paris 2005

Ferid, Murad: Internationales Privatrecht, 3. Auflage, Frankfurt am Main 1986

Feuerich, Wilhelm / Weyland, Dag: Kommentar zur Bundesrechtsanwaltsordnung, 6. Auflage, München 2003 (zit.: Feuerich/Weyland, §, Rn.)

Fezer, Gerhard: „Grundfälle zum Verlesungs- und Verwertungsverbot im Strafprozeß“ in Juristische Schulung 1978, S. 472-475

Ficht, Oskar: Die Wahrheitspflicht der Parteien im Zivilprozeß, Dissertation Erlangen 1934

Filiberti, E.: "Avocats: votre secret professionnel est en danger!" in Droit et Patriomoine, September 1999, S. 16

Finger, Richard: Die Kunst des Rechtsanwalts, 3. Auflage, Berlin 1926

Fischer, Kristian: Die Kollision von nationalem Berufsrecht mit der Niederlassungsfreiheit in der Europäischen Gemeinschaft, Dissertation Mannheim 1993, Frankfurt am Main 1993

Fitzsimmons, Michael: The Parisian Order of Barristers and the French Revolution, Cambridge/London 1987

Flor, Georg: „Beruf und Schweigepflicht – Eine Gegenüberstellung“ in Juristische Rundschau 1953, S. 368-372

Fourment, François: Procédure pénale, 6. Auflage, Orléans 2005

Freund, Georg: „Verurteilung und Freispruch bei Verletzung der Schweigepflicht eines Zeugen“ in Goltdammer's Archiv für Strafrecht 1993, S. 49-66

Friedländer, Adolf / Friedländer, Max: Kommentar zur Rechtsanwaltsordnung, 3. Auflage, München 1930

Friese, Franz-Josef: „Die freie Advokatur als notwendiger Bestandteil der Rechtspflege im demokratischen Rechtsstaat“ in Anwaltsblatt 1985, S. 601-608

Gallas, Wilhelm: „Der Schutz der Persönlichkeit im Entwurf eines Strafgesetzbuches“ in Zeitschrift für die gesamte Strafrechtswissenschaft, 75. Band (1963), S. 16-42

Gamsjäger, Sieglinde: „Le code de déontologie du CCBE” in L'Observateur de Bruxelles 2002, n° 46, S. 28-29

Garçon, Émile: Code Pénal annoté, nouvelle édition refondue et mis à jour par Marcel Rousselet, Maurice Patin, Marc Ancel, tome deuxième (Art. 295 à 401), Paris 1956

Gaté, P.: „Le secret professionnel de l'avocat“ in Gazette du Palais 17 mars 1987, doctrine, S. 199-204

Ghestin, Jacques / Goubeaux, Gilles: Traité de Droit Civil, Introduction Générale, 4. Auflage, Paris 1994

Gießler, Hans: „Das Beweisverbot des § 383 III ZPO“ in Neue Juristische Wochenschrift 1977, S. 1185-1186

Göppinger, Hans: „Die Entbindung von der Schweigepflicht und die Herausgabe oder Beschlagnahme von Krankenblättern“ in Neue Juristische Wochenschrift 1958, S. 241-245

von der Groeben, Hans / Schwarze, Jürgen (Hrsg.): Kommentar zum Vertrag über die Europäische Union und zur Gründung der Europäischen Gemeinschaft, Bd. 1, Art. 1-53 EUV, Art. 1-80 EGV 6. Auflage, Baden-Baden 2003 (zit.: von der Groeben/Schwarze-Bearbeiter, Art., Rn.)

Große-Wilde, Franz-M.: „Geldwäschegesetz – Neue Verpflichtungen für Rechtsanwälte und andere Freiberufler“ in Monatsschrift für Deutsches Recht 2002, S. 1288-1290

Grunewald, Barbara: „Das Problem der Vertretung widerstreitender Interessen und ihre Vermeidung“ in Anwaltsblatt 2005, S. 437-441
Grunewald, Barbara / Piepenstock, Karola: „Anwaltliche Berufspflichten – Verstöße gegen § 43 BRAO und anwaltsgerichtliche Maßnahmen“ in Monatsschrift für Deutsches Recht, S. 869-871
Grunsky, Wolfgang: „Lex fori und Verfahrensrecht“ in Zeitschrift für Zivilprozeß, Band 89 (1976), S. 242-259
Guéry, Christian: „Le défaut de protection de l'enfant par le professionnel: un nouveau délit?“ in Recueil Dalloz 2001, S. 3293-3298
Guimezanes, Nicole: Introduction au droit français, 2. Auflage, Baden-Baden 1999
Guinchard, Serge (Hrsg.): Droit et pratique de la procédure civile, Paris 2004
Günter, Ernst: „Der amerikanische Rechtsanwalt und die Bar Associations“ in Anwaltsblatt 1969, S. 181-187

Habscheid, Walter: „Der Rechtsmittelverzicht im Zivilprozeß“ in Neue Juristische Wochenschrift 1965, S. 2369-2376
ders.: „Das Recht auf Beweis“ in Zeitschrift für Zivilprozeß, Band 96 (1983), S. 306-334
Hackel, Wolfgang: „Drittgeheimnisse innerhalb der ärztlichen Schweigepflicht“ in Neue Juristische Wochenschrift 1969, S. 2257-2259
Haffke, Bernhard: „Schweigepflicht, Verfahrensrevision und Beweisverbot“ in Goltdammer's Archiv für Strafrecht 1973 S. 65-84
Hailbronner, Kay / Nachbaur, Andreas: „Die Dienstleistungsfreiheit in der Rechtssprechung des EuGH“ in Europäische Zeitschrift für Wirtschaftsrecht 1992, S. 105-113
Halpérin, Jean-Louis (sous la dir.): Les structures du barreau et du notariat en Europe, Lyon 1996 (zit.: Autor in Les structures du barreau et notariat en Europe)
Hamelin, Jaques / Damien, André: Les règles de la profession d'avocat, 9. Auflage, Paris 2000
Hammerstein, G.: „Verteidigung wider besseren Wissens“ in Neue Zeitschrift für Strafrecht 1997, S. 12-15
von Harenne, Nicola: Das Zeugnisverweigerungsrecht der Berufshelfer nach § 53a StPO, Dissertation Münster 2002, Münster 2002
Harststang, Gerhard: Anwaltsrecht, Köln 1991
Hartung, Wolfgang / Holl, Thomas: Anwaltliche Berufsordnung, Kommentar und Berufsrechts-ABC, 3. Auflage, München 2006 (zit.: Hartung/Holl- Bearbeiter, §, Rn.)
Hauser, Robert / Rehberg, Jörg / Stratenwerth, Günter (Hrsg.): Gedächtnisschrift für Peter Noll, Zürich 1984 (zit.: Verfasser in Noll-Gedächtnisschrift)

Hellwig, Hans-Jürgen: „Unterschiede der nationalen Berufsrechte" in Mitteilungen der Bundesrechtsanwaltskammer 2002, S. 52-59
ders.: „Les Droits professionnel nationaux – Différences-Normes anti-collision et harmonisation nécessaires" in L'Observateur de Bruxelles 2003, n° 53, S. 9-17
Henckel, Wolfram: Prozessrecht und materielles Recht, Göttingen 1970
Henssler, Martin: „Das anwaltliche Berufsgeheimnis" in Neue Juristische Wochenschrift 1994, S. 1817-1824
ders.: „Das Verbot der Vertretung widerstreitender Interessen" in Neue Juristische Wochenschrift 2001, S. 1521-1529
ders.: „Haftungsrisiken anwaltlicher Tätigkeit" in Juristenzeitung 1994, S. 178-188
ders.: „Grundlagen des US-amerikanischen Berufsrechts der Rechtsanwälte" in Anwaltsblatt 2002, S.557-566
ders.: „Rechtliche Rahmenbedingungen anwaltlicher Tätigkeit in Europa" in Henssler, Martin (Hrsg.), Anwaltliche Tätigkeit in Europa, Bonn 1994, S. 9-36
Henssler, Martin / Kilian, Matthias: „Erwerb von Anwaltssozietäten – Das Prinzip des «sanften Übergangs»" in Monatsschrift für das Deutsche Recht 2001, S. 1274-1278
Henssler, Martin / Prütting, Hanns: Kommentar zur Bundesrechtsanwaltsordnung, 2. Auflage, München 2004 (zit.: Bearbeiter in Henssler/Prütting, §, Rn.)
Henssler, Martin / Streck, Michael: Handbuch des Sozietätenrechts, Köln 2001 (zit.: Bearbeiter in Henssler/Streck, S. Rn.)
Hippe, Johannes: „Unbefugte Offenbarung von Privatgeheimnissen nach § 300 StGB" in Archiv für Strafrecht, 46. Band (1898/1899), S. 283-300
von Hoffmann, Bernd / Thorn, Karsten: Internationales Privatrecht, 7. Auflage, München 2002
Hofmann, Stefan: Internationales Anwaltsrecht, Dissertation Konstanz 1991, Konstanz 1991
Hoppmann, H. D.: „Anwaltsregreß in der gerichtlichen Praxis" in Monatsschrift für das Deutsche Recht 1994, S. 14-18
Hübner, Ulrich / Constantinesco, Vlad: Einführung in das französische Recht, 4. Auflage, München 2001
Huet, André: „Procédure civile et commerciale dans les rapports internationaux – domaine de la «lex fori»", Juris-Classeur Droit International, Fasc. 582-20, Paris 2001
Hug, Sabine: Die Substitution im Internationalen Privatrecht, Dissertation München 1983, München 1983

Isele, Walter: Bundesrechtsanwaltsordnung, Kommentar, Essen 1976
Isensee, Josef / Kirchhof, Paul (Hrsg.): Handbuch des Staatsrechts, Band I, Heidelberg 1987 (zit.: Bearbeiter in Isensee/Kirchhof I, S.)
Isensee, Josef / Kirchhof, Paul (Hrsg.): Handbuch des Staatsrechts, Band VI, Heidelberg 1989 (zit.: Bearbeiter in Isensee/Kirchhof VI, S.)
Itin, Marco: Grundrechte in Frankreich, Dissertation Zürich 1992, Zürich 1992

Jarass, Hans D.: „Die freien Berufe zwischen Standesrecht und Kommunikationsfreiheit" in Neue Juristische Wochenschrift 1982, S. 1833-1840
Jeandidier, Wilfrid: Droit pénal des affaires, 5. Auflage, Paris 2003
Jessnitzer, Kurt / Blumberg, Hanno: Kommentar zur Bundesrechtsanwaltsordnung, 8. Auflage, Köln 1998 (zit.: Jessnitzer/Blumberg, §, Rn.)
Joecks, Wolfgang (Hrsg.) / Miebach, Klaus: Münchener Kommentar zum Strafgesetzbuch, Band 3, §§ 185-262 StGB, München 2003 (zit.: MK-Bearbeiter, §, Rn.)
Juncu, Corina: „Les dispositions de la lutte contre le blanchiment des capitaux confrontées au secret professionnel de l'avocat et du notaire" in Les Petites Affiches 14 juin 2005, n° 117, S. 4-17
Jung, Heike: „Der strafrechtliche Schutz des Arztgeheimnisses im deutschen und französischen Recht" in Rechtsvergleichung, Europarecht und Staatenintegration -Gedächtnisschrift für Léontin-Jean Constantinesco, Köln 1983, S. 355-376
Junker, Abbo: Internationales Privatrecht, München 1998

Kääb, Ottheinz / Oberlander, Willi: „Kooperationsformen bei Rechtsanwälten" in Mitteilungen der Bundesrechtsanwaltskammer 2005, S. 55-60 und S. 226-229
Kalsbach, Werner: Kommentar zur Bundesrechtsanwaltsordnung und zu den Richtlinien für die Ausübung des Rechtsanwaltsberufs, Köln 1960
Kegel, Gerhard / Schurig, Klaus: Internationales Privatrecht, 9. Auflage, München 2004
Kegel, Gerhard / Seidl-Hohenveldern, Ignaz: „Zum Territorialitätsprinzip im internationalen öffentlichen Recht" in Konflikt und Ordnung, Festschrift für Murad Ferid, München 1978, S. 233-277
Keller, Hans: „Verwendung rechtswidrig erlangter Briefe als Beweisurkunden in Ehesachen" in Juristische Rundschau 1950, S. 270-271
Kienapfel, Diethelm: Privatsphäre und Strafrecht, Frankfurt am Main 1969

Kilian, Matthias: „Interessenkonflikte beim Sozietätswechsel: Verbot der Vertretung widerstreitender Interessen contra Berufsfreiheit“ in Betriebs-Berater 2003, S. 2189-2195

ders.: „Die Globalisierung der Rechtsberatung- Interessenkonflikte und Chinese Walls“ in Wertpapier-Mitteilungen 2000, S. 1366-1379

ders.: „Erfolgshonorare im Internationalen Privatrecht“ in Anwaltsblatt 2003, S. 452-463

Kindhäuser, Urs / Neumann, Ulfried / Paeffgen, Hans-Ullrich (Hrsg.): Nomos Kommentar zum Strafgesetzbuch, 2. Auflage, Baden-Baden 2005 (zit.: NK-Bearbeiter, §, Rn.)

Klein, Andreas / Ott, Eberhard / Zerdick, Thomas (Hrsg.): Tätigkeit europäischer Rechtsanwälte in Deutschland, Kurz-Kompendium zum Europäischen Rechtsanwaltsgesetz, Stuttgart 2002

Kleine-Cosack, Michael: Kommentar zur Bundesrechtsanwaltsordnung, München 1993 (zit.: Kleine-Cosack (1.Aufl.), §, Rn.)

ders.: Kommentar zur Bundesrechtsanwaltsordnung, 4. Auflage, München 2003 (zit.: Kleine-Cosack, §, Rn.)

ders.: „Neuordnung des anwaltlichen Berufsrechts“ in Neue Juristische Wochenschrift 1994, S. 2249-2258

Knöfel, Oliver: „Anwalts-Kollisionsrecht“ in Anwaltsblatt 2003, S. 3-19

ders.: Grundfragen der internationalen Berufsausübung von Rechtsanwälten, Dissertation Hamburg 2005, Bonn 2005

Kohlhaas, Max: „Strafrechtliche Schweigepflicht und prozessuales Schweigerecht“ in Goltdammer's Archiv für Strafrecht 1958, S.65-76

ders.: Medizin und Recht, München 1969

Konzen, Horst: Rechtsverhältnisse zwischen Prozeßparteien, Habilitationsschrift Mainz 1976, Berlin 1976

Krämer, Achim: „Die verfassungsrechtliche Stellung des Rechtsanwalts“ in Neue Juristische Wochenschrift 1995, S. 2313-2317

ders.: „Der verfassungsrechtliche Status des Rechtsanwalts“ in Mitteilungen der Bundesrechtsanwaltskammer 1988, S. 67-69

ders.: „Das „Verteidigerprivileg“ der §§ 97, 93 StPO im Ermittlungsverfahren nach dem GWB aus verfassungsrechtlicher Sicht“ in Betriebs-Berater 1975, S. 1225-1234

Krapfl, Claudia: „Zur Zulässigkeit des Erfolgshonorars für Rechtsanwälte und Steuerberater bei hinreichendem Auslandsbezug“ in Praxis des Internationalen Privat- und Verfahrensrechts 2002, S. 380-384

Krebs, Jean- Charles: „La CARPA, un certificat de qualité" Colloque ACE - L'avocat conseil d'entreprise et le blanchiment- in Gazette du Palais 23/24 janvier 2004, S.24-27

Krekeler, Wilhelm / Schonard, Marcus: „Der Berufshelfer im Sinne des § 53a StPO“ in Zeitschrift für Wirtschafts- und Steuerstrafrecht 1998, S. 137-140

Krencker, Martin: Die Wahrheitspflicht der Parteien im deutschen und österreichischen Zivilprozessrecht, Leipzig 1935

Krenzler, Michael: „Vom Untergang des Anwaltsstandes“ in Mitteilungen der Bundesrechtsanwaltskammer 2003, S. 249-250

Kropholler, Jan: Internationales Privatrecht, 5. Auflage, Tübingen 2004

Kühne, H.: „Die begrenzte Aussagepflicht des ärztlichen Sachverständigen vor Gericht nach §§ 53 I Nr. 3 StPO, 203 I Nr. 1 StGB“ in Juristenzeitung 1981, S. 647-652

Lackner, Karl / Kühl, Kristian: Kommentar zum Strafgesetzbuch, 25. Auflage, München 2004 (zit.: Lackner/Kühl, §, Rn.)

Landry, Daniel: „La confidentialité des correspondances entre avocats” in Gazette du Palais 5 mars 1998, S. 290-295

Langkeit, Jochen: „Umfang und Grenzen der ärztlichen Schweigepflicht gemäß § 203 I Nr. 1 StGB“ in Neue Zeitschrift für Strafrecht 1994, S. 6-9

Laufs, Adolf: „Krankenpapier und Persönlichkeitsschutz“ in Neue Juristische Wochenschrift 1975, S. 1433-1437

Lemaire, Jean / Payen, Fernand / Duveau, Gaston: Les règles de la profession d'avocat et les usages du barreau de Paris, 3. Auflage, Paris 1975 (zit.: Lemaire/Payen/Duveau)

Lenckner, Theodor: „Aussagepflicht, Schweigepflicht und Zeugnisverweigerungsrecht“ in Neue Juristische Wochenschrift 1965, S. 321-327

Lewald, Hans: Règles générales des conflits de lois, Basel 1941

Lindenberg, Frank: Wahrheitspflicht und Dritthaftung des Rechtsanwalts im Zivilverfahren, Dissertation Köln 2001, Bonn 2002

Lingenberg, Joachim / Hummel, Fritz / Zuck, Rüdiger / Eich, Alexander (Hrsg.): Kommentar zu den Grundsätzen des anwaltlichen Standesrechts, 2. Auflage, Köln 1988 (zit.: Lingenberg/ Hummel/Zuck/Eich, §, Rn.)

Looschelders, Dirk: Die Anpassung im Internationalen Privatrecht, Dissertation Mannheim 1985, Heidelberg 1995,

de Lousanoff, Oleg: „Der europäische Rechtsanwalt zwischen Rechtspflege und Dienstleistung“ in Zeitschrift für Zivilprozess, Band 115 (2002), S. 357-384

Lüke, Gerhard: „Betrachtungen zum Prozeßrechtsverhältnis“ in Zeitschrift für Zivilprozeß, Band 108 (1995), S. 427-454

Lüke, Gerhard / Walchshöfer, Alfred (Hrsg.): Münchener Kommentar zur Zivilprozessordnung, Band 1, §§ 1-354, 2. Auflage, München 2000, Band 2, §§ 355-802, 2. Auflage, München 2000

Lutter, Marcus / Oppenhoff, Walter / Sandrock, Otto / Winkhaus, Hans: Vorwort der Festschrift für Ernst C. Stiefel zum 80. Geburtstag, München 1987, S. V-VIII

Madival, Jerôme / Laurent, Émile: Archives Parlementaires de 1787 à 1860, Tome XVIII, Tome XXI, Paris 1995

Magnus, Ulrich: „Englisches Kündigungsrecht auf deutschem Schiff – Probleme des internationalen Seerechts“ in Praxis des Internationalen Privat- und Verfahrensrechts 1991, S. 382-386

Mankowski, Peter: „Der internationale Anwendungsbereich des Rechtsberatungsgesetzes“ in Anwaltsblatt 2001, S. 73-80

ders.: „Wichtige Klärungen im Internationalen Arbeitsrecht“ in Praxis des Internationalen Privat- und Verfahrensrechts 1994, S. 88-98

ders.: „Internationales Seeschifffahrtsregister, Anknüpfung von Heuerverträgen und Qualifikationsfragen im internationalen Arbeitsrecht“ in Praxis des Internationalen Privat- und Verfahrensrechts 1996, S. 405-410

ders.: „Anwendbares Recht beim Mandatsverhältnis einer internationalen Anwaltssozietät“ in Anwaltsblatt 2001, S. 249-257

de Marsac, Tandeau: „Lutte contre le blanchiment et nécessité de respecter le secret professionnel" "Colloque ACE - L'avocat conseil d'entreprise et le blanchiment- in Gazette du Palais 23/24 janvier 2004, S. 33-36

Martin, Raymond: Déontologie de l'avocat, 8. Auflage, Paris 2004

ders.: „La confidentialité des correspondances entre avocats adverses" in La Semaine Juridique 1994, II 3787, S. 402-404

ders.: "La confidentialité des correspondances entre avocats après la loi du 7 avril 1997" in La Semaine Juridique 1998, I 108, S. 227-229

ders.: "Les modifications au statut de l'avocat par la loi n° 2004-130 du 11 février 2004" in La Semaine Juridique 2004, actualité 123, S. 373-375

Maunz, Theodor / Dürig, Günther (Hrsg.): Kommentar zum Grundgesetz, Band I, Art. 1-5, Stand März 2007, München 2007 (zit. Bearbeiter in Maunz/Dürig, Art., Rn.)

dies.: Kommentar zum Grundgesetz, Band II, Art. 6-16a, Stand März 2007, München 2007 (zit. Bearbeiter in Maunz/Dürig, Art., Rn.)

Maurach, Reinhart / Schroeder, Friedrich-Christian / Maiwald, Manfred: Strafrecht Besonderer Teil, Teilband 2, 7. Auflage, Heidelberg 1991

Mauro, Jaques / Weil, Heinz: „Die freie Dienstleistung von Rechtsanwälten aus der Europäischen Gemeinschaft“ in Anwaltsblatt 1981, S. 128-133

Merten, Detlef: „Zur negativen Meinungsfreiheit“ in Die öffentliche Verwaltung 1990, S. 761-769

Meyer, Pierre: Droit international privé, 6. Auflage Paris 1998

Meyer-Goßner, Lutz : Kommentar zur Strafprozessordnung, 48. Auflage, München 2005 (zit.: Meyer-Goßner, §, Rn.)
Michalowski, Sabine: „Schutz der Vertraulichkeit strafrechtlich relevanter Patienteninformationen“ in Zeitschrift für die Gesamte Strafrechtswissenschaft, 109. Band (1997), S. 519-544
Michalski, Lutz / Römermann, Volker: „Interprofessionelle Zusammenarbeit von Rechtsanwälten“ in Neue Juristische Wochenschrift 1996, S. 3233-3239
Mittermaier, E.: „Über die Collision der Proceßgesetze“ in Archiv für die civilistische Praxis, Band 13 (1830), S. 293-316
Möllers, Christoph: Internationale Zuständigkeit bei der Durchgriffshaftung, Dissertation Münster, Bielefeld 1987
Mollet, M.: Abrégé des règles de la profession d'avocat, Paris 1852
Monéger, Joël / Demeester, Marie-Luce: Profession: avocat, Paris 2001
Moutouh, Hugues: „Secret professionnel et liberté de conscience: l'exemple des ministres des cultes“ in Recueil Dalloz 2000, doctrine, S. 431-437
Müller, Klaus: „Die Pflichten des Anwalts im Zusammenhang mit der Führung des Prozesses“ in Juristische Rundschau 1969, S. 161-168
Müller-Gugenberger, Christian: Wirtschaftsstrafrecht, 2. Auflage, Münster 1992 (zit.: Bearbeiter in Müller-Gugenberger, §, Rn.)
Müller-Welt, Christian: Das Berufsgeheimnis des Arztes und Apothekers nach der Reichsärzte- und Apothekerordnung, Dissertation Erlangen 1938, Erlangen 1938
von Münch, Ingo / Kunig, Philip (Hrsg.): Grundgesetz-Kommentar, Band 1 (Präambel bis Art. 19), 5. Auflage, München 2000 (zit.: Bearbeiter in von Münch/Kunig, Art., Rn.)
Münchhalffen, Gaby: Anmerkung zu OLG Köln Beschluss v. 1.3.1991 in Strafverteidiger 1991, S. 507-508
Musielak, Hans-Joachim: Kommentar zur Zivilprozessordnung, 4. Auflage, München 2005 (zit.: Musielak-Bearbeiter, §, Rn.)
ders.: Grundkurs ZPO, 7. Auflage, München 2004

Nagel, Heinrich: Die Grundzüge des Beweisrechts im europäischen Zivilprozeß, Baden-Baden 1967
Nagel, Heinrich / Gottwald, Peter: Internationales Zivilprozessrecht, 5. Auflage, Köln 2002
Nallet, Henri: „Les réseaux pluridisciplinaires et les professions du droit" rapport au Premier ministre in Documentation française, Rapports Officiels, Paris 1999
Nassall, Wendt: „Auskunfts- und Akteneinsichtrechte des Konkursverwalters gegenüber dem Rechtsanwalt des Gemeinschuldners?“ in Konkurs-, Treuhand- und Schiedsgerichtswesen 1988, S. 633-654

Nerlich, Jörg: Internationale Kooperationsmöglichkeiten für Rechtsanwälte, Dissertation Köln 1993/1994, Bonn 1994

Neumann, Franz L. / Nipperdey, Hans Carl / Scheuner, Ulrich: Die Grundrechte – Handbuch der Theorie und Praxis der Grundrechte, Bd. II, 2. Auflage, Berlin 1968 (zit.: Bearbeiter in Neumann/Nipperdey/Scheuner, II, S.)

Neumeyer, Karl: „Anwaltsvergehen im internationalen Verkehr" in Goltdammer's Archiv für Strafrecht und Strafprozessrecht, 64. Band (1917), S. 1-28

Niemöller, Martin / Schuppert, Gunnar Folke: „Die Rechtsprechung des Bundesverfassungsgerichts zum Strafverfahrensrecht" in Archiv des öffentlichen Rechts, 107. Band (1982), S. 387-498

Niessen, Thomas: Frankreichs Anwaltschaft - Die „große" Reform des anwaltlichen Berufsrechts, Bonn 1994

Noack, Erwin: Kommentar zur Reichsrechtsanwaltsordnung, 2. Auflage, Leipzig 1937

Ostendorf, Heribert: „Der strafrechtliche Schutz von Drittgeheimnissen" in Juristische Rundschau 1981, S. 444-448

Otto, Harro: „Strafrechtliche Konsequenzen aus der Ermöglichung von Bankgeheimnissen in einem öffentlich-rechtlichen Kreditinstitut durch Wartungs- und Servicepersonal eines Computernetzwerkes" in Zeitschrift für Wirtschafts- und Steuerstrafrecht 1999, S. 201-206

Pactet, Pierre: Institutions politiques – Droit constitutionnel, 17. Auflage, Paris 1998

Pagenstecher, Max: „Werden die Partei- und Prozessfähigkeit eines Ausländers nach seinem Personalstatut oder nach den Sachnormen der lex fori beurteilt?" in Zeitschrift für Zivilprozeß, Band 64 (1950-51), S. 249-284

Paulin, Christophe: Droit Pénal Général, 2. Auflage, Paris 2000

Payen, Fernand / Duveau, Gaston: Les règles de la profession d'avocat et les usages du barreau de Paris, 2. Auflage, Paris 1936 (zit.: Payen/Duveau)

Peltier, Virginie: „Révélation d'une information à caractère secret" in Juris-Classeur Pénal Code, Art. 226-13 et 226-14, fasc. 20, 30, à jour au 25 janvier 2005

Pfeiffer, Gerd (Hrsg.): Karlsruher Kommentar zur Strafprozessordnung, 5. Auflage, München 2005 (zit.: KK-Bearbeiter, §, Rn.)

Pfeiffer, Gerd (Hrsg.): Grundzüge des Strafverfahrensrechts, 3. Auflage, München 1998 (zit.: Pfeiffer, Strafverfahrensrecht)

Philip, Loïc: "La décision Sécurité et Liberté des 19 et 20 janvier 1981" in Revue du droit public et la science politique en France et à l'étranger 1981, S. 651-696

Pieroth, Bodo / Schlink, Bernhard: Grundrechte – Staatsrecht II, 20. Auflage, Heidelberg 2004

Pimienta, Louis: Le secret professionnel de l'avocat, Dissertation Paris 1937, Paris 1937

Piwnica, Emmanuel: "Justice et secret" in Les Petites Affiches, 14 décembre 2005, n° 248, S. 3-5

Pleyer, Klemens: „Schallaufnahmen als Beweismittel im Zivilprozeß" in Zeitschrift für Zivilprozeß, Band 69 (1956), S. 321-338

Poll, Jens: Anmerkung zum Urteil des BGH v. 10.8. 1995, in Juristische Rundschau 1996, S. 203-204

Pontier, Jean-Marie: Note zu Conseil d'Etat 17 novembre 2004, in Actualité juridique de droit administratif 2005, n° 6, S. 320-323

Pradel, Jean / Varinard, André: Les grands arrêts de la procédure pénale, 4. Auflage, Paris 2003

Pradel, Jean / Danti-Juan, Michel: Droit pénal spécial, 2. Auflage, Paris 2001

Prechtel, Günter: „Zulässigkeit der Abtretung anwaltlicher Honorarforderungen an Rechtsanwälte angesichts § 49b IV BRAO" in Neue Juristische Wochenschrift 1997, S. 1813-1816

Prütting, Hanns: „Rechtsberatung zwischen Deregulierung und Verbraucherschutz", Gutachten für den 65. Deutschen Juristentag, Band I, Gutachten G, München 2004

PY, Bruno: Le secret professionnel, Paris 2005

Quack, Karlheinz: „Sinn und Grenzen anwaltlicher Unabhängigkeit heute" in Neue Juristische Wochenschrift 1975, S. 1337-1343

Rabe, Hans-Jürgen: „Die Bedeutung der freien Rechtsberufe für den europäischen Binnenmarkt" in Anwaltsblatt 1999, S. 66-70

ders.: „Auf dem Weg zum neuen anwaltlichen Berufsrecht" in Neue Juristische Wochenschrift 1989, S. 1113-1119

Radtke, Manfred: „Der Grundsatz der lex fori und die Anwendbarkeit ausländischen Verfahrensrechts, Dissertation Münster 1981

Raiser, Gottfried: „Die Haftung des deutschen Rechtsanwalts bei grenzüberschreitender Tätigkeit" in Neue Juristische Wochenschrift 1991, S. 2049-2057

Raoult, Christian: note zu Cass. Civ. 4 février 2003 in Gazette du Palais 13-15 avril 2003, S. 1068-1069

Rassat, Michèle-Laure: Droit pénal spécial, 4. Auflage, Paris 2004 *ders.*: Les infractions contre les biens et les personnes dans le nouveau Code Pénal, Paris 1995

Rebmann, Kurt / Säcker, Franz-Jürgen / Rixecker, Roland (Hrsg.): Münchener Kommentar zum Bürgerlichen Gesetzbuch, Band 10, Einführungsgesetz zum Bürgerlichen Gesetzbuche (Art. 1-46), Internationales Privatrecht, 4. Auflage, München 2006 (zit.: MüKo-Bearbeiter, §, Rn.)

Redeker, Konrad: „Freiheit der Advokatur- heute" in Neue Juristische Wochenschrift 1987, S. 2610 –2616

Reithmann, Christoph / Martiny, Dieter (Hrsg.): Internationales Vertragsrecht, 4. Auflage, Köln 1988 (zit.: Reithmann/Martiny-Bearbeiter, aaO, 4. Aufl., Rn.)

dies.: Internationales Vertragsrecht, 6. Auflage, Köln 2004 (zit.: Reithmann/Martiny, aaO, Rn.)

Rengier, Rudolf: Strafrecht Besonderer Teil I, 7. Auflage, München 2005

Renoux, Thierry: Le conseil constitutionnel et l'autorité judiciaire, l'élaboration d'un droit constitutionnel juridictionnel, Aix-en-Provence 1984, zgl. Dissertation, Faculté de droit et de science politique d'Aix-Marseille 1984

Repiquet, Yves: „Les avocats français et la Directive européenne relative à la prévention de l'utilisation du système financier aux fins de blanchiment de capitaux" in Gazette du Palais 8 juillet 2003, S. 2060-2064

Rick, Markus: Die verfassungsrechtliche Stellung des Rechtsanwalts, Dissertation Köln 1998, Bonn 1998

Rideau, Joël (Hrsg.): Le droit au juge dans l'union européenne, Paris 1998 (zit.: Autor in Le droit au juge dans l'union européenne)

Riess, Peter (Hrsg.): Löwe-Rosenberg Großkommentar zur Strafprozessordnung, 3. Band, §§ 198-295, 24. Auflage, Berlin 1987 (zit.: Löwe-Rosenberg-Bearbeiter, §, Rn.)

Riezler, Erwin: Internationales Zivilprozeßrecht und prozessuales Fremdenrecht, Berlin/Tübingen 1949

Rogall, Klaus: „Die Verletzung von Privatgeheimnissen" in Neue Zeitschrift für Strafrecht 1983, S. 1-9

Rosenberg, Leo / Schwab, Karl Heinz / Gottwald, Peter: Zivilprozessrecht, 16. Auflage, München 2004

Roßnagel, Alexander: „Datenschutz bei Praxisübergabe" in Neue Juristische Wochenschrift 1989, S. 2303-2309

Roth, Alfons: „Die prozessuale Verwendbarkeit rechtswidrig erlangter Beweisurkunden" in Juristische Rundschau 1950, S. 715

Roxin, Claus: Strafverfahrensrecht, 25. Auflage, München 1998

Rudolphi, Hans-Joachim (Hrsg.): Systematischer Kommentar zur Strafprozessordnung und zum Gerichtsverfassungsgesetz, §§ 1- 84, Stand 44. Lieferung., 3. Auflage München 2005, §§ 201-266b, Stand 56. Lieferung, 7. Auflage, München 2003 (zit.: SK-Bearbeiter, §, Rn.)

Rüpke, Giselher: Freie Advokatur, anwaltliche Informationsverarbeitung und Datenschutzrecht, München 1995

Rupp, Heinrich: „Beweisverbote im Strafprozeß in verfassungsrechtlicher Sicht", Gutachten für den 46. Deutschen Juristentag, Verhandlungen des Sechsundvierzigsten Deutschen Juristentages Band I, Teil 3 A, München 1966

Sauter, Fritz: "Das Berufsgeheimnis und sein strafrechtlicher Schutz" in Strafrechtliche Abhandlungen, Heft 123, Breslau 1910

Schack, Haimo: Internationales Zivilverfahrensrecht, 4. Auflage, München 2006

ders.: Rezension zu „Das Internationale Privatrecht der Anwaltshaftung" von Claudius Eisenberg in Zeitschrift für Zivilprozeß, Band 113 (2000), S. 107-108

Schäfer, Ulrike: „Sicherungsabtretung von Honorarforderungen und Schweigepflicht" in Zeitschrift für Wirtschafts- und Steuerstrafrecht 1993, S. 281-285

Schal, Holger: Die Schweigepflicht des Betriebsarztes, Frankfurt am Main 1989, zgl. Dissertation Kiel 1988

Scharmer, Hartmut: „Die Selbstentkernung der Anwaltschaft – Zur Neufassung von § 3 Abs. 2 Bundesrechtsanwaltsordnung" in Mitteilungen der Bundesrechtsanwaltskammer 2006, S. 150-154

Scheffler, Uwe: „Strafvereitelung und die Grenzen des Zeugnisverweigerungsrechts des Verteidigers" in Strafverteidiger 1992, S. 299-301

Schellhammer, Kurt: Zivilprozess, 11. Auflage, Heidelberg 2004

Schiedermair, Gerhard: Vereinbarungen im Zivilprozess, Habilitationsschrift Bonn 1935, Bonn 1935

Schier, Wolfgang: „Die Stellung des Rechtsanwalts in der Rechtsprechung der Verfassungsgerichte" in Anwaltsblatt 1984, S. 410-416

Schilken, Eberhard: Zivilprozessrecht, 4. Auflage, Köln 2002

Schilling, Maximilian: Die „principes directeurs" des französischen Zivilprozesses, Dissertation München 1999, Berlin 2002

Schlosser, Peter: Einverständliches Parteihandeln im Zivilprozeß, Tübingen 1968

Schlund, Gerhard: „Zu Fragen der ärztlichen Schweigepflicht" in Juristische Rundschau 1977, S. 265-269

ders.: Anmerkung zu BGH Urteil v. 11.12.1991 in Juristische Rundschau 1992, S. 203-204

Schmidt, Eberhard: „Ärztliche Schweigepflicht und Zeugnisverweigerungsrecht im Bereiche der Sozialgerichtsbarkeit“ in Neue Juristische Wochenschrift 1962, S. 1745-1750

Schmidt, Gerhard: „Zur Problematik des Indiskretionsdelikts“ in Zeitschrift für die gesamte Strafrechtswissenschaft, 79. Band (1967), S. 741-816

Schmidt-Jortzig, Edzard: „Effektiver Rechtsschutz als Kernstück des Rechtsstaatsprinzips nach dem Grundgesetz“ in Neue Juristische Wochenschrift 1994, S. 2569-2573

Schneider, Egon: Beweis und Beweiswürdigung, 5. Auflage, München 1994

Schneider, Rolf: Der Rechtsanwalt ein unabhängiges Organ der Rechtspflege, Dissertation Würzburg 1976, Berlin 1976

Schönke, Adolf / Schröder, Horst: Kommentar zum Strafgesetzbuch, 26. Auflage, München 2001 (zit.: Schönke/Schröder-Bearbeiter, §, Rn.)

Schröder, Jochen: Die Anpassung von Kollisions- und Sachnormen, Berlin 1961

Schünemann, Bernd: „Der strafrechtliche Schutz von Privatgeheimnissen“ in Zeitschrift für die gesamte Strafrechtswissenschaft 90. Band (1978), S. 11-63

Schurig, Klaus: Kollisionsnorm und Sachrecht, Habilitationsschrift Köln 1979/1980, Berlin 1981

Schütze, Rolf: Deutsches Internationales Zivilprozessrecht unter Einschluss des Europäischen Zivilprozessrechts, 2. Auflage, Berlin 2005

von Senckenberg, Heinrich Christian: Sammlung der Reichsabschiede, 1495 – 1551, Band II, Frankfurt am Main 1747, 1552 – 1654, Band III, Frankfurt am Main 1747 (zit.: Reichsabschiede, Bd., S.)

Servidio-Delabre, Eileen: „Application de la loi pénale dans l'espace“ in Juris-Classeur Pénal Code, Art. 113-1 à 113-12, fasc. 20, Paris 2000

de La Serviette, Alain: „Feu le secret professionnel“ in Gazette du Palais 10/11 avril 1992, S. 21

Sieg, Oliver: Internationale Anwaltshaftung, Dissertation Münster 1995, Heidelberg 1996

Skarlatos, Nicholas: „European lawyer's right to transnational legal practice in the European Community“ in Legal issues of European integration 1991/1, S. 49-66

Solus, Henry / Perrot, Roger: Droit Judiciaire Privé, tome 3, procédure de première instance, Paris 1991

Sonnenberger, Hans Jürgen / Autexier, Christian: Einführung in das französische Recht, 3. Auflage, Heidelberg 2000

Sorbet, Caroline: „Loi „professions" : une réforme consensuelle" in Droit et Patrimoine 2004, n° 124, S. 6-10

Stahl, Klaus: Die Sicherung der Grundfreiheiten im öffentlichen Recht der Fünften Französischen Republik, Hamburg 1970

Stasi, Mario: „La transposition en France de la directive du 4 décembre 2001 relative à la lutte contre le blanchiment de capitaux – la loi et le secret" in Gazette du Palais 19/20 mars 2004, S. 816-817

Stefani, Gaston / Levasseur, Gaston / Bouloc, Bernard: Procédure pénale, 19. Auflage, Paris 2004

Stein, Ekkehardt / Götz, Frank: Staatsrecht, 19. Auflage, Tübingen 2004

Stein, Friedrich (Begr.) / Jonas, Martin: Kommentar zur Zivilprozessordnung, Band 3, §§ 128-252, 22. Auflage, Tübingen 2005, Band 4/2, §§ 348-510b 21. Auflage, Tübingen 1999 (zit.: Stein/Jonas-Bearbeiter, §, Rn.)

Stern, Klaus: Das Staatsrecht der Bundesrepublik Deutschland, Band I, 2. Auflage, München 1984 (zit. Stern, I, S.)

Stern, Klaus: Das Staatsrecht der Bundesrepublik Deutschland, Band III/1, München 1988 (zit.: Stern III/1, S.)

Stiefel, Ernst C. / Mecklenburg, Frank: Deutsche Juristen im amerikanischen Exil, Tübingen 1991

Störmer, Rainer: „Beweiserhebung, Ablehnung von Beweisanträgen und Beweisverwertungsverbote im Zivilprozeß" in Juristische Schulung 1994, S. 334-338

Streinz, Rudolf: Kommentar zum Vertrag über die Europäische Union und zur Gründung der Europäischen Gemeinschaft, München 2003 (zit.:Streinz-Bearbeiter, Art., Rn.)

Strobel, Wilhelm: „Die ökonomische Zukunft der Rechtsberatung in Orientierung an der Steuerberatung/Wirtschaftsprüfung" in Betriebs-Berater 1987, S. 699-710

Stucke, Ulrich: Berufliche Schweigepflicht bei Drittgeheimnissen als Vertrauensschutz, Dissertation Kiel 1981

Szászy, István: International Civil Procedure, Leyden 1967

Taisne, Jean-Jaques: Répertoire de procédure civil, Dalloz Tome I, „Avocat" Paris 2005

ders.: La déontologie de l'avocat, 4. Auflage, Paris 2005

Taupitz, Jochen: „Die ärztliche Schweigepflicht in der aktuellen Rechtsprechung des BGH" in Monatsschrift für das Deutsche Recht 1992, S. 421-425

Teitgen, Francis: „Un livre sur le blanchiment" Interview in Droit et Patrimoine 2000, n° 81, S. 14

Tell, Olivier: "Die ersten Gerichtsurteile bezüglich des Römer Übereinkommens vom 19. Juni 1980" in Zerdick, Thomas (Hrsg.), Die juristische Zusammenarbeit zwischen Frankreich, Spanien und Deutschland, Seminar Paris, 13./14. Februar 1998, Baden-Baden 1999

Teubner, Ernst / Künzel, Thomas: „Prozeßverträge - Zulässigkeit, Abschluss und Wirkungen“ in Monatsschrift für das Deutsches Recht 1988, S. 720-726

Thomas, Heinz / Putzo, Hans: Kommentar zur Zivilprozessordnung, 27. Auflage, München 2005 (zit.: Thomas/Putzo-Bearbeiter, §, Rn.)

Tournois, Yves: „Lutte contre le blanchiment : ne se pas tromper d'adversaires", Colloque ACE – L'avocat conseil d'entreprise et le blanchiment- in Gazette du Palais 23/24 janvier 2004, S. 18-20

Tröndle, Herbert / Fischer, Thomas: Kommentar zum Strafgesetzbuch, 52. Auflage, München 2004 (zit.: Tröndle/Fischer, §, Rn.)

Truche, Pierre (Hrsg.): La justice et les institutions judiciares, Paris 2001 (zit.: Autor, Titel in La justice et les institutions judiciares)

Uetwiller, Jean-Jaques: "Le secret professionnel de l'avocat" in Gazette du Palais, 4/5 novembre 1998, doctrine, S. 7- 9

van den Moortel, Benoît:“ Confidentialité et secret professionnel – Pour en finir avec la confusion" in Gazette du Palais 4-6 mai 2003, doctrine, S. 1359-1362

ders.: "Secret professionnel et correspondances entre avocats: la logique de l'absurde" in Gazette du Palais 29 février-2 mars 2004, doctrine, S. 719-722

Varaut, Jean-Marc / Ruet, Laurent: "Secret professionnel et confidentialité dans les professions juridiques et judiciaires" in Gazette du Palais 12 août 1997, doctrine, S. 1054-1063

Vatier, Bernard / Paquet, Daniel: „Une innovation de l'été : un règlement intérieur par décret pour les avocats" in Gazette du Palais 14/15 septembre 2005, S. 2-5

van Venrooy, Gerd J.: Internationalprivatrechtliche Substitution, Konstanz 1999

Vérnon, Michel: Droit pénal spécial, 10. Auflage, Paris 2004

Veroone, Marc: „Et pour toi, que suis-je?" in Gazette du Palais 13 juin 1998, S. 728-730

Vincent, Jean / Guinchard, Serge: Procédure civile, 27. Auflage, Paris 2003

Vogel, Klaus: Der räumliche Anwendungsbereich der Verwaltungsrechtsnorm, Habilitationsschrift Hamburg 1963, Frankfurt am Main 1965

Vollkommer, Max: Buchbesprechung zu „Anwaltliches Standesrecht im Konflikt mit zivilrechtlichen Ansprüchen des Mandanten“ von Jörg Hanna in Neue Juristische Wochenschrift 1989, S. 3146

Wagner, Gerhard: Prozeßverträge – Privatautonomie im Verfahrensrecht, Habilitationsschrift Göttingen 1997, Tübingen 1998

Wengler, Wilhelm: „Die Vorfrage im Kollisionsrecht“ in Rabels Zeitschrift für ausländisches und internationales Privatrecht, Band 8 (1934), S. 148-251

Werner, Olaf: „Verwertung rechtswidrig erlangter Beweismittel“ in Neue Juristische Wochenschrift 1988, S. 993-1002

Westerwelle, Kai: Rechtsanwaltssozietäten und das Verbot der Vertretung widerstreitender Interessen, Dissertation Trier 1996, Baden-Baden 1997

Wieczorek, Bernhard: Zivilprozeßordnung und Nebengesetze, zweiter Band (§§ 252-510c), 2. Auflage, Berlin 1976 (zit.: Wieczorek, §, Rn.)

Wiesenhofer, Marie-Christine: „Le système Carpa avait des longueurs d'avance" Interview in Droit et Patrimoine 2004, n° 124, S. 10

Willandsen, Volker: „Die verwaltungs- und standesrechtliche Stellung des auch im Ausland zugelassenen deutschen Rechtsanwaltes oder Rechtsbeistandes“ in Neue Juristische Wochenschrift 1989, S. 1128-1130

Wirges, Volkmar: „Das Verhältnis zwischen § 840 I Nr. 1 ZPO und § 43a BRAO“ in Das Juristische Büro 1997, S. 295-298

Wittig, Petra: „Die staatliche Inanspruchnahme des Rechtsanwalts durch das neue Geldwäschegesetz“ in Anwaltsblatt 2004, S. 193-198

Wolf, Manfred: „Abbau prozessualer Schranken im europäischen Binnenmarkt“ in Wege zu einem europäischen Zivilprozessrecht – Tübinger Symposium zum 80. Geburtstag von Fritz Baur, Tübingen 1992, S. 35-67

Woog, Jean-Claude: "Le secret professionnel des avocats" in Droit et Patrimoine, septembre 1993, S. 68-77

Woog, Jean-Claude / Sari, Marie-Christine / Woog, Stéphane / Goudineau, Claire: Pratique professionnelle de l'avocat, 4. Auflage, Paris 2001

Wurster, Bettina: „Europas Rechtsanwälte im Internet“ in Anwaltsblatt 2002, S. 316-320

Zeiss, Walter: „Die Verwertung rechtswidrig erlangter Beweismittel“ in Zeitschrift für Zivilprozeß, Band 89 (1976), S. 377-399

ders.: Die arglistige Prozesspartei, Habilitationsschrift Mainz, Berlin 1967

Zeiss, Walter / Schreiber, Klaus: Zivilprozessrecht, 10. Auflage, Tübingen 2003

Zöller, Richard: Kommentar zur Zivilprozessordnung, 25. Auflage, Köln 2005 (zit.: Zöller/Bearbeiter, §, Rn.)

Zschock, Walther: § 300 StrGB, Dissertation Rostock 1903, Rostock 1903

Zuck, Rüdiger: „Internationales Anwaltsrecht“ in Neue Juristische Wochenschrift 1987, S. 3033-3036

II. Gesetzestexte

Circulaires d'application du Nouveau Code Pénal, Les Sables d'Olonne 2001 (éditions La Baule)

Convention collective nationale du personnel des cabinets d'avocats du 20 février 1979 (idcc: 1000), Brochure Journal Officiel n° 3078, 10ème édition

Convention collective nationale des cabintes d'avocats (avocats salariés) du 17 février 1995 (idcc: 1850), Brochure Journal Officiel n° 3078, 10ème édition

Décision à caractère normatif n° 1999 – 001 instituant le Règlement Intérieur Harmonisé (RIH) des Barreaux de France, herausgegeben vom Conseil National des Barreaux, Paris 1999

Les cinq codes de l'empire français, Paris 1812

Règlement intérieur et textes applicables à la profession d'avocat 1994, herausgegeben vom Ordre des avocats à la Cour de Paris, Paris 1993

Réglement intérieur national de la profession d'avocat, Texte et commentaires, herausgegeben vom Conseil National des Barreaux, Paris 2005

Gesetzestexte

Der nachfolgende Anhang enthält die in der Arbeit genannten Normen in ihrem französischen Gesetzestext und in deutscher Übersetzung. Zum schnelleren Finden sind die Artikel durch eine kräftigere Schrift hervorgehoben worden, die für die einfachgesetzliche Ausformung des secret professionnel kennzeichnend sind. Soweit die Übersetzungen nicht anders gekennzeichnet sind, wurden sie von der Verfasserin vorgenommen.

Règlement Intérieur National (RIN):

2.1 RIN
L'avocat est le confident nécessaire du client.

Le secret professionnel de l'avocat est d'ordre public. Il est général, absolu est illimité dans le temps.

Sous réserve des strictes exigences de sa propre défence devant toute juridiction et des cas de déclaration ou de révelation prévues ou autorisées par la loi, l'avocat ne commet, en toute matière, aucune divulgation contrevenant au secret professionnel.

2.1 RIN
Der Anwalt ist notwendigerweise der Vertraute des Mandanten.

Das secret professionnel besteht im Interesse der Allgemeinheit. Es ist umfassend, absolut und besteht unbegrenzt lange fort.

Bis auf die unbedingt notwendigen Erfordernisse seiner eigenen Verteidigung vor jeder Gerichtsbarkeit und die Fälle der Anzeige oder Aufdeckung, die durch das Gesetz vorgesehen sind, darf der Anwalt niemals eine Offenbarung machen, durch die er dem secret professionnel zuwiderhandelt.

Art. 2.2 RIN
Le secret professionnel couvre en toute matière, dans le domaine du conseil ou celui de la défense, et quels qu'en soient les supports, matériels ou immatériels (papier, télécopie, voie électronique ...):

• les consultations adressées par un avocat à son client ou destinées à celui-ci ;
• les correspondances échangées entre le client et son avocat, entre l'avocat et ses confrères, à l'exception pour ces dernières de celles portant la mention officielle;

Art. 2.2 RIN
Das secret professionnel umfasst das ganze Sachgebiet der anwaltlichen Tätigkeit, sei es im Bereich der Beratung oder dem der Verteidigung und unabhängig von ihrer Verkörperung, sei sie materieller oder immaterieller Art (Papier, Telefax, elektronische Datenverarbeitung...):

• die von einem Anwalt an seinen Mandanten adressierten oder hierzu bestimmten Beratungen;
• die zwischen einem Mandanten und

• les notes d'entretien et plus généralement toutes les pièces du dossier, toutes les informations et confidences reçues par l'avocat dans l'exercice de la profession ;
• le nom des clients et l'agenda de l'avocat ;
• les règlements pécuniaires et tous maniements de fonds effectués en application de l'article 27 alinéa 2 de la loi du 31 décembre 1971 ;
• les informations demandées par les commissaires aux comptes ou tous tiers, (informations qui ne peuvent être communiquées par l'avocat qu'à son client).

Aucune consultation ou saisie de documents ne peut être pratiquée au cabinet ou au domicile de l'avocat, sauf dans les conditions de l'article 56-1 du Code de procédure pénale.

seinem Anwalt, zwischen dem Anwalt und seinem Kollegen ausgetauschte Korrespondenz, bei letzteren bis auf diejenige, die den Vermerk „officielle" trägt;
• die Gesprächsnotizen und viel allgemeiner alle Teile der Mandatsakte, alle Informationen und vertraulichen Mitteilungen, die der Anwalt in Ausübung seines Berufes erfahren hat;
• der Name des Mandanten und der Terminkalender des Anwalts;
• die Regelung vermögensrechtlicher Angelegenheiten und die ganze nach Art. 27 Abs. II des Gesetzes vom 31. Dezember 1971 gemachte Buchführung;
• die von einem Buchprüfer oder jedem anderen Dritten nachgefragten Informationen (Informationen, die nur von dem Anwalt an seinen Mandanten weitergegeben werden können).

Es kann keine Einsichtnahme oder Beschlagnahme der Dokumente in der Kanzlei oder an dem privaten Wohnort des Anwalts stattfinden, es sei denn sie erfolgt unter den Bedingungen des Art. 56-1 des Code de procédure pénale.

Art. 2.3 RIN

L'avocat doit faire respecter le secret par les membres du personnel de son cabinet et par toute personne qui coopère avec lui dans son activité professionnelle. Il répond des violations du secret qui seraient ainsi commises.

Lorsque l'avocat exerce en groupe ou participe à une structure de mise en commun de moyens, le secret s'étend à tous les avocats qui exercent avec lui et à ceux avec lesquels il met en commun des moyens d'exercice de la profession.

Art. 2.3 RIN

Der Anwalt hat dafür Sorge zu tragen, dass das secret professionnel von den Angestellten seiner Kanzlei und von jeder anderen Person, mit der er in Ausübung seines Berufes zusammenarbeitet, respektiert wird. Sollten dennoch Verstöße gegen das Berufsgeheimnis begangen werden, hat er hierfür einzustehen.

Sofern ein Anwalt seinen Beruf in einem Zusammenschluss ausübt, oder an einer Bürogemeinschaft beteiligt ist, erstreckt sich die Pflicht zur Wahrung des Berufsgeheimnisses gegenüber allen Anwälten mit denen er zusammenarbeitet und mit denen er die Hilfsmittel zur Ausübung seiner beruflichen Tätigkeit gemeinsam benutzt.

Art. 3.1 RIN
Tous échanges entre avocats, verbaux ou écrits quel qu'en soit le support (papier, télécopie, voie électronique ...), sont par nature confidentiels.

Les correspondances entre avocats, quel qu'en soit le support, ne peuvent en aucun cas être produites en justice, ni faire l'objet d'une levée de confidentialité.

Art. 3.1 RIN
Jeder Austausch zwischen den Anwälten ist von Natur her vertraulich, ob mündlich oder schriftlich, und wie auch immer sie verkörpert sein mag (Papier, Telefax, elektronische Datenverarbeitung ...).

Die zwischen den Anwälten ausgetauschte Korrespondenz, wie auch immer sie verkörpert ist, darf in keinem Fall vor Gericht eingebracht werden, noch Gegenstand einer Aufhebung der Vertraulichkeit sein.

Art. 3.2 RIN
Peuvent porter la mention officielle et ne sont pas couverts par le secret professionnel, au sens de l'article 66.5 de la loi du 31 décembre 1971:

• une correspondance équivalant à un acte de procédure ;
• une correspondance ne faisant référence à aucun écrit, propos ou éléments antérieurs confidentiels.

Ces correspondances doivent respecter les principes essentiels de la profession définis par l'article 1er du présent règlement.

Art. 3.2 RIN
Dürfen den Vermerk „officielle" tragen und sind daher nicht vom Schutz durch das secret professionnel im Sinne des Art. 66-5 des Gesetzes vom 31. Dezember 1971 erfasst:

• Korrespondenz, die mit einer Verfahrenshandlung gleichzusetzen ist;
• Korrespondenz, die keinen Bezug auf ein Schriftstück, eine Äußerung oder ein Sachverhaltsmerkmal nimmt, das zuvor vertraulich war.

Diese Korrespondenz muss die grundlegenden Prinzipien der anwaltlichen Berufsausübung respektieren, sowie sie in Art. 1 der vorliegenden Berufsordnung enthalten sind.

Art. 4.1 RIN
L'avocat ne peut être ni le conseil ni le représentant ou le défenseur de plus d'un client dans une même affaire s'il y a conflit entre les intérêts de ses clients ou, sauf accord des parties, s'il existe un risque sérieux d'un tel conflit.

Sauf accord écrit des parties, il s'abstient de s'occuper des affaires de tous les clients concernés lorsque surgit un conflit d'intérêt, lorsque le secret professionnel risque d'être violé ou lorsque son indépendance risque de ne plus être entière.

Il ne peut accepter l'affaire d'un nouveau

Art. 4.1 RIN
Ein Anwalt kann weder der Berater, noch der Vertreter, noch der Verteidiger von mehr als einem Mandanten in derselben Rechtssache sein, sofern ein Konflikt zwischen den Interessen seiner Mandanten besteht, oder sofern das Risiko eines solchen Konflikts besteht, es sei denn es liegt ein Einverständnis der Parteien vor.

Außer es liegt ein schriftliches Einverständnis der Parteien vor, enthält er sich der Bearbeitung der Mandate der betroffenen Mandanten, wenn ein Interessenkonflikt auftritt, das secret professionnel Gefahr läuft, verletzt zu werden oder seine Unab-

client si le secret des informations données par un ancien client risque d'être violé ou lorsque la connaissance par l'avocat des affaires de l'ancien client favoriserait le nouveau client.

Lorsque des avocats sont membres d'un groupement d'exercice, les dispositions des alinéas qui précèdent sont applicables à ce groupement dans son ensemble et à tous ses membres. Elles s'appliquent également aux avocats qui exercent leur profession en mettant en commun des moyens, dès lors qu'il existe un risque de violation du secret professionnel.

Les mêmes règles s'appliquent entre l'avocat collaborateur, pour ses dossiers personnels, et l'avocat ou la structure d'exercice avec lequel ou laquelle il collabore.

hängigkeit Gefahr läuft nicht mehr vollständig gewahrt zu werden.

Er kann den Fall eines neuen Mandanten nicht annehmen, wenn die Verschwiegenheit bezüglich der von einem vorherigen Mandanten gegebenen Informationen Gefahr läuft verletzt zu werden, oder wenn die Kenntnisse des Anwalts von der Rechtssache des alten Mandanten dem neuen Mandanten begünstigen würden.

Sofern die Anwälte Mitglied in einer Berufsausübungsgesellschaft sind, sind die Vorschriften der vorangegangenen Absätze auf die Gesellschaft als Ganzes, wie auch auf alle seine Mitglieder anwendbar. Sie finden auch auf die Anwälte Anwendung, die ihren Beruf in einer Bürogemeinschaft ausüben, sofern hierbei ein Risiko der Verletzung des secret professionnel besteht.

Dieselben Regeln finden für die eigenen Akten des angestellten Anwalts zwischen ihm und dem Anwalt oder der Berufsausübungsgesellschaft, bei dem oder bei der er angestellt ist, Anwendung.

Art. 4.2 RIN
Il y a conflit d'intérêts :

• dans la fonction de conseil, lorsque, au jour de sa saisine, l'avocat qui a l'obligation de donner une information complète, loyale et sans réserve à ses clients ne peut mener sa mission sans compromettre, soit par l'analyse de la situation présentée, soit par l'utilisation des moyens juridiques préconisés, soit par la concrétisation du résultat recherché, les intérêts d'une ou plusieurs parties ;
• dans la fonction de représentation et de défense, lorsque, au jour de sa saisine, l'assistance de plusieurs parties conduirait l'avocat à présenter une défense différente, notamment dans son développement, son argumentation et sa finalité, de celle qu'il aurait choisie si lui avaient été confiés les

Art. 4.2 RIN
Es besteht ein Interessenkonflikt:

• in der Eigenschaft als Berater, wenn am Tag seiner Anrufung, der Anwalt, der die Verpflichtung hat, seine Mandanten umfassend, aufrichtig und ohne Vorbehalte zu informieren, seinen Auftrag nicht ausführen kann, ohne die Interessen der einen oder mehrerer Parteien bloßzustellen, entweder durch die Beurteilung der gegebenen Situation, oder durch die Benutzung empfohlener juristischer Mittel, oder durch die Verwirklichung der gesuchten Ergebnisses.
• in der Eigenschaft als Vertreter oder Verteidiger, wenn am Tag seiner Anrufung, das Beistandleisten mehrerer Parteien den Anwalt dazu bringen würde, eine andere Verteidigung, insbesondere im Bereich deiner Entwicklung, seiner Argumentation und

intérêts d'une seule partie ;
• lorsqu'une modification ou une évolution de la situation qui lui a été initialement soumise révèle à l'avocat une des difficultés visées ci-dessus.

Risque de conflit d'intérêts
Il existe un risque sérieux de conflits d'intérêts, lorsqu'une modification ou une évolution prévisible de la situation qui lui a été initialement soumise fait craindre à l'avocat une des difficultés visées ci-dessus.

seiner Zielrichtung zu entwickeln, als die, die er gewählt hätte, wenn ihm die Interessenvertretung von nur einer Partei übertragen worden wäre.
• wenn eine Veränderung oder Entwicklung der Situation, die ihm anfänglich unterbreitet wurde, zu einer der oben genannten Schwierigkeiten führt.

Gefahr eines Interessenkonflikts
Es besteht ein ernsthaftes Risiko eines Interessenkonflikts, wenn eine vorhersehbare Veränderung oder Entwicklung der anfänglich vorgefundenen Situation den Anwalt eine der oben genannten Schwierigkeiten befürchten lässt.

Art. 16.2 RIN
L'avocat ou la structure d'avocats membre d'un réseau pluridisciplinaire doit s'assurer que le fonctionnement du réseau ne porte pas atteinte aux principes essentiels de la profession d'avocat et aux textes légaux et réglementaires qui lui sont applicables. A défaut, il doit se retirer du réseau.

En aucun cas, le fonctionnement du réseau ne peut notamment porter atteinte à l'indépendance de l'avocat et il appartient à celui-ci de veiller à l'application effective de ce principe.

Constitue notamment une atteinte à l'indépendance le fait, directement ou indirectement :

- d'accepter d'être partie à un mécanisme conduisant à une répartition ou à un partage des résultats ou à un rééquilibrage des rémunérations en France ou à l'étranger avec des professionnels non avocats ;
- d'accepter une relation de subordination de l'avocat ou un contrôle hiérarchique de l'exécution de ses missions par d'autres professionnels non avocats, notamment ceux ayant une activité de caractère commercial.

Art. 16.2 RIN
Der Anwalt oder der Zusammenschluss von Anwälten als Mitglied eines fachübergreifenden beruflichen Zusammenschlusses muss dafür Sorge tragen, dass die Arbeitsweise des Zusammenschlusses nicht die grundlegenden Prinzipien der anwaltlichen Berufsausübung und die Gesetzestexte und Verordnungen verletzen, die hierbei anzuwenden sind. Anderenfalls muss er sich aus dem Zusammenschluss zurückziehen.

Keinesfalls darf die Arbeitsweise des Zusammenschlusses die Unabhängigkeit des Anwalts verletzen und es ist seine Aufgabe über die zuverlässige Anwendung dieses Prinzips zu wachen.

Eine direkte oder indirekte Verletzung der Unabhängigkeit des Anwalts ist insbesondere in der Tatsache zu sehen,
- zu akzeptieren, Teil eines Apparates zu sein, der zu einer Verteilung oder Aufteilung des Ergebnisses oder zu einer Wiederherstellung des Gleichgewichts der Löhne in Frankreich oder im Ausland mit den nichtanwaltlichen Berufstätigen führt;
-eine untergeordnete Stellung des Anwalts zu akzeptieren, oder eine hierarchische Kontrolle der Erfüllung seiner Aufgaben durch andere nichtanwaltliche Berufstätige insbe-

L'avocat membre d'un réseau pluridisciplinaire doit veiller en toutes matières à ce que la facturation fasse apparaître spécifiquement la valeur de sa propre prestation.

sondere derer, die einen Beruf mit kaufmännischem Charakter ausüben, zu akzeptieren.

Der Anwalt als Mitglied eines fachübergreifenden beruflichen Zusammenschlusses muss in jedem Fall darüber wachen, dass die Honorarabrechnungen den Wert der eigenen Dienstleistung besonders hervorheben.

Art. 16.3 RIN
Les avocats membres d'un réseau pluridisciplinaire doivent pouvoir justifier à toute demande du Bâtonnier de l'Ordre auprès duquel ils exercent que l'organisation de l'ensemble du réseau ne met pas en cause l'application des règles du secret professionnel.

Art. 16.3 RIN
Die Anwälte, die Mitglied eines fachübergreifenden beruflichen Zusammenschlusses sind, müssen auf jede Nachfrage des Bâtonnier der für sie zuständigen Anwaltskammer nachweisen können, dass die Organisation des gesamten Zusammenschlusses nicht der Anwendung der Regelungen des secret professionnel die Grundlage entziehen.

Art. 18.4 RIN
Avant de correspondre à titre confidentiel avec un autre professionnel, l'avocat doit veiller à obtenir de celui-ci un engagement garantissant le respect du caractère confidentiel des correspondances ayant cette qualité.

L'avocat doit en tout état de cause respecter le caractère confidentiel des correspondances reçues d'un autre professionnel dès lors qu'il y est fait expressément mention d'un tel caractère par l'apposition de la mention « confidentielle ».

Il ne peut en conséquence remettre à quiconque de copie d'une correspondance émanant de l'un des professionnels agissant dans le cadre d'une mission commune dès lors que cette correspondance a été qualifiée de confidentielle par son auteur. Il ne peut davantage faire mention d'une correspondance confidentielle dans un document n'ayant pas ce caractère.

Cette règle s'applique tant à la correspon-

Art. 18.4 RIN
Bevor mit einem anderen Anwalt auf vertraulicher Ebene Korrespondenz ausgetauscht wird, muss der Anwalt für ein Versprechen des anderen Anwalts sorgen, dass den vertraulichen Charakter der Korrespondenz garantiert, sofern sie diese Qualität hat. Der Anwalt muss in jedem Fall den vertraulichen Charakter der von einem anderen Berufstätigen erhaltenen Korrespondenz beachten, wenn ein solcher Charakter ausdrücklich durch die Hinzufügung des Vermerks „confidentielle" erwähnt wird.

Er darf an niemanden eine Kopie der Korrespondenz weitergeben, die von einem Berufstätigen herrührt, mit dem er im Rahmen eines gemeinsamen Auftrages tätig wird, sofern diese Korrespondenz von ihrem Urheber als vertraulich gekennzeichnet wird. Er kann eine vertrauliche Korrespondenz nicht mehr in einem Schriftstück erwähnen, welches nicht diesen Charakter hat.

Diese Regelung gilt sowohl für die Korrespondenz selbst, wie auch für die Schriftstü-

dance elle-même qu'aux documents qui peuvent y être joints, sauf mention contraire expresse. Elle n'a cependant pas en elle-même pour effet d'interdire de faire état verbalement des informations ou indications non confidentielles contenues dans les correspondances et documents communiqués.

Art. 18.5 RIN
Le fait pour un avocat de collaborer avec d'autres professionnels pour l'exécution d'une mission commune ne peut conduire à ce qu'il soit d'une quelconque manière porté atteinte au secret professionnel.

En particulier, le fait qu'une information ayant un caractère confidentiel soit connue de plusieurs personnes tenues au secret professionnel n'est pas de nature à libérer les professionnels concernés de leur obligation au secret à l'égard des tiers.

Dès lors, ne peuvent être échangées entre les professionnels participant à la mission commune, et seulement entre ceux-ci, que les informations communiquées ou recueillies dans le cadre de la mission commune et nécessaires à son exécution.

Si l'avocat estime que le fait pour le client de conférer un caractère confidentiel à certaines informations est de nature à entraver le bon déroulement de la mission commune, il lui appartient d'apprécier en conscience si son intervention peut dans ces conditions se poursuivre à charge pour lui d'en informer le client.

Art. 21 RIN
Le Conseil des Barreaux de l'Union européenne a adopté à Strasbourg en 1988 et révisé à Lyon le 28 novembre 1998 et à Du-

cke, die daran angehängt werden können, wenn nicht ein gegenteiliger Vermerk enthalten ist. Dieser Hinweis hat dagegen nicht den Effekt es zu verbieten, mündlich auf nicht vertrauliche Informationen oder Angaben, die in der Korrespondenz und den ausgetauschten Schriftstücken enthalten waren, hinzuweisen.

Art. 18.5 RIN
Der Umstand, dass ein Anwalt mit Angehörigen anderer Berufe zur Erfüllung eines Auftrages zusammenarbeitet, darf nicht dazu führen, dass dies auf irgendeine Weise das secret professionnel verletzt.

Insbesondere der Umstand, dass der vertrauliche Charakter einer Korrespondenz mehreren Personen bekannt ist, die selbst der Wahrung des secret professionnel verpflichtet sind, führt nicht dazu, dass die betroffenen berufstätigen Personen von ihrer Geheimhaltungspflicht gegenüber Dritten befreit werden.

Demzufolge dürfen zwischen den an dem Auftrag beteiligten berufstätigen Personen, und nur zwischen diesen, nur die Informationen ausgetauscht werden, die im Rahmen des gemeinsamen Auftrages übermittelt und erhalten wurden und die zu seiner Ausführung notwendig sind.

Wenn der Anwalt feststellt, dass der Umstand, sich auf vertraulicher Ebene über gewisse Informationen zu beraten, für den Mandanten den zufriedenstellenden Verlauf der Auftragsbearbeitung beeinträchtigt, ist es, unter der Auflage, dass er seinen Mandanten darüber informiert, seinem Gewissen überlassen, festzustellen, ob sich seine Beteiligung unter diesen Bedingungen fortsetzen kann.

Art. 21 RIN
Der Rat der Anwaltschaften der Europäischen Union hat 1988 in Straßburg die Standesregeln der Rechtsanwälte der Euro-

blin le 6 décembre 2002 le Code de déontologie dont le texte suit.

Ses règles concernent les avocats de l'Union européenne, tels que définis par la Directive n° 77.249 du 22 mars 1977.

Les avocats français doivent en appliquer les dispositions dans leurs activités judiciaires et juridiques dans l'Union européenne hors le territoire de la République Française et dans leurs relations avec les autres avocats de l'Union européenne, qu'elles aient lieu à l'intérieur des frontières de l'Union européenne ou hors celles-ci, sous réserve que lesdits avocats appartiennent à un Barreau qui a formellement accepté d'être lié par ce Code.

Dans ces relations, les règles fixées par l'article 20.5.3 du Code européen de déontologie ci-après, et relatives à la correspondance entre confrères ne ressortissant pas de barreaux du même Etat membre de l'Union européenne, s'appliquent à l'exclusion de toutes autres.

Il en est ainsi si la correspondance est échangée entre deux avocats de nationalité française appartenant, l'un à un barreau français, l'autre, exclusivement, à un autre barreau non français de l'Union européenne.

päischen Gemeinschaft, deren Text gleich folgt, angenommen und diese am 28. November 1998 in Lyon und am 6. Dezember 2002 in Dublin reformiert.

Seine Regeln betreffen die Anwälte der Europäischen Union, wie sie nach der Richtlinie 77249 vom 22. März 1977 definiert werden.

Die französischen Anwälte müssen diese Anordnungen in ihren gerichtlichen und rechtlichen Aktivitäten außerhalb des französischen Staatsgebiets in der Europäischen Union und in ihren Beziehungen zu anderen Anwälte der Europäischen Union, gleich ob sie in- oder außerhalb der Grenzen der Europäischen Union stattfinden, unter der Bedingung, dass die oben genannten Anwälte einer Anwaltskammer angehören, die ausdrücklich akzeptiert hat, durch dieses Standesregeln gebunden zu sein.

In diesen Beziehungen und für die Korrespondenz zwischen Kollegen, die nicht einer Anwaltskammer desselben Mitgliedstaates der Europäischen Union angehören, finden die nachfolgenden Regelungen des Art. 20.5.3 der Standesregeln der Rechtsanwälte der Europäischen Union Anwendung, was zu einem Ausschluss aller anderen Regelungen führt.

Genauso verhält es sich, wenn die Korrespondenz zwischen zwei Anwälten französischer Staatsangehörigkeit ausgetauscht wird, wobei der eine einer französischen Anwaltskammer und der andere ausschließlich einer anderen nichtfranzösischen Anwaltskammer der Europäischen Union angehört.

Art. 21.5.3 RIN

21.5.3.1 - L'avocat qui adresse à un confrère d'un autre Etat membre une communication dont il souhaite qu'elle ait un caractère " confidentiel " ou " without prejudice " devra

Art. 21.5.3 RIN

21.5.3.1 Der Rechtsanwalt, der an einen Kollegen aus einem anderen Mitgliedstaat eine Mitteilung sendet, die vertraulich oder „ohne Präjudiz" sein soll, muss diesen Wil-

clairement exprimer sa volonté lors de l'envoi de cette communication.

len bei Absendung der Mitteilung klar zum Ausdruck bringen.

21.5.3.2 - Au cas où le destinataire de la communication ne serait pas en mesure de lui donner un caractère " confidentiel " ou " without prejudice ", il devra la retourner à son expéditeur sans en révéler le contenu.

21.5.3.2 – Ist der Empfänger der Mitteilung nicht in der Lage, diese als vertraulich oder „ohne Präjudiz" im vorstehenden Sinne zu behandeln, so hat er diese an den Absender zurückzusenden, ohne ihren Inhalt bekanntzumachen.

Loi du 31 décembre 1971:

Art. 66-5 de la loi du 31 décembre 1971

En toutes matières, que ce soit dans le domaine du conseil ou dans celui de la défense, les consultations adressées par un avocat à son client ou destinées à celui-ci, les correspondances échangées entre le client et son avocat, entre l'avocat et ses confrères «à l'exeption pour ces dernières de celles portant la mention "officielle"», les notes d'entretien et plus généralement, toutes les pièces du dossier sont couvertes par le secret professionnel.

Art. 66-5 des Gesetzes vom 31. Dezember 1971

In jedem Bereich, sei es auf dem Gebiet der Beratung oder dem der Verteidigung, werden durch das secret professionnel die von einem Anwalt an seinen Mandanten adressierten oder hierzu bestimmten Beratungen, die zwischen dem Mandanten und seinem Anwalt, und die zwischen dem Anwalt und seinem Kollegen ausgetauschte Korrespondenz, bei letzterer bis auf die, die mit dem Vermerk „officielle" versehen ist, die Gesprächsnotizen und viel allgemeiner alle Teile der Mandatsakte geschützt.

Art. 83 de la loi du 31 décembre 1971

Tout ressortissant de l'un des Etats membres de la Communauté européenne peut exercer en France la profession d'avocat à titre permanent sous son titre professionnel d'origine, à l'exclusion de tout autre, si ce titre professionnel figure sur une liste fixée par décret.

Dans ce cas, il est soumis aux dispositions de la présente loi, sous réserve des dispositions du présent chapitre.

Art. 83 des Gesetzes vom 31. Dezember 1971

Jeder Staatsangehörige eines Mitgliedstaates der Europäischen Gemeinschaft kann in Frankreich den Berufs des Anwalts dauerhaft unter der Berufsbezeichnung seines Heimatlandes, unter Ausschluss jeder anderen Bezeichnung, ausüben, wenn die Berufsbezeichnung in einer, durch ein Dekret geschaffenen Liste enthalten ist.

In diesem Fall ist er den Bestimmungen des vorliegenden Gesetzes, vorbehaltlich den Bestimmungen des vorliegenden Kapitels unterworfen.

Art. 84 de la loi du 31 décembre 1971

L'avocat souhaitant exercer à titre perma-

Art. 84 des Gesetzes vom 31. Dezember 1971

Möchte ein Anwalt dauerhaft unter der Be-

nent sous son titre professionnel d'origine est inscrit sur une liste spéciale du tableau du barreau de son choix. Cette inscription est de droit sur production d'une attestation délivrée par l'autorité compétente de l'Etat membre de la Communauté européenne auprès de laquelle il est inscrit, établissant que ladite autorité lui reconnaît le titre.

L'avocat exerçant à titre permanent sous son titre professionnel d'origine fait partie du barreau auprès duquel il est inscrit dans les conditions prévues à l'article 15. Il participe à l'élection des membres du Conseil national des barreaux.

La privation temporaire ou définitive du droit d'exercer la profession dans l'Etat où le titre a été acquis entraîne le retrait temporaire ou définitif du droit d'exercer. Le conseil de l'ordre est compétent pour prendre la décision tirant les conséquences de celle prononcée dans l'Etat d'origine.

rufsbezeichnung seines Heimatlandes tätig werden, wird er auf einer speziellen Liste des Anwaltsverzeichnisses der Anwaltskammer seiner Wahl eingetragen. Diese Einschreibung verpflichtet zur Vorlage einer Bestätigung der zuständigen Stelle des Mitgliedstaates der Europäischen Gemeinschaft, bei der der Anwalt eingeschrieben ist, wodurch nachgewiesen wird, dass die besagte Stelle seine Berufsbezeichnung anerkennt.

Der unter der Berufsbezeichnung seines Heimatlandes dauerhaft tätige Anwalt ist Teil der Anwaltskammer bei der er unter den Bedingungen des Art. 15 eingeschrieben ist. Er nimmt an den Wahlen der Mitglieder des Conseil National des Barreaux teil.

Das zeitweise oder entgültige Versagen des Rechts der anwaltlichen Berufsausübung in dem Staat in dem die Berufsbezeichnung erworben wurde, hat die zeitweise oder entgültige Rücknahme des Rechts der Berufsausübung zur Folge. Der Vorstand der Anwaltskammer ist befugt diese Entscheidung zu treffen, wodurch die Konsequenzen aus der in dem Heimatstaat getroffenen Entscheidung gezogen werden.

Art. 85 de la loi du 31 décembre 1971

Le titre professionnel d'origine dont il est fait usage ne peut être mentionné que dans la ou l'une des langues officielles de l'Etat membre où il a été acquis.

La mention du titre professionnel d'origine est toujours suivie de l'indication de l'organisation professionnelle dont l'intéressé relève ou de la juridiction auprès de laquelle il est inscrit dans l'Etat membre où le titre a été acquis, ainsi que de celle du barreau auprès duquel il est inscrit en France.

Art. 85 des Gesetzes vom 31. Dezember 1971

Die Berufsbezeichnung von der er Gebrauch macht, kann nur in der Landessprache oder in einer der Landessprachen des Mitgliedsstaates benutzt werden, in dem die Berufsbezeichnung erworben wurde.

Der Angabe der Berufsbezeichnung des Heimatlandes muss immer eine Angabe folgen, die auf den Namen der Berufsvereinigung, der der Betroffene angehört, oder auf den Gerichtsbezirk hinweist, bei dem er in dem Mitgliedsstaat eingeschrieben ist, in dem er die Berufsbezeichnung erworben hat, des weiteren muss auch auf die Anwaltskammer hingewiesen werden, bei der er in Frankreich eingeschrieben ist.

Art. 86 de la loi du 31 décembre 1971

L'avocat exerçant à titre permanent sous son titre professionnel d'origine est tenu de s'assurer pour les risques et selon les règles prévus à l'article 27.

Il est réputé satisfaire à l'obligation prévue au premier alinéa s'il justifie avoir souscrit, selon les règles de l'Etat membre où le titre a été acquis, des assurances et garanties équivalentes. A défaut d'équivalence dûment constatée par le conseil de l'ordre, l'intéressé est tenu de souscrire une assurance ou une garantie complémentaire.

Art. 86 des Gesetzes vom 31. Dezember 1971

Der dauerhaft unter der Berufsbezeichnung seines Heimatlandes tätige Anwalt ist gehalten, für die Risiken eine Versicherung nach den in Art. 27 vorgesehenen Regelungen abzuschließen.

Die im ersten Absatz genannte Verpflichtung wird als erfüllt angesehen, wenn er nachweisen kann, dass er nach den Regelungen des Mitgliedsstaates, in dem er seine Berufsbezeichnung erworben hat, gleichwertige Versicherungsverträge und Garantien abgeschlossen hat. In Ermangelung eines Ersatzes, der wie vorgeschrieben vom Vorstand der Anwaltskammer bestätigt werden muss, ist der Betroffene gehalten einen zusätzlichen Versicherungsvertrag oder eine zusätzliche Garantie abschließen.

Art. 87 de la loi du 31 décembre 1971

L'avocat inscrit sous son titre professionnel d'origine peut exercer selon les modalités prévues aux articles 7 et 8.

Il peut également, après en avoir informé le conseil de l'ordre qui a procédé à son inscription, exercer au sein ou au nom d'un groupement d'exercice régi par le droit de l'Etat membre où le titre a été acquis, à condition :

1° Que plus de la moitié du capital et des droits de vote soit détenue par des personnes exerçant au sein ou au nom du groupement d'exercice sous le titre d'avocat ou sous l'un des titres figurant sur la liste prévue à l'article 83 ;

2° Que le complément du capital et des droits de vote soit détenu par des personnes exerçant la profession d'avocat, sous le titre d'avocat ou sous l'un des titres figurant sur

Art. 87 des Gesetzes vom 31. Dezember 1971

Der unter der Berufsbezeichnung seines Heimatlandes eingeschriebene Anwalt kann seinen Beruf unter den in Art. 7 und 8 genannten Bedingungen ausüben.

Nachdem er den Vorstand der Anwaltskammer darüber informiert hat, kann er auch innerhalb oder im Namen einer Berufsausübungsgesellschaft tätig werden, die dem Recht des Mitgliedsstaates unterfällt, in dem er seine Berufsbezeichnung erworben hat, wenn:

1. Mehr als die Hälfte des Gesellschaftsvermögens und der Stimmrechte von Personen gehalten werden, die innerhalb oder im Namen der Berufsausübungsgesellschaft unter der Berufsbezeichnung des Avocat oder unter einer anderen Berufsbezeichnung, die auf der in Art. 83 vorgesehenen Liste enthalten ist, tätig sind;

la liste prévue à l'article 83, ou par des personnes exerçant l'une des autres professions libérales juridiques ou judiciaires soumises à un statut législatif ou réglementaire ou dont le titre est protégé ;

3° Que les titulaires des pouvoirs de direction, d'administration et de contrôle exercent leur profession au sein ou au nom du groupement ;

4° Que l'usage de la dénomination du groupement soit réservé aux seuls membres des professions mentionnées au 1°.
Lorsque les conditions prévues aux 1° à 4° ne sont pas remplies, l'intéressé ne peut exercer que selon les modalités prévues au premier alinéa. Il peut toutefois faire mention de la dénomination du groupement au sein ou au nom duquel il exerce dans l'Etat d'origine.

L'avocat inscrit sous son titre professionnel d'origine peut, dans des conditions fixées par décret en Conseil d'Etat, exercer en France au sein ou au nom d'une société régie par le droit de l'Etat membre où le titre a été acquis et ayant pour objet l'exercice en commun de plusieurs professions libérales soumises à un statut législatif ou réglementaire ou dont le titre est protégé.

2. Der Rest des Gesellschaftsvermögens und der Stimmrechte von Personen gehalten werden, die innerhalb oder im Namen der Berufsausübungsgesellschaft eine anwaltliche Tätigkeit unter einer der Berufsbezeichnungen, die auf der in Art. 83 vorgesehenen Liste enthalten sind, ausüben, oder von Personen gehalten werden, die einen der anderen freien rechtlichen oder gerichtlichen Berufe ausüben, welche einem gesetzlichen oder verordnungsrechtlichem Regelwerk unterworfen sind, oder dessen Bezeichnung geschützt ist;

3. Die Inhaber der Weisungsrechte und der Rechte hinsichtlich der Verwaltung und der Kontrolle ihren Beruf innerhalb oder im Namen der Gemeinschaft ausüben;

4. Der Gebrauch des Namens der Gemeinschaft ist allein den Mitgliedern der unter 1. genannten Berufe vorbehalten. Wenn die unter 1. bis 4. vorgesehenen Bedingungen nicht erfüllt sind, kann der Betroffene seinen Beruf nur unter den in Absatz eins genannten Bedingungen ausüben. Gleichwohl kann er den Namen der Gemeinschaft angeben, innerhalb oder in dessen Namen er im Herkunftsstaat tätig ist.

Der unter der Berufsbezeichnung seines Heimatstaats eingeschriebene Anwalt kann unter den Bedingungen, die durch ein Dekret des Conseil d'Etat festzulegen sind, in Frankreich innerhalb oder im Namen einer Gesellschaft tätig werden, die dem Recht des Mitgliedsstaats unterfällt, in dem die Berufsbezeichnung erworben wurde, und die die gemeinsame Berufsausübung mehrer freier Berufe zum Ziel hat, die einem gesetzlichen oder verordnungsrechtlichen Regelwerk unterworfen sind oder deren Bezeichnung geschützt ist.

Art. 88 de la loi du 31 décembre 1971

Avant l'engagement de poursuites disciplinaires à l'encontre d'un avocat exerçant sous

Art. 88 des Gesetzes vom 31. Dezember 1971

Bevor gegen einen Anwalt, der unter der Berufsbezeichnung seines Heimatstaates

son titre professionnel d'origine, le bâtonnier en informe l'autorité compétente de l'Etat membre où l'intéressé est inscrit, qui doit être mise en mesure de formuler ses observations écrites à ce stade et lors du déroulement, le cas échéant, de la procédure disciplinaire, selon des modalités fixées par décret en Conseil d'Etat.

Lorsque la poursuite disciplinaire est engagée sur le fondement de l'article 25, le délai prévu au deuxième alinéa dudit article est augmenté d'un mois.

tätig ist, disziplinarrechtliche Verfahren eingeleitet werden, informiert der Bâtonnier hierüber die zuständige Stelle des Mitgliedsstaats, bei der der Betroffene eingeschrieben ist, die in diesem Stadium und im Falle des Fortgangs, gegebenenfalls in einem Disziplinarverfahren, unter den Bedingungen, die in einem Dekret des Conseil d'Etat enthalten sind, in die Lage versetzt werden soll, ihre schriftlichen Bemerkungen zu formulieren.

Wenn das disziplinarrechtliche Verfahren auf Basis des Art. 25 eingeleitet worden ist, erhöht sich die im zweiten Absatz des genannten Artikels vorgesehene Frist um einen Monat.

Décret du 27 novembre 1991

Art. 155 du décret du 27 novembre 1991

L'avocat ne peut être ni le conseil ni le représentant ou le défenseur de plus d'un client dans une même affaire s'il y a conflit entre les intérêts de ses clients ou, sauf accord des parties, s'il existe un risque sérieux d'un tel conflit.

Il doit, sauf accord des parties, s'abstenir de s'occuper des affaires de tous les clients concernés lorsque surgit un conflit d'intérêt, lorsque le secret professionnel risque d'être violé ou lorsque son indépendance risque de ne plus être entière.

Il ne peut accepter l'affaire d'un nouveau client si le secret des informations données par un ancien client risque d'être violé ou lorsque la connaissance par l'avocat des affaires de l'ancien client favoriserait le nouveau client.

Lorsque des avocats exercent en groupe, les dispositions des alinéas qui précèdent sont

Art. 155 des Dekrets vom 27. November 1991.

Ein Anwalt kann weder der Berater, noch der Vertreter, noch der Verteidiger von mehr als einem Mandanten in derselben Rechtssache sein, sofern ein Konflikt zwischen den Interessen seiner Mandanten besteht, oder sofern das Risiko eines solchen Konflikts besteht, es sei denn es liegt ein Einverständnis der Parteien vor.

Außer es liegt ein Einverständnis der Parteien vor, muss er sich der Bearbeitung der Mandate der betroffenen Mandanten enthalten, wenn ein Interessenkonflikt auftritt, das secret professionnel Gefahr läuft, verletzt zu werden oder seine Unabhängigkeit Gefahr läuft nicht mehr vollständig gewahrt zu werden.

Er kann den Fall eines neuen Mandanten nicht annehmen, wenn die Verschwiegenheit bezüglich der von einem vorherigen Mandanten gegebenen Informationen Gefahr läuft verletzt zu werden, oder wenn die Kenntnisse des Anwalts von der Rechtssa-

applicables au groupe dans son ensemble et à tous ses membres.

che des alten Mandanten dem neuen Mandanten begünstigen würden.

Sofern die Anwälte Mitglied in einer Berufsausübungsgesellschaft sind, sind die Vorschriften der vorangegangenen Absätze auf die Gesellschaft als Ganzes, wie auch auf alle seine Mitglieder anwendbar.

Art. 160 du décret du 27 novembre 1991

L'avocat, en toute matière, ne doit commettre aucune divulgation contrevenant au secret professionnel.

Il doit, notamment, respecter le secret de l'instruction en matière pénale, en s'abstenant de communiquer, sauf à son client pour les besoins de la défense, des renseignements extraits du dossier ou de publier des documents, pièces ou lettres intéressant une information en cours.

Art. 160 des Dekrets vom 27. November 1991.

Der Anwalt darf keinesfalls etwas offenbaren, wodurch er dem secret professionnel zuwiderhandeln würde.

Er muss vor allem des Ermittlungsgeheimnis in Strafsachen achten, weswegen er bis auf an seinen Mandanten für die Erfordernisse von dessen Verteidigung davon absieht, Ermittlungsergebnisse aus der Akte zu verbreiten oder Schriftstücke, Teile oder Briefe zu veröffentlichen, die eine laufende Ermittlung betreffen.

Art. 174 du décret du 27 novembre 1991

Les contestations concernant le montant et le recouvrement des honoraires des avocats ne peuvent être réglées qu'en recourant à la procédure prévue aux articles suivants.

Art. 174 des Dekrets vom 27. November 1991

Streitigkeiten betreffend die Höhe und Einziehung von Anwaltshonoraren können nur mittels des in den folgenden Artikeln vorgesehenen Verfahrens geregelt werden.

Art. 175 du décret du 27 novembre 1991

Les réclamations sont soumises au bâtonnier par toutes parties par lettre recommandée avec demande d'avis de réception ou remise contre récépissé. Le bâtonnier accuse réception de la réclamation et informe l'intéressé que, faute de décision dans le délai de trois mois, il lui appartiendra de saisir le premier président de la cour d'appel dans le délai d'un mois.

L'avocat peut de même saisir le bâtonnier de toute difficulté.

Le bâtonnier, ou le rapporteur qu'il désigne, recueille préalablement les observations de

Art. 175 des Dekrets vom 27. November 1991

Die Beschwerden werden dem Bâtonnier von jeder Partei per Einschreiben mit Ersuchen um Stellungnahme des Erhalts oder mit Aushändigung gegen Empfangsbesttätigung vorgelegt. Der Bâtonnier bestätigt den Empfang der Beschwerde und informiert den Betroffenen, dass er die Möglichkeit hat, wenn in einer Frist von drei Monaten keine Entscheidung ergangen sein sollte, innerhalb einer weiteren Frist von drei Monaten den ersten Präsidenten des Cour d'Appel anzurufen.

Der Anwalt kann den Bâtonnier ebenso wegen jeder Schwierigkeit anrufen.

l'avocat et de la partie. Il prend sa décision dans les trois mois. Cette décision est notifiée, dans les quinze jours de sa date, à l'avocat et à la partie, par le secrétaire de l'ordre, par lettre recommandée avec demande d'avis de réception. La lettre de notification mentionne, à peine de nullité, le délai et les modalités du recours.

Le délai de trois mois prévu au troisième alinéa peut être prorogé dans la limite de trois mois par décision motivée du bâtonnier. Cette décision est notifiée aux parties, par lettre recommandée avec demande d'avis de réception, dans les conditions prévues au premier alinéa.

Der Bâtonnier, oder der von ihm ernannte Berichterstatter, erhält zuvor die Ausführungen des Anwalts und der Partei. Er entscheidet innerhalb von drei Monaten. Diese Entscheidung wird innerhalb von vierzehn Tagen ab seiner Verkündigung dem Anwalt und seiner Partei durch den Sekretär der Anwaltskammer durch Einschreiben mit Ersuchen um Stellungnahme des Erhalts zugestellt. Das Bekanntgabeschreiben enthält, bei sonstiger Nichtigkeit, die Frist und die Bestimmungen zur Einlegung von Rechtsmitteln.

Die im dritten Absatz enthaltene Frist von drei Monaten kann bis zu drei Monaten durch eine mit Gründen versehene Entscheidung des Bâtonnier verlängert werden. Diese Entscheidung wird den Parteien durch Einschreiben mit Ersuchen um Stellungnahme des Erhalts unter den Bedingungen des ersten Absatzes mitgeteilt.

Art. 176 du décret du 27 novembre 1991

La décision du bâtonnier est susceptible de recours devant le premier président de la cour d'appel, qui est saisi par l'avocat ou la partie, par lettre recommandée avec demande d'avis de réception. Le délai de recours est d'un mois.

Lorsque le bâtonnier n'a pas pris de décision dans les délais prévus à l'article 175, le premier président doit être saisi dans le mois qui suit.

Art. 176 des Dekrets vom 27. November 1991

Gegen die Entscheidung des Bâtonnier sind Rechtsmittel vor dem ersten Präsidenten des Cour d'appel zulässig, der von dem Anwalt oder der Partei durch Einschreiben mit Ersuchen um Stellungnahme des Erhalts angerufen wird. Die Rechtsmittelfrist beträgt einen Monat.

Wenn der Bâtonnier nicht innerhalb der in Art. 175 vorgesehenen Frist eine Entscheidung getätigt hat, muss der erste Präsident im folgenden Monat angerufen werden.

Art. 177 du décret du 27 novembre 1991

L'avocat et la partie sont convoqués, au moins huit jours à l'avance, par le greffier en chef, par lettre recommandée avec demande d'avis de réception.

Le premier président les entend contradictoirement. Il peut, à tout moment, renvoyer

Art. 177 des Dekrets vom 27. November 1991

Der Anwalt und die Partei werden wenigstens acht Tage im voraus durch den Leiter der Geschäftsstelle durch Einschreiben mit Ersuchen um Stellungnahme des Erhalts geladen.

Der erste Präsident hört sie in Gegenwart der Parteien an. Er kann die Streitigkeit je-

l'affaire à la cour, qui procède dans les mêmes formes.

derzeit an das Gericht verweisen, das in derselben Form fortfährt.

L'ordonnance ou l'arrêt est notifié par le greffier en chef par lettre recommandée avec demande d'avis de réception.

Die Verfügung oder das Urteil wird durch den Leiter der Geschäftsstelle durch Einschreiben mit Ersuchen um Stellungnahme des Erhalts bekannt gegeben.

Art. 178 du décret du 27 novembre 1991

Lorsque la décision prise par le bâtonnier n'a pas été déférée au premier président de la cour d'appel, elle peut être rendue exécutoire par ordonnance du président du tribunal de grande instance à la requête, soit de l'avocat, soit de la partie.

Art. 178 des Dekrets vom 27. Novembrer 1991

Sofern die durch den Bâtonnier getroffene Entscheidung nicht an den ersten Präsidenten des Cour d'Appel verwiesen wurde, kann sie auf Antrag des Anwalts oder der Partei durch eine Verfügung des Präsidenten des Tribunal de Grande Instance für vollstreckbar erklärt werden.

Art. 179 du décret du 27 novembre 1991

Lorsque la contestation est relative aux honoraires du bâtonnier, celle-ci est portée devant le président du tribunal de grande instance.

Le président est saisi et statue dans les conditions prévues aux articles 175 et 176.

Art. 179 des Dekrets vom 27. November 1991

Sollte sich die Beanstandung auf das Honorar des Bâtonnier beziehen, so wir diese dem Präsidenten des Tribunal de Grande Instance vorgetragen.

Der Präsident wird unter denselben Voraussetzungen wie in Art. 175 und 176 vorgesehen angerufen und entscheidet.

Art. 180 du décret du 27 novembre 1991

Le conseil de l'ordre siégeant comme conseil de discipline connaît des infractions et des fautes commises par un avocat ou un ancien avocat dès lors qu'à l'époque où les faits ont été commis il était inscrit au tableau, ou sur la liste des avocats honoraires d'un barreau.

Art. 180 des Dekrets vom 27. November 1991

Der Kammervorstand, der die Rolle des Disziplinargerichts wahrnimmt, kennt die von einem Anwalt oder ehemaligen Anwalt begangenen Verstöße und Verfehlungen, sofern der ehemalige Anwalt zu der Zeit, als die Taten begangen wurden, auf der Anwaltsliste oder der Ehrenanwaltsliste einer Anwaltskammer eingeschrieben war.

Art. 181 du décret du 27 novembre 1991

Lorsque, dans le ressort de la cour d'appel, le nombre des avocats disposant du droit de vote excède cinq cents, le conseil de discipline peut constituer une formation supplémentaire par tranche de cinq cents avocats.

Art. 181 des Dekrets vom 27. November 1991

Wenn im Bereich der örtlichen Zuständigkeit des Cour d'appel die Anzahl der stimmberechtigten Anwälte fünfhundert übersteigt, kann das Disziplinargericht eine zusätzliche Kammer für je fünfhundert Anwälte bilden.

Le président du conseil de discipline, et, à Paris, le doyen des présidents des formations disciplinaires du conseil de l'ordre, répartit les affaires entre les formations.

Der Präsident des Disziplinargerichts, und in Paris der Dekan der Präsidenten der einzelnen Disziplinargerichte des Vorstands, teilt die Fälle zwischen den einzelnen Kammern auf.

Art. 182 du décret du 27 novembre 1991

Le conseil de discipline établit le règlement intérieur, fixe le nombre et la composition des formations et en élit le président. Il en informe le procureur général dans un délai de huit jours.

Art. 182 des Dekrets vom 27. November 1991

Das Disziplinargericht legt die Geschäftsordnung fest, bestimmt die Anzahl und die Besetzung der einzelnen Kammern und wählt deren Präsidenten. Innerhalb von acht Tagen informiert er hierüber den Generalstaatsanwalt am Kassationshof.

Art. 201 du décret du 27 novembre 1991

Pour l'application du présent titre, sont reconnus en France comme avocats les ressortissants des Etats membres de la Communauté européenne ou de la Confédération suisse qui exercent leurs activités professionnelles dans l'un de ces Etats membres autres que la France ou dans la Confédération suisse sous l'un des titres professionnels suivants :
- en Belgique : avocat, advocaat, rechtsanwalt ;
- en République tchèque : advokajt ;
- au Danemark : advokat ;
- en Allemagne : rechtsanwalt ;
- en Estonie : vandeadvokaat ;
- en Grèce : dikigoros ;
- en Espagne : abogado, advocat, avogado, abokatu ;
- en Irlande : barrister, solicitor ;
- en Italie : avvocato ;
- à Chypre : dikigoros ;
- en Lettonie : zverinats advokalts ;
- en Lituanie : advokatas ;
- au Luxembourg : avocat ;
- en Hongrie : ügyvéd ;
- à Malte : avukat, prokuratur legali;
- aux Pays-Bas : advocaat ;
- en Autriche : rechtsanwalt ;
- en Pologne : adwokat, radca prawny ;
- au Portugal : advogado ;
- en Slovénie : odvetnik, odvetnica ;

Art. 201 des Dekrets vom 27. November 1991

Für die Anwendung des folgenden Abschnitts sind in Frankreich als avocats die Staatsangehörigen eines Mitgliedsstaates der Europäischen Gemeinschaft anerkannt, die in einem anderem Mitgliedsstaat als Frankreich ihrer beruflichen Tätigkeit unter einer der folgenden Bezeichnung nachgehen:
- in Belgien: avocat ou advocaat;
- in der tschechischen Republik: advokajt;
- in Dänemark: advokat;
- in Deutschland: Rechtsanwalt;
- in Estland: vandeadvokaat;
- in Griechenland: dikigoros;
- in Spanien: abogado, advocat, avogado, abokatu;
- in Irland: barrister, solicitor;
- in Italien: avvocato;
- auf Zypern: dikigoros;
- in Lettland: zverinats advokalts ;
- in Litauen: advokatas;
- in Luxemburg: avocat-avoué;
- in Ungarn: ügyvéd;
- auf Malta: avukat, prokuratur legali;
- in den Niederlanden: advocaat;
- in Österreich: Rechtsanwalt;
- in Polen: adwokat, radca prawny;
- in Portugal: advogado;
- in Slowenien: odvetnik, odvetnica;
- in der Slowakei: advokajt, komercpn prajvnik;
- in Finnland: asianajaja, advokat;

- en Slovaquie : advokajt, komercpn prajvnik ;
- en Finlande : asianajaja, advokat ;
- en Suède : advokat ;
- au Royaume-Uni : advocate, barrister, solicitor ;
- en Suisse : avocat, advokat, anwalt, fürsprecher, fürsprech, avvocato, rechtsanwalt.

- in Schweden: advocat
- im Vereinigten Königkreich: advocate, barrister, solicitor;
- in der Schweiz: avocat, advokat, anwalt, fürsprecher, fürsprech, avvocato, rechtsanwalt.

Art. 202 du décret du 27 novembre 1991

L'activité professionnelle des avocats ressortissants des Etats membres de la Communauté européenne ou de la Confédération suisse établis à titre permanent dans l'un de ces Etats membres autre que la France ou en Confédération suisse est exercée dans les conditions ci-après définies. Elle ne peut toutefois s'étendre aux domaines qui relèvent de la compétence exclusive des officiers publics ou ministériels.

Ces avocats font usage, en France, de l'un des titres mentionnés à l'article 201, exprimé dans la ou l'une des langues de l'Etat où ils sont établis, accompagné du nom de l'organisme professionnel dont ils relèvent ou de celui de la juridiction auprès de laquelle ils sont habilités à exercer en application de la législation de cet Etat.

Le procureur général près la cour d'appel dans le ressort de laquelle est assurée la prestation de services, le bâtonnier de l'ordre des avocats territorialement compétent, le président et les membres de la juridiction ou de l'organisme juridictionnel ou disciplinaire ou le représentant qualifié de l'autorité publique devant lequel se présente l'avocat peuvent lui demander de justifier de sa qualité.

Art. 202 des Dekrets vom 27. November 1991

Anwälte aus den Mitgliedsstaaten der Europäischen Gemeinschaft oder der Schweizer Eidgenossenschaft, die sich dauerhaft in einem Mitgliedsstaat außer Frankreich oder in der Schweizer Eidgenossenschaft niedergelassen haben, üben ihren Beruf unter den nachfolgend beschriebenen Bedingungen aus. Keinesfalls erstreckt sie sich auf Gebiete, die der alleinigen Kompetenz eines unabhängigen Organs der Rechtspflege oder eines Trägers eines öffentlichen Amtes unterfallen.

Diese Anwälte machen in Frankreich von einer der in Art. 201 genannten Berufsbezeichnungen Gebrauch, wofür sie die Landessprache oder eine der Landessprachen des Staates benutzen, in dem sie niedergelassen sind, dabei weisen sie auch auf den Namen der berufliche Einrichtung hin, in dessen Zuständigkeitsbereich sie fallen, oder auf den Namen des Gerichtsbezirks, in dem sie befugt sind, nach den Gesetzen dieses Staates ihren Beruf auszuüben.

Der Oberstaatsanwalt an dem Cour d'appel in dessen Zuständigkeitsbereich die Dienstleistung erbracht wird, der bâtonnier der örtlich zuständigen Anwaltskammer, der Präsident und die Mitglieder des Gerichtsbezirks oder des gerichtlichen oder disziplinarischen Gremiums oder der Vertreter der öffentlichen Gewalt vor der der Anwalt erscheint, können ihn auffordern seine Qualifikation zu belegen.

Art. 202-1 du décret du 27 novembre 1991

Lorsqu'un avocat mentionné à l'article 201 assure la représentation ou la défense d'un client en justice ou devant les autorités publiques, il exerce ses fonctions dans le mêmes conditions qu'un avocat inscrit à un barreau français.

Il respecte les règles professionnelles françaises, sans préjudice des obligations non contraires qui lui incombent dans l'État dans lequel il est établi.

Il doit notamment se soumettre aux prescriptions de l'article 158.

En matière civile, lorsque le représentation est obligatoire devant le tribunal de grande instance, il ne peut se constituer qu'après avoir élu domicile auprès d'un avocat établi près le tribunal saisi et auquel les actes de la procédure sont valablement notifiés. Il joint à l'acte introductif d'instance ou à la constitution en défense, selon le cas, un document, signé par cet avocat, attestant l'existance d'une convention qui autorise l'élection de domicile pour l'instance considerée. Devant la cour d'appel, il doit agir en concert avec un avoué près cette cour d'appel ou un avocat habilité à représenter les parties devant elles.

A tout moment, l'un ou l'autre des avocats signataires de la convention visée à l'alinéa précédent peut y mettre fin par dénonciation notifiée à son confrère ainsi qu'aux avocats représentant les autres parties, sous réserve qu'un autre avocat ait été désigné par l'avocat prestataire de service mentionné à l'article 201. La partie la plus diligente en avise la juridiction en lui communiquant le nom de l'avocat chez qui domicile est nouvellement élu.

Art. 202-1 des Dekrets vom 27. November 1991

Wenn einer der in Art. 201 genannten Anwälte die Vertretung oder Verteidigung eines Mandanten vor Gericht oder den staatlichen Behörden gewährleistet, übt er diese Funktionen unter denselben Bedingungen aus, wie ein bei einer französischen Anwaltskammer eingeschriebener Anwalt.

Er respektiert das französische Berufsrecht unter Vorbehalt sämtlicher, nicht gegensätzlicher Rechte, denen er im Staat seiner Niederlassung verpflichtet ist.

Er muss insbesondere die Vorschriften des Art. 158 beachten.

Ist in einer Zivilsache vor dem tribunal des grande instance die anwaltliche Vertretung verpflichtend, so kann er ersta dann als Anwalt auftreten, wenn er eine Zustellungsanschrift bei einem an dem angerufenen Gericht zugelassenen Anwalt gewählt hat, welchem die Dokumente des Verfahrens rechtswirksam zugestellt werden können. Er fügt je nach Fall der Klageschrift oder der Bestellung als Verteidiger ein Dokument bei, das von diesem Anwalt unterschrieben ist und das eine Übereinkunft bezüglich der Wahl der Zustellungsanschrift für das erwogene Verfahren enthält. Vor einem Cour d'appel muss er im Einvernehmen mit einem an diesem Cour d'appel zugelassenen avoué oder einem Anwalt tätig werden, der befugt ist, die Parteien vor diesen Gerichten zu vertreten.

Jederzeit kann der eine oder der andere Anwalt, der die im vorherigen Absatz genannte Übereinkunft unterschrieben hat, diese Übereinkunft mit einer zugestellten Kündigung an seinen Kollegen, wie auch an die Anwälte, die die anderen Parteien vertreten, beenden, unter der Bedingung, das von dem in Art. 201 genannten, dienstleistenden Anwalt ein anderer Anwalt benannt worden ist. Die im Prozess als erste handelnde Partei

verständigt das Gericht, indem es ihm den Namen des Anwalt nennt, der als neue Zustellungsanschrift gewählt wurde.

Art. 202-2 du décret du 27 novembre 1991

Pour l'exercice, en France, des activités autres que celles prévues à l'article 202-1, les avocats mentionnés à l'article 202 restent soumis aux conditions d'exercice et aux règles professionnelles applicables à leur profession dans l'Etat dans lequel ils sont établis.

Ils sont aussi tenus au respect des règles qui s'imposent, pour l'exercice de ces activités, aux avocats inscrits à un barreau français, notamment celles concernant l'incompatibilité entre l'exercice, en France, des activités d'avocat et celui d'autres activités, le secret professionnel, les rapports confraternels, l'interdiction d'assistance par un même avocat de parties ayant des intérêts opposés et la publicité. Ces règles ne leur sont applicables que si elles peuvent être observées alors qu'ils ne disposent pas d'un établissement en France et dans la mesure où leur observation se justifie objectivement pour assurer, en France, l'exercice correct des activités d'avocat, la dignité de la profession et le respect des incompatibilités.

Art. 202-2 des Dekrets vom 27. November 1991

Für die Ausübung anderer Tätigkeiten als die, die in Art. 202-1 vorgesehen sind, bleiben die in Art. 202 genannten Anwälte den Berufsausübungsbedingungen und -regelungen unterworfen, die in dem Staat ihrer Niederlassung gelten.

Sie sind außerdem gehalten, die Regelungen zu beachten, die den in einer französischen Anwaltskammer eingeschriebenen Anwälten bei der Ausübung dieser Tätigkeiten auferlegt sind, insbesondere die Regelungen, die die Unvereinbarkeit der Ausübung einer anwaltlichen Tätigkeit in Frankreich mit anderen Tätigkeiten betreffen, sowie die Regelungen, die das secret professionnel, die Beziehungen zu Kollegen, das Verbot der Vertretung widerstreitender Interessen durch einen Anwalt, sowie die Werbung betreffen. Diese Regeln sind für sie nur dann anwendbar, wenn sie beachtet werden können, ohne dass hierfür eine Niederlassung in Frankreich erforderlich ist, und nur insoweit ihre Einhaltung objektiv gerechtfertigt ist, um in Frankreich die ordnungsgemäße Ausübung der Tätigkeiten eines Anwalts, die Würde des Berufes und die Beachtung der Unvereinbarkeiten sicherzustellen.

Art. 202-3 du décret du 27 novembre 1991

En cas de manquement par les avocats mentionnés à l'article 202 aux dispositions du présent décret, ceux-ci sont soumis aux dispositions des articles 180 et suivants relatifs à la discipline des avocats inscrits à un barreau français. Toutefois, pour l'application de l'article 184, les peines disciplinaires de l'interdiction temporaire et de la radiation du tableau ou de la liste du stage sont rempla-

Art. 202-3 des Dekrets vom 27. November 1991

Sollten die in Art. 202 genannten Anwälte den Bestimmungen des vorliegenden Dekrets nicht nachkommen, unterfallen sie den Bestimmungen des Art. 180, betreffend der Disziplin der bei einer französischen Anwaltskammer eingeschriebenen Anwälte. Gleichwohl werden für die Anwendung des Art. 184 die Disziplinarstrafen des zeitweisen Verbots und der Streichung von der

cées par la peine de l'interdiction provisoire ou définitive d'exercer, en France, des activités professionnelles. L'autorité disciplinaire française peut demander à l'autorité compétente de l'Etat d'origine communication des renseignements professionnels concernant les avocats intéressés. Elle informe cette dernière autorité de toute décision prise. Ces communications ne portent pas atteinte au caractère confidentiel des renseignements fournis.

Anwalts- oder Anwaltsanwärterliste durch die Strafe des vorübergehenden oder entgültigen Verbots der Berufsausübung in Frankreich ersetzt. Die französische Disziplinargewalt kann die zuständige Stelle im Herkunftsland um die Übermittlung beruflicher Auskünfte betreffend den sie interessierenden Anwalt bitten. Sie informiert die letztgenannte Stelle über jede getroffene Entscheidung. Dieser Austausch verletzt nicht den vertraulichen Charakter der zur Verfügung gestellten Auskünfte.

Art. 203 du décret du 27 novembre 1991
L'avocat ressortissant d'un Etat membre de la Communauté européenne ou de la Confédération suisse ayant acquis sa qualification dans l'un de ces Etats membres autres que la France ou en Confédération suisse, qui exerce en France son activité professionnelle à titre permanent sous son titre professionnel d'origine par application des dispositions du titre IV de la loi du 31 décembre 1971 précitée, est soumis aux dispositions du présent décret, sous réserve des dispositions du présent chapitre.

Art. 203 des Dekrets vom 27. November 1991
Ein aus einem Staat der Europäischen Gemeinschaft oder aus der Schweizer Eidgenossenschaft stammender Anwalt, der seine Qualifikation in einem anderen Mitgliedsstaat als Frankreich oder in der Schweizer Eidgenossenschaft erworben hat, und der seiner beruflichen Tätigkeit dauerhaft unter der Berufsbezeichnung seines Herkunftslandes nach Anwendung der Bestimmungen des Titel IV des zuvor angesprochenen Gesetzes vom 31. Dezember 1971 ausübt, ist den Bestimmungen des vorliegenden Dekrets, vorbehaltlich den Bestimmungen des vorliegenden Kapitels unterworfen.

Art. 203-1 du décret du 27 novembre 1991
En cas de manquement, en France, aux règles professionnelles par l'avocat mentionné à l'article 203, le bâtonnier adresse à l'autorité compétente de l'Etat dans lequel le titre professionnel a été acquis les informations utiles sur la procédure disciplinaire envisagée.

Ces informations portent notamment sur les faits reprochés, les règles professionnelles en cause, la procédure disciplinaire applicable et les sanctions encourues. Les dispositions de l'article 88 de la loi du 31 décembre 1971 précitée ainsi que celles du présent article sont également portées à la connaissance de l'autorité compétente.

Art. 203-1 des Dekrets vom 27. November 1991
Sollte der in Art. 203 genannte Anwalt in Frankreich gegen die berufsrechtlichen Regelungen verstoßen, teilt der bâtonnier der zuständigen Stelle des Staates, in dem die Berufsbezeichnung erworben wurde, die zum geplanten Disziplinarverfahren sachdienlichen Informationen mit.

Diese Informationen betreffen insbesondere die vorgeworfenen Tatsachen, die betroffenen berufsrechtlichen Regelungen, das anwendbare disziplinarrechtliche Vorgehen und die androhten Strafen. Die Bestimmungen des Art. 88 des zuvor genannten Gesetzes vom 31. Dezember 1971, sowie die Bestimmungen des vorliegenden Artikels wer-

L'instance disciplinaire prévue à l'article 22 de la loi du 31 décembre 1971 précitée est saisie dans un délai qui ne peut être inférieur à un mois à compter de l'accomplissement de cette formalité.

Après la saisine de l'instance disciplinaire, l'autorité compétente peut présenter à tout moment ses observations écrites.

den ebenfalls der zuständigen Stelle kenntlich gemacht.

Das in Art. 22 des zuvor genannten Gesetzes vom 31. Dezember 1971 vorgesehene Disziplinarverfahren wird innerhalb einer Frist eingeleitet, die nicht weniger als einen Monat angefangen von der Durchführung dieser Formalität betragen kann.

Nach der Einleitung des Disziplinarverfahrens kann die zuständige Stelle jederzeit ihre schriftlichen Anmerkungen vorlegen.

Décret du 12 juillet 2005 :

Art. 4 du décret du 12 juillet 2005

Sous réserve des strictes exigences de sa propre défense devant toute juridiction et des cas de déclaration ou de révélation prévues ou autorisées par la loi, l'avocat commet, en toute matière, aucune divulgation contrevenant au secret professionnel.

Art. 4 des Dekrets vom 12. Juli 2005

Bis auf die unbedingt notwendigen Erfordernisse seiner eigenen Verteidigung vor jeder Gerichtsbarkeit und bis auf die Fälle der Anzeige oder Aufdeckung, die durch das Gesetz vorgesehen und erlaubt sind, darf der Anwalt niemals eine Offenbarung machen, durch die er dem secret professionnel zuwiderhandelt.

Art. 7 du décret du 12 juillet 2005

L'avocat ne peut être ni le conseil ni le représentant ou le défenseur de plus d'un client dans une même affaire s'il y a conflit entre les intérêts de ses clients ou, sauf accord des parties, s'il existe un risque sérieux d'un tel conflit.

Sauf accord écrit des parties, il s'abstient de s'occuper des affaires de tous les clients concernés lorsque surgit un conflit d'intérêt, lorsque le secret professionnel risque d'être violé ou lorsque son indépendance risque de ne plus être entière.

Il ne peut accepter l'affaire d'un nouveau client si le secret des informations données par un ancien client risque d'être violé ou lorsque la connaissance par l'avocat des

Art. 7 des Dekrets vom 12. Juli 2005

Ein Anwalt kann weder der Berater, noch der Vertreter, noch der Verteidiger von mehr als einem Mandanten in derselben Rechtssache sein, sofern ein Konflikt zwischen den Interessen seiner Mandanten besteht, oder sofern das Risiko eines solchen Konflikts besteht, es sei denn es liegt ein Einverständnis der Parteien vor.

Außer es liegt ein schriftliches Einverständnis der Parteien vor, enthält er sich der Bearbeitung der Mandate der betroffenen Mandanten, wenn ein Interessenkonflikt auftritt, das secret professionnel Gefahr läuft, verletzt zu werden oder seine Unabhängigkeit Gefahr läuft nicht mehr vollständig gewahrt zu werden.

affaires de l'ancien client favoriserait le nouveau client.

Lorsque des avocats sont membres d'un groupement d'exercice, les dispositions des alinéas qui précèdent sont applicables à ce groupement dans son ensemble et à tous ses membres. Elles s'appliquent également aux avocats qui exercent leur profession en mettant en commun des moyens, dès lors qu'il existe un risque de violation du secret professionnel.

Er kann den Fall eines neuen Mandanten nicht annehmen, wenn die Verschwiegenheit bezüglich der von einem vorherigen Mandanten gegebenen Informationen Gefahr läuft verletzt zu werden, oder wenn die Kenntnisse des Anwalts von der Rechtssache des alten Mandanten dem neuen Mandanten begünstigen würden.

Sofern die Anwälte Mitglied in einer Berufsausübungsgesellschaft sind, sind die Vorschriften der vorangegangenen Absätze auf die Gesellschaft als Ganzes, wie auch auf alle seine Mitglieder anwendbar. Sie finden auch auf die Anwälte Anwendung, die ihren Beruf in einer Bürogemeinschaft ausüben, sofern hierbei ein Risiko der Verletzung des secret professionnel besteht.

Code pénal: (dt. Übersetzug von Gesine Bauknecht und Lieselotte Lüdicke, Das französische Strafgesetzbuch Freiburg 1999)

Art. 113-2 Code pénal
La loi pénale française est applicable aux infractions commises sur le territoire de la République.

L'infraction est réputée commise sur le territoire de la République dès lors qu'un de ses faits constitutifs a eu lieu sur ce territoire.

Art. 113-2 Code Pénal
Das französische Strafgesetz gilt für Taten, die auf französischem Staatsgebiet begangen werden.

Eine Tat gilt als auf französischem Staatsgebiet begangen, sobald ein Teil der tatbestandlichen Handlung dort vorgenommen wird.

Art. 113-6 Code pénal
La loi pénale française est applicable à tout crime commis par un Français hors du territoire de la République.

Elle est applicable aux délits commis par des Français hors du territoire de la République si les faits sont punis par la législation du pays où ils ont été commis.
Il est fait application du présent article lors même que le prévenu aurait acquis la nationalité française postérieurement au fait qui lui est imputé.

Art. 113-6 Code Pénal
Das französische Strafgesetz gilt für jedes von einem Franzosen außerhalb des französischen Staatsgebiets begangene Verbrechen.

Es gilt für Vergehen, die von Franzosen außerhalb des französischen Staatsgebiets begangen werden, wenn die Tat am Tatort mit Strafe bedroht ist.
Dieser Artikel findet selbst dann Anwendung, wenn der Beschuldigte nach der ihm angelasteten Tat die französische Staatsangehörigkeit angenommen hat.

Art. 113-7 Code pénal
La loi pénale française est applicable à tout crime, ainsi qu'à tout délits puni d'emprisonnement, commis par un Français ou par un étranger hors du territoire de la République lorsque la victime est de nationalité française au moment de l'infraction

Art. 113-7 Code Pénal
Das französische Strafgesetz gilt für jedes Verbrechen sowie für jedes mit Gefängnisstrafe bedrohte Vergehen, das von einem Franzosen oder einem Ausländer außerhalb des französischen Staatsgebiets begangen wird, wenn das Opfer zur Zeit der Tat die französische Staatsangehörigkeit besitzt.

Art. 113-8 Code pénal
Dans le cas prévus aux articles 113-6 et 113-7, la poursuite des délits ne peut être exercée qu'à la requête du ministère public. Elle doit être précedée d'une plainte de la victime ou des ses ayants droit ou d'une dénonciation officielle par l'autorité du pays où le fait a été commis.

Art. 113-8 Code Pénal
In den Fällen der Art. 113-6 und 113-7 können die Vergehen nur auf Antrag der Staatsanwaltschaft verfolgt werden. Dem Antrag muss eine Strafanzeige des Verletzten oder seiner Rechtsnachfolger oder eine amtliche Anzeige der Behörden des Staates vorausgehen, in dem die Tat begangen wurde.

Art. 223-6 Code pénal
Quiconque pouvant empêcher par son action immédiate, sans risque pour lui ou pour les tiers, soit un crime, soit un délit contre l'intégrité corporelle de la personne s'abstient volontairement de le faire est puni de cinq ans d'emprisonnement et de 75 000 euros d'amende.

Sera puni des mêmes peines quiconque s'abstient volontairement de porter à une personne en péril l'assistance que, sans risque pour lui ou pour les tiers, il pouvait lui prêter soit par son action personelle, soit en provoquant un secours.

Art. 223-6 Code Pénal
Wer durch sein unverzügliches Handeln ohne Gefahr für sich selbst oder für Dritte ein Verbrechen oder Vergehen gegen die körperliche Unversehrtheit von Personen verhindern kann und dies vorsätzlich unterlässt, wird mit fünf Jahren Gefängnis und 75 000 € Geldstrafe bestraft.

Mit denselben Strafen wird derjenige bestraft, der es vorsätzlich unterlässt einer sich in Gefahr befindenden Person den Beistand zu leisten, den er ohne Gefahr für sich selbst oder für Dritte, durch sein persönliches Handeln oder indem er für Hilfe sorgt, erbringen konnte.

Art. 226-13 Code pénal

La révélation d'une information à caractère secret par une personne qui en est dépositaire soit par état ou par une profession, soit en raison d'une fonction ou d'une mission temporaire, est punie d'un an d'emprisonnement et de 15 000 euros d'amende.

Art. 226-13 Code Pénal

Wer ein fremdes Geheimnis, von dem er entweder aufgrund seiner Stellung, seines Berufs, seines Amtes oder seiner vorübergehenden Aufgabe Kenntnis erlangt hat, offenbart, wird mit einem Jahr Gefängnis und 15 000 € Geldstrafe bestraft.

Art. 226-14 Code pénal

L'article 226-13 n'est pas applicable dans le cas où la loi impose ou autorise la révélation du secret. En outre, il n'est pas applicable:

1° A celui qui informe les autorités judiciaires, medicals ou administratives de privations ou de sévices, y compris lorsqu'il s'agit d'atteintes sexuelles, don't il a eu connaissance et qui ont été infligées a un mineur ou à une personne qui n'est pas en mesure de se protéger en raison de son âge ou de son incapacité physique ou psychique;

2° Au médecin qui,...;

3° Aux professionnels de la santé ou de l'action sociale qui....;
Le signalement aux autorités compétentes effectué dans les conditions prévues au présent article ne peut faire l'objet d'aucune sanction disciplinaire.

Art. 226-14 Code Pénal

Art. 226-13 gilt nicht für die Fälle, in denen das Gesetz die Offenbarung des Geheimnisses vorschreibt oder zulässt. Ferner ist er nicht anwendbar:

1. auf denjenigen, der die Justiz-, Gesundheits- oder Verwaltungsbehörden über Entzugshandlungen oder Misshandlungen, einschließlich wenn es sich um sexuelle Übergriffe handelt, informiert, von denen er Kenntnis erhalten hat und die an einem Minderjährigen unter 15 Jahren oder an einer Person begangen wurden, die wegen ihres Alters oder ihrer körperlichen und seelischen Verfassung nicht in der Lage ist, sich selbst zu schützen;

2. auf den Arzt, der...;

3. auf die Angestellten des Gesundheitsamtes oder der Gesundheitsfürsorge, die... ;

Die Anzeige, die unter den im vorliegenden Artikel vorgesehenen Bedingungen gegenüber den zuständigen Stellen gemacht wird, kann nicht Gegenstand einer Disziplinarmaßnahme sein.

Art. 324-1 Code pénal
Le blanchiment est le fait de faciliter, par tout moyen, la justification mensongère de l'origine des biens ou des revenues de l'auteur d'un crime ou d'un délit ayant procuré à celui-ci un profit direct ou indirect.

Constitue également un blanchiment le fait d'apporter un concours à une opération de placement, de dissimulation ou de conversion du produit direct ou indirect d'un crime ou d'un délit.

Art. 324-1 Code Pénal
Geldwäsche begeht, wer durch irgendein Mittel den falschen Nachweis der Herkunft von Vermögensgütern oder Einkünften des Täters eines Verbrechens oder Vergehens erleichtert, das diesem einen unmittelbaren oder mittelbaren Vorteil verschafft hat.

Als Geldwäsche gilt auch die Mitwirkung an einer Tätigkeit zur Anlage, Verschleierung oder Umwandlung des unmittelbar oder mittelbar aus einem Verbrechen oder Vergehen Hervorgegangenen.

Le blanchiment est puni de cinq ans d'emprisonnement et de 375 000 € d'amende.

Die Geldwäsche wird mit fünf Jahren Gefängnis und 375. 000 € Geldstrafe bestraft.

Art. 324-2 Code pénal
Le blanchiment est puni de dix ans d'emprisonnement et de 750 000 € d'amende ;

Art. 324-2 Code Pénal
Die Geldwäsche wird mit zehn Jahren Gefängnis und 750.000 € Geldstrafe bestraft, wenn sie begangen wird:

1° Lorsqu'il est commis de façon habituelle ou en utilisant les facilités que procure l'exercice d'une activité professionnelle ;

2° Lorsqu'il est commis en bande organisée.

1. gewohnheitsmäßig oder unter Ausnutzung der günstigen Möglichkeiten, die mit der Ausübung einer beruflichen Tätigkeit verbunden sind;

2. in einer organisierten Bande.

Art. 434-1 Code pénal
Le fait, pour quiconque ayant connaissance d'un crime dont il est encore possible de prévenier ou de limiter les effets, ou dont les auteurs sont susceptibles de commettre de nouveaux crimes qui pourraient être empêchés, de ne pas en informer les autorités judiciares ou administratives est puni de trois ans d'emprisonnement et de 45 000 euros d'amende.

Sont exeptés des dispositions qui précèdent, sauf en ce qui concerne les crimes commis sur les mineurs de quinze ans:

1° les parents en ligne directe et leurs conjoints, ainsi que les frères et sœurs et leurs conjoints, de l'auteur ou du complice du crime;

2° Le conjoint de l'auteur ou du complice du crime, ou la personne qui vit notoirement en situation maritale avec lui.

Sont également exeptées des dispositions du premier alinéa les personnes astreintes au secret dans les conditions prévues par l'article 226-13.

Art. 434-1 Code Pénal
Wer Kenntnis von einem Verbrechen hat, dessen Auswirkungen noch verhütet oder begrenzt werden können oder dessen Täter möglicherweise neue Verbrechen begehen, die verhindert werden könnten, und die Justiz- oder Verwaltungsbehörden nicht benachrichtigt, wird mit drei Jahren Gefängnis und 45.000 Euro Geldstrafe bestraft.

Soweit es sich nicht um Verbrechen gegen Minderjährige unter 15 Jahren handelt, sind von den vorangegangenen Bestimmungen ausgenommen:

1. die in gerader Linie mit dem Täter oder Teilnehmer des Verbrechens Verwandten und deren Ehegatten sowie seine Geschwister und deren Ehegatten;

2. der Ehegatte des Täters oder Teilnehmers des Verbrechens oder die Person, die mit ihm offenkundig in einer eheähnlichen Gemeinschaft lebt.

Von diesen Bestimmungen des ersten Absatzes sind außerdem die Personen ausgenommen, die unter den in Art. 226-13 vorgesehenen Bedingungen der Schweigepflicht unterliegen.

Art. 434-3 Code pénal
Le fait, pour quiconque ayant connaissance de privations, de mauvais traitements ou d'atteintes sexuelles infligés à un mineur de quinze ans ou à une personne qui n'est pas en mesure de se protéger en raison de son age, d'une maladie, d'une infirmité, d'une déficience physique ou psychique ou d'un état de grossesse, de ne pas en informer les autorités judiciaresou administratives est puni de trois ans d'emprisonnement et de 45 000 euros d'amende.

Sauf lorsque la loi en dispose autrement, sont exceptées des dispositions qui précèdent les personnes astreintes au secret dans le conditions prévues par l'article 226-13.

Art. 434-3 Code Pénal
Wer Kenntnis von Entzugshandlungen, Misshandlungen oder sexuellen Übergriffen hat, die an einem Minderjährigen unter 15 Jahren oder an einer Person begangen wurden, die wegen Alters, Krankheit, Behinderung, körperlichen oder seelischen Gebrechen oder Schwangerschaft nicht in der Lage ist, sich zu schützen, und die Justiz- oder Verwaltungsbehörden nicht benachrichtigt, wird mit drei Jahren Gefängnis und 45.000 € Geldstrafe bestraft.

Von diesen Bestimmungen sind die Personen ausgenommen, die unter den in Art. 226-13 vorgesehenen Bedingungen der Schweigepflicht unterliegen, außer wenn gesetzlich etwas anderes bestimmt ist.

Code de procédure pénale:

Art. 56-1 Code de procédure pénale
Les perquisitions dans le cabinet d'un avocat ou à son domicile ne peuvent être effectuées que par un magistrat et en présence du bâtonnier ou de son délégué, à la suite d'une décision écrite et motivée prise par ce magistrat, qui indique la nature de l'infraction ou des infractions sur lesquelles portent les investigations, les raisons justifiant la perquisition et l'objet de celle-ci. Le contenu de cette décision est porté dès le début de la perquisition à la connaissance du bâtonnier ou de son délégué par le magistrat. Celui-ci et le bâtonnier ou son délégué ont seuls le droit de consulter ou de prendre connaissance des documents se trouvant sur les lieux préalablement à leur éventuelle saisie. Aucune saisie ne peut concerner des documents relatifs à d'autres infractions que celles mentionnées dans la décision précitée. Les dispositions du présent alinéa sont édictées à peine de nullité.

Le magistrat qui effectue la perquisition veille à ce que les investigations conduites

Art. 56-1 Code de Procédure Pénale
Die Durchsuchungen in der Kanzlei eines Anwalts oder in seinen Privaträumen können nur durch einen Richter und in Anwesenheit des Bâtonniers oder seines Vertreters nach einer schriftlichen und begründeten Entscheidung, die von diesem Richter gewürdigt wurde, die die Art der Straftat oder der Straftaten auf die sich die Ermittlungen beziehen kenntlich macht, und die die Gründe für die Durchsuchung und dessen Ziel rechtfertigt, durchgeführt werden. Der Richter und der Bâtonnier oder sein Vertreter haben allein das Recht, die am Ort befindlichen Dokumente zu Rate zu ziehen oder zur Kenntnis zu nehmen. Die Beschlagnahme darf keine Schriftstücke betreffen, die andere Straftaten als die in der genannten Entscheidung beschriebenen betreffen. Die Vorschriften des vorliegenden Artikels sind zur Vermeidung der Nichtigkeit angeordnet.

Der Richter, der die Durchsuchung durchführt, wacht darüber, dass die durchgeführ-

ne portent pas atteinte au libre exercice de la profession d'avocat.

Le bâtonnier ou son délégué peut s'opposer à la saisie d'un document à laquelle le magistrat a l'intention de procéder s'il estime que cette saisie serait irrégulière. Le document doit alors être placé sous scellé fermé. Ces opérations font l'objet d'un procès-verbal mentionnant les objections du bâtonnier ou de son délégué, qui n'est pas joint au dossier de la procédure. Si d'autres documents ont été saisis au cours de la perquisition sans soulever de contestation, ce procès-verbal est distinct de celui prévu par l'article 57. Ce procès-verbal ainsi que le document placé sous scellé fermé sont transmis sans délai au juge des libertés et de la détention, avec l'original ou une copie du dossier de la procédure.

Dans les cinq jours de la réception de ces pièces, le juge des libertés et de la détention statue sur la contestation par ordonnance motivée non susceptible de recours.

A cette fin, il entend le magistrat qui a procédé à la perquisition et, le cas échéant, le procureur de la République, ainsi que l'avocat au cabinet ou au domicile duquel elle a été effectuée et le bâtonnier ou son délégué. Il peut ouvrir le scellé en présence de ces personnes.

S'il estime qu'il n'y a pas lieu à saisir le document, le juge des libertés et de la détention ordonne sa restitution immédiate, ainsi que la destruction du procès-verbal des opérations et, le cas échéant, la cancellation de toute référence à ce document ou à son contenu qui figurerait dans le dossier de la procédure.

Dans le cas contraire, il ordonne le versement du scellé et du procès-verbal au dossier de la procédure. Cette décision n'exclut pas la possibilité ultérieure pour les parties de demander la nullité de la saisie devant,

ten Untersuchungen nicht die freie Ausübung der anwaltlichen Tätigkeit verletzen.

Der Bâtonnier oder sein Vertreter können sich der Beschlagnahme eines Schriftstückes widersetzen, an der der Richter festhalten will, wenn er glaubt, dass die Beschlagnahme unrechtmäßig wäre. Das Schriftstück muss dann versiegelt werden. Dieses Vorgehen ist Inhalt eines Protokolls, das die Einwände des Bâtonnier oder seines Vertreters beinhaltet und nicht der Verfahrensakte beigefügt wird. Wenn im Laufe der Durchsuchung andere Schriftstücke beschlagnahmt werden, ohne dass ein Einwand erhoben wird, dann ist dieses Protokoll verschieden von dem in Art. 57 vorgesehenen. Dieses Protokoll und das versiegelte Schriftstück werden ohne Verzögerung dem Juge de Libertés et de la Détention mit dem Original oder einer Kopie der Verfahrensakte übersandt.

Fünf Tage nach Erhalt dieser Schriftstücke entscheidet der Juge de Libertés et de la Détention über die Anfechtung durch einen begründeten Beschluss, der nicht durch einen Rechtsbehelf nachprüfbar ist.

Zu diesem Zweck hört er den Richter, der die Durchsuchung durchgeführt hat, und gegebenenfalls den Oberstaatsanwalt, wie auch den Anwalt, in dessen Kanzlei oder Privaträumen die Durchsuchung durchgeführt wurde, und den Bâtonnier oder seinen Vertreter an. In Gegenwart dieser Personen darf er das Siegel öffnen.

Wenn er der Ansicht ist, dass die Beschlagnahme des Schriftstücks nicht angebracht ist, ordnet der Juge des Libertés et de la Détention die sofortige Rückgabe, wie auch die Vernichtung des Protokolls der Maßnahmen und gegebenenfalls die Streichung jeglicher Bezugnahme auf dieses Schriftstück oder auf seinen Inhalt in der Verfahrensakte an.

selon les cas, la juridiction de jugement ou la chambre de l'instruction.

Les dispositions du présent article sont également applicables aux perquisitions effectuées dans les locaux de l'ordre des avocats ou des caisses de règlement pécuniaire des avocats. Dans ce cas, les attributions confiées au juge des libertés et de la détention sont exercées par le président du tribunal de grande instance qui doit être préalablement avisé de la perquisition. Il en est de même en cas de perquisition au cabinet ou au domicile du bâtonnier.

Im entgegengesetzten Fall ordnet er die Einbeziehung des gerichtlichen Siegels und des Protokolls in die Verfahrensakte an. Diese Entscheidung schließt nicht die Möglichkeit aus, dass die Parteien später einen Antrag auf Nichtigkeit der Beschlagnahme je nach Lage des Falles entweder vor der Gerichtsbarkeit der richterlichen Entscheidung oder der Ermittlungskammer stellen können.

Die Anordnungen der vorliegenden Artikel sind auch auf Durchsuchungen anwendbar, die in den Räumlichkeiten der Berufsvereinigung der Anwälte oder der Kasse zur Regelung der vermögensrechtlichen Angelegenheiten der Anwälte stattfinden. In diesem Fall werden die dem Juge de Libertés et de la Détention übertragenden Aufgaben durch den Präsidenten des Tribunal de la Grande Instance ausgeübt, dem die Durchsuchung zuvor angekündigt werden soll. Ebenso verhält es sich im Fall einer Durchsuchung der Kanzlei oder der Privaträume eines Bâtonnier.

Art. 109, al. 1 Code de procédure pénale
Toute personne citée pour être entendue comme témoin est tenue de comparaître, de prêter serment et de déposer, sous réserve des dispositions des articles 226-13 et 226-14 du code pénal.

Art. 109 Abs. I Code de Procédure Pénale
Jede Person, die vor das Gericht geladen wird, um als Zeuge vernommen zu werden, muss dort erscheinen, schwören und unter Beachtung der Anforderungen der Art. 226-13 und 226-14 Code pénal aussagen.

Nouveau Code de procédure civile:

Art. 206 Nouveau Code de procédure civile
Est tenu de déposer quiconque en est légalement requis. Peuvent être dispensées de déposer les personnes qui justifient d'un motif légitime. Peuvent s'y refuser les parents ou alliés en ligne directe de l'une des parties ou son conjoint, même divorcé.

Art. 206 Nouveau Code de Procédure Civile
Jeder der rechtmäßig gerichtlich darum ersucht wurde, muss aussagen. Personen, die über einen berechtigten Grund verfügen, können von der Aussagepflicht befreit werden. Die Eltern oder die in gerader Linie mit der Partei Verwandten und auch sein Ehegatte oder seine Ehegattin, selbst wenn sie geschieden sind, können sich weigern auszusagen.

Code monétaire et financier:

Art. 562-2-1 Code monétaire et financier
Les personnes mentionnées au 12 de l'article L. 562-1 sont tenues de procéder à la déclaration prévue à l'article L. 562-2 lorsque, dans le cadre de leur activité professionnelle, elles réalisent au nom et pour le compte de leur client toute transaction financière ou immobilière ou lorsqu'elles participent en assistant leur client à la préparation ou à la réalisation des transactions concernant :

1° L'achat et la vente de biens immeubles ou de fonds de commerce ;
2° La gestion de fonds, titres ou autres actifs appartenant au client ;
3° L'ouverture de comptes bancaires, d'épargne ou de titres ;
4° L'organisation des apports nécessaires à la création de sociétés ;
5° La constitution, la gestion ou la direction des sociétés ;
6° La constitution, la gestion ou la direction de fiducies de droit étranger ou de toute autre structure similaire.

Les personnes mentionnées au 12 de l'article L. 562-1 dans l'exercice des activités relatives aux transactions visées ci-dessus et les experts-comptables lorsqu'ils effectuent des consultations juridiques conformément aux dispositions de l'article 22 de l'ordonnance n° 45-2138 du 19 septembre 1945 portant institution de l'ordre des experts-comptables et réglementant le titre et la profession d'expert-comptable ne sont pas tenus de procéder à la déclaration prévue à l'article L. 562-2 lorsque les informations ont été reçues d'un de leurs clients ou obtenues sur l'un d'eux, soit dans le cadre d'une consultation juridique sauf si celle-ci est fournie aux fins de blanchiment de capitaux ou si ces personnes y procèdent en sachant que leur client souhaite obtenir des conseils juridiques aux fins de blanchiment de capitaux,

Art. 562-2-1 Code Monétaire et Financier
Die unter 12 des Art. 562-1 genannten Personen sind gehalten die in Art. 562-2 vorgesehene Anzeige zu erstatten, wenn sie im Rahmen ihrer beruflichen Tätigkeit, im Namen und auf Rechnung ihres Mandanten ein Finanz- oder Immobiliengeschäft durchführen, oder wenn sie ihren Mandanten bei der Vorbereitung oder Durchführung von Geschäften helfend beiseitestehen, betreffend

1. den Kauf oder Verkauf von Immobilien oder Handelsgeschäften;
2. die Verwaltung von Geld, Wertpapieren oder sonstigen Vermögenswerten des Mandanten;
3. die Eröffnung von Bank-, Spar oder Wertpapierkonten;
4. der Beschaffung der zur Gründung von Gesellschaften notwendigen Mitteln;
5. die Gründung, den Betrieb oder die Verwaltung von Gesellschaften;
6. die Gründung, den Betrieb oder die Verwaltung von Treuhandgesellschaften ausländischen Rechts oder ähnlichen Strukturen

Die unter 12 des Art. 562-1 genannten Personen und die Buchprüfer, sofern sie Rechtsberatung in Übereinstimmung mit den Bestimmungen des Art. 22 der Ordonnanz 45-2138 vom 19. September 1945, betreffend die Einrichtung eines Berufsverbandes der Buchprüfer und der Regelung des Titels und des Berufes des Buchprüfers, durchführen, sind nicht gehalten die in Art. 562-2 vorgesehene Anzeige zu erstatten, wenn sie entweder die Informationen im Rahmen der Rechtsberatung erfahren haben, es sei denn sie wurde zum Zweck der Geldwäsche durchgeführt, oder sie haben die Beratung fortgesetzt, obwohl sie wussten, dass der Mandant die rechtlichen Ratschläge zum Zweck der Geldwäsche zu erhalten wünschte oder die Beratung erfolgte im Rahmen ihrer Tätigkeit für den Mandanten,

soit dans l'exercice de leur activité dans l'intérêt de ce client lorsque cette activité se rattache à une procédure juridictionnelle, que ces informations soient reçues ou obtenues avant, pendant ou après cette procédure, y compris dans le cadre de conseils relatifs à la manière d'engager ou d'éviter une telle procédure.

Par dérogation à l'article L. 562-2, l'avocat au Conseil d'Etat et à la Cour de cassation, l'avocat ou l'avoué près la cour d'appel communique la déclaration, selon le cas, au président de l'ordre des avocats au Conseil d'Etat et à la Cour de cassation, au bâtonnier de l'ordre auprès duquel l'avocat est inscrit ou au président de la compagnie dont relève l'avoué. Ces autorités transmettent, dans les délais et selon les modalités procédurales définis par décret en Conseil d'Etat, la déclaration qui leur a été remise par l'avocat ou l'avoué au service institué à l'article L. 562-4, sauf si elles considèrent qu'il n'existe pas de soupçon de blanchiment de capitaux.

Dans ce cas, le président de l'ordre des avocats au Conseil d'Etat et à la Cour de cassation, le bâtonnier de l'ordre auprès duquel l'avocat est inscrit ou le président de la compagnie dont relève l'avoué informe l'avocat ou l'avoué des raisons pour lesquelles il a estimé ne pas devoir transmettre les informations qui lui avaient été communiquées par celui-ci. Le bâtonnier de l'ordre ou le président de la compagnie destinataire d'une déclaration qu'il n'a pas transmise au service institué à l'article L. 562-4 transmet les informations contenues dans cette déclaration au président du Conseil national des barreaux ou au président de la Chambre nationale des avoués. Cette transmission ne contient pas d'éléments relatifs à l'identification des personnes. Dans les mêmes conditions, le président de l'ordre des avocats au Conseil d'Etat et à la Cour de cassation, le président du Conseil national des barreaux et le président de la Chambre nationale des avoués font rapport au garde des sceaux,

wenn sich diese Tätigkeit an ein gerichtsförmiges Verfahren anschließt, gleich ob die Information vor, während oder nach diesem Verfahren empfangen oder erlangt wurde, hierin sind Ratschläge eingeschlossen, die die Vorgehensweise betreffen, wie man ein solches Verfahren einleitet oder vermeidet.

In Abweichung von Art. 562-2 erstatten der Anwalt am Conseil d'Etat und am Cour de Cassation, der Anwalt oder der Avoué am Cour d'Appel die Anzeige je nach Fall beim Präsidenten der Anwaltskammer am Conseil d'Etat und am Cour de Cassation, beim Bâtonnier der Anwaltskammer, bei der der Anwalt eingeschrieben ist, oder bei dem Präsidenten der Berufsvereinigung in dessen Zuständigkeit der Avoué fällt. Diese Autoritäten übermitteln die Anzeige, die ihnen von dem Anwalt oder dem Avoué erstattet wird an den in Art. 562-4 gebildeten Dienst in einer Frist und prozessualen Bedingungen, die durch ein Dekret des Conseil d'Etat definiert sind, weiter, es sei denn, sie sind überzeugt, dass kein Verdacht auf Geldwäsche besteht.

In diesem Fall informiert der Präsident der Anwaltskammer am Conseil d'Etat und am Cour de Cassation, der Bâtonnier der Anwaltskammer, bei der der Anwalt eingeschrieben ist, oder der Präsident der Berufsvereinigung in dessen Zuständigkeitsbereich der Avoué fällt, den Anwalt oder Avoué über die Gründe, weswegen er es nicht für notwendig erachtet hat, ihre Verdachtsmomente weiterzuleiten. Der für die Anzeigen zuständige Bâtonnier oder Präsident der Anwaltskammer oder der Berufsvereinigung, der die den Verdacht der Geldwäsche betreffenden Informationen nicht an den in Art. 562-4 gebildeten Dienst weitergeleitet hat, leitet die in dieser Erklärung enthaltenen Informationen an den Präsidenten des Conseil National des Barreaux oder an den Präsidenten der Chambre Nationale des Avoués weiter. In dieser Übermittlung sind

ministre de la justice, selon une périodicité définie par décret en Conseil d'Etat, sur les situations n'ayant pas donné lieu à communication des déclarations.

Le service institué à l'article L. 562-4 est rendu destinataire de ces informations par le garde des sceaux, ministre de la justice.

keine Hinweise enthalten, die Rückschlüsse auf die Identität von Personen zulassen. Unter denselben Voraussetzungen unterrichten innerhalb von bestimmten Zeitabständen, die durch ein Dekret des Conseil d'Etat festgelegt sind, der Präsident der Anwaltskammer am Conseil d'Etat und am Cour de Cassation, der Präsident des Conseil National des Barreaux und der Präsident der Chambre Nationale des Avoués den Justizminister über die Fälle, die nicht zu einer Weiterleitung der Verdachtsmomente geführt haben.

Der Justizminister leitet diese Informationen an den in Art. 562-4 gebildeten Dienst weiter.

Convention collective nationale des cabinets d'avocats:

Art. 3.2 convention collective nationale des cabinets d'avocats
Toute violation du secret professionnel par l'avocat salarié peut justifier la rupture du contract de travail.

Les avocats salariés doivent pouvoir exercer dans des conditions garantissant le secret professionnel.

Art. 3.2 des nationalen Tarifvertrages für Anwaltskanzleien
Jede Verletzung des secret professionnel durch einen angestellten Anwalt rechtfertigt eine Kündigung des Arbeitsvertrages.

Die angestellten Anwälte müssen unter Bedingungen arbeiten können, die das secret professionnel garantieren.

Code Général des Impôts:

Art. 96 Code Général des Impôts
I. Les contribuables qui réalisent ou perçoivent des bénéfices ou revenus visés à l'article 92 sont obligatoirement soumis au régime de la déclaration contrôlée lorsque le montant annuel de leurs recettes excède 27 000 euros. Peuvent également se placer sous ce régime, les contribuables, dont les recettes annuelles ne sont pas supérieures à 27 000 euros, lorsqu'ils sont en mesure de

Art. 69 des Code Général des Impôts
I. Die Steuerpflichtigen, die die in Art. 92 aufgezeigten Gewinne oder Einnahmen erzielen, sind der Regelung der kontrollierten Angabe unterworfen, sofern das jährliche Aufkommen ihrer Einnahmen 27 000 € übersteigt. Es können sich auch die Steuerpflichtigen dieser Regelung unterwerfen, deren jährliche Einnahmen nicht 27 000 € übersteigen, sofern sie in der Lage sind, ihren Nettogewinn genau auszuweisen, und

déclarer exactement le montant de leur bénéfice net et de fournir à l'appui de cette déclaration toutes les justifications nécessaires.

zur Bekräftigung dieser Angaben alle notwendigen Nachweise beibringen zu können.

II. Pour l'appréciation de la limite visée au I, il est fait abstraction des opérations portant sur les éléments d'actif affectés à l'exercice de la profession ou des indemnités reçues à l'occasion de la cessation de l'exercice de la profession ou du transfert d'une clientèle et des honoraires rétrocédés à des confrères selon les usages de la profession. En revanche, il est tenu compte des recettes réalisées par les sociétés et groupements non soumis à l'impôt sur les sociétés dont le contribuable est membre, à proportion de ses droits dans les bénéfices de ces sociétés et groupements.
Toutefois, le régime fiscal de ces sociétés et groupements demeure déterminé uniquement par le montant global de leurs recettes.

III. (Disposition devenue sans objet).

II. Um die unter I angesprochene Grenze einzuschätzen, werden die Vorgänge beiseite gelassen, die sich auf Aktivposten im Zusammenhang mit der Berufstätigkeit, oder auf Entschädigungen erstrecken, die im Zusammenhang mit der Beendigung der Berufstätigkeit geflossen sind, oder die sich auf die Übertragung eines Klientel und die je nach Brauch der Berufsgruppe rückübertragenen Honorare erstrecken.
Dafür werden die von nicht der Körperschaftsteuerunterworfenen Gesellschaften und Vereinigungen erzielten Gewinne zu dem Teil miteinbezogen, zu dem der Steuerpflichtige ein Recht an diesen Gesellschaften und Vereinigungen hat.
Gleichwohl bleibt die steuerliche Behandlung dieser Gesellschaften und Vereinigungen einzig bestimmt durch das Gesamtaufkommen ihrer Einnahmen.

III. (Bestimmung bedeutungslos geworden).

Art. 98 du Code Général des Impôts
L'administration peut demander aux intéressés tous renseignements susceptibles de justifier l'exactitude des chiffres déclarés et, notamment, tous éléments permettant d'apprécier l'importance de la clientèle.

Elle peut exiger la communication du livre-journal et du document prévus à l'article 99 et de toutes pièces justificatives.

Si les renseignements et justifications fournis sont jugés insuffisants, l'administration détermine le bénéfice imposable et engage la procédure de rectification contradictoire prévue à l'article L 55 du livre des procédures fiscales.

Art. 98 des Code Général des Impôts
Die Finanzverwaltung kann von den Betroffenen jede Auskunft, die geeignet ist die angegebenen Zahlen zu beweisen, und insbesondere die Grundlagen verlangen, die es erlauben die Bedeutung des Klientels zu bewerten.

Sie kann die Vorlage des Tagebuchs und des in Art. 99 vorgesehenen Dokuments und von allen anderen Beweisstücken verlangen.

Wenn die beigebrachten Auskünfte und Nachweise als unzureichend bewertet worden sind, kann die Finanzverwaltung den steuerpflichtigen Gewinn festsetzen und das Verfahren der in Art. 55 des Livre des Procédures Fiscales vorgesehenen kontradiktorischen Richtigstellung einleiten.

Art. 102 ter Code Général des Impôts

1. Le bénéfice imposable des contribuables qui perçoivent des revenus non commerciaux d'un montant annuel, ajusté s'il y a lieu au prorata du temps d'activité au cours de l'année civile, n'excédant pas 27 000 euros hors taxes est égal au montant brut des recettes annuelles diminué d'une réfaction forfaitaire de 34 % avec un minimum de 305 euros.

Les plus ou moins-values provenant de la cession des biens affectés à l'exploitation sont prises en compte distinctement pour l'assiette de l'impôt sur le revenu dans les conditions prévues à l'article 93 quater, sous réserve des dispositions de l'article 151 septies. Pour l'application de la phrase précédente, la réfaction mentionnée au premier alinéa est réputée tenir compte des amortissements pratiqués selon le mode linéaire.

2. Les contribuables visés au 1 portent directement sur la déclaration prévue à l'article 170 le montant des recettes annuelles et des plus ou moins-values réalisées ou subies au cours de cette même année.

3. Sous réserve des dispositions du 6, les dispositions prévues aux 1 et 2 demeurent applicables pour l'établissement de l'imposition due au titre de la première année au cours de laquelle la limite définie au 1 est dépassée. En ce cas, le montant des recettes excédant cette limite ne fait l'objet d'aucun abattement.

Les dispositions du premier alinéa ne sont pas applicables en cas de changement d'activité.

4. Les contribuables visés au 1 doivent tenir et, sur demande du service des impôts, présenter un document donnant le détail journalier de leurs recettes professionnelles.

Lorsqu'il est tenu par un contribuable non adhérent d'une association de gestion agréée, ce document comporte, quelle que soit la profession exercée, l'identité déclarée

Art. 102 ter des Code Général des Impôts

1. Der steuerpflichtige Gewinn der Steuerpflichtigen, die aus nicht gewerblichen Erträgen einen jährlichen Betrag der 27 000 € ohne Steuern nicht übersteigt, der, wenn es angebracht zum Verhältnis der Dauer der Aktivität im Laufe des Jahres ist, anglichen wird, erzielen, ist gleich dem Bruttobetrag der jährlichen Einnahmen, verringert um einen pauschalisierten Abzug von 34 % mit einem Minimum von 305 €.

Die Wertsteigerungen oder -minderungen, die aus der Vermögensübertragung im Zusammenhang mit dem Geschäftsbetrieb herrühren, werden gesondert für die Steuerbemessungsgrundlage des Ertrages unter den in Art. 93 quarter genannten Bedingungen vorbehaltlich der Bestimmungen des Art. 151 septies berücksichtigt. Für die Anwendung des vorangegangenen Satzes, ist für die im ersten Abschnitt genannte Preisminderung anerkannt, dass die nach dem linearen Model gemachten Abschreibungen berücksichtigt werden.

2. Die unter 1. genannten Steuerpflichtigen fügen der in Art. 170 vorgesehenen Erklärung die Höhe des jährlichen Einkommens und die im Laufe desselben Jahres gemachten oder erlittenen Wertsteigerungen oder -minderungen bei.

3. Vorbehaltlich der Bestimmungen unter 6. bleiben die in 1. und 2. vorgesehenen Bestimmungen anwendbar für die Festlegung der Steuerlast, die aus dem ersten Jahr geschuldet wird, wenn in dem laufenden Jahr die unter 1. festgelegte Grenze überschritten wird. In diesem Fall ergibt sich aus der Höhe der jährlichen Einnahmen, die diese Grenze überschreiten, kein Abzug.

Die Bestimmungen des ersten Absatzes sind nicht anwendbar, wenn der Beruf gewechselt wird.

4. Die unter 1. genannten Steuerpflichtigen müssen ein Dokument vorhalten und auf Verlangen der Finanzverwaltung vorweisen,

par le client ainsi que le montant, la date et la forme du versement des honoraires.

5. Les contribuables qui souhaitent renoncer au bénéfice du présent article peuvent opter pour le régime visé à l'article 97.
Cette option doit être exercée dans les délais prévus pour le dépôt de la déclaration visée à l'article 97. Elle est valable deux ans tant que le contribuable reste de manière continue dans le champ d'application du présent article. Elle est reconduite tacitement par période de deux ans. Les contribuables qui désirent renoncer à leur option pour le régime visé à l'article 97 doivent notifier leur choix à l'administration avant le 1er février de l'année suivant la période pour laquelle l'option a été exercée ou reconduite tacitement.

6. Sont exclus de ce régime:
a. Les contribuables qui exercent plusieurs activités dont le total des revenus, abstraction faite des recettes des offices publics ou ministériels, excède la limite mentionnée au 1;
b. Les contribuables qui ne bénéficient pas des dispositions des I et II de l'article 293 B. Cette exclusion prend effet à compter du 1er janvier de l'année de leur assujettissement à la taxe sur la valeur ajoutée.

das die täglichen Einzelheiten ihrer beruflichen Einnahmen aufweist.
Sofern dies von einem Steuerpflichtigen geführt wird, der nicht Mitglied einer zugelassenen Vereinigung für Buchführung ist, muss dieses Dokument unabhängig von dem ausgeübten Beruf, eine Erklärung über die Identität des Mandanten, sowie die Höhe, das Datum und die Form des gezahlten Honorars enthalten.

5. Die Steuerpflichtigen, die auf den Vorteil dieses Artikels zu versichten wünschen, können die in Art. 97 enthaltene Regelung wählen. Diese Wahl muss innerhalb der für die Abgabe der Erklärung in Art. 97 enthaltenen Frist ausgeübt werden. Sie gilt zwei Jahre, sofern der Steuerpflichtige im Anwendungsbereich des vorliegenden Artikels verbleibt. Sie wird schweigend um zwei Jahre verlängert. Die Steuerpflichtigen, die auf die in Art. 97 enthaltene Regelung zu verzichten wünschen, müssen die Finanzverwaltung von ihrer Wahl vor dem 1. Februar des Jahres, das der Zeitspanne folgt, in dem die Möglichkeit ausgeübt oder schweigend verlängert wurde, informieren.

6. Von dieser Regelung sind ausgenommen:
a. Die Steuerpflichtigen, die mehrere Berufe ausüben, wobei die Gesamtheit der Einkünfte, abgesehen von Einnahmen aus öffentlichen oder ministeriellen Ämtern, die unter 1. genannte Grenze überschreiten;
b. Die Steuerpflichtigen, die nicht von den Bestimmungen des I und II des Art. 293 B profitieren. Dieser Ausschluss wird ab dem 1. Januar des Jahres ihrer Heranziehung zur Mehrwertsteuer gültig.

Convention collective nationale du personnel des cabinets d'avocats:

Art. 1 convention collective nationale du personnel des cabinets d'avocats

Le personnel est tenu de se conformer à la discipline, aux régles et aux usages de la

Art. 1 Convention Collective Nationale du Personnel des Cabinets d'Avocats

Die Angestellten sind gehalten sich an die Disziplin, die Regeln und Gebräuche des

profession ainsi qu'à la hiérarchie intérieure de l'étude ou cabinet.

Il doit observer la discrétion la plus absolue quant aux affaires et aux frais don't il a pu avoir connaissance en raison de ses fonctions ou même de sa simple présence à l'étude ou cabinet ; il est tenue au secret professionnel et la violation de celui-ci constitue une faute grave.

Berufstandes, wie auch an die interne Hierarchie der Kanzlei oder des Anwaltsbüros anzupassen.

Sie müssen absolute Disziplin über die Rechtssachen und Kosten wahren, von denen sie aufgrund ihrer Aufgaben oder auch nur durch ihre Anwesenheit in der Kanzlei oder dem Anwaltsbüro Kenntnis nehmen; sie sind dem secret professionnel verpflichtet und seine Verletzung stellt eine schwere Pflichtverletzung dar.

Sachverzeichnis

Schriften zum Internationalen Privat- und Verfahrensrecht

Herausgegeben von Rainer Hausmann und Astrid Stadler

Band 1 Frederike Schwenke: Factoring im deutsch-französischen Rechtsverkehr. 2006.

Band 2 Sinja Rüberg: Auf dem Weg zu einem europäischen Scheidungskollisionsrecht. 2006.

Band 3 Hava Erdem: Ehescheidung im deutsch-türkischen Rechtsverkehr. 2007.

Band 4 Nadja Probst: Die Internationale Zuständigkeit zur Eröffnung von Insolvenzverfahren im europäischen Insolvenzrecht. Autonome Bestimmung der Eröffnungszuständigkeit, insbesondere für Konzerninsolvenzen, und Anforderungen für die gemeinschaftsweite Anerkennung grenzüberschreitender Insolvenzen nach der EuInsVO. 2008.

Band 5 Maximiliane-Stephanie Wild: Die anwaltliche Verschwiegenheitspflicht in Deutschland und Frankreich. Unter besonderer Beachtung der sich aus dem grenzüberscheitenden Rechtsverkehr ergebenden Kollisonsfälle. 2008.

www.peterlang.de

www.ingramcontent.com/pod-product-compliance
Ingram Content Group UK Ltd.
Pitfield, Milton Keynes, MK11 3LW, UK
UKHW021917290926
8980IPUK00015B/1320

9 783631 579664